元宇宙导论

曾焕强 陈 婧 朱建清 施一帆 林 琦 著

清华大学出版社
北京

内容简介

本书系统地介绍元宇宙的概念、关键技术、应用领域和未来发展。全书共分为11章。第1章总体介绍了元宇宙的概念、背景、基本框架、产业及应用；第2～4章重点介绍了元宇宙的关键基础设施，包括网络与通信、云计算和物联网技术；第5～6章聚焦于元宇宙中交互技术的实现，包括扩展现实和人机交互技术；第7～8章围绕元宇宙去中心化，重点介绍了区块链和Web3.0技术；第9章探讨了驱动元宇宙智慧的人工智能技术；第10～11章展望未来元宇宙的应用领域、挑战和风险。通过阅读本书，读者可建立起对元宇宙的全面认识，为进一步研究和探索元宇宙的发展打下坚实的基础。

本书适合作为高等学校计算机、信息类等相关专业本科学生的教材，也适用于相关领域的专业技术人员和科学研究人员阅读参考。

版权所有，侵权必究。举报：010-62782989，beiqinquan@tup.tsinghua.edu.cn。

图书在版编目（CIP）数据

元宇宙导论/曾焕强等著.—北京：清华大学出版社，2024.2
ISBN 978-7-302-65492-6

Ⅰ.①元⋯　Ⅱ.①曾⋯　Ⅲ.①信息经济—教材　Ⅳ.①F49

中国国家版本馆CIP数据核字（2024）第022285号

责任编辑：朱红莲
封面设计：傅瑞学
责任校对：欧　洋
责任印制：宋　林

出版发行：清华大学出版社
网　　址：https://www.tup.com.cn, https://www.wqxuetang.com
地　　址：北京清华大学学研大厦A座　　　　邮　编：100084
社　总　机：010-83470000　　　　　　　　　邮　购：010-62786544
投稿与读者服务：010-62776969, c-service@tup.tsinghua.edu.cn
质量反馈：010-62772015, zhiliang@tup.tsinghua.edu.cn
印 装 者：大厂回族自治县彩虹印刷有限公司
经　　销：全国新华书店
开　　本：185mm×260mm　　　印　张：21　　　字　数：406千字
版　　次：2024年2月第1版　　　　　　　　　印　次：2024年2月第1次印刷
定　　价：65.00元

产品编号：103693-01

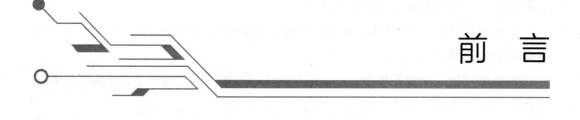

前　言

人类社会正在逐渐迈入一个前所未有的数字化时代，2021年被称为"元宇宙元年"，作为数字世界的重要组成部分，元宇宙的设想、概念、技术并非一蹴而就，而是随着数字科技几十年来的飞速进步而逐渐产生和发展起来的，是众多前沿数字技术的集大成者。本书共11章，系统地介绍了元宇宙的基本概念、关键技术、应用领域和发展前景。

第1章介绍元宇宙的全貌，包括元宇宙的基本概念、发展历程、基本框架、产业现状、应用和影响等。

第2章介绍元宇宙的接入技术——网络与通信，包括网络与通信技术概述、新一代互联网协议IPv6、新一代移动通信技术和短距离无线接入技术等，探讨网络与通信技术在元宇宙中的作用和发展方向。

第3章介绍元宇宙的引擎——云计算，包括云计算概述、关键技术和产业等，探讨云计算在元宇宙中的作用和发展方向。

第4章介绍元宇宙万物互联的技术——物联网，包括物联网概述、技术体系、边缘计算和物联网产业等，探讨物联网在元宇宙中的作用和发展方向。

第5章介绍从现实世界迈入元宇宙的技术——扩展现实，包括扩展现实技术概述、实物虚化和虚物实化技术等，探讨扩展现实在元宇宙中的作用和发展方向。

第6章介绍自然融入元宇宙的技术——人机交互，包括人机交互技术概述、发展历程、系统组成和交互设备等，探讨人机交互在元宇宙中的作用和发展方向。

第7章介绍元宇宙的信任基石——区块链，包括区块链概述、发展历程、体系结构和关键技术等，探讨区块链在元宇宙中的作用和发展方向。

第8章介绍元宇宙环境下的未来互联网——Web3.0，包括Web3.0的基本概念和组成，探讨Web3.0在元宇宙中的作用和发展方向。

第9章介绍元宇宙的智慧源泉——人工智能，包括人工智能概述、机器学习、计算机视觉、自然语言处理、多模态人工智能、大模型和人工智能生成内容等，探讨各项人工智能技术在元宇宙中的作用和发展方向。

第10章探讨元宇宙在娱乐、社交、医疗、工业和教育等领域的应用前景，展现元宇宙在各领域的发展潜力。

第11章探讨元宇宙发展中可能面临的挑战和风险，并介绍产业元宇宙和消费元宇宙。

本书获华侨大学教材建设基金立项资助，由华侨大学曾焕强主编，他带领华侨大学智能视觉信息处理团队（SmartVIPLab）完成了本书撰写工作。本书第1～3章由曾焕强编写，第4、5章由陈婧编写，第6～8章由朱建清编写，第9章由施一帆编写，第10、11章由林琦编写。在编写过程中，团队成员蔡磊、郑惠洁、孔庆玮、丁瑞、郑航杰、柯雯瑶、张祥杰、邹慧婷、严月日、刘智鸿、朱显丞、焦超、文豪、胡浩麟等提供了大量辅助性工作，在此向他们表示诚挚的感谢。本书部分内容引用了国内外同行专家的研究成果，在此对他们表示衷心的感谢。同时，特别感谢清华大学出版社的大力支持。

无论您是科技从业者，还是对未来充满好奇的读者，希望本书能为您打开一扇通向元宇宙的大门，带您走进一个崭新的数字世界，深入了解令人振奋的数字化前沿技术，探索元宇宙的无限可能。

由于作者知识水平所限，书中不当之处在所难免，欢迎广大同行和读者进行批评指正。

曾焕强

2024年1月

目 录

第 1 章　数字技术的集大成者：元宇宙 / 1

　　1.1　元宇宙的基本概念 / 2
　　1.2　元宇宙的发展历程 / 5
　　1.3　元宇宙的发展现状 / 7
　　1.4　元宇宙的基本框架 / 10
　　1.5　元宇宙产业及应用 / 15
　　1.6　元宇宙的影响 / 19
　　1.7　小结 / 22
　　1.8　习题 / 23

第 2 章　接入元宇宙：网络与通信 / 25

　　2.1　网络与通信技术概述 / 26
　　2.2　新一代互联网协议 IPv6 / 35
　　2.3　新一代移动通信技术 / 40
　　2.4　短距离无线接入技术 / 45
　　2.5　元宇宙与网络通信技术 / 51
　　2.6　小结 / 53
　　2.7　习题 / 53

第 3 章　元宇宙的引擎：云计算 / 55

　　3.1　云计算概述 / 56
　　3.2　云计算的关键技术 / 61
　　3.3　云计算产业 / 73
　　3.4　元宇宙与云计算 / 77
　　3.5　小结 / 80
　　3.6　习题 / 80

第4章 元宇宙万物互联：物联网 / 81

4.1 物联网概述 / 82
4.2 物联网技术体系 / 86
4.3 边缘计算 / 92
4.4 物联网产业 / 95
4.5 元宇宙与物联网 / 101
4.6 小结 / 103
4.7 习题 / 103

第5章 现实世界迈入元宇宙：扩展现实 / 105

5.1 扩展现实技术概述 / 106
5.2 实物虚化 / 118
5.3 虚物实化 / 128
5.4 元宇宙与扩展现实 / 140
5.5 小结 / 145
5.6 习题 / 145

第6章 自然融入元宇宙：人机交互 / 147

6.1 人机交互基本概念 / 148
6.2 人机交互的发展历程 / 149
6.3 人机交互系统组成 / 152
6.4 人机交互设备 / 161
6.5 元宇宙与人机交互 / 169
6.6 小结 / 170
6.7 习题 / 171

第7章 元宇宙的信任基石：区块链 / 173

7.1 区块链概述 / 174
7.2 区块链的发展历程 / 175
7.3 区块链的体系结构 / 178
7.4 区块链的关键技术 / 186
7.5 元宇宙与区块链 / 194
7.6 小结 / 198
7.7 习题 / 198

第 8 章　元宇宙与未来互联网：Web3.0 / 199

 8.1　Web3.0 的基本概念 / 200

 8.2　Web3.0 的组成 / 205

 8.3　元宇宙与 Web3.0 / 215

 8.4　小结 / 216

 8.5　习题 / 216

第 9 章　元宇宙的智慧：人工智能 / 217

 9.1　人工智能概述 / 218

 9.2　机器学习 / 222

 9.3　计算机视觉 / 231

 9.4　自然语言处理 / 242

 9.5　多模态人工智能 / 254

 9.6　大模型 / 257

 9.7　人工智能生成内容 / 263

 9.8　元宇宙与人工智能 / 267

 9.9　小结 / 268

 9.10　习题 / 269

第 10 章　从概念到落地：元宇宙应用 / 271

 10.1　娱乐领域的元宇宙应用 / 273

 10.2　社交领域的元宇宙应用 / 274

 10.3　医疗领域的元宇宙应用 / 276

 10.4　工业领域的元宇宙应用 / 278

 10.5　教育领域的元宇宙应用 / 282

 10.6　小结 / 285

 10.7　习题 / 286

第 11 章　数字世界的无限可能：元宇宙未来展望 / 287

 11.1　元宇宙的挑战 / 289

 11.2　元宇宙的风险 / 293

 11.3　元宇宙产业 / 299

 11.4　小结 / 311

 11.5　习题 / 311

参考文献 / 312

第 1 章

数字技术的集大成者：元宇宙

元宇宙，这一数字领域的璀璨明珠，正在引领着未来科技和社会的巨大变革。本章主要为读者了解元宇宙提供概述性介绍，包括元宇宙的基本概念、发展历程、发展现状、基本框架、产业及应用，以及对社会发展带来的重要影响。总体来说，元宇宙提供了无限的可能性，将虚拟与现实相融，为个人和企业带来了崭新的数字化体验和广阔的机遇。

1.1 元宇宙的基本概念

元宇宙是一个联系虚拟世界和现实世界的数字生态系统，是一个具有三维空间和高度互动性的数字环境。在元宇宙中，用户可以通过虚拟身份进行社交互动，参与游戏、学习、工作和创造内容，形成一个与现实世界平行存在的数字世界。这一概念的定义和特征表明元宇宙将深刻改变人们的社交、经济和文化体验，成为未来数字世界的核心组成部分。

1.1.1 元宇宙的定义

1992年，美国作家尼尔·斯蒂芬森在其科幻小说《雪崩》中首次提出元宇宙（Metaverse）的概念，描述了由计算机虚拟世界构成的网络空间，人们可以在其中进行社交、商业、游戏等活动。随着物联网、云计算、区块链、人工智能等新一代信息技术的发展，元宇宙的概念逐渐进入大众视野，并得到广泛的讨论和研究。

2021年，元宇宙的发展进程迈入了一个新的阶段，这一年被广泛认为是"元宇宙元年"，谷歌、微软、英伟达等国际知名科技公司纷纷布局和投资元宇宙应用，Facebook公司更是改名为Meta（取自Metaverse的前缀），各国政府相继提出元宇宙战略与政策，标志着元宇宙已经从概念和理论阶段迈入实践和应用阶段。

随着元宇宙技术的不断发展，其定义得到了更广泛的讨论。多人在线游戏创作平台Roblox在其招股书中首次写入元宇宙概念，"元宇宙是一个将所有人相互关联起来的3D虚拟世界，人们在元宇宙拥有自己的数字身份，可以在这个世界里尽情互动，并创造任何他们想要的东西"。2022年年底，电气和电子工程师学会（institute of electrical and electronics engineers，IEEE）召开全球元宇宙大会（IEEE Metaverse congress），针对元宇宙的词源进行了兼顾内涵与技术进步的合理拓展："元宇宙是关于外界被用户（人类或非人类）感知为一个实际建立在数字技术之上的宇宙的一种体验，这个宇宙或者是与我们当下的宇宙不同的宇宙（虚拟现实），或者是我们当下宇宙的一种数字扩展（增强现实或混合现实），或者是我们当下宇宙的数字对应物（数字孪生）。"这个定义根据虚拟程度的不同描述了元宇宙的三种展现形式，如图1-1所示，即采用虚拟现实技术构建的完全虚拟宇宙、采用增强现实或混合现实技术构建的虚实融合宇宙，以及采用数字孪生技术构建的平行虚拟宇宙。

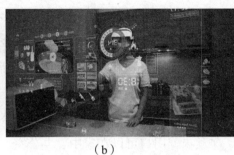
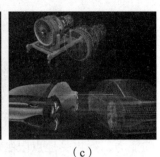

图1-1 元宇宙的展现形式

（a）虚拟现实；（b）增强现实；（c）数字孪生

元宇宙的命名本身蕴含着持久、巨大、全面、沉浸和自洽等特质，而"Meta"这一形容词则代表着逼真、易用、泛在和去中心化的特点。狭义上，可将元宇宙简单地定义为持久存在的虚拟现实；广义上，元宇宙是数字化转型的高级阶段和长期愿景。元宇宙这个神奇的词汇激发了来自不同领域和背景的人们的无限想象，每个人对元宇宙的理解可能都不尽相同，但迄今为止，大家最普遍的共识是，它将深刻影响我们的日常工作、娱乐和生活，跨越各行各业，重塑全人类的经济和社会。

1.1.2 元宇宙的特征

2021年，Roblox公司在其招股书中列出元宇宙应具备的8个特征：身份（identity）、朋友（friends）、沉浸感（immersive）、随地性（anywhere）、多样性（variety）、低延迟（low latency）、经济（economy）和文明（civility）。

（1）身份。元宇宙的身份特征是指用户对应现实世界在虚拟世界中的虚拟身份。在元宇宙中，每个用户具备一个虚拟化身，即虚拟身份，它不受现实身份的限制，是用户在虚拟世界中综合互动的主体。虚拟身份与现实身份一一对应，但并不局限于现实身份，用户可以根据自己的喜好和需求来定制虚拟身份，并绑定基于区块链技术的虚拟形象、数字财产、工作职务、积分荣誉等信息。

（2）朋友。在元宇宙中，用户可以拥有真实或虚拟的朋友，并且可以自由地进行社交、交易等互动活动，无论这些朋友是在现实世界中认识的还是在虚拟世界中结识的。

这一特征要求元宇宙具备随时可控的跨平台系统，以及便捷的协同互动途径和场景，从而实现良好的拟真物理互动体验。

（3）沉浸感。沉浸感是元宇宙中不可或缺的重要特征，它使用户完全融入虚拟世界，并不再局限于游戏场景，还延伸至阅读、观影等多种场景。元宇宙通过视觉、听觉和实际动作实现这种沉浸感。随着技术的飞速进步，越来越多的拟真体验，如手势追踪、全身追踪、触觉、嗅觉和味觉等正逐渐变为现实。这种令人身临其境的体验为用户带来前所未有的乐趣，加速了元宇宙发展的步伐，使其逐渐迈向真正意义上的虚拟现实生态系统。

（4）随地性。元宇宙的随地性特征赋予用户随时随地通过终端设备登录虚拟世界的能力，不再受地点限制。这意味着用户可以在家中、办公室、旅途中，甚至在公共场所通过终端设备进入元宇宙，享受虚拟世界的体验。随着技术的不断进步和用户对元宇宙的认知不断增强，随地性将成为元宇宙的重要特征之一，并为用户带来无限便利和自由。

（5）多样性。元宇宙的多样性是指虚拟世界拥有丰富多样的内容和体验，以及超越现实的自由和多元性。这一特征使得用户在元宇宙中能够尽情展现创造力和想象力，创造个性化的虚拟体验。在元宇宙中，用户可以自由选择不同的角色、场景、玩法和交互方式，并参与各种虚拟社交、经济和文化活动。用户生成内容（user generated content，UGC）是多样性实现的关键，它允许用户创作独特的数字作品，包括艺术品、音乐、游戏等。同时，多样性还体现在元宇宙对现实世界的映射，包括社会、经济、政治和文化等多个领域。

（6）低延迟。元宇宙的低延迟特征保证了用户与虚拟世界之间的互动能够在几乎无感知的时间内实时发生，消除了感官上的明显异步性或延迟感。在元宇宙中，用户可以进行各种活动，例如探索虚拟世界、参与虚拟社交、进行虚拟交易等。在这些互动过程中，用户的行为和指令必须能够即刻传输到虚拟环境，并获得实时的反馈，使得用户感觉仿佛置身于虚拟世界的当下。

（7）经济。元宇宙拥有独立的经济系统和类似现实世界的货币交易系统，体现出数字经济的特殊形式。用户可以在元宇宙里拥有数字资产，并具备类似现实资产相应的处置权益，同时也可以成为数字资产的创造者，通过出售或租借等方式获得收益。目前虚拟货币及非同质化代币（non-fungible token，NFT）数字作品在互联网圈内火热，但还需要更广泛的认可和监管，以实现更稳定、更有价值的经济体系。

（8）文明。元宇宙有自己的文明体系，人们在其中可以共同生活，组成社区甚至城市，并制定共同的规则。这种文明体系是从新技术的创新和应用开始的，并逐渐形成新的金融体系和商业模式,引领社会走向新的数字文明形态。尽管元宇宙尚未完全落地,但一些应用已经在悄然改变人们的生活和习惯,数字经济逐渐形成,催生新的组织形态和经济体系,为构建元宇宙的文明体系奠定了基础。

元宇宙的发展历程

元宇宙的构想可以追溯到 20 世纪 80 年代虚拟现实技术的开发初期,这些构想激发了文学影视的创作及游戏娱乐的应用(图 1-2)。自 1992 年在科幻小说《雪崩》中首次提出"元宇宙"的概念,到 2003 年"第二人生"(Second Life)游戏的发布,用户可以通过虚拟化身交互、社交、交易虚拟财产和服务,再到 2018 年《头号玩家》电影通过大屏幕生动地将元宇宙的具象表现呈现到人们眼前,元宇宙的概念被越来越多的人熟知。在过去的几十年里,随着 5G、物联网、人工智能、区块链等新一代信息技术的飞速发展,人们逐渐拥有了更加先进和多样化的工具和平台来实现元宇宙的愿景。

(a) (b) (c)

图 1-2 元宇宙构想的早期文娱应用

(a)《雪崩》;(b)"第二人生"(Second Life);(c)《头号玩家》

根据行业发展水平,可将元宇宙的发展历程大致分为三个阶段:萌芽阶段、起步阶段和发展阶段,如图 1-3 所示。

(1)元宇宙的萌芽阶段。2016—2020 年是元宇宙的萌芽阶段,元宇宙的雏形已经出现,各行业开始关注这一领域的发展,进行了一些数字化与虚拟化的尝试。在医学领域,波士顿医生培训公司 OSSo VR 开发了一系列虚拟手术室软件,为医生提供更优质的手术操作培训,使他们能够放心地进行高难度手术;在娱乐领域,任天堂推出了手机游戏"Pokémon GO",运用了增强现实技术,将虚拟宝可梦形象与现实世界融为一体,带来了全新的娱乐体验;在健康领域,健康科技公司 Peloton 将增强现实技术与动感单车结合,为用户提供电子屏幕和健身课程,实现虚实融合,让用户在锻炼的同时享受沉

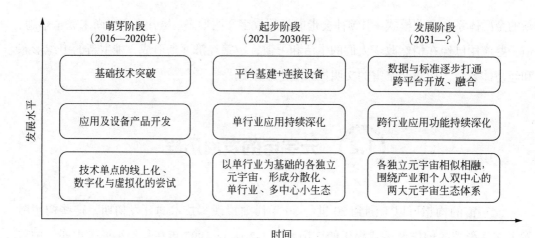

图 1-3　元宇宙的发展历程

浸式的虚拟体验,提高了运动者的参与感和动力。这些创新性的数字化与虚拟化技术应用,不仅拓展了各行业的应用领域,还为用户带来了更加丰富、有趣和互动的体验,推动了元宇宙概念的发展与应用。

(2) 元宇宙的起步阶段。2021—2030 年是元宇宙的起步阶段,是数字化与虚拟化技术在各个行业进一步深入应用与技术沉淀的关键时期。2021 年被普遍视为"元宇宙元年",国内外企业瞄准元宇宙所带来的巨大潜力和机遇,开始投入大量资源和精力来研究、开发和推广元宇宙技术,在科技、游戏、艺术和金融等领域抢滩布局元宇宙。例如,沙盒游戏平台 Roblox 上市,成为"元宇宙概念第一股",腾讯参投融资,并独家代理其中国区产品发行;Facebook 将其公司名称更改为 Meta Platforms,表明其进军元宇宙的决心;微软将旗下 XR 平台 Mesh 融入 Teams 中,并表示 Xbox 游戏平台也要加入元宇宙;英伟达宣布将联手 Adobe 和 Blender,对 Omniverse 进行重大扩展,目标是在未来向至少数百万元宇宙用户开放;字节跳动斥巨资收购 VR 公司 Pico,以游戏为入口布局元宇宙等;在云栖大会 2021 上,阿里巴巴达摩院宣布增设操作系统实验室和 XR 实验室,研究下一代云网端融合架构下的操作系统和新一代移动计算平台,与元宇宙息息相关;在 2021 百度 Create 大会上,首次于"希壤"虚拟空间举办了元宇宙论坛,成为国内首个在元宇宙中举办的大型科技峰会;在 2023 移动云大会上,中国移动咪咕与中国人民大学交叉科学研究院签约合作,深化元宇宙产学研融合。各行各业的努力和投资为元宇宙的发展奠定了坚实基础,并推动了元宇宙向着更加广阔和成熟的方向发展。

(3) 元宇宙的发展阶段。预计在 2031 年之后,元宇宙将逐渐实现跨平台、跨行业的生态互通与融合,不同独立行业的元宇宙将实现多行业共享互通的格局。这一趋势将推动元宇宙从过去分散且多中心的小生态阶段,朝着聚合式、围绕产业和个人双中心的两大元宇宙生态体系迈进。在发展阶段，元宇宙将不断突破边界，实现更高程度的互通与融合。通过统一数据标准和拓展行业融合，未来的元宇宙将呈现出更加开放、多元、协同的面貌，为人们创造出全新的数字化世界。这些进展将为元宇宙的持续发展和进步提供动力，为人类带来更为全面、互动、引人入胜的虚拟体验。元宇宙的逐步完善将为人机交互领域带来更广阔的前景，激发出更多创新的可能性。

1.3 元宇宙的发展现状

当前，元宇宙正处于迅猛发展的阶段，全球范围内的政府和企业纷纷参与其中。政府制定政策支持元宇宙领域的创新和发展，同时确保元宇宙安全和隐私；企业积极布局元宇宙，致力于推动虚拟社交、虚拟现实、数字资产和虚拟货币的发展。显而易见，元宇宙将在未来成为数字经济和科技创新的关键领域。

1.3.1 政府的角色和策略

随着元宇宙的"走红"，各国政府逐渐成为推动元宇宙产业发展的重要力量，在基础支撑、技术研发、产业应用等方面发布多项政策和规划，支持元宇宙的发展与交流合作，为元宇宙产业提供了良好的发展环境。

美国是元宇宙产业的领先者之一，美国政府一直在积极推进元宇宙的发展。为方便管理和监管元宇宙产业，美国政府已经开始着手制定相关的法律法规和标准。2022年8月，美国国会研究服务局发布了题为《元宇宙：概念和国会应考虑的问题》（The Metaverse：Concepts and Issues for Congress）的报告，报告对元宇宙的相关概念、关键技术以及重点企业布局展开了介绍，并对当前存在的风险和机遇进行了剖析。

韩国政府率先在全球范围内成立了元宇宙协会，并加大了对元宇宙产业的投资和支持力度。2021年，韩国政府将元宇宙列为"数字新经济"领域之一，并制定了五年元宇宙发展路线图，计划在2026年成为元宇宙中心。同年，首尔市政府制定了全球第一个中长期元宇宙政策文件《元宇宙首尔基本计划》（Basic Plan for Metaverse Seoul），宣布建立名为"元宇宙首尔"（Metaverse Seoul）的元宇宙平台。2023年2月，韩国科学技术信息通信部表示，韩国政府拟投入2233亿韩元（约合11.9亿元人民币）扶持元宇宙，大力推动数字技术和元宇宙技术的融合发展。

日本政府在元宇宙领域也投入了大量的资金和资源。2021年7月，日本经济产业省发布了《关于虚拟空间行业未来可能性与课题的调查报告》，对日本虚拟空间行业亟须解决的问题进行归纳总结，以期能在全球虚拟空间行业中占据主导地位。同年11月，日本成立"一般社团法人日本元宇宙协会"，与金融厅等行政机关相互配合，启动市场构建，力争使日本成为元宇宙发达国家。

欧盟国家对元宇宙持高度谨慎态度，其法规体现了对元宇宙的监管和规则问题的重视。欧盟推出了《人工智能法案》《数字服务法案》和《数字市场法案》等法案，注重保护用户隐私、增加透明度，试图保护欧洲内部市场并防范数字龙头企业的垄断行为。虽然多数欧盟国家持保守态度，但欧盟整体正尝试在元宇宙领域布局。包括支持全球元宇宙大会，以及联合合作伙伴推出欧盟"科创国赛"元宇宙专项赛，为元宇宙的进一步拓展提供支持。法国是欧盟国家中在元宇宙方面较为积极的国家，其依托政治和科技优势，率先在时尚、游戏和工业领域形成消费级应用，为工业元宇宙数字技术和工业生产领域的初步探索做出了贡献。

随着我国信息化与数字化技术的飞速发展，针对元宇宙相关产业的政策设计已开始有序推进。2022年以来，元宇宙产业专项政策和征求意见稿密集出台，各地相关政策逐渐细化，部分实施方案对于元宇宙产业的引入、培育等事项做出了详细规定。2022年10月，由工信部工业文化发展中心牵头，联合工业元宇宙领域的社会团体及行业龙头骨干企业共同发起成立工业元宇宙协同发展组织，并发布了《工业元宇宙创新发展三年行动计划（2022—2025年）》。该计划旨在通过加强技术储备、标准研制、应用培育和生态构建，全方位促进工业元宇宙的健康发展，力争在未来三年内实现"3个100"的目标："形成100个可复制的典型案例，为应用推广提供标准模板；打造100个工业元宇宙标杆应用，提供元宇宙在工业领域的高水准落地示范；建设100个赋能创新中心，并推动建设一批'工业元宇宙＋垂直行业'的工业元宇宙开放平台。"该计划是国家层面对工业元宇宙发展的具体指导，也为相关企业和社会团体提供了更加明确的发展方向和目标，有望推动我国工业元宇宙产业的快速发展和壮大。

总体来说，世界各国在元宇宙产业方面的举措非常活跃，通过政策、法规和资金支持等手段来推动该领域的发展，具体包括：①制定相关标准和规范，以确保元宇宙在技术和管理层面的可靠性和安全性；②出台相关政策，包括税收、金融、知识产权等方面的优惠政策，鼓励企业和投资者在元宇宙领域投资和创新；③建立相关研究机构和联盟，促进科研院所、企业和政府之间的合作和交流；④推出资金支持计划，包括政府拨款、风险投资、创新基金等，为元宇宙的技术研究和商业化应用提供资金支持。

1.3.2 商业领域的投资和发展

目前,元宇宙正在蓬勃发展,越来越多的公司和组织正在加入到这个领域,推动元宇宙技术的发展。

美国作为元宇宙开拓者,底层技术领先,产业布局全面。Roblox 作为首家将元宇宙写进招股书的公司,致力于打造用户与开发者互动平台,逐步赢得国际市场;Facebook 在 2021 年改名为 Meta,在硬件入口、底层架构、人工智能、内容与场景这四大方向上进行了综合布局,全面进军元宇宙,并表示希望至 2025 年将公司从社交媒体平台公司转型为元宇宙公司;微软提出企业元宇宙,发展企业新型基础设施,且微软与 Meta 的头戴式显示器设备(简称"头显")共同占据了元宇宙市场的半壁江山,成为元宇宙的主要硬件接入口;此外,Google、Meta、亚马逊、微软等科技巨头纷纷布局基础算法框架,开发 TensorFlow、MXNet、CNTK、Caffe 等一批主流人工智能算法框架;底层工具方面,Unity 开发的游戏引擎,Epic Games 的虚幻引擎、Decentraland 的经济系统等,为元宇宙世界创作者提供了强大的创作工具。

韩国企业对元宇宙的发展非常重视,积极布局元宇宙产业。2021 年,韩国政府牵头发起了元宇宙联盟(Metaverse Alliance),希望在元宇宙产业中发挥主导作用,支持元宇宙技术和生态系统的发展,计划培育至少 220 家高营业额的元宇宙企业,并创办"元宇宙学院"。三星集团等行业巨头也积极拓展元宇宙市场,通过收购、合作等方式在元宇宙领域进行布局和投资。

日本的一些企业,如索尼和富士通,也在元宇宙领域投入了大量的研发资源和资金。索尼作为日本最大的科技和媒体集团,正在依托其"PlayStation VR"平台进行硬件层面以及内容层面的元宇宙布局;富士通正与包括三菱汽车制造商、瑞穗银行在内的九家公司合作,以创建一个名为 RYUGUKOKU(TBD)的可互操作元宇宙结构,将用于扩展"日本元宇宙经济区"。

纵观国内,我国的科技企业充分利用在后端基建方面的优势,目前正在云计算、人工智能等领域开始逐步追赶国际巨头。腾讯通过重点投资沙盒游戏 Roblox 来占据元宇宙入口,同时升级完善现有的社交平台,在多领域布局元宇宙;阿里巴巴同样以游戏为发力点,通过新品牌"元境"来扮演元宇宙中"新基建"的建设者和技术的推动者,其在布局元宇宙底层基建云计算方面也具备先发优势;字节跳动则是以社交和娱乐为入口构建元宇宙市场,收购头部 VR 创业公司 Pico 以补足硬件短板,又通过投资代码乾坤、维境视讯来部署底层架构,实现了在硬件入口、底层架构、内容与场景三大方向上的综合布局;宝通科技在海南设立国内首家元宇宙公司(海南元宇宙科技有限公司),专注于 VR/AR 内容和解决方案供应商,致力于创建一个新的数字 3D 空间平台;在 2023 移动云大会的"元宇宙融合创新论坛"上,中国移动咪咕与中国人民大学交叉科学研究院签约合作,深化元宇宙产学研融合;在 2023 上海世界移动通信大会上(MWC 上海),中国移动携手合作伙伴启动中国移动元宇宙产业联盟,加速推进元宇宙赛道布局。总体来说,中国元宇宙行业市场呈现出蓬勃发展的态势,技术创新、用户需求和商业模式的不断发展将推动元宇宙行业实现更大的发展和创新。

1.4 元宇宙的基本框架

元宇宙是一个由多个层次相互交融的复杂系统,包括基础设施层、人机交互层、去中心化层、智能驱动层以及内容和应用层,各层次都具有特定的功能和作用。元宇宙框架的基本层次如图 1-4 所示。基础设施层为元宇宙的高效稳定运行提供了必要的基础设施支撑;人机交互层通过现实与虚拟的交互方式,实现了更加自然、流畅的人机交互体验;去中心化层则通过区块链和其他去中心化技术实现了去中心化治理和管理;智能驱动层利用人工智能技术提升元宇宙的智能和自主能力;内容和应用层则为元宇宙提供了基础的数字资产和应用场景。五个层次相互交融,共同构筑了一个在数字技术支持下的虚拟世界,为用户提供更加便捷、丰富、智能化的虚拟体验,同时也推动着人类社会向数字化、智能化、去中心化的方向发展。

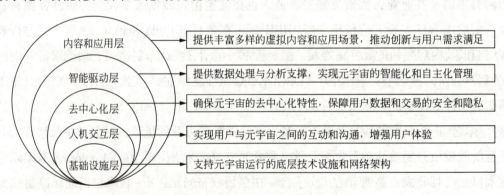

图 1-4 元宇宙框架的基本层次

1. 基础设施层

基础设施层是支持元宇宙各层运行的底层技术设施和网络架构,为元宇宙提供了运行、存储和传输数据的基础能力,主要包括网络、存储、计算、安全、隐私等方面的基础设施,构成了元宇宙的技术基础,保证了元宇宙的可靠性、安全性和稳定性,同时也为元宇宙提供了更加开放和高效的运行环境，使得元宇宙能够更好地服务于用户，推动数字世界的发展。

（1）**网络基础设施**。构成元宇宙的通信网络，包括物理网络、协议、路由器、交换机、防火墙等。网络基础设施为元宇宙提供了互联互通的基础，提供高速、低延迟、可靠的网络传输，保障元宇宙中各种资源、服务和数据的互联互通。

（2）**存储基础设施**。用于存储和管理元宇宙中各种数据和内容的基础设施，包括硬盘、存储阵列、数据中心等。存储基础设施为元宇宙提供了高效、可靠、安全的存储资源，存储元宇宙中各种数据、资源和应用程序等信息，支持用户在元宇宙中进行信息传输和交互。

（3）**计算基础设施**。用于处理元宇宙中各种数据和内容的计算设备和系统，包括服务器、超级计算机、云计算、量子计算等。计算基础设施为元宇宙提供了高性能、高可用、弹性可扩展的计算能力和处理能力，支撑元宇宙中各种应用场景和服务的运行和处理。

（4）**安全基础设施**。用于保障元宇宙安全的基础设施，包括加密算法、防火墙、入侵检测系统、漏洞扫描工具、安全审计系统等。安全基础设施为元宇宙提供了安全保障，保护元宇宙中的各种数据、应用程序、数字资产等不受恶意攻击、窃取和篡改。

（5）**隐私基础设施**。用于保护元宇宙用户隐私的基础设施，包括身份认证系统、隐私保护技术、数据匿名技术等。隐私基础设施为元宇宙用户提供了各种隐私保护的支持，保护元宇宙用户的个人隐私和数据隐私，确保用户的数据不会被滥用和泄露。

综上所述，基础设施层在元宇宙中具有重要的意义，它为元宇宙的应用提供了运行保障，使得元宇宙的应用和服务能够高效、安全地运转。同时，它也为元宇宙的扩展和升级提供了基础保障，能够满足元宇宙不断增长的需求。基础设施层的建设也能够促进元宇宙的生态发展，吸引更多的开发者和创新者加入到元宇宙的建设中来。因此，基础设施层的建设是元宇宙建设的重中之重，也是元宇宙发展的基础保障。

2. 人机交互层

在元宇宙中，人机交互层是指连接用户和元宇宙的接口层，该层负责为用户提供友好、直观、高度沉浸式的用户体验，是连接用户和元宇宙的桥梁。人机交互层主要涉及硬件层面的技术设备，如 AR 眼镜、VR 头显等智能可穿戴设备，以及键盘、鼠标、触摸屏、手柄、眼动仪、生物识别设备等输入 / 输出设备。这些设备能够将用户的动作、语音、触摸等各种交互信息传递给元宇宙中的应用程序，并将应用程序输出的信息呈现给用户。

在人机交互层中，虚拟世界中的场景、角色和物体都会得到高度的还原和模拟，使用户感受到与真实世界相似的视觉、听觉、触觉等感官体验，让其能够轻松地与元宇宙中的各种应用、服务、内容进行交互。人机交互层涉及多个技术领域，包括虚拟现实、增强现实、自然语言处理、机器学习等。同时，各种传感器和设备，例如虚拟现实头盔、手套、身体追踪器等也是该层中不可或缺的元素。人机交互层的核心关键词是感知、交互和接入，它的作用是为用户提供一种与元宇宙进行沟通和交互的方式，从而实现人与计算机系统之间的有效互动。人机交互层的设计还需要考虑到用户的不同需求和使用场景，例如在虚拟现实场景中，用户通常需要通过头显和手柄等设备进行交互；而在桌面应用程序中，用户通常使用键盘和鼠标等设备进行交互。因此，人机交互层的设计需要根据不同的使用场景和设备，提供相应的交互方式和界面设计。

在元宇宙中，人机交互层扮演着极其重要的角色，涉及硬件、软件、算法等多方面技术的综合运用。用户与虚拟世界的交互可以是身临其境的虚拟现实体验，也可以是更加自然的语音或手势控制。通过虚拟现实技术，用户可以完全沉浸在虚拟世界中，获得身临其境的感觉，这种体验将会越来越贴近真实世界。通过增强现实技术，用户可以在现实世界中获得额外的信息和互动，例如通过智能眼镜获取地图导航和实时语音翻译等。同时，自然语言处理、机器学习等技术的应用也让用户更加自然地与虚拟世界进行交互，例如通过语音或手势控制来实现对虚拟物体的操作。

总之，人机交互层是元宇宙中最为直接和直观的层次，负责将用户的意图和行为传递给虚拟世界，同时将虚拟世界中的信息和体验传递给用户，是元宇宙用户体验的关键所在。

3. 去中心化层

去中心化层是指基于区块链和分布式技术构建的一层网络基础设施，它可以为元宇宙提供去中心化的数据存储、交易和管理服务。去中心化层的主要功能是去中心化应用程序的运行和维护，同时也为元宇宙中的数字资产提供了可信和安全的交易和管理机制。具体来说，元宇宙的去中心化层包括以下几个方面。

（1）**区块链技术**。区块链技术是去中心化层的底层支撑，保证数据的安全性和可信性，同时实现去中心化的数据存储和交易功能。区块链技术的分布式特点可以有效地防止数据被篡改或删除。在元宇宙中，区块链技术可以用来实现去中心化的身份验证、数字资产管理和安全交易等功能。

（2）**去中心化应用程序**。去中心化应用程序包括去中心化交易平台、去中心化身份验证应用程序、去中心化虚拟世界、去中心化社交网络和去中心化数字资产管理平台等。这些应用程序可以为用户提供更加开放、自由、民主的虚拟世界体验，不仅可以保护用户的隐私和安全，而且用户可自主管理和控制自己的数字资产和身份信息。开发者可以在去中心化层中使用智能合约等技术，构建去中心化应用程序，实现各种应用场景，如虚拟资产交易、数字身份认证、去中心化的社交网络等。

（3）**分布式存储技术**。元宇宙需要处理大量的数据和内容，采用分布式存储技术可以将数据分散存储在网络中的各个节点，以提高数据的可用性和抗攻击性。此外，分布式存储技术还可以更好地保护用户数据的隐私和安全性，因为数据存储在多个节点上，大大提高了操控或窃取用户数据的难度。

（4）**数字资产管理平台**。随着元宇宙的发展和普及，用户将会在虚拟世界中拥有更多的数字资产，例如加密货币、游戏道具、虚拟土地和数字艺术品等。数字资产管理平台可以给用户提供便捷的数字资产交易、存储和管理服务，帮助用户更好地管理和保护他们的数字资产，避免资产丢失或损失。数字资产管理平台还可以提供更安全、更可靠的数字资产交易服务，使用户更方便地进行数字资产交易。去中心化层为元宇宙中的数字资产提供了可信和安全的交易和管理机制，采用加密算法和多重签名等技术，确保数字资产的安全性和防伪性。

元宇宙的去中心化层可以为元宇宙提供安全、可信、去中心化的基础设施，为元宇宙中的应用程序和服务提供稳定的运行环境，打破了传统互联网和平台的垄断和中心化，为用户提供更加自由和开放的使用环境。去中心化层提供的技术和协议可以支持元宇宙中的应用程序和服务在不同的节点之间进行交互和协作，使元宇宙的应用程序和服务具有更高的灵活性和可扩展性。同时，去中心化层还可以为用户提供更多的选择和控制权，用户可以更好地掌握自己的数据和隐私，并自主决定如何使用和共享数据。因此，去中心化层在元宇宙中发挥着至关重要的作用，是实现元宇宙自由、安全、开放和创新的重要保障。

4. 智能驱动层

智能驱动层指的是为元宇宙提供智能化支持的技术层，主要包括数字创作技术、数字孪生技术和人工智能等技术。它们可以帮助用户创造虚拟资产和场景、提高生产效率、实现虚拟交互和协作、为智能系统提供数据支持等。元宇宙的智能驱动层是实现元宇宙智能化和互动化的重要技术支撑。

（1）**数字创作技术**。数字创作技术涵盖了三维建模、动画制作、虚拟现实、增强现实等技术，这些技术能够实现元宇宙中虚拟世界的创作和制作，丰富元宇宙的内容和应用。首先，数字创作技术可以帮助用户创造虚拟资产和虚拟场景，为元宇宙增添内容和价值。例如，利用计算机图形学技术和虚拟现实技术，用户可以创造逼真的虚拟场景和虚拟物体，如虚拟房屋、虚拟汽车等。这些虚拟资产可以作为用户在元宇宙中的身份标识和财富积累，为用户带来真实的经济收益。其次，数字创作技术可以帮助用户进行虚拟交互和虚拟协作。例如，利用增强现实技术和虚拟现实技术，用户可以在虚拟世界中与其他用户进行交互和协作，从而实现虚拟团队协作和虚拟社交。最后，数字创作技术还可以帮助用户进行虚拟教育和虚拟培训。例如，利用虚拟现实技术，用户可以在虚拟世界中进行虚拟培训和虚拟演练，提高工作技能和职业素养。

（2）**数字孪生技术**。数字孪生技术是一种将实际世界的物理对象、系统或过程进行数字化的技术，它将现实世界的实体建模成数字化的虚拟实体，并在元宇宙中进行仿真模拟，能够为用户提供更真实、更细致的虚拟体验。首先，数字孪生技术可以将实际物理对象的信息与虚拟场景中的虚拟物体相连接，增加虚拟世界的逼真性；其次，数字孪生技术可以帮助用户进行虚拟仿真和虚拟测试，提高生产和工作效率；最后，数字孪生技术还可为元宇宙中的智能驱动提供数据支持，将实际对象的数据实时映射到虚拟世界中，并为智能系统提供学习和优化的数据，从而不断提高其性能和精度。

（3）**人工智能技术**。通过自然语言处理、计算机视觉、机器学习等人工智能技术，能够让元宇宙具备自主学习和智能管理的能力，提供更加个性化和高效的服务。首先，人工智能技术可以对元宇宙中的大量数据进行分析和处理，从而实现智能推荐、智能搜索等功能，为用户提供更加便捷的服务；其次，人工智能技术可以为元宇宙中的智能设备和智能系统提供支持，如人工智能可以实现元宇宙中的语音识别、图像识别等功能，为用户提供更加智能化的交互方式；最后，人工智能技术还可以为元宇宙中的虚拟角色和虚拟代理提供智能支持，如人工智能可以实现虚拟角色的智能对话、智能行为等功能，从而增加元宇宙中的人机交互的自然度和真实感。

通过这些技术的应用，智能驱动层对元宇宙中的各种数据和信息进行处理、分析和应用，从而实现元宇宙的智能化和自主化管理。智能驱动层扮演着将元宇宙中的各种实体连接起来的桥梁和核心作用，实现了元宇宙中各个层级之间的高效连接和互动，提供了更智能、更自动化的服务和体验，是构建元宇宙基础设施和实现用户体验的重要组成部分。

5. 内容和应用层

元宇宙的内容和应用层是用户最直接接触的层面，为用户提供元宇宙的各种功能和应用场景。该层的功能和应用场景非常广泛，涵盖购物、游戏、社交、教育、医疗、工业、文化等多个领域，让用户在虚拟世界中实现各种不同的活动，提供丰富、多样的虚拟体验。

社交是元宇宙中最基本、最重要的应用之一。用户可以通过元宇宙中的社交平台在虚拟空间与其他用户建立联系、进行交流互动，形成虚拟社交圈，并可以通过分享自己的创作、虚拟场景等内容来提高自己在社交圈中的地位和影响力。游戏应用可以提供休闲娱乐和竞技比赛等多种游戏体验，元宇宙中的游戏可以是虚拟现实游戏、增强现实游戏或其他类型的游戏，让用户可以在虚拟世界中尽情地探险、冒险和娱乐，为用户提供了更加真实和丰富的游戏体验。在购物方面，元宇宙中提供了各种购物服务，用户可以通过元宇宙中的虚拟商店购买虚拟商品和虚拟资产，也可以通过元宇宙中的虚拟货币进行交易，享受更加便捷和安全的购物体验。教育应用可以为学生提供虚拟化的学习环境，提高学习效果和趣味性。在医疗方面，元宇宙中可以提供多种医疗服务和应用，例如远程医疗、虚拟医学诊断等。通过元宇宙中的医疗服务和应用，用户可以更加便捷地获得医疗服务和咨询，更方便地进行健康管理和疾病预防。在金融方面，元宇宙则可以为投资者提供虚拟化的交易体验，降低交易成本和风险。除此之外，应用层也为内容创造者、开发者和企业家等提供了一个创造和实现他们想法的平台，这为元宇宙的生态系统提供了支持和动力。总之，元宇宙中的应用丰富多彩，为用户提供了各种实现不同活动的可能性。

除了提供多样的虚拟体验和应用场景之外，内容和应用层还涉及虚拟经济和数字资产的管理和运营。随着元宇宙的发展，虚拟经济已经成为元宇宙中一个重要的组成部分，各种数字货币、数字商品和虚拟资产正在元宇宙中产生和流通。因此，应用层需要提供相应的管理和运营服务，以确保虚拟经济和数字资产的有效运营。总之，内容和应用层作为元宇宙框架中极为重要的一层，为用户提供了各种各样的虚拟应用程序和服务，也为元宇宙的发展提供了动力和基础。

1.5 元宇宙产业及应用

元宇宙产业是指以虚拟现实、增强现实、人工智能等技术为基础，构建一个数字化的拟真世界，实现人与虚拟空间的互动和交互。在元宇宙中，人们可以通过如同身临其境的虚拟场景进行沟通、交易、娱乐和创造。该产业涵盖了多个领域，包括虚拟社交网络、虚拟商业、虚拟教育、虚拟旅游等。元宇宙的应用还延伸到娱乐、艺术创作、医疗保健等领域。人们可以通过虚拟现实技术参与游戏、观看虚拟演出、创作虚拟艺术作品，元宇宙提供了更多的娱乐和创造可能性。元宇宙产业及其应用将为人们带来丰富的体验和机会，改变人们与数字世界的互动方式，推动虚拟经济和数字化社会的发展。

1.5.1　元宇宙产业

元宇宙的崛起为各行各业之间架起了一座桥梁，实现了物理世界与虚拟空间的紧密连接。元宇宙产业是指与元宇宙相关联的各种产业的总和，其中包括利用虚拟现实、区块链、人工智能、网络和运算技术等核心技术支撑的新一代数字化产业。元宇宙产业涵盖了多个领域，包括虚拟现实技术、数字娱乐、数字艺术、智能硬件、数字经济、数字教育、虚拟旅游、虚拟购物、数字医疗等。

随着5G、增强现实、云计算、区块链、人工智能等技术的持续进步，以及政策和企业的积极推动，元宇宙产业正在取得显著的发展成果。元宇宙产业是产业数字化在新时代下的全新发展阶段，更加强调数字化与实体产业融合的过程，是对实体经济进行赋能和创新的一种新型模式。元宇宙将数字能力引入现实世界，体现了数字经济与实体经济的有机结合。元宇宙产业不仅推动了新技术的研发和融合，还极大地加速了这些技术在制造业、医疗保健、能源与公共事业、零售业、交通运输、建筑与房地产等行业中的实际应用。它为这些行业带来了前所未有的机遇，推动了数字化在实体经济中的广泛应用和快速发展。从中长期发展的角度来看，元宇宙产业将成为元宇宙形态发展的必然趋势。通过数字孪生和工业智能技术实现产业流程再造和产业能效的持续提升，这将催生新一代的产业基础设施，推动实体经济的发展和社会效率的提升。元宇宙产业的核心价值在于将数字化技术与产业链更深层次地结合，提升数字世界与现实世界的协作效率，助推数字经济和实体经济的深度融合发展。

1.5.2　元宇宙应用

元宇宙是一个数字化互联空间，它将虚拟世界与现实世界紧密连接，提供了一个模拟的、可交互的三维网络世界。在这个世界里，用户可以进行自由探索、互动、创造、消费、社交和学习等活动，同时这些活动也与现实世界相互交织，带来前所未有的体验和无限可能。未来，元宇宙有望在社交、游戏、文旅、教育、医疗、工业等多个领域发挥重要作用。它将提供更真实、沉浸感和个性化的体验，打破现实世界的限制，扩展人们的交流、学习、娱乐和创造空间。通过元宇宙，人们可以在虚拟世界中实现跨越时空和地理的互动，创造出全新的可能性，推动社会的创新和发展。

1. 元宇宙社交

"社交第一性"决定了社交场景将成为元宇宙最重要的应用场景。元宇宙为用户提供了虚拟社交平台,使人们可以在虚拟世界中与他人进行社交互动、参与游戏和娱乐活动,体验全新的社交和娱乐方式。元宇宙社交应用能够融合线下和传统线上社交的优势,打破时间和空间的限制,又能较大程度地减少传统线上社交中存在的体验感较差的问题,创造了新的社交场景和体验。元宇宙社交应用涉及元宇宙概念中的多个关键要素,如1.1.2小节介绍的8个关键特征,即身份、朋友、沉浸感、低延迟、多样性、随地性、经济和文明。然而,真正成熟的元宇宙社交应用还未出现,目前市场中的元宇宙社交应用只是涉及8个关键特征中的一部分,其中3D虚拟形象因其技术发展较为成熟而最为常见。总体而言,元宇宙社交应用场景的发展仍处于初期阶段,但它融合了线下社交和传统线上社交的优点,提供了更丰富、多样化和具有真实感的社交体验。未来,随着技术的进步和创新,元宇宙社交将进一步探索更具商业价值的盈利模式和商业变现途径,为人们带来更多的社交机会和商业机会。

2. 元宇宙游戏

元宇宙提供了一个虚拟的游戏世界,玩家可以在其中创建自己的角色、定制外观,并与其他玩家进行互动。元宇宙游戏是一种融合了用户生成内容属性和金融交易属性的游戏形式。它强调用户生成内容,使玩家可以参与游戏内容的创作和定制化,丰富了游戏的体验和内容。同时,元宇宙游戏利用区块链技术提高了游戏的金融属性,通过引入游戏化的金融产品和互动性,增加了用户参与度。元宇宙游戏还致力于打破游戏之间的边界,实现不同游戏之间的跨平台互通。玩家可以在多个游戏中使用统一的身份和资产,进行跨游戏的交易和互动,增强了游戏的互联性和可玩性。元宇宙能够为用户提供沉浸式的游戏体验,同时也为游戏开发者提供了更广阔的创作空间和社区,促进了游戏的创新和发展。总之,元宇宙在游戏领域提供了更加开放、互动和创造性的游戏体验,使玩家能够参与游戏内容的创作和社交互动,并在游戏中进行经济交易和跨平台互通。这种创新的游戏模式为玩家提供了更多的娱乐选择和参与度,推动了游戏产业的发展和创新。

3. 元宇宙文旅

元宇宙在文旅领域的应用场景是通过数字化技术创造全新的文旅体验。它旨在满足现代人对于感官体验的追求,进而实现增加游客数量、提高游客消费额度以及增强游客黏性等目标。通过元宇宙的赋能,景区、主题乐园、历史古城等文旅主体能够突破传统旅游的时间和空间限制，为游客提供更加具有沉浸感、科技感和满足感的体验。借助虚拟现实、增强现实等先进技术，游客可以参与虚拟旅游、互动体验、虚拟展览等活动，为旅行增添趣味和提供新体验。此外，元宇宙还可以提供个性化定制的旅游服务，根据游客的兴趣和需求，为他们打造独特且个性化的旅行体验，进一步提升游客的满意度和参与度。元宇宙文旅将数字化技术与文化旅游相结合，可以为游客创造更丰富、更互动、更具吸引力的旅行方式，促进文化传承与创意产业的融合。

4. 元宇宙教育

元宇宙在教育领域的应用场景是通过元宇宙与智慧教育的结合，为教师、学生和管理者等教育参与者创建数字身份，并在虚拟世界中建立正式和非正式的教学场所，实现互动和交流。元宇宙在教育领域的应用场景包括虚拟学习环境、个性化学习、跨地域合作、虚拟实践和职业培训等方面。通过元宇宙与智慧教育的结合，教育参与者可以在虚拟世界中建立数字身份，参与互动和交流。教育元宇宙为学生提供了沉浸式学习体验、个性化学习路径和跨文化交流的机会。同时，它还整合了丰富的教育资源和实践情境，促进了教育的创新和发展，提升了学生的学习效果和能力培养。元宇宙为教育带来了全新的教学模式和学习体验，推动了教育的数字化转型和教育方式的变革。

5. 元宇宙医疗

元宇宙在医疗领域的应用场景十分广泛，涵盖了医学成像、手术辅助、医学教育、远程医疗、康复训练、药物研发等方面。元宇宙在医疗领域的应用能为医疗提供新的工具和技术，通过虚拟现实、增强现实和混合现实等技术的应用，优化医疗流程，提升医疗水平，改善患者体验。通过虚拟现实技术，医生可以进行更准确的诊断和手术规划，提高手术精确度和安全性。增强现实技术可以实时指导手术操作和提供教学辅助，提高手术成功率和学习效果。远程医疗和康复训练方面，患者可以在家中接受医疗服务和进行个性化的康复训练，减少医疗资源浪费和时间消耗。在药物研发方面，虚拟现实技术可以加速药物研发过程，降低研发成本。综上所述，元宇宙在医疗领域的应用具有巨大潜力，有望为医疗提供创新的解决方案，提升医疗质量和效率以及改善患者的医疗体验。

6. 元宇宙工业

元宇宙在工业领域的应用场景广泛而多样，它为工业领域带来了创新和改进的机会。元宇宙在工业领域的应用场景主要体现在驱动智能制造方面。它通过将现实世界和元宇宙信息紧密融合，并结合用户的参与，实现对工业生产的指导和优化，以提高生产效率和质量。工业元宇宙在工业生产、供应链管理、数字孪生、虚拟培训和维护等方面发挥着关键作用。借助实时监测、模拟仿真和数据分析等技术，工业元宇宙提供智能化、可视化和协同化的工作环境，为工业领域带来了更高效率、更大灵活性和更强创新能力的机遇。通过优化生产流程、提供实时反馈和增强决策支持，工业元宇宙为企业带来了全新的生产方式和运营模式，推动着工业领域的转型升级。

1.6 元宇宙的影响

元宇宙作为一种新概念、新理念，尽管目前尚处于起步阶段，其整体全貌和发展前景难以准确把握。但从元宇宙虚拟世界与现实世界的紧密融合，以及数字技术、人工智能、大数据、云计算和区块链等领域的深度融合来看，元宇宙必将对未来社会发展产生深刻而巨大的影响。它不仅深刻影响人类的生产方式、生存状态和生态格局，而且将改变人们的思维方式、认知模式和行为习惯，对科学研究、社会发展、人才培养和就业市场等多个方面都将产生重大影响。

1. 对科学研究的影响

元宇宙对科学研究具有广泛而深远的影响。它为科学研究提供了全新的实验与研究平台，有望促进科学交流与合作，并提升科学传播的效果。然而，元宇宙的兴起也对传统哲学与科学提出了巨大的挑战，需要不断开拓和研究新的理论与方法，以应对元宇宙带来的全新现实与挑战。但随着元宇宙技术的不断发展与创新，我们可以期待元宇宙将进一步推动科学研究的边界拓展，带来更多的突破与创新。

（1）提供全新的实验与研究平台。元宇宙提供了虚拟实验环境，极大地加速了科学发现和创新的进程。科学家可以利用元宇宙模拟和探索各种实验条件和环境，从而突破传统实验受限的限制。通过在虚拟空间中进行复杂的模拟和计算，科学研究可以更高效地进行，加快了科学的进步和发展。

（2）促进跨学科合作和交流。元宇宙为跨学科研究提供了宝贵的合作和交流的机会。在元宇宙中，来自不同领域的科学家、研究人员和专家可以共同参与项目，共享知识和数据，开展合作研究。这种跨界合作能够促进不同领域之间的知识交叉和合作创新，推动科学研究的前沿进展。

（3）提升科学传播效果。元宇宙通过直观、沉浸和交互式的科学展示方式，极大地提升了科学传播的效果和公众的参与度。传统的科学展览和科普活动通常受到场地、时间和空间的物理限制，而元宇宙可以创造出丰富的虚拟体验，将科学知识以更生动、直观的方式呈现给公众。公众可以通过互动参与、沉浸式体验等方式更好地理解和掌握科学知识，促进科学素养的提升。

2. 对社会发展的影响

元宇宙对社会发展带来了多方面的影响。它将深刻改变人们的沟通交流方式和工作生活方式，推动产业融合和创新，促进智慧城市的建设，并推动社会的变革。作为一个全新的概念和技术领域，元宇宙开启了社会发展的崭新篇章，为社会带来了无限的可能性和机遇。但在积极推动技术创新和数字经济发展的同时，还需要理性看待元宇宙所带来的社会问题，并制定相应的策略和规范。只有在合理引导和规范的前提下，元宇宙才能真正发挥其潜力，为社会发展带来积极且可持续的影响。

（1）**打破空间限制，改变沟通和交互方式**。元宇宙打破了传统空间的限制，为人们创造了更真实、自由和身临其境的交流体验。人们可以在虚拟空间中创建虚拟身份，与全球范围的用户实时互动，超越地理和语言的限制。这为跨国、跨文化的沟通和合作提供了前所未有的便利，促进了全球范围的知识共享和文化交流。同时，元宇宙也为人们带来丰富的虚拟社交体验，人们可以参与虚拟社区、社交游戏和活动，扩大社交圈子，并以个性化的方式表达自己。然而，我们也需要关注隐私保护、信息安全和道德问题，确保元宇宙的发展与个人权益和社会价值的平衡。

（2）**推动文创产业跨界衍生，刺激信息消费**。元宇宙为创意和艺术提供了全新的表达方式，打破了传统艺术形式的限制，激发了艺术家、设计师和创作者的数字化创作热情。在元宇宙中，文学、影视、音乐、游戏等不同领域的创意产业可以相互交织和融合，共同创作出丰富多样的文创作品。这种跨界合作不仅推动了文化产业的创新和发展，还创造了更多的商业机会。虚拟演唱会、虚拟旅游、虚拟购物等丰富的虚拟体验满足了人们多样化、个性化消费的需求，推动了数字内容市场的发展和信息消费的增长。但是，在推动元宇宙发展的过程中，需要注重内容创作质量、版权保护和用户体验，以确保文创产业和信息消费的可持续发展。

（3）**推动智慧城市应用场景建设，创新社会治理模式**。借助元宇宙中各种技术的综合应用，城市能够创建虚拟的数字副本，实现资源和服务的数字化管理和智能化运营。这为城市规划、交通管理、环境保护等领域的智慧化提供了新的机会和解决方案，居民可以通过虚拟现实技术享受便捷的城市服务。同时，元宇宙有望改善城市的社会治理模式，通过虚拟空间中的社交互动和协作工具，居民参与城市决策和公共事务，提高公众参与和民主治理的机会。然而，在推进智慧城市建设的过程中需要关注数据安全、隐私保护和社会公平等重要问题，确保元宇宙的应用符合公众利益和社会可持续发展的原则。

（4）促进社会结构变革，传统行业面临数字化转型机遇。元宇宙将催生出一系列新技术、新业态和新模式，促进传统产业的变革。元宇宙将虚拟空间与现实世界紧密联系，吸引更多人在虚拟世界中消耗时间，并可能构建一个融合生产、消费和娱乐的虚拟空间。这类场景的具体实现为传统行业带来了全新的数字化转型机遇。如元宇宙中的虚拟购物平台可以改变传统零售业的商业模式，提供更丰富的购物体验和个性化的服务。然而，虚拟世界也可能对现实世界的经济结构和生产消费关系产生巨大冲击，如虚拟商场冲击现实商场、虚拟影院冲击现实影院等，对各行业的就业市场和经济活力可能产生深远影响。

3. 对人才培养的影响

元宇宙对人才培养的影响是多维度的。它不仅对人才培养提出了新的要求，也为教育机构和企业创造了更多的发展空间。在这一新兴领域中，教育机构需要不断创新，开发与元宇宙相关的课程和实践环境，以培养学生的技能和创新能力。同时，企业也扮演着重要的角色，积极参与人才培养，并与教育机构紧密合作，共同推动元宇宙人才的培养和发展。元宇宙的兴起不仅代表了技术的革新，更是人才培养的机遇，为社会的发展和创新注入了新的活力和动力。

（1）为教育机构提供新的发展空间。随着元宇宙产业进入落地期，对相关人才的需求不断增加。教育机构可以积极响应这一趋势，开设与元宇宙相关的专业课程、培训项目和研究方向，培养学生掌握相关知识和技能。此外，建立元宇宙人才研究院等机构，提供专业的培训和研究支持，可进一步推动人才的培养和发展。

（2）对人才培养提出了全新的要求。元宇宙的发展需要跨学科、综合能力和复合型背景的人才。学生需要具备数字化技能、数据分析和应用能力、创新思维等核心能力，以适应元宇宙产业的需求。此外，元宇宙的融合性质也要求人才具备多样化的知识和能力，既要了解技术和工具，又要具备艺术、设计和人文等领域的素养。因此，人才培养需要从课程设置、实训环境到科研创新能力的全面规划，培养学生的综合能力和跨界思维。

（3）为企业带来了新的机遇和挑战。互联网企业可以通过推出与元宇宙相关的人才培养计划，吸引并引入大量的人才。企业可以与教育机构合作，共同培养元宇宙数字化人才，以满足业务发展的需求。同时，教育机构可以通过产教融合、校企合作等方式，联动培养元宇宙数字化人才，提供实践训练和职业能力培养。

4. 对就业市场的影响

元宇宙作为一个将虚拟和现实结合的数字世界，利用区块链技术创造去中心化的框架，结合了虚拟现实、人工智能、大数据、物联网、云计算等多种互联网技术，构建出了一个全新的社会经济系统。随着元宇宙不断渗透到更多的行业中，将出现一个更加繁荣的社会经济形态，为百万人创造新的就业机会。各行业与元宇宙的融合将进一步拓展就业市场，推动经济的发展和创新。

（1）政策利好和行业巨头的推动为元宇宙带来了发展的新机遇。政府在政策层面积极支持元宇宙行业的发展，为创业者和企业提供了良好的发展环境和政策支持。同时，行业巨头积极投资和领导元宇宙的发展，带动了相关产业的蓬勃发展。这为就业市场提供了更多的机会和空间。

（2）行业需求催生了一系列新的就业方向和产业。在交互体验领域，智能硬件的需求不断增长，包括虚拟现实头显、手势识别设备等，这为技术开发人员和工程师提供了就业机会。可视化基础是元宇宙的重要组成部分，3D引擎技术的应用日益广泛，需要具备相关技术和设计能力的人才。虚拟人技术结合了人工智能和大数据分析，需要专业的人工智能工程师和数据分析师来开发和应用。虚拟房产领域需要城市规划师和建筑设计师，他们能够通过元宇宙平台进行虚拟城市规划和建筑设计。清结算和智能合约是元宇宙中的关键技术，需要具备区块链和智能合约方面专业知识的人才。

1.7 小结

本章系统介绍了元宇宙的概念、发展历程、现状以及基本框架，带领读者踏入一个充满无限可能的虚拟世界。元宇宙是一个由多种技术集成共同建设的生态系统，它代表了虚拟与现实世界的交汇点，为用户提供了全新的互动和创造平台。回顾元宇宙的发展历程，从最初构想的提出到初步的实践阶段，虚拟现实、增强现实、人工智能以及区块链等技术都为元宇宙的建设注入了强大的动力。元宇宙是一个复杂的系统，其整体框架由多个层次相互交织而成，每一层次又涉及相应的技术支撑。各层之间紧密联系、协同作用，共同构建了一个紧密结合的元宇宙框架。在元宇宙的发展过程中，各国政府和企业扮演着重要角色，通过政策支持和商业投资推动元宇宙的发展和商业化。未来，随着技术的不断进步和应用的不断拓展，元宇宙有望实现更加广阔的发展前景，逐步实现更加逼真、具有沉浸感和多样化的体验，为用户带来前所未有的交互与创造机会。元宇宙的到来将重塑人们的生活方式、商业模式和社会结构，开启一个全新的数字化时代。

习题

1. 请描述元宇宙是什么。
2. 请判断元宇宙就是 VR 吗。
3. 请简述元宇宙能解决什么问题,我们为什么需要元宇宙。
4. 列举元宇宙的八大基本特征。
5. 请描述元宇宙的基本框架。
6. 请简述元宇宙的发展方向。
7. 请简述如何看待各行业对元宇宙的布局。
8. 讨论实现元宇宙将会面临哪些问题。
9. 请思考并描述元宇宙对人类产生的积极影响和消极影响。
10. 思考如何规范元宇宙的治理。

第 2 章

接入元宇宙：网络与通信

网络与通信技术是元宇宙的数据联通基石，它连接着不同的用户、设备和数据，为元宇宙用户提供更加沉浸式的虚拟体验和更加丰富的虚拟应用场景。本章系统介绍计算机网络技术和移动通信技术的基本概念与发展历程，聚焦新一代互联网协议、新一代移动通信技术和短距离无线接入技术等关键技术，并分析网络通信技术在元宇宙中的重要作用和未来发展方向。

2.1 网络与通信技术概述

网络与通信技术密不可分，它们共同构成了现代通信系统的基础。网络技术是通信系统的支柱，通过网络设备和协议实现了设备间的连接、数据交换、资源共享等，形成了庞大的信息传输基础设施。移动通信技术则是网络技术的延伸，专注于无线通信，为移动设备间的通信提供了便利。

2.1.1 计算机网络技术

计算机网络是由连接的计算机系统和设备组成，以实现数据和信息的传输、交换和共享。它们通过不同的拓扑结构，以及覆盖不同范围，形成一个复杂的通信系统，为网络的设计和管理提供了理论框架。这些基本概念、结构和范围共同构成了计算机网络的基础，推动着网络技术的不断发展和创新。

1. 计算机网络的基本概念

计算机网络技术为人类世界信息化进程带来飞速的发展。第一代互联网实现了计算机间的高效信息传输，而第二代互联网（移动互联网）实现了"户对户"之间随时随地的连接。现今，元宇宙这一全新数字世界，被广泛称为第三代互联网。由此可见，元宇宙与计算机网络技术密不可分，将会成为未来互联网发展的新方向，蕴藏着广阔的发展前景。

计算机网络是通过通信链路将多台计算机连接在一起的系统，使计算机间能够相互交换数据和资源。这种网络架构不仅连接了位于不同地点的计算机设备，还允许用户在网络上发送、接收和共享信息，实现资源的高效共享。计算机网络依赖于通信协议和规则，保证了数据的正确传输和交换，并在现代社会中成为信息交流、经济发展和社会进步的基础设施之一。计算机网络的技术体系复杂多样，可以根据其拓扑结构或覆盖范围进行简单的分类。

2. 计算机网络的拓扑结构

在计算机网络中,节点是指网络中的一个连接点,它可以是计算机、网络设备或者其他通信设备。节点在网络拓扑中扮演着重要的角色,通过节点之间的连接,数据可以在网络中传输和交换。计算机网络的拓扑(topology)结构是指网络中各个节点相互连接的形式。计算机网络的拓扑结构主要有五种:星形、树状、总线、环形和网状,如图2-1所示。

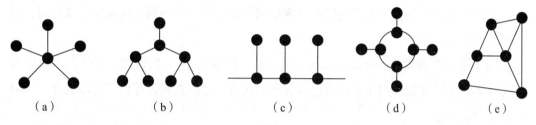

图 2-1 不同类型的网络拓扑
(a)星形拓扑结构;(b)树状拓扑结构;(c)总线拓扑结构;(d)环形拓扑结构;
(e)网状拓扑结构

(1)星形拓扑结构网络。所有设备(计算机、设备或网络设施)都连接到一个中央交换设备(如交换机或集线器),这种结构具有简单易懂、易于管理和容错性强等优势,特别适用于小型局域网。然而,星形拓扑结构也存在一些缺点,如中心节点成为单点故障、可能引起通信瓶颈、在大型网络中的扩展性受限等问题。

(2)树状拓扑结构网络。从根节点到叶节点具有层次性和冗余路径的优势,便于网络管理,具有一定的容错性。树状拓扑结构网络适用于一些中等规模的局域网,相比星形拓扑结构网络在扩展性方面较为有利。但树状拓扑结构网络也存在根节点成为单点故障的风险,在大规模网络中可能导致通信路径较长的问题。

(3)总线拓扑结构网络。利用一条公共总线连接所有设备,所有节点同时连接到共享的传输介质上。这种网络结构简单、成本低且易于扩展,适用于小型局域网和一些家庭网络或小型办公室网络。节点通过共享介质进行数据传输,公平性较高,每个节点都能接收传输的数据,但只有目标节点处理数据。总线拓扑结构的局限性在于单点故障风险,且性能随节点数量增加而下降,导致带宽受限。

(4)环形拓扑结构网络。设备以环状连接,每个设备与相邻设备直接相连,这种结构简单直观,适用于小型局域网或一些实时数据传输场景,能够实现较好的负载均衡。但也存在一些缺陷,如单点故障可能导致整个环路中断,并且随着节点数量增加,数据传输的延迟可能增加。

（5）网状拓扑结构网络。设备之间以多个连接路径相互连接，形成全互联的网络。它具有高度冗余和容错性，每个节点之间有多条通信路径，当部分节点或连接出现故障时，网络仍能正常运行。网状结构具备灵活性和高性能的优点，可适应不断变化的网络需求，实现更高的吞吐量和较低的延迟。但网状结构的复杂性和高成本使其应用范围具有一定的局限性。

3. 计算机网络的覆盖范围

根据网络覆盖的地理范围可以将计算机网络分为个人区域网、局域网、城域网、广域网和因特网。

（1）个人区域网（personal area network，PAN）。个人区域网是在个人工作区内个人使用的电子设备采用无线技术连接起来的网络，如便携式计算机和打印机等，作用范围在10m左右。

（2）局域网（local area network，LAN）。局域网覆盖的范围往往是地理位置上的某个区域，一般把计算机和服务器通过高速通信线路连接起来，其传输速率在10Mbps以上。例如，把校园或企业内部的多个局域网互连起来，构成了校园网或企业网。目前局域网主要有以太网（ethernet）和无线局域网等。

（3）城域网（metropolitan area network，MAN）。城域网一般来说是将一个城市地理范围内的计算机互联起来的网络。这种网络的连接距离可以达到10~100km。与LAN相比，MAN扩展的距离更长，连接的计算机数量更多，它在地理范围上可以说是LAN网络的延伸。在一个大型城市或都市地区，一个MAN网络通常连接着多个LAN网，如连接政府机构的LAN、医院的LAN、电信的LAN、公司企业的LAN等。

（4）广域网（wide area network，WAN）。广域网也称为远程网，所覆盖的范围比MAN更广，一般是将不同城市的LAN或者MAN网络互联，覆盖的地理范围可达几百千米到几千千米。因为距离较远，信号衰减比较严重，所以这种网络一般要租用专线，通过接口信息处理器（interface message processor，IMP）和传输介质连接起来，构成网状结构，以解决寻径问题。ChinaNET、ChinaPAC和ChinaDDN网都属广域网范畴。

（5）因特网（Internet）。因特网又称为国际互联网。人们几乎每天都要与因特网打交道。目前无论从地理范围，还是从网络规模来讲它是最大的一种网络，覆盖了整个世界。这种网络的最大特点是具有不确定性，整个网络的拓扑结构时刻随着网络的接入而不断地变化。

4. 计算机网络的体系结构

计算机网络的体系结构如图 2-2 所示，通常采用分层协议，每一层负责特定的功能和任务，上层的功能依赖于下层提供的服务。

（1）**物理层**。物理层是网络的最底层，负责将比特流转换为物理信号进行传输，并实现硬件设备之间的连接和电信号的传输。

（2）**数据链路层**。数据链路层在物理层之上提供了数据的传输和可靠性控制，它将数据分割成帧并在物理介质上进行传输。常见的数据链路层协议包括以太网（ethernet）、无线（局域）网（Wi-Fi）等。

（3）**网络层**。网络层负责实现数据报在网络中的路由和转发功能，实现不同网络之间的互联和数据传输。常见的网络层协议包括互联网协议（internet protocol，IP）和互联网控制消息协议（internet control message protocol，ICMP），IP 定义了数据报的格式和地址规范，ICMP 用于网络中的错误和控制消息。

（4）**传输层**。传输层负责在网络中的不同主机之间提供端到端的数据传输和可靠性保证。常用的传输层协议是传输控制协议（transmission control protocol，TCP）和用户数据报协议（user datagram protocol，UDP），TCP 提供可靠的、面向连接的数据传输，而 UDP 提供无连接和不可靠的数据传输。

（5）**应用层**。应用层是最靠近用户的一层，负责提供用户应用程序和网络之间的接口。它包括各种应用协议，如超文本传送协议（hypertext transfer protocol，HTTP）、文件传送协议（file transfer protocol，FTP）、简

图 2-2　计算机网络体系结构

单邮件传送协议（simple mail transfer protocol，SMTP）等，用于实现不同应用的功能和数据交换。

2.1.2　移动通信技术

移动通信是一种通过无线技术实现移动设备间语音、数据和视频通信的系统，涉及多种技术和标准，通过蜂窝状区域划分、基站设立、通信协议等技术实现稳定的通信服务。迅猛发展的移动通信推动了信息交流、社交媒体、移动支付和移动应用的蓬勃兴起，为人们带来更为便捷和多元化的通信体验。在未来信息技术的不断进步下，移动通信将持续在数字时代中发挥重要角色。

2.1.3 移动通信技术的发展历程

移动通信技术的发展历程如图 2-3 所示，移动通信技术在第一代（1G）至第五代（5G）的发展历程中，每次技术更新都带来了通信速率等性能的显著提升。这种不断推陈出新的发展势头，为元宇宙所需的实时海量信息交互和沉浸式体验提供了必要的通信技术和计算能力，从而实现了用户对低时延和高拟真度的卓越体验。随着元宇宙的兴起，通信技术也将持续拓展和深化，为构建全新的虚拟世界提供更加广阔的可能性。

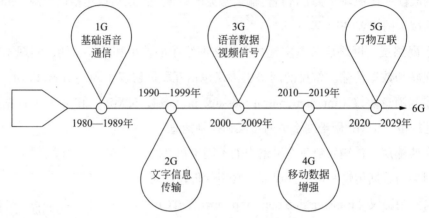

图 2-3　移动通信技术的发展历程

1. 第一代移动通信技术（1G）

第一代移动通信技术（1G）是指最初的无线移动通信技术，在当时开创了移动通信的先河，为随后的移动通信技术发展奠定了坚实的基础。1G 技术主要出现在 1980—1989 年，被应用于语音通话，但当时并不支持高速数据传输和互联网接入。

1G 主要采用的标准是模拟电信标准，其典型代表有先进移动电话系统（advanced mobile phone system，AMPS），该系统于 1983 年在美国首次商用。AMPS 是一种模拟信号的蜂窝式移动通信技术，它使用频分多址（frequency division multiple access，FDMA）技术来实现多个用户同时在同一频段上进行通信。具体来说，AMPS 将通信频段划分成多个频道，每个频道都有一定的带宽。当用户进行通话时，系统会为其分配一个特定的频道，用户的语音和数据以模拟信号的形式在该频道上传输。

1G 技术是最早期的移动通信技术，存在许多局限性：①采用模拟信号，通话质量容易受环境、距离和其他无线信号干扰影响，通话品质较差；②不同地区采用了不同的 1G 标准，导致 1G 系统之间不能互通，限制了国际漫游和全球通信；③1G 网络的容量有限，同时支持的用户数较少，导致通信拥塞和通话中断；④安全性差，容易被窃听和伪装攻击。

2. 第二代移动通信技术（2G）

第二代移动通信技术，也称为 2G 技术，是 20 世纪 90 年代初期开发的基于数字调制技术的数字蜂窝移动通信系统。2G 技术既可以支持话音业务（收发文字短信和各种多媒体短信），也可以支持低速数据业务（电子邮件、传真等）。2G 主要可以分成两种技术规格，即时分多址（time division multiple access，TDMA）技术和码分多址（code division multiple access，CDMA）技术。

采用 TDMA 技术的代表是欧洲的全球移动通信系统（global system for mobile communications，GSM）。1982 年，欧洲成立移动通信特别小组，旨在制定泛欧移动通信漫游标准。GSM 是其中一个移动通信小组名字的缩写，由于其在欧洲的蜂窝移动通信方面做了大量的工作，对 8 个不同的实验方案进行了论证，最终制定了泛欧洲的数字蜂窝移动通信系统，因此以其名称命名。GSM 移动电话系统具有频谱利用率高、容量大、自动漫游和自动切换等优点，采用增强全速率编码后，通信质量得到了显著提高，并且还具有业务种类多、易于加密、抗干扰能力强、用户设备小、成本低等优点。

CDMA 技术在 GSM 技术出现不久后由美国提出，最初用于军事抗干扰，后被美国高通公司推广到商用。1998 年，美国电信产业协会将窄带 CDMA 标准由 IS-95A 改进为 IS-95B，其能满足更高的比特速率业务的需求。相比于 GSM，CDMA 网络的建造和运行费用较低，节省了用户的消费成本。在相同的环境下，CDMA 产生的杂音要小很多，上网速率也更快。此外，CDMA 的发射功率相当低，可以避免辐射的副作用，并大大延长手机的待机和通话时间，避免短时间电池消耗过快、错过重要通话和短信息等问题。

2001 年，2G 网络在中国开始正式投入使用，但 2G 技术数据传输速度较慢，最大传输速率仅为 236.8 Kbps，信号覆盖和通话质量方面效果较差。因此，随着 3G、4G 和 5G 等技术的出现和发展，2G 技术逐渐被取代。然而，2G 技术的出现奠定了数字移动通信的基石，为移动通信技术的发展打下了坚实的基础。

3. 第三代移动通信技术（3G）

第三代移动通信技术，即 3G 技术，是支持高速数据传输的蜂窝移动通信技术。3G 技术具有同时传送声音和数据信息的能力，可以提供高速数据传输服务。根据不同的标准，目前 3G 技术主要分为：CDMA2000、宽带码分多址（wideband code division multiple access，WCDMA）、时分同步的码分多址（time division-synchronous code division multiple access，TD-SCDMA）技术 3 种类型。

CDMA2000 是一种宽带 CDMA 技术，它是在窄带 CDMA（即 CDMA IS-95）技术基础上发展而来的。该技术由美国高通北美公司领导开发，也称为多载波码分多址

（CDMA multi-carrier）。CDMA2000 技术提供高达 2.4Mbps 的数据传输速度，同时支持语音和数据服务，并且具有向后兼容的技术，这意味着它可以在现有的 CDMA 网络上进行逐步升级，而不需要一次性替换所有设备。

WCDMA 是一种基于 GSM 网络的 3G 技术规范，是欧洲提出的一种宽带 CDMA 技术，得到了以 GSM 系统为主的欧洲厂商和日本公司的支持。WCDMA 技术采用了扩频技术，将所有用户的信号混合在同一频带内传输，通过不同的扩频码将不同用户的信息区分开来，从而实现多用户共享同一频带的通信。WCDMA 技术不仅可以支持高速率、高效率、高质量的通信，还可以适应不同用户、不同业务的需求，具备支持高速率数据传输、频谱资源利用率高、业务通用性和灵活性高、抗干扰性强等优势。

TD-SCDMA 技术是中国自主研发的第三代移动通信标准之一，该技术结合了时分多址技术和码分多址技术的特点，采用分时复用和扩频技术，可同时支持语音、数据和图像等多种业务。相比于其他移动通信技术，TD-SCDMA 技术采用分时复用和扩频技术，可有效利用频谱资源，提高频谱利用率，降低通信成本；采用多径补偿技术，能够有效抵抗多径干扰，提高信号的接收质量，扩大覆盖范围，具有较好的覆盖性能。此外，TD-SCDMA 技术支持多种业务，包括语音、数据和图像等，具有较强的通用性和灵活性。

目前国内的 3G 技术主要采用中国电信 CDMA2000、中国联通 WCDMA 和中国移动 TD-SCDMA 3 个无线接口标准。3G 技术的推出，显著提升了移动设备的网络速度和通信质量，为人们在移动设备上使用元宇宙应用和服务提供了更好的基础设施和支持。同时，3G 技术也为元宇宙的发展提供了一些技术和平台基础。例如，3G 技术支持视频通话和流媒体传输，为虚拟现实和增强现实技术的应用提供了更好的技术支持。此外，3G 技术也为元宇宙游戏和应用提供了更好的网络连接和互动支持。3G 技术的成功推出和普及，也为后续移动通信技术的发展奠定了基础，为元宇宙的发展以及数字化时代的信息交流和互动提供了更好的技术基础。

4. 第四代移动通信技术（4G）

第四代移动通信技术，可称之为 4G 技术，是指一种新的具有更稳定连接的移动通信标准。相较于 3G 技术，4G 技术的速度更快、更稳定，支持更高的数据传输速率和更丰富的多媒体内容。主要的 4G 标准包括长期演进（long-term evolution，LTE）、全球微波接入互操作性（world interoperability for microwave access，WiMAX）和增强型高速分组接入（high speed packet access+，HSPA+）技术等。

LTE 技术是基于正交频分多址接入（orthogonal frequency division multiple access，OFDMA）和多输入多输出（multiple input multiple output，MIMO）等技术开发而成的，

能够实现更高的数据传输速率和更低的延迟，同时支持更多的用户连接。在实际应用中，LTE 可以提供更高的数据传输速率，理论上可达到 100Mbps 的下载速度和 50Mbps 的上传速度；同时，它的延迟也更低，可以实现更快的响应速度和更流畅的使用体验。此外，LTE 技术还能支持更多的设备连接，为物联网和智能家居等领域提供更好的支持。

WiMAX 技术采用了 OFDMA 技术和 MIMO 技术等，可实现高速率、长距离和宽覆盖的无线传输。该技术可提供高达 70Mbps 的数据传输速率，远超传统宽带技术，实现高速率传输。同时，WiMAX 技术可实现长达 50km 无线传输距离，解决了传统有线宽带无法覆盖地区的网络接入问题。此外，WiMAX 技术覆盖范围广泛，可覆盖城市和农村等不同的地域。而且，WiMAX 技术采用了 OFDMA 技术，可实现对不同业务的灵活配置和分配，满足不同用户的需求。最后，WiMAX 技术的部署相对容易，可快速实现无线网络覆盖，为用户提供高速率、高宽带和高质量的网络接入服务，为未来移动通信和物联网等领域的发展提供支持。

HSPA+ 是一种基于 WCDMA 技术的无线宽带技术，可实现更高的数据传输速率和更好的网络性能。该技术可提供高达 84Mbps 的数据传输速率，比传统的 HSPA 技术提高数倍。同时，HSPA+ 技术还可实现更好的网络性能，包括更高的网络容量、更低的延迟和更好的覆盖范围。此外，HSPA+ 技术可支持更多用户同时接入网络，提高了网络的利用率和效率。HSPA+ 技术采用了更高效的网络架构和更智能的调度算法，可降低网络的成本和运营成本。该技术应用范围广泛，包括移动宽带、无线城市、物联网等领域。

与 3G 技术相比，4G 技术可提供更高的数据传输速率和更低的延迟，使在线视频、实时游戏、云存储和其他高带宽应用变得更加顺畅、可靠。此外，4G 技术还支持更多设备连接，为物联网和智能家居等领域提供更好的支持。4G 技术的广泛应用促进了移动互联网的发展和普及，使人们可以更加方便地获取信息和进行沟通。

5. 第五代移动通信技术（5G）

第五代移动通信技术，即 5G 技术，是移动通信技术的最新进化阶段。与前几代移动通信技术相比，5G 技术具有更高的数据传输速率、更低的延迟、更大的连接密度和更高的网络可靠性。国际电信联盟（international telecommunication union，ITU）将第五代移动通信技术定义为 IMT-2020（international mobile telecommunications-2020），该标准对 5G 技术的数据传输速率要求可以达到每秒数万兆，毫秒级的延迟，连接密度可以支持每平方千米数百万个设备。目前，主要的 5G 技术标准包括第三代合作伙伴计划（the 3rd generation partnership project，3GPP）制定的新无线接入技术（5G New Radio，

5G NR）标准以及电气和电子工程师学会（IEEE）制定的802.11ax标准。其中，5G NR标准定义了一系列规范和技术，旨在提供5G移动通信的新无线接入技术，主要包括新的调制解调技术、新的频谱利用方式、更高的数据传输速率、更低的延迟和更广泛的覆盖范围，使得5G网络能够支持更多设备连接和更多应用场景。而802.11ax标准是对现有Wi-Fi标准的功能改进和优化升级，旨在提供更高的数据传输速率、更好的网络性能、更大的网络容量和更稳定的连接，以适应5G时代日益增长的无线数据需求。

5G技术相对于4G技术在数据传输速率、延迟、连接密度、覆盖范围、频谱效率等方面都实现了显著的提升，这些特性使得5G技术成为一种更加强大和适应未来无线通信需求的技术。它将推动移动通信和无线网络进入全新的发展阶段，为人们带来更快速、智能和互联的通信体验。

6. 第六代移动通信技术（6G）

第六代移动通信技术，即6G技术，目前仍处于研发和探索阶段，尚未正式商用。未来6G技术将朝着更高的数据传输速率、更低的延迟、更高的频谱效率、更强大的网络安全等方向发展，并融合多种通信技术实现多种网络的衔接和互通。6G技术预计在2030年前后开始逐步商用，随着科技的发展和标准的完善，6G技术的特点将会有所变化和进一步细化。可以预见的是，6G技术将进一步推动移动通信技术的革新和发展，为数字社会的进一步智能化和互联化提供更强大的支持。

2.1.4 计算机网络与通信技术的关系

计算机网络与通信技术是密切相关的，它们彼此依存，共同构成了现代信息社会的基础。

（1）**通信是计算机网络的基础**。通信是指信息的传递和交流过程，而计算机网络是实现不同设备之间的通信而建立的互联网络。计算机网络提供了基础设施和机制，使得信息能够通过通信渠道在不同的设备之间传输和交换。

（2）**计算机网络承载通信的数据传输**。计算机网络通过物理链路和网络设备（如路由器和交换机）连接起各种计算机、服务器、终端设备和其他网络设备。它们协同工作，以提供可靠的数据传输通道，使信息能够通过网络传输到目标设备。

（3）**计算机网络提供通信的基本服务**。计算机网络不仅提供了数据传输的通道，还提供了一系列通信服务和协议。例如，互联网协议（IP）用于在网络中标识和寻址设备，传输控制协议（TCP）和用户数据报协议（UDP）用于确保数据的可靠传输和通信的建立。

（4）通信技术推动计算机网络的发展。通信技术的不断进步和创新推动了计算机网络的发展。例如，移动通信技术的发展使得移动设备能够通过无线网络进行通信和互联网访问。高速宽带网络的发展提供了更快速、更稳定的数据传输通道，支持更多的应用和服务。

（5）通信安全是计算机网络的重要考虑因素。在计算机网络中，通信安全是一个重要的问题。保护通信数据的机密性、完整性和可用性对于保障网络用户的隐私和信息安全至关重要。计算机网络提供了安全协议和机制，如虚拟专用网络（virtual private network，VPN）和加密通信，以保护通信数据的安全性。

2.2 新一代互联网协议 IPv6

IPv4 是目前广泛使用的互联网协议，但 IPv4 地址枯竭问题日益突出，迫切需要新一代互联网协议——IPv6。IPv6 拥有更充足的地址空间，不仅解决了地址数量问题，还提高了路由和转发的效率，增强了网络安全性，并支持更多新技术和应用，为互联网的持续增长和创新提供可靠支持。

2.2.1 从 IPv4 到 IPv6

互联网协议（IP）是一组用于在计算机网络中传输数据的规则和约定。它定义了数据如何分组、寻址、传递和路由，以及不同计算机和设备之间如何进行通信和交换信息。互联网协议是整个互联网的基础，确保了全球范围内的数据传输和网络通信。目前广泛使用的是互联网协议的第 4 版，即 IPv4（internet protocol version 4）。它于 20 世纪 70 年代末期提出，使用 32 位的二进制数来表示 IP 地址，共有约 42 亿个可用的 IP 地址。每个 IP 地址用于标识连接到互联网的每个设备，如计算机、手机、路由器等。IPv4 数据报是在 IPv4 网络中用于传输数据的基本单元，由首部和数据部分组成，如图 2-4 所示。IPv4 数据报的具体结构如表 2-1 所示。

表 2-1　IPv4 数据报结构

字段	含义
版本（version）	占 4 位，IP 协议版本号，分为 IPv4 和 IPv6
首部长度（internet header length）	占 4 位，指定 IP 首部的长度
区分服务（type of service）	占 8 位，用于指定服务类型，包括优先级、延迟、吞吐量和可靠性等信息

续表

字段	含义
总长度（total length）	占 16 位，首部和数据之和的长度，也就是整个报文的长度
标识（identification）	占 16 位，用于唯一标识当前数据报的分片，用于 IP 分片和重组
标志（flags）	占 3 位，用于控制 IP 分片和重组的标志位
片偏移（fragment offset）	占 13 位，用于指定数据报在原始数据报中的偏移量，用于 IP 分片和重组
生存时间（time to live）	占 8 位，表示数据报在网络中可以传输的最大跳数，每经过一个路由器，TTL 值减一，当 TTL 值为 0 时，数据报会被丢弃
协议（protocol）	占 8 位，指示数据部分所使用的上层协议
首部检验和（header checksum）	占 16 位，用于校验 IP 首部的完整性
源地址（source ip address）	占 32 位，表示发送方的 IP 地址
目的地址（destination ip address）	占 32 位，表示接收方的 IP 地址
可选字段（options）	可选字段，用于在数据报中包含一些附加的选项信息，如记录路由、时间戳等
数据部分（data payload）	数据部分，包含上层协议的数据，例如 TCP 或 UDP 数据报

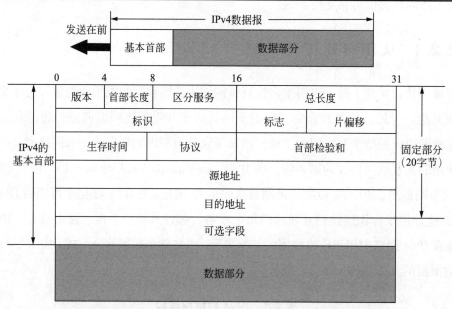

图 2-4　IPv4 数据报一般格式

互联网经过几十年的飞速发展，在 2011 年 2 月 3 日，互联网数字分配机构（internet assigned numbers authority，IANA）因 IPv4 地址已耗尽，宣布停止向地区互联网注册机构分配 IPv4 地址。不久，各地区互联网地址分配机构也相继宣布 IPv4 地址耗尽。我国在 2014—2015 年也逐步停止了向新用户和应用分配 IPv4 地址。为了解决 IPv4 地址耗尽问题，经过多年的研究和试验，2017 年 7 月乔恩·波斯特（Jon Postel）和 RFC 791（Request for Comments）团队发布了 IPv6（Internet Protocol version 6）的正式标准 RFC 8200 号文件，标准号 STD86。

2.2.2 IPv6 数据报

IPv6 作为新一代互联网协议，其数据报结构和编址方式得到了全面升级，拥有更大的地址空间和更高效的头部处理，以解决 IPv4 中存在的地址枯竭和头部过于复杂等问题。同时，IPv6 引入了新特性如流标签、扩展报头和自配置地址，以适应未来互联网的发展需求，实现更快速、安全和可靠的数据传输。

1. IPv6 数据报

图 2-5 给出了 IPv6 数据报的一般形式，包括基本首部（base header）和有效载荷（payload）两大部分，用于在 IPv6 网络中进行数据传输和交换。其中，IPv6 基本首部包含了 IPv6 数据报的必要信息，如版本、流量类别、流标签、有效载荷长度、下一个头部类型和跳数限制等，如图 2-6 所示。

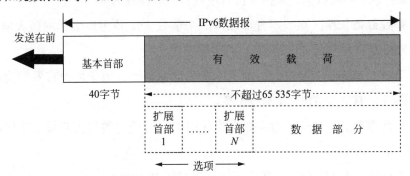

图 2-5 IPv6 数据报的一般形式

每一项具体信息解释如下。

（1）**版本**。占用 4 位，指明了该数据报的互联网协议版本，对于 IPv6 数据报，该字段的值为 6。

（2）**通信量类**。占用 8 位，用于区分不同的 IPv6 数据报的类别或优先级，以实现 IPv6 支持不同质量服务。

（3）**流标号**。占 20 位，是 IPv6 的一个新的机制，允许路由器把每一个数据报与一个给定的资源分配相联系。所谓"流"就是互联网络上从特定源点到特定终点（单播或

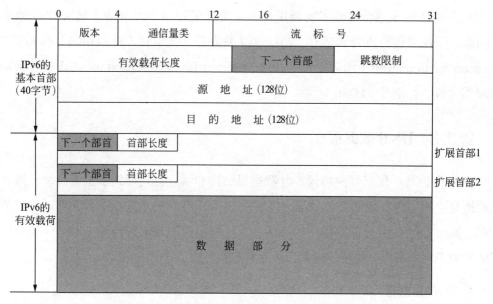

图 2-6　IPv6 基本首部和有效载荷

多播）的一系列数据报（如实时音频或视频传输），这个"流"所经过的路径上的路由器都保证指明的服务质量。流标号对实时音频/视频数据的传送作用非常大。而对于传统的电子邮件或非实时数据，流标号没有用处，一般设置为 0。

（4）**有效载荷长度**。除基本首部以外的字节数，16 位可以表示的最大值是 $2^{16}-1$，即有效载荷长度最大为 65 535 字节。

（5）**下一个首部**。占 8 位，指示下一个头部的类型，用于标识有效载荷部分使用的上层协议，如 TCP、UDP、ICMPv6 等。

（6）**跳数限制**。占 8 位，指定数据报在网络中可经过的最大跳数，用于防止数据报在网络中无限循环。

（7）**源地址**。占 128 位，是数据报的发送端的 IP 地址。

（8）**目的地址**。占 128 位，是数据报的接收端的 IP 地址。

IPv6 有效载荷也称为净负荷，是实际传输的数据，有效载荷允许有零个或多个扩展首部（extension header），包含了上层协议的头部和数据，可以是 TCP、UDP、ICMPv6 等上层协议的数据。IPv6 定义了多种扩展首部，包括逐跳选项（hop-by-hop options）、源路由（routing）、分片（fragment）、目的地选项（destination options）、认证（authentication）和封装安全净荷（encapsulating security payload）扩展首部。每个扩展首部由若干个字段组成，其长度各不相同。但所有扩展首部的第一个字段都是一个 8 位的"下一个首部"字段，它的值指示了在该扩展首部之后是否还有其他扩展首部。当使用多个扩展首部时，按照上述提到的顺序排列，并且高层首部的位列顺序为最后。

在 IPv4 中，若数据报的首部使用了选项，则在数据报转发路径中的每个路由器都必须检查首部中的所有选项，以确定是否与该路由器相关。这会导致相当大的时间开销。为了解决这个问题，IPv6 将原本存在于 IPv4 首部中的选项功能放了扩展首部中。IPv6 数据报使用扩展首部时，基本首部的"下一个首部"字段指示了在"有效载荷"字段中使用了哪种扩展首部。而所有扩展首部的第一个字段都是"下一个首部"，用于指示后面是否还有其他扩展首部。这使得路由器能够迅速判断待转发的 IPv6 数据报是否包含需要本路由器处理的选项。通过将选项放在扩展首部中，IPv6 在保持灵活性的同时，实现了更高效的数据报转发。这样的设计使得 IPv6 在处理包含扩展首部的数据报时，能够更加快速、准确地判断和处理，为网络传输提供了更高的性能和可靠性。

2. IPv6 地址

IPv6 地址使用冒号十六进制记法。它把每个 16 位的值用十六进制表示，各个值之间用冒号分隔。在冒号十六进制记法中，允许把数字前面的"0"省略。另外由于 IPv6 地址中常包含长的"0"比特串，因此允许零压缩，即使用"::"表示一个或多个连续的 16 比特 0。为避免搞不清"::"表示几个 16 比特 0，规定在任何一个地址中只能使用一次零压缩。如表 2-2 所示。

表 2-2　IPv6 地址的表示

冒号十六进制记法	2001:0DB8:85A3:0:0:0:0370:7334
零压缩	2001:0DB8:85A3::0370:7334

IPv6 还支持冒号分隔和点分隔混合记法，如"x:x:x:x:x:x:d.d.d.d"，其中高位的 6 个"x"表示 6 个十六进制数，低位的 4 个"d"表示 4 个十进制数。这种记法适用于表示 IPv4 兼容或映射的 IPv6 地址。例如，"0:0:0:0:0:0:13.1.68.3"和"0:0:0:0:0:FFFF:129.144.52.38"，相应的压缩表示为"::13.1.68.3"和"::FFFF:129.144.52.38"。

3. IPv6 的变化

相比于 IPv4，IPv6 的主要变化如下。

（1）**更大的地址空间**。IPv6 把地址从 IPv4 的 32 位增大到 4 倍，即增大到 128 位，使地址空间增大了 296 倍。在可预见的未来，IPv6 的地址空间足够使用。

（2）**扩展的地址层次结构**。IPv6 由于地址空间很大，可以划分为更多的层次。

（3）**灵活的首部格式**。IPv6 数据报的首部和 IPv4 的并不兼容。IPv6 定义了许多可选的扩展首部，不仅可提供比 IPv4 更多的功能，还可提高路由器的处理效率，这是因为路由器对扩展首部不进行处理（除逐跳扩展首部外）。

（4）**改进的选项**。IPv4 所规定的选项是固定不变的，其选项放在首部的可变部分。IPv6 允许数据报包含选项的控制信息，因而可以包含一些新的选项，但 IPv6 的首部长度是固定的，其选项放在有效载荷中。

（5）**支持即插即用（即自动配置）**。IPv6 支持无状态地址自动配置（stateless address autoconfiguration，SLAAC）和动态主机配置协议版本 6（dynamic host configuration protocol version 6，DHCPv6），这些特性使设备能够自动获取 IP 地址和其他网络配置信息，简化了网络的部署和管理。

（6）**支持资源的预分配**。IPv6 支持实时视像等要求，保证一定的带宽和时延的应用。

（7）**增加字节对齐**。与 IPv4 首部采用 4 字节对齐的方式不同，IPv6 首部改为 8 字节对齐（即首部长度必须是 8 字节的整数倍）。

2.3 新一代移动通信技术

尽管当前的 4G 网络已经能够支持在笔记本电脑、手机等智能移动终端之间进行视频和图片的快速传输，但未来的元宇宙世界对移动通信技术提出了更高的要求。这些要求包括提供更加深度沉浸的体验、实现全产业链的协同发力，以及在元宇宙场景中实现实时交互所需的低延时和虚拟世界中画面的高质量渲染重构。另外，扩展现实（extended reality，XR）移动设备（如 VR、AR、MR）必须能够实现真正的沉浸感。更为重要的是，这些移动设备必须具有泛化性，可以连接各种物品，不仅局限于智能终端。为了满足这些需求，新一代移动通信技术——5G 技术和 6G 技术应运而生。它们致力于满足超低时延、高效连接和低功耗等要求，成为支持元宇宙场景中大量应用创新的网络基础设施。通过 5G 技术和 6G 技术的引入，人、机、物三元信息社会将实现万物互联，为各行各业探索新的业务、应用和商业模式，培育新市场，助力元宇宙的发展与创新。

2.3.1 5G 移动通信技术

5G 移动通信技术作为第五代移动通信技术，采用新型调制与多址、先进的新型无线技术、毫米波通信、频谱共享和先进的信道编码设计等关键技术，具备超高速率、低功耗、低时延、万物互联及重构安全等基本特点。本小节针对 5G 网络的关键技术、基本特点等方面进行介绍。

1. 5G 网络的关键技术

5G 技术是新一代移动通信技术，整合了多种创新技术，网络结构、能力和要求都与前几代移动通信技术有很大不同。

（1）**基于正交频分复用技术优化的波形和多址接入**。5G 网络采用基于正交频分复用（orthogonal frequency division multiplexing，OFDM）优化的波形和多址接入技术。OFDM 技术在当今的 4G LTE 和 Wi-Fi 系统中得到了广泛应用，因其可扩展至大带宽应用，具有高频谱效率和较低的数据复杂性，能够很好地满足 5G 网络的需求。此外，OFDM 技术家族可以实现多种增强功能，提高多路传输效率，实现高能效上行链路传输。

（2）**实现可扩展的 OFDM 间隔参数配置**。LTE 最高支持 20MHz 的载波带宽，通过 OFDM 子载波之间的 5kHz 固定间隔实现。为了支持更丰富的频带（如毫米微波、非授权频段）和部署方式，5G NR 引入可扩展的 OFDM 间隔参数配置。这一点至关重要，因为当快速傅里叶变换（fast fourier transform，FFT）为更大带宽扩展尺寸时，必须保证不会增加处理的复杂性。为了支持同一部署下不同的信道宽度和多种部署模式，5G NR 必须在统一的框架下提高多路传输效率。此外，5G NR 还能跨参数实现载波聚合，如聚合毫米波和 6GHz 以下频段的载波。

（3）**OFDM 加窗提高多路传输效率**。5G 网络将应用于大规模物联网，这意味着会有数十亿设备相互连接，5G 网络必须提高多路传输的效率以应对这一挑战。为了避免相邻频带互相干扰，频带内和频带外信号辐射必须尽可能小。OFDM 能够实现波形后处理，例如使用时域加窗或频域滤波来提高频率局部化。

（4）**灵活的框架设计**。在设计 5G NR 时，采用灵活的 5G 网络架构能进一步提高 5G 服务的多路传输效率，这种灵活性体现在频域和时域上。5G NR 的框架能够充分满足 5G 不同服务和应用场景的需求，其中包括可扩展的传输时间间隔（scalable transmission time interval，STTI）和自包含集成子帧（self-contained integrated subframe）等。

（5）**先进的新型无线技术**。随着 5G 技术的演进，LTE 技术本身也在不断进化，如最近实现的千兆级 4G+。5G 网络不可避免地要利用目前用于 4G LTE 上的先进技术，如载波聚合、MIMO、非共享频谱等。以大规模 MIMO 为例，由于更多的天线需要占用更多的空间，在空间有限的设备中容纳更多天线并不现实，只能在基站端叠加更多MIMO。理论上，5G NR 可以在基站端使用最多 256 根天线，通过天线的二维排布可以实现 3D 波束成型，以提高信道容量和覆盖范围。

（6）**毫米波技术**。全新 5G 技术首次将频率大于 24GHz 以上的频段（通常称为毫米波）应用于移动宽带通信。大量可用的高频段频谱可以提供极致的数据传输速度和容量，这将重塑移动体验。但是，毫米波的利用并非易事，使用毫米波频段传输更容易造成路径受阻和损耗（信号衍射能力有限）。通常情况下，毫米波频段传输的信号甚至无法穿透墙体，此外，它还面临着波形和能量消耗等问题。

（7）频谱共享技术。元宇宙是未来数字化世界的一个重要发展方向。在元宇宙中，5G 网络将扮演至关重要的角色。共享频谱和非授权频谱是实现 5G 网络在多个维度扩展的关键技术之一。通过频谱共享，5G 网络能够支持更大容量，使用更多频谱来支持新的部署场景。

（8）先进的信道编码设计。除了频谱扩展，先进的信道编码设计也是实现高速数据传输的关键。当前 LTE 网络的编码技术已经无法满足未来的数据传输需求。因此，迫切需要一种更高效的信道编码设计来提高数据传输速率。此外，为了更好地适应移动宽带流量配置，需要利用更大的编码信息块。LDPC 是一种高效的传输编码技术，能够实现更高的传输速率和更好的性能表现。LDPC 的易平行化的解码设计能以低复杂度和低时延扩展，进一步提高信道编码技术的性能极限，为 5G 网络发展提供强有力的支撑。

2. 5G 网络的基本特点

5G 网络作为移动通信技术重要的发展阶段，具有高速度、泛在网、低功耗、低时延、万物互联、安全性高等特点。

（1）**高速度**。相较于 4G 网络，5G 网络的主要挑战是提高网络速度。高速的网络连接不仅可以大幅改善用户的体验，还能支持高要求的 VR 和超高清业务，使得这些业务能够得到广泛的推广和使用。因此，5G 网络的首要特点是定义了速度的提升。为了满足不同用户和不同技术的需求，5G 网络基站的峰值速率要求不低于 20Gbps。这样的速度意味着用户可以下载高清电影或支持 VR 视频等高速业务，为未来的高速业务提供了机遇和可能性。随着新技术的不断应用和发展，这个速度还有进一步提升的空间。

（2）**泛在网**。随着网络业务的发展，网络需要广泛存在并无所不包，以支持更加丰富的业务，支持在复杂的场景中应用。泛在网的含义具有两个层面：广泛覆盖和纵深覆盖。广泛覆盖意味着社会生活中的各个角落都需要网络覆盖。即使是人烟稀少的地方，如果 5G 网络能够覆盖这些地方，就可以大量部署传感器，进行环境监测、空气质量监测，甚至监测地貌变化和地震等自然灾害，这将具有非常大的应用价值。纵深覆盖指的是在已有网络覆盖的场所，需要进一步提升网络质量。5G 网络的到来使网络质量较差的场所（如卫生间、地下停车库等）也可以用高质量的 5G 网络广泛覆盖。在一定程度上，泛在网的重要性超过了网络速度的提升，是 5G 网络体验的根本保证。

（3）**低功耗**。为了支持大规模物联网应用，5G 网络必须满足低功耗的要求。物联网设备都需要通信技术和能源，尽管如今通信技术已经非常发达，但能源供应只能依赖电池。如果通信过程中消耗大量的能量，物联网设备很难被广泛接受。因此，降低功耗是提高用户体验、促进物联网设备快速普及的关键。

（4）**低时延**。5G 网络具有极低的通信延迟，通常在毫秒级别，就能使数据以极快的速度从发送端传输到接收端，从而显著降低通信的响应时间。低延迟特征不仅增强了实时性，也提高了互动性，适用于远程手术、自动驾驶汽车、虚拟现实等需要快速响应的应用。此外，5G 网络在大规模设备连接的情况下，也能维持低时延，这对于智慧物联网的构建具有重要意义。

（5）**万物互联**。5G 网络万物互联具体表现在其广泛的连接性，从传感器到智能家居设备，从工业机器到城市基础设施，几乎任何物体都可以连接到网络中，实现了全面的物联网覆盖。此外，5G 网络提供了智能化管理和自动化配置方案，支持边缘计算，优化能源消耗，实现了更智能、更高效的万物连接和通信。

（6）**安全性高**。5G 网络的重构安全性主要表现在多层次的安全策略。5G 网络引入了网络切片技术，允许网络分成多个虚拟切片，每个切片独立设置安全策略，确保不同流量之间的隔离和安全性；5G 网络支持端到端加密，保护数据在传输中的安全性，预防网络攻击和数据泄露；5G 网络采用身份验证和访问控制机制，只有经过授权的用户和设备能够访问网络资源；5G 网络拥有高效的安全管理和监控工具，可以实时监测网络流量、检测异常行为并采取措施来避免潜在威胁；5G 网络定期进行漏洞修补和系统更新，确保网络设备和协议的安全性，减少潜在攻击的机会；5G 网络遵循国际和地区的安全合规性标准和法规，以确保网络的安全性与隐私保护。这些综合安全措施共同确保了 5G 网络的高安全性，适用于各种敏感数据和关键应用，为未来的数字化社会提供了可靠的网络安全保障。

3. 全球 5G 网络产业的发展现状

在 21 世纪 20 年代，全球 5G 移动通信网络正在蓬勃发展。5G 网络将在未来得到广泛商业应用，为元宇宙提供网络基础设施支持，成为数字经济社会的新生产力平台。全球许多电信运营商已经或即将宣布 5G 网络商用，各国家和地区也相应出台了各自的 5G 网络扶持政策，并且运营商也开始在 5G 网络方面进行投资，使得 5G 网络在全球快速发展。

在美国，5G 网络主要覆盖少数城市，用户数为数百万，其特点是全球首次实现了毫米波频率组网。据 2023 年《5G 产业和市场发展报告》统计，截至 2023 年三季度末，日本 5G 基站已搭建约 16 万个，韩国 5G 基站超 22 万个，但全国整体网络覆盖仍不完善，许多地方无法使用。欧盟拥有众多运营商，但截至 2020 年年底，全欧洲范围内的 5G 基站总数约为 26 万个。这一方面与欧洲各国运营商竞争不足有关，另一方面也与 20 年前 3G 频谱拍卖导致运营商面临的经济压力有关。

近年来，中国在 5G 移动通信技术标准研发方面逐渐成为全球领先者，并致力于在 2025 年建成国际领先的移动通信网络。截至 2023 年第三季度末，我国 5G 基站总数达到 318.9 万个，占移动基站总数的 27.9%，占比全球 5G 基站部署量的 66.3%，覆盖我国所有地级市城区、县城城区，覆盖广度深度持续拓展，超 90% 的 5G 基站实现共建共享，5G 网络加快向集约高效、绿色低碳发展。我国 5G 用户达 7.37 亿，占全球 5G 用户数的 51.9%。这些成就证明了中国在 5G 移动通信技术领域的实力和潜力。中国政府已从宏观层面明确了未来 5G 技术的发展目标和方向，提出全面突破 5G 技术，突破"未来网络"核心技术和体系架构。在企业层面，华为、中兴、大唐等通信设备企业已取得先发优势。它们高度重视 5G 技术的研究布局，在标准制定和产业应用等方面受到业界认可。随着 5G 技术与元宇宙场景应用逐步推广，技术与行业融合将加速发展，新业态、新模式将不断涌现。因此，未来工作重点是开展 5G 关键技术研发与元宇宙应用示范，加强与企业和个人用户的对接，及时发现新的增长点，发挥 5G 技术对元宇宙发展的信息化支撑作用，助力提升中国移动通信产业的国际市场竞争力。这些努力将推动中国移动通信技术和元宇宙产业的发展，为未来的数字经济和信息化领域带来新的机遇和挑战。

2.3.2　6G 移动通信技术

2019 年 3 月，全球首届 6G 峰会在芬兰举办。来自各国的通信专家共同探讨了 6G 技术的发展方向。目前，6G 技术仍处于研究和探索阶段，缺乏完整的标准和规范。相比于 5G 技术，6G 技术具备更快的传输速度、更低的延迟、更大的容量和更多的连接，预计将实现更高的信道容量、更高的频谱效率和更低的能量消耗。6G 网络将为人和物提供更好的连接，推动人联、物联向智联转变，开启智能社会。在 5G 技术三大应用场景的基础之上，6G 技术将新增人工智能和感知两大场景，其中引领移动通信向新一代智联转变的关键驱动力如下。

（1）新应用和新业务。在 6G 时代，随着技术的进步和应用的扩展，预计会出现更多的应用场景。其中，扩展现实云服务、触觉反馈和全息显示有望成为主流应用。随着单设备流量的指数级增长以及对低时延和高可靠性的要求，大容量成为设计 6G 网络的首要挑战。随着物联网设备数量的迅速增加和为学习算法提供大数据的无线感知新能力的出现，AI 将成为各类工作的自动化引擎。同时，大数据将成为推动 6G 网络吞吐率数量级提升的重要驱动力。此外，高性能工业物联网应用对无线性能在确定性时延和抖动方面提出了更高要求，并且对可用性和可靠性也有着严格的要求。因此，实现极致、多样化的性能将成为 6G 技术的显著特征。

（2）普惠智能。移动通信对人们的生活产生了深远影响，缩小了数字鸿沟，极大地促进了整个社会生产力的提升和经济的增长，这一发展趋势将持续到 2030 年及更远的未来。在大规模机器学习、穷举计算、大数据分析支持下，普惠智能将是未来商业和经济模式的重要基础。

（3）原生 AI 支持。6G 端到端移动通信系统在设计环节考虑了如何最好地支持 AI 模型，实现 AI 基本功能和最佳效率。在架构上，网络边缘运行的分布式 AI 可以达到极致性能，同时也能解决个人和企业都十分关心的数据所有权问题。提供原生 AI 支持的 6G 网络架构将从现在的集中式"云 AI"转变为分布式"互联 AI"。原生 AI 支持的内容包括了原生数据保护、原生可信体系、原生多元化生态系统和可持续发展四个方面。

目前，各国的科研机构和企业都在积极探索 6G 技术，并进行了一系列的实验和研究。预计在 2030 年前后，6G 网络将逐渐商用，并为人们带来更加先进的移动通信体验和更广阔的应用前景。

2.4 短距离无线接入技术

短距离无线接入技术是一种在相对较小的范围内进行无线通信和数据传输的技术，广泛用于连接移动设备、传感器、智能家居设备、物联网设备和周边设备等。它具有低功耗、低成本、易于部署和高度便携等特点，是连接元宇宙中各种智能设备和终端的关键，通过无线方式将设备与元宇宙相连接，使得用户可以方便地进入虚拟世界，并与其中的虚拟实体、其他用户或虚拟物体进行交互和通信。这种紧密的结合为未来数字化社会带来了更加丰富多样的虚拟体验和互动性，推动着元宇宙的发展与普及。

2.4.1 WLAN

随着互联网的快速发展，通信网络逐渐从传统的有线网络转向了无线网络。其中，无线局域网（wireless LAN，WLAN）是一种利用无线通信技术在一定的局部范围内建立的网络，它结合了计算机网络和无线通信技术，以无线多址信道作为传输媒介，提供了传统有线局域网（LAN）的功能。WLAN 的优势在于用户可以实现随时、随地、随意的宽带网络接入，不再受布线网络必须依赖网线的限制，能快速解决使用有线方式不易实现的网络连通问题，是对有线联网方式的一种补充和扩展。在计算机网络结构中，WLAN 是基于计算机网络与无线通信技术的，目前 WLAN 中主要的协议标准包括 IEEE 制定的 802.11 系列、HiperLAN 和 HomeRF 等。其中，802.11 系列协议是目前占主导地位的无线局域网标准。与有线网络相比，WLAN 具有以下优点。

（1）**安装便捷**。由于无需进行网络布线，只需要安装一个或多个接入点设备即可建立覆盖整个建筑或地区的局域网络，WLAN 网络的安装便捷，免去或减少了网络布线的工作量。

（2）**使用灵活**。一旦 WLAN 建成后，网络设备的安放位置不受网络信息点位置的限制，在无线网的信号覆盖区域内，任何一个位置都可以接入网络，从而提供了更加灵活的网络连接方式。

（3）**经济节约**。由于有线网络缺少灵活性，网络规划者必须尽可能地考虑未来发展的需求，导致预设大量利用率较低的信息点，一旦网络的发展超出了设计规划，就需要花费较多资金进行网络改造。WLAN 设备相对较小且不需要复杂的安装过程，维护和管理无线网络也更加灵活，可以随时调整网络拓扑和布局，节约成本。

（4）**安全性**。无线扩频通信本身起源于军事上的防窃听技术，因此具有较高的防窃听性能和安全性，而有线链路沿线则可能存在被窃听的风险。

由于 WLAN 的这些优点，WLAN 在许多场合得到了广泛应用。

（1）**移动办公系统**。在办公环境中使用 WLAN，可以使办公计算机具有移动能力，在网络范围内实现计算机的漫游，只要有移动终端或笔记本电脑，随时随地都可以通过 WLAN 查阅资料、获取信息。

（2）**医护管理**。医院中的大型计算机患者监护设备、计算机控制的医疗装置和药品等库存计算机管理系统都利用了 WLAN，这使得医生和护士在设置计算机专线的病房、诊室或急救中进行会诊、查房、手术时不用携带沉重的病历，可以方便地使用笔记本电脑、实时记录医嘱、查询患者病历和检索药品等。

（3）**库存控制**。仓库零备件和货物的发送和储存可以使用 WLAN 直接将公共阅读器、笔记本电脑和中央处理计算机连接，进行清查货物、更新存储记录和出具清单，不仅提高了库存管理效率，还可以降低管理成本。

（4）**展览和会议**。在大型会议和展览等临时场合，WLAN 技术可以让工作人员在极短的时间内与互联网连接并获得所需资料。此外，移动计算机也可以利用 WLAN 技术进行信息交流、传递稿件和制作报告等任务，提高工作效率。

（5）**旅游服务**。采用WLAN技术，旅游服务可以随时随地为顾客提供及时周到的服务。一旦登记和记账系统建立，顾客便可以在区域范围内的任何地点进行任何活动，如在酒吧、健身房、娱乐厅或餐厅等，通过服务员的手持通信终端来更新记账系统。因此，顾客无需等待复杂的核算系统的结果，即可享受到便捷的服务。

（6）**教育行业**。WLAN技术可以让教师和学生进行实时互动，成为一种多媒体实时教学辅助手段。学生可以在教室、宿舍、图书馆等地方利用移动终端向老师提问题、提交作业等，促进教与学之间的互动与交流，提高学习效率。

2.4.2 蓝牙

蓝牙（bluetooth）是一种全球开放性规范，旨在为固定或移动的终端设备提供低成本的短距离无线连接服务。该技术将通信技术与计算机技术有机地结合起来，为不同类型的设备建立了一种通用的近距离无线接口，使它们能够在没有电线或电缆连接的情况下实现相互通信和操作。随着人们对设备互联互通需求的不断增长，蓝牙技术在不断发展和变化。1994年，爱立信公司研发了蓝牙技术，随后，蓝牙技术得到了广泛推广和应用。到2016年，蓝牙技术已经实现了更长的通信距离、更快的传输速度以及Mesh联网功能。具体表现在通信距离方面，其覆盖范围可以扩大至4倍，这将改变智能家居基础设施领域的应用，为整个室内空间或户外的不同使用情境提供传输距离更长、连接品质更稳健的无线连接。同时，传输速度在不增加功耗的情况下也将提高至当前的2倍，这将有助于提高关键性应用，如医疗设备的数据传输速度和反应速度，减少时间延迟。此外，Mesh联网功能则能让蓝牙网络的覆盖范围遍及整栋建筑或整户住宅，实现蓝牙设备之间的互联，拓展智能家居和工业自动化的更多应用可能。

由于蓝牙体积小、功耗低的特点，其应用不局限于计算机外部设备，几乎可以被集成到任何数字设备之中，特别是那些对数据传输速率要求不高的移动设备和便携式设备，其技术特点如下。

（1）**全球范围适用**。全球通用的传输频段为2.4GHz工业、科学和医用（industrial scientific medical，ISM）频段，提供1Mbps的传输速率和10m的传输距离。

（2）**可同时传输语音和数据**。蓝牙技术采用电路交换和分组交换技术，为用户提供了多种不同的通信信道。这些信道包括异步数据信道、三路语音信道以及异步数据与同步语音同时传输的信道。其中，每个语音信道的传输速率为64Kbps，而语音信号的调制方式可以采用脉冲编码调制（pulse code modulation，PCM）或连续可变斜率增量调制（continuous variable slope delta，CVSD）。此外，蓝牙技术还定义了两种链路类型：异步无连接（asynchronous connectionless link，ACL）链路和同步面向连接（synchronous connection-oriented，SCO）链路。ACL链路主要用于传输数据，而SCO链路则主要用于传输语音。

（3）**可以建立临时性的对等连接**。蓝牙技术的应用需要理解蓝牙设备在网络中的角色，主要分为主设备（master）和从设备（slave）两类。当蓝牙设备之间建立连接时，主动发起连接请求的设备被定义为主设备，而响应方则为从设备。在一个蓝牙网络中，只有一个主设备，其他设备均为从设备，多个设备可以连接成一个微微网（piconet），这是蓝牙最基本的一种网络，由一个主设备和一个从设备所组成的点对点通信。在不同的微微网之间，跳频频率是各自独立并互不相关的。在开放的ISM频段中，原则上不允许多个微微网的同步，但通过时分复用技术，一个蓝牙设备可以同时与几个不同的微微网保持同步。具体来说，该设备按照指定的时间顺序参与不同的微微网，以实现在不同微微网间进行通信和数据传输。

（4）**具有很好的抗干扰能力**。在ISM频段内，有许多无线电设备工作，如家用微波炉、无线局域网和HomeRP等技术产品。这些设备的无意干扰可能会影响到蓝牙设备的性能，因此蓝牙采取跳频（frequency hopping）的方式来扩展频谱（spread spectrum）。具体而言，将2.402~2.48 GHz的频段分成79个频点，相邻频点之间的间隔为1 MHz。在传输数据时，蓝牙设备会不断地在不同的频点之间跳转，以减轻来自其他设备的干扰。

（5）**体积小**。以便嵌入到体积较小的个人移动设备当中，如超低功耗射频专业厂商Nordic Semiconductor的蓝牙4.0模块PTR5518，体积尺寸只有15mm×15mm×2mm。

（6）**低功耗**。蓝牙设备在通信连接（connection）状态下，通常具备4种工作模式：激活（active）模式、呼吸（sniff）模式、保持（hold）模式和休眠（park）模式。其中，active模式是设备的正常工作状态，而另外3种模式则是为了减少能耗而设定的低功耗模式。在这3种模式中，sniff模式的功耗较高，但对于主设备的响应速度最快；park模式的功耗则最低，但对于主设备的响应速度最慢。

（7）**开放的接口标准**。公开蓝牙的全部技术标准使得世界各地的企业和个人都可以开发蓝牙产品。只要产品最终通过蓝牙技术专利持有者联盟（bluetooth special interest group，SIG）的蓝牙产品兼容性测试，就可以在市场上销售。这种开放式的标准化促进了蓝牙技术的普及和发展，同时也为SIG提供了技术服务和芯片销售等多种商业机会。通过大规模推广蓝牙应用，SIG推动了蓝牙技术在各个领域的应用，如家庭自动化、智能穿戴设备、智能家居、智能音箱、智能门锁、无线耳机等，为人们带来了更加便利、高效和智能化的生活体验。

（8）**低成本**。蓝牙技术之所以能够实现低成本，原因是多方面的。首先，蓝牙技术的生产成本相对较低。这是由于蓝牙芯片和相关电子元件的制造成本不断下降，且规模化生产和市场竞争的推动下，生产成本随之下降。其次，蓝牙技术支持低功耗模式，从而延长了产品的电池寿命，减少了更换电池的成本。再次，蓝牙技术在市场上的普及度非常高，用户可根据需要选择多样化的蓝牙设备，这也促进了蓝牙技术的成本下降。最后，由于蓝牙技术具有开放性和互操作性，各个厂商都可以使用相同的技术标准和协议进行开发，降低了开发和生产的成本，推进了蓝牙技术的普及和发展。

蓝牙技术在个人电子设备连接、汽车电子设备连接、医疗健康设备连接、智能家居设备连接和商业应用等领域都有广泛的应用。其中，个人电子设备连接是蓝牙技术最为常见的应用场景之一。智能手机、平板电脑、笔记本电脑和音箱等设备均可以通过蓝牙技术进行快速、简便的数据传输和共享，例如，用户可以通过蓝牙连接手机和耳机，实现无线音频传输。此外，蓝牙技术还广泛应用于汽车电子设备之间的连接。通过蓝牙连接汽车音响系统和智能手机，用户可以实现无线音频传输和控制，同时还可以使用蓝牙连接车载导航系统和手机，实现导航地图的实时更新和路线规划。在医疗健康领域，蓝牙技术也被广泛应用。例如，可以使用蓝牙连接健康监测设备和智能手机，实现对身体健康数据的实时监测和管理。此外，随着智能家居设备的普及，蓝牙技术也被广泛应用于连接智能家居设备。用户可以通过蓝牙连接智能家居系统和智能手机，实现对家居设备的远程控制和管理。在商业应用领域，蓝牙技术也具有广泛的应用前景。商家可以通过蓝牙连接商业设备和用户的智能手机，实现精准的定位服务、优惠券推送和交互式广告等功能，从而增强与用户的互动体验和提升市场竞争力。

2.4.3 ZigBee

在蓝牙技术的使用过程中，虽然其有许多优点，但是仍存在一些缺陷。在一些传输数据量小、传输数据量低的工业、家庭自动化控制和工业遥测遥控领域，蓝牙技术会呈现出太过复杂、功耗大、距离近、组网规模太小等缺点。由此，一种新兴的短距离、低复杂度、低功耗、低数据率、低成本的无线网络技术应运而生，即 ZigBee 技术。这种技术介于无线标记技术和蓝牙之间，主要用于近距离无线连接，在数千个微小的传感器之间相互协调实现通信。这些传感器所需能量很少，以接力的方式通过无线电波将数据从一个网络节点传到另一个节点，实现了高效的通信速率。

ZigBee 联盟成立于 2001 年 8 月，并于 2002 年下半年宣布 Invensys、Mitsubishi、摩托罗拉和飞利浦半导体公司四大巨头加入联盟，共同研发了名为 ZigBee 的下一代无线通信标准。2004年12月14日，ZigBee联盟发布了首个ZigBee技术规范，标志着这一无线通信标准的正式推出。ZigBee技术的核心由物理层（physical layer，PHY）和媒体访问控制层（media access control，MAC）组成，这两个层级基于IEEE 802.15.4标准制定，涵盖了2.4GHz频段和868/915MHz频段，多频段支持使ZigBee技术适用于不同的地理区域和通信需求，具有很高的灵活性，具体如表2-3所示。

表2-3　ZigBee在2.4GHz频段和868/915MHz频段物理层的区别

工作频率	频段/MHz	数据传输速率/Kbps	调制方式
868/915	868~868.6	20	BPSK
	902~928	40	BPSK
2450	2400~2483.5	50	O-QPSK

ZigBee的技术特点主要有：低功耗、低成本、数据传输速率低、短时延、有效范围小、大容量、安全性高、灵活的工作频段，具体如下。

（1）**低功耗**。在低耗电待机模式下，普通的两节5号电池可以使用6个月以上，尤其适用于无线传感器网络。

（2）**低成本**。通过大幅度简化协议，降低了对通信控制器的要求，所以ZigBee的成本大幅降低。

（3）**数据传输速率低**。ZigBee的数据传输速率相对较低，有助于减少能量消耗，提供对小型数据包的有效传输，适用于低功耗和简单通信要求的场景。

（4）**短时延**。响应速度快，从休眠转入工作状态只需要15ms，节点接入网络只需30ms，相比于其他设备而言时延短，蓝牙需要3~10s，Wi-Fi需要3s。

（5）**有效范围小**。ZigBee通常适用于短距离通信，覆盖范围相对较小，这使得它在局域网和个人区域网络（personal area network，PAN）中得到广泛应用。

（6）**大容量**。ZigBee一般采用星形、树状和网状拓扑结构，由一个主节点管理若干个子节点，每个ZigBee网络最多可支持255个设备。

（7）**安全性高**。ZigBee采用了AES-128加密算法，提供了数据完整性检查和鉴权能力以及灵活的安全属性。

（8）**灵活的工作频段**。采用直接序列扩频在工业科学医疗ISM频段使用，2.4GHz（全球）、915MHz（美国）、868 MHz（欧洲）。

ZigBee是一种低功耗、低成本的通信协议，广泛应用于产业自动化控制、能源监测、机电控制、照明系统管理、家庭安全和RF遥控等领域。在电子消费方面，ZigBee技术可以代替红外遥控实现远程遥控操作和反馈信息，适用于电视、录像机、无线耳机、儿童玩具、游戏机、窗帘、照明装置等家用电器。在家庭自动化和楼宇自动化中，ZigBee可安装在电视灯泡、遥控器、无线报警等产品中，通过收集信息传送到中央控制装置，实现远程控制和家居生活自动化。在医学领域，利用传感器和ZigBee网络可以监测病人的生理信息，减轻医生负担，特别对重病和病危患者有帮助。在汽车领域，ZigBee网络作为低功耗、低成本、高可靠性和抗干扰能力的无线传感器网络，内置在通用传感器中，避免复杂布线成本，使用微型电池作为电源，传输监测数据并提高汽车安全性能，为智能交通系统和智能驾驶发展提供支持。

2.5 元宇宙与网络通信技术

网络通信技术在元宇宙中扮演着关键角色，它作为元宇宙的基础设施连接用户、环境和资源，支撑实时虚拟交流、分布式计算和资源共享，保障了虚拟交流和数据传输的安全与隐私，为用户提供优质的虚拟体验。在未来，网络通信技术将朝着更高带宽、更低延迟、边缘计算、区块链、人工智能、虚实融合等方向前进，进一步推动元宇宙的发展，提高用户的交互体验。

2.5.1 元宇宙中网络通信技术的作用

在元宇宙中，网络通信技术发挥着重要作用，为虚拟世界的互联和交互提供了关键的基础设施。它连接虚拟世界中的用户、环境和资源，支持实时的虚拟交流和协作，实现分布式计算和资源共享，促进大规模数据传输和流媒体应用。同时，网络通信技术也保障了虚拟交流和数据传输的安全与隐私，为用户提供安全可靠的虚拟体验和互动方式。

（1）**保障虚拟世界的互联互通**。网络通信技术将元宇宙中的虚拟环境、虚拟对象和虚拟角色连接在一起，实现了虚拟世界的互联互通。用户可以通过网络与其他用户进行实时交互、共享资源和信息，创造出丰富多样的虚拟体验。

（2）**提供实时的虚拟交流和协作**。网络通信技术为元宇宙中的用户提供了实时的虚拟交流和协作能力。用户可以通过语音、视频和消息传递等通信方式，在虚拟环境中实现实时的交流、合作和共享，促进社交互动和团队协作。

（3）**实现分布式计算和资源共享**。网络通信技术支持元宇宙中的分布式计算和资源共享。用户可以利用网络连接的分布式计算资源，实现虚拟世界中的计算和处理任务。

同时，网络通信技术也支持用户在元宇宙中共享和访问虚拟资源，如虚拟物品、虚拟场景和虚拟资料等。

（4）**提供大规模数据传输和流媒体应用**。网络通信技术为元宇宙中的大规模数据传输和流媒体应用提供了支持。用户可以通过网络传输和访问元宇宙中的大容量数据，如虚拟环境的场景、虚拟现实的内容和多媒体的媒体流。高速、稳定的网络连接和带宽支持为这些应用提供了良好的用户体验。

（5）**实现安全与隐私保护**。在元宇宙中，网络通信技术也扮演着保障安全与隐私的重要角色。网络通信技术提供了加密通信、身份验证和访问控制等安全机制，确保用户的虚拟交流和数据传输的安全性和私密性，这对于保护用户的个人隐私和虚拟资产的安全具有重要意义。

2.5.2 元宇宙中网络通信技术的发展方向

元宇宙中网络通信技术的发展方向主要涵盖高带宽、低延迟、5G通信、边缘计算、区块链技术、人工智能和机器学习、跨平台互联互通，以及虚拟现实和增强现实的融合。这些发展方向将进一步推动元宇宙的发展，提升用户的虚拟体验和交互效果。

（1）**高带宽和低延迟**。随着元宇宙中数据量和传输需求的增加，网络通信技术需要提供更高的带宽和更低的延迟。这将支持更快速、实时的虚拟交互和数据传输，提升用户的虚拟体验。

（2）**无线通信技术**。无线通信技术的发展将为元宇宙提供更高的网络性能和更广阔的网络覆盖范围，其低延迟、高带宽和大容量特性将为元宇宙中的移动通信、虚拟现实和增强现实等应用带来更好的支持。

（3）**边缘计算**。边缘计算将在元宇宙中发挥重要作用。将计算和存储资源放置在网络边缘，可以减少数据传输的延迟和网络拥塞，提升虚拟世界的实时性和响应性。

（4）**区块链技术**。区块链技术的应用有望为元宇宙提供更高的数据安全性和隐私保护。通过区块链的去中心化特性和不可篡改的数据记录，可以保护虚拟资产的安全性、确保虚拟交易的可信性，并提供更加开放和透明的虚拟环境。

（5）**AI和机器学习**。AI和机器学习技术的应用将提升元宇宙中的网络通信效率和用户体验。通过自动化网络管理、智能优化和个性化推荐等技术，可以改善网络性能、提升资源利用率，并为用户提供更加个性化和智能化的虚拟服务。

（6）**跨平台互联互通**。元宇宙中的网络通信技术需要实现不同平台之间的互联互通，包括不同的虚拟现实设备、智能手机、计算机等。实现跨平台的互联互通将为用户提供更广泛的虚拟交互和资源共享的可能性。

2.6 小结

本章介绍了网络通信技术在元宇宙中的作用和重要性,阐述了计算机网络和移动通信的概念及其历史发展,凸显了它们与元宇宙紧密相连的关系。随后,深入探讨了网络的整体架构,深入解析计算机 TCP/IP 参考模型的网络协议在不同层的功能,并特别关注了 IPv6 网络协议的新进展。此外,着重剖析了 5G 技术的核心特点和关键技术,同时对未来 6G 技术进行了展望。最后,概述了网络通信技术在元宇宙中的多元化应用,以及未来发展的前景。通过本章的学习,读者将全面了解到元宇宙对网络通信技术的多样化需求,并深刻认识网络通信技术在各应用领域的发展与应用。此外,读者还将掌握网络的总体架构、IPv6 网络协议、移动通信技术以及短距离无线通信技术的基本概念、关键技术和特点,以及它们在元宇宙中的应用场景。这将有助于读者深入理解元宇宙技术的发展趋势和应用前景,为未来的学习和研究打下坚实的基础。

2.7 习题

1. 什么是计算机网络?
2. 计算机网络的拓扑结构的类型有哪些,各自的特点是什么?
3. 计算机网络按照覆盖范围可分为几类?
4. 什么是计算机网络体系结构,它由什么组成?
5. 什么是移动通信网络?
6. 什么是网络协议,有什么作用?
7. IPv4 和 IPv6 有什么相同点,IPv6 相比于 IPv4 有哪些优势?
8. 目前主流的移动通信方式是什么,有何特点,应用了哪些技术,与元宇宙有何联系?
9. 请说明目前主流的短距离无线接入技术有哪些,与元宇宙有何联系。
10. 请描述元宇宙与网络通信技术的联系。

第 3 章

元宇宙的引擎：云计算

元宇宙作为一个虚拟的、多维度的数字世界，其复杂的虚拟环境需要庞大且强大的计算和储存资源的支持，而云计算能够为元宇宙提供充足的计算能力、存储资源、网络带宽等基础设施支持。与此同时，云计算的弹性扩展特性满足元宇宙的动态变化需求，能够灵活调整计算和存储资源，以确保元宇宙高效稳定运行。随着元宇宙的发展，将进一步推动云计算的创新和发展，共同构建数字化时代的未来。

3.1 云计算概述

云计算的基本内容将帮助读者建立对云计算全貌的系统性认识：云计算的概念，阐述其核心原理和基本理念；云计算的发展历程展现了技术演变趋势；云计算的基本特征是云计算模式的重要标志；云计算的部署模式能够反映其优势和适用场景；云计算的服务模式能够满足多样化的实际应用。

3.1.1 云计算的概念

当代信息技术的快速发展对计算、存储和网络传输等方面提出了更为迫切的要求，云计算作为一种基于互联网的服务模式，为用户提供了高效、灵活、安全和可靠的IT资源。用户可以按需访问和使用IT资源，而不必考虑资源购置、维护和管理等问题，为应用程序的快速开发、部署和管理创造了有利的条件。

2021年，《中华人民共和国国民经济和社会发展第十四个五年规划和2035年远景目标纲要》将云计算纳入数字经济重点产业；2022年国务院印发了《"十四五"数字经济发展规划》，肯定了以云计算为代表的数字技术与实体经济在更大范围、更宽领域、更深层次的融合；2022年中共中央办公厅、国务院办公厅联合印发的《关于加强新时代高技能人才队伍建设的意见》中指出要充分利用云计算等新一代信息技术加强技能人才工作信息化建设，建立健全技能人才库。由此可见，中国政府在促进云计算产业的发展和推动云计算技术在各个领域的应用方面采取了一系列具体政策措施。这些政策的实施有助于推动云计算产业的创新和发展，为企业和用户提供更加高效、便捷、安全的云服务。

云计算作为元宇宙技术架构中的底层核心科技之一，通过提供软件定义的基础设施使元宇宙生态运作起来，向元宇宙用户交付服务器、存储空间、数据库、网络和分析等资源平台。云计算以应用为目的，通过互联网将软、硬件连接起来，同时随着需求不断变化而灵活调整,从而形成一种低消耗、高效率的虚拟资源服务的集合形式。在元宇宙中,云计算是实现虚拟世界的基础设施之一,可以为用户提供更加丰富、高效、安全、可靠的虚拟体验。目前,云计算已广泛应用于各个领域,如企业信息化、物联网、人工智能、游戏和电影等,为社会和经济的发展提供了强有力的支撑。

3.1.2 云计算的发展历程

云计算作为一种计算模式,是指通过网络连接的方式,按需获取计算资源的过程。随着云计算技术的不断发展,其应用场景越来越广泛,逐渐成为了数字经济发展的重要支撑。

(1)**云计算的概念启蒙**。云计算的发展历程可以追溯到 20 世纪 60 年代。1961 年,在麻省理工学院百周年纪念典礼上,约翰·麦卡锡(1971 年图灵奖获得者)第一次提出了效用计算(utility computing)的概念。意味着计算机有望转变为一种公共资源,类似于生活中的水、电、煤气等公共设施,被每一个人寻常地使用,这在当时看来是天马行空的事情。

(2)**云计算的初期发展**。1996 年,Compaq 首次在其内部文件中提及"云计算"一词,为这个前瞻性的理念命名。在 20 世纪 90 年代,许多有远见的企业纷纷驶入了信息技术的快车道,数据、产品、人员、财务的管理转向数字化,计算机成为了主要的利器。随着规模扩大,应用场景增多,数据运算的负荷增加,公司初期建设成本、电费、运营和网络维护成本成为了发展路上的"绊脚石"。赛富时(Salesforce)通过租赁式网页客户关系管理(customer relationship management,CRM)软件服务开创了软件即服务模式的时代。初创企业只需按月支付租赁费用,无需再投入资金购买软、硬件,也不用耗费人力成本在软件运营上。Salesforce 提出"将所有软件带入云中"的愿景成为了一项革命性举措,也成了云计算发展的一个重要里程碑。2002 年,出版商 O'Reilly 向亚马逊的杰夫·贝佐斯展示了一个叫作 Amarank 的工具,能够定时访问亚马逊的网站并复制 O'Reilly 的销售数据及其竞争对手数据排名。随之,亚马逊开发了一个应用程序接口(application programming interface,API),第三方公司可以通过这个接口获取其产品、价格和销售排名。同年,亚马逊启用了云计算服务平台(amazon web services,AWS),当时该平台的免费服务可以让企业将亚马逊网站的功能集成到自己的网站上。

(3)**云计算的飞速发展**。2006 年,当亚马逊第一次售卖其弹性计算能力作为云服务时,标志着云计算的商业模式诞生。随着亚马逊不断扩张和业务范围的扩展,另一科技巨头谷歌也加入了这项研究。2003—2006 年谷歌发表了 3 篇文章包含了分布式文件系统的应用 Google File System、并行计算的模型 MapReduce 和分布式数据库的分布式存储系统 Bigtable，至此奠定了云计算的发展方向。谷歌拥有全球最大的搜索引擎以及面向个人的云服务产品，如 Gmail 等。凭借丰厚的广告收入，它对企业云服务领域并未赋予最高优先级。直到 2008 年 4 月，谷歌的云业务（google app engine，GAE）对外发布，通过专有 Web 框架，允许开发者开发 Web 应用并部署在 Google 的基础设施之上。此时，另一竞争对手微软在 2008 年发布云计算战略和平台 Windows Azure Platform，尝试将技术和服务托管化、线上化。2008 年之后，不管是在技术领域还是资本领域，云计算受到越来越多的关注。其中，2010 年 Netflix 宣布全量上 AWS，给市场注入了强心剂。后来者纷纷加码，2016 年微软耗费 260 亿美元收购 LinkedIn，拓展企业用户，2018 年 6 月微软又以 75 亿美元收购 GitHub，进一步提升企业服务能力。2015 年，AWS 46 亿美元的营收数据，不仅让外界知道了亚马逊的实力，也让大众清楚地认识到了云计算广阔的发展前景。与此同时，中国各大厂商纷纷加入这场浪潮，应运而生的阿里云、腾讯云、百度云、金山云和华为云等使得云计算在中国彻底爆发，根据中国信通院发布的 2022 年《云计算白皮书》显示，我国云计算市场呈现持续高速增长的态势。

近年来，云计算产业经历了两个不平凡的阶段。首先，在新冠疫情出现后，基于云服务的远程办公、在线教育等应用得到了迅速发展，深刻地改变了社会的生产和生活方式，并在社会治理、疫情分析、资源调度等方面发挥了重要作用，为元宇宙的发展提供了推动力。接着，随着全球数字经济的发展，云计算成为企业和家庭数字化转型的必然选择，以云计算为核心，融合人工智能、大数据、区块链、物联网等技术，将实现企业信息技术软硬件的全面升级，提升社会运行效率。同时，云计算承担了类似操作系统的角色，是元宇宙的重要基础设施之一。

3.1.3　云计算的基本特征

云计算的核心思想是按需提供弹性的 IT 资源与服务，实现以虚拟化技术为核心、低成本为目标、动态可扩展的网络应用基础设施。云计算的 5 个基本特征是：基于互联网、按需服务、资源池化、安全可靠、资源可控。

（1）**基于互联网**。基于互联网，是指云计算将多台服务器通过互联网连接起来，服务器之间可以通过网络进行数据传输，用户可以远程访问云计算资源，无需在本地部署硬件和软件设备。

（2）**按需服务**。云计算可以根据用户的个性化需求增加或减少计算资源，用户只需要按照实际使用的资源量进行付费，按需购买，可以随时增加或减少资源容量，大大降低了用户使用计算资源的成本，同时提高了资源的利用率。

（3）**资源池化**。资源池化是指可以对多种资源进行统一配置，用户无需关心设备型号、内部的复杂结构、实现的方法或地理位置，只需专注于所需的服务，资源管理者可以十分便捷地进行资源的增减、管理和调度。

（4）**安全可靠**。供应商必须采用各种冗余机制、备份机制、安全管理机制和海量数据灵活存取机制来保证云计算服务的持续性、安全性、高效性和灵活性，使用户得到便捷、专业的安全防护，节省时间与精力。

（5）**资源可控**。资源可控是指方便获取云计算服务资源，并大幅提高计算资源使用率的同时还可以有效节约成本，将资源在一定程度上纳入控制范畴，以达到云计算服务资源可控的目的。

3.1.4　云计算的部署模式

根据云计算提供 IT 资源服务的用户对象，可以将云计算分成 3 种部署模式，即公有云、私有云和混合云。

（1）**公有云**。公有云由云计算提供方部署提供，主要面向大众用户，所有入驻用户统称为租户。公有云服务方提供了基础架构、硬件和软件等 IT 资源，用户按需购买，能够有效降低资源维护成本和风险。公有云支持多租户同时使用，当一个租户空闲时，可以立即释放其占有的资源给其他租户，从而实现资源配置优化。对于中小型用户而言，公有云是一种安全、可靠、便捷、低成本的选择，但对于敏感行业和大型用户而言，公有云的安全风险和服务质量可能会受到其他租户的影响。

（2）**私有云**。考虑到公有云的安全隐私风险，私有云只为特定用户提供云计算服务。私有云可以部署在企业数据中心的防火墙内，也可以部署在一个安全的主机托管所，能够最有效地控制数据、安全性和服务质量。私有云用于实现小范围内的资源优化，特别是对于具有严格安全和合规要求的企业而言，私有云是一种更加安全可靠的选择。当然，私有云的部署方式也带来了更高的运维成本。

（3）**混合云**。公有云具备面向大众、成本低的优势，私有云在安全性上更有保障。混合云结合了公有云和私有云，作为一种较为理想的平衡方式。混合云使用私有云作为基础，保障了用户关键资源的安全性，同时结合公有云的服务策略，实现资源的优化管理，降低云计算部署成本。对于企业而言，混合云能够实现在保证安全性和合规性的前提下，灵活地使用公有云和私有云的资源和服务，从而满足不同业务需求。虽然混合云结合了公有云和私有云的特点，但两者之间资源的转化和兼容性等问题，也会增加混合云架构的复杂性和成本。

云计算 3 种部署模式的特点如表 3-1 所示。

表 3-1　各种云服务的特点

分类	特点	适合的行业
公有云	规模化、运维可靠、弹性强	游戏、视频、教育
私有云	自主可控、数据私密性好	金融、医疗、政务
混合云	弹性强，但架构复杂	金融、医疗

3.1.5　云计算的服务模式

根据云计算的服务模式，主要可以分为基础设施即服务（infrastructure as a service，IaaS）、平台即服务（platform as a service，PaaS）和软件即服务（software as a service，SaaS）。

（1）基础设施即服务。基础设施即服务是一种商业模式，通过 Internet 连接，用户可以从完善的计算机基础设施中获取服务，例如服务器、虚拟机、存储、网络和操作系统等硬件资源，这种服务模式的核心思想是将数据中心和基础设施等硬件资源通过 Web 分配给用户。IaaS 模式提供了一种灵活、可扩展、按需定价的基础设施服务，用户可以根据自己的需求使用和管理硬件资源，将计算资源变为可伸缩和弹性的资源池，以适应不同的业务需求。

（2）平台即服务。平台即服务指将软件研发的平台作为一种服务，PaaS 提供方在云上构建了一个开发平台，其中包含了开发所需的软件工具、开发语言、数据库、中间件、操作系统等资源。开发人员可以通过 PaaS 平台访问这些资源，编写和运行应用程序，而无需自己购买和设置硬件、操作系统等基础设施。PaaS 平台通常还提供自动化的扩展和负载均衡功能，应用程序能够根据需要快速扩展，并保持高可用性。

（3）软件即服务。软件即服务是一种基于互联网提供软件的模式，用户可以通过租用互联网上的软件来管理企业的经营活动，而无需购买软件。SaaS 模式相比于传统的软件购买模式具有更低的使用成本，尤其对于大型软件，使用成本的降低尤为明显。此外，由于软件托管在服务商的服务器上，用户可以省去管理维护软件的成本，而且 SaaS 服务商通常会提供更高的可靠性和安全性保障。因此，SaaS 模式已经被广泛应用于各个行业，成为了企业管理软件的重要选择。

3.2 云计算的关键技术

云计算作为当今元宇宙领域的重要范式，其核心在于有效管理和利用大规模的分布式资源，这依赖于多项关键技术的支持。本节系统介绍云计算的各项关键技术，包括虚拟化技术、云存储技术和分布式系统，并阐述这些关键技术的协同应用。

3.2.1 虚拟化技术

虚拟化技术是一种将计算资源进行抽象和逻辑分离的关键技术，实现了计算资源的高效利用、安全隔离和灵活便携。它包括裸金属虚拟化、寄居虚拟化和操作系统虚拟化等不同架构，采用虚拟机监视器作为关键组件，使得操作系统和应用程序能够独立于底层硬件运行，极大地提高了整个系统的效率和灵活性。不同类型的虚拟化产品，为构建多样化、高效的虚拟化环境提供了多种选择，推动现代云计算领域的不断发展和创新。

1. 虚拟化技术概念

虚拟化技术是一种基于资源管理的技术，它通过将计算机的各种实体资源如服务器、网络和存储器等抽象转换，打破实体结构不可分割的障碍，使用户以更好的方式来应用这些资源。虚拟化技术将底层物理硬件隐藏，让多个操作系统可以透明地使用和共享。虚拟化资源包括计算资源、存储资源和网络资源等，不受现有资源的架构方式、地域等限制。

在虚拟化技术中，操作系统和底层物理服务器之间存在一个提供平台虚拟化的中间软件层，称为 Hypervisor，它允许多个操作系统和应用共享一套基础物理硬件，可视为虚拟环境中"元"操作系统，能够协调访问服务器上所有物理设备和虚拟机，也叫作虚拟机监视器（virtual machine monitor，VMM）。在虚拟机上运行的操作系统称为客户操作系统（guest OS）。当物理服务器启动并执行 Hypervisor 时，它会给每台虚拟机分配适量的内存、CPU、网络和磁盘，并加载所有虚拟机的客户操作系统，实现资源的动态调度，提高资源利用率。Hypervisor 将软件、硬件等资源虚拟化处理，使客户操作系统可以透明地使用这些资源，而无需考虑它们的底层实现细节。Hypervisor 将软件、硬件等资源虚拟化处理后，可以根据需求实现动态调度，提高资源利用率。典型的虚拟化技术架构如图 3-1 所示。

虚拟化技术已经广泛应用于云计算、虚拟桌面和服务器等领域，成为数字经济时代的一项重要技术，它具有以下优点。

（1）**利用率高**。通过在一台主机上运行多个虚拟机，可以高效充分地利用主机的硬件资源，提高利用率。

（2）**独立性好**。每台虚拟机是相互独立的，即使一台虚拟机崩溃，也不会对其他共享同一硬件资源的虚拟机产生影响，显著提升了整个系统的安全性。

（3）**移动性强**。传统软件捆绑在硬件上，转移一个软件至另一台服务器上需要耗费大量时间和精力。而现在虚拟机与硬件是相互独立的，因此可以在本地或远程虚拟服务器上低成本地迁移，具有极高的灵活性和便捷性。

（4）**易恢复**。虚拟化技术还可以通过快照技术（snapshot）记录下某一时间点的虚拟机状态，一旦错误发生，可以快速恢复虚拟机状态，保证系统的高可用性。

2. 虚拟化架构

随着虚拟化架构技术的发展，如今已涌现出多种类型的虚拟化解决方案。根据应用场景的不同，采用不同的实现方式，从而衍生了不同的虚拟化架构，其核心是基于计算机分层设计架构实现的。通过在不同层次上引入虚拟化平台软件，根据层次结构从底向上划分，可以把虚拟化架构分为以下 3 类。

（1）**裸金属虚拟化**。裸金属虚拟化是一种云计算虚拟化架构，如图 3-2 所示，它允许用户直接访问物理硬件，而不是在虚拟机上运行。在裸金属虚拟化中，硬件层上运行一个 Hypervisor，它将物理服务器资源抽象化并提供给用户。与传统虚拟化不同的是，裸金属虚拟化不需要在虚拟机上运行操作系统和虚拟机监视器，因此可以实现更高的性能和更低的延迟。这种虚拟化架构通常用于需要更高性能和更接近物理硬件的应用程序，例如大型数据库和高性能计算等。

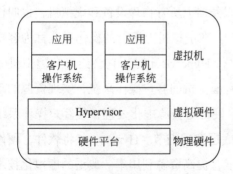

图 3-1　虚拟化技术架构

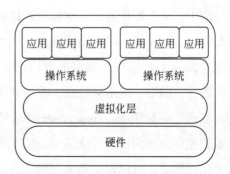

图 3-2　裸金属虚拟化架构

（2）**寄居虚拟化**。如图 3-3 所示，寄居虚拟化就是在宿主机操作系统上安装虚拟化应用程序，通过虚拟化应用程序为用户构建一个虚拟化环境。在这个虚拟化的环境中，可以安装各类操作系统，满足用户对操作系统的要求。

（3）**操作系统虚拟化**。如图 3-4 所示，操作系统虚拟化，也称为容器化，利用操作系统自身的特性，允许多个相互隔离的用户空间实例的存在。这些用户空间实例也称容器。普通的进程可以看到计算机的所有资源，而容器中的进程只能看到分配给该容器的资源。操作系统虚拟化是将操作系统所管理的计算机资源（包括进程、文件、设备、网络等）分组，然后交给不同的容器使用，容器中运行的进程只能看到配给该容器的资源，从而达到隔离与虚拟化的目的。

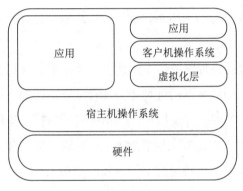
图 3-3　寄居虚拟化架构

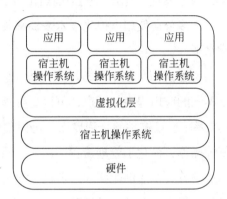
图 3-4　操作系统虚拟化架构

3. 常见的虚拟化产品

虚拟化技术在计算领域得到了广泛应用，许多公司和组织开发了各种虚拟化产品。以下将对常见的虚拟化产品进行介绍。

（1）**KVM**。基于内核的虚拟机（kernel-based virtual machine，KVM）是一种用于 Linux 内核中的虚拟化模块，是硬件支持虚拟化技术的 Linux 的全虚拟化解决方案。KVM 采用寄居虚拟化架构，可以将 Linux 内核转换成一个裸金属虚拟化架构的 Hypervisor。

（2）**Xen**。Xen 是最早的开源虚拟化引擎，源自剑桥大学的一个开源项目。Xen 可直接运行在硬件上的软件层，它能够在计算机硬件上同时运行多个客户操作系统。

（3）**VMware ESXi**。VMware ESXi 是 VMware 的企业级虚拟化产品，它是一个用来管理硬件资源的特殊操作系统，可以直接运行在裸机上。虚拟化内核（称为 VMkernel）负责对硬件及虚拟机的管理。

（4）**Microsoft Hyper-V**。微软推出的一款虚拟化产品，首次内置于 Windows Server

2008 中，与 VMware ESXi、Xen 一样采用裸金属虚拟化架构，直接运行在硬件之上。

4. 虚拟化类型

根据不同的应用场景和性能需求，可以选择合适的虚拟化类型来部署和管理应用以及服务，最常见的有服务器虚拟化、存储器虚拟化、容器虚拟化和网络虚拟化。

（1）**服务器虚拟化**。服务器虚拟化是虚拟化技术最早细分的子领域之一，其起源可以追溯到 20 世纪 60 年代，并逐渐显现出其重要的价值。服务器虚拟化是一种方法，能够通过区分资源的优先次序并随时随地将服务器资源分配给最需要它们的工作负载来简化管理和提高效率，从而缩减为单个工作负载峰值而储备的资源。与所有颠覆性技术一样，服务器虚拟化技术先是悄然出现，最终因为节省能源的合并计划而得到了认可。如今，许多公司使用虚拟化技术来提高硬件资源的利用率，进行灾难恢复，提高办公自动化水平。

服务器虚拟化技术具备许多优势：通过在物理服务器上创建多个虚拟机，并将其分配给不同的应用程序或用户，可以更好地利用服务器的处理能力和存储资源，提高资源利用效率；通过统一的管理界面，可以集中管理所有虚拟机，包括配置、监控、备份和恢复等操作，简化了管理流程，减少了维护工作的复杂性和成本；可以通过复制和克隆虚拟机的方式快速创建新的虚拟机，并将其配置为特定的工作负载，加快工作负载的部署过程，提高业务的灵活性和响应速度；可以根据应用程序的需求，灵活地分配和调整虚拟机的资源，如 CPU、内存和存储等，以优化应用程序的性能表现，并确保不同虚拟机之间的资源隔离和互不干扰；当其中一个虚拟机出现故障时，其他虚拟机仍可继续运行，实现故障隔离和容错能力，提高了服务器的可用性和稳定性；通过将多台服务器上的虚拟机集中到单个物理服务器上运行，可以节省大量硬件资源，减少了服务器数量的剧增，简化了服务器架构和管理的复杂性。

（2）**存储器虚拟化**。随着信息业务的快速发展，存储系统网络平台已经成为一个关键的核心平台，积累了大量高价值的数据。因此，对存储平台的要求逐渐提高，包括存储容量、数据访问性能、数据传输性能、数据管理能力和存储容错能力等多个方面。因此，应运而生的存储器虚拟化技术成为虚拟化技术的一个子领域。存储器虚拟化技术在计算机技术和相关信息处理技术的推动下发展起来，最早始于 20 世纪 70 年代。当时，由于存储容量和内存容量成本高，而且容量小，大型应用程序或多程序应用受到了很大的限制。为了克服这种限制，人们采用了虚拟存储技术，其中最典型的应用是虚拟内存技术。

存储器虚拟化技术具有多方面的优势：通过将物理存储器资源划分为多个虚拟存储

器，多个虚拟机或应用程序可以共享同一块物理存储器，从而更高效地利用存储资源，减少存储空间的浪费；管理员可以根据实际需求动态分配和调整虚拟存储器的大小，以满足不同应用程序或虚拟机对存储空间的需求，使系统能够适应不断变化的工作负载和存储需求，提供了灵活性和可扩展性；通过提供统一的管理接口，管理员可以集中管理虚拟存储器，包括创建、配置、监控和备份等操作，降低了管理和维护的复杂性；可以根据应用程序的需求，灵活地分配和调整虚拟存储器的资源，以提高系统的整体性能；不同的虚拟机或应用程序可以在独立的虚拟存储器中运行，一个虚拟存储器的故障不会影响其他虚拟存储器，具备故障隔离和容错能力。

（3）**容器虚拟化**。容器虚拟化是一种重要的虚拟化技术，它在现代计算环境中具有广泛应用。容器虚拟化通过在操作系统层面创建隔离的容器，使应用程序能够在相互独立的运行环境中运行，实现了资源的高效利用和应用程序的快速部署。

容器虚拟化具有多方面优势：实现了轻量级的虚拟化，使容器能够与宿主机操作系统共享内核和系统资源，因此，容器的启动和运行速度相比于传统的虚拟机更快；每个容器都拥有独立的运行环境，彼此实现了有效的隔离，应用程序在容器内运行时不会相互干扰，高效地保护应用程序的安全性和稳定性，防止恶意软件或误操作对其他容器或宿主机操作系统造成影响；具备极强的可移植性和可扩展性，无需关注底层操作系统和硬件的差异；能够根据需求快速创建和部署多个相同或相似的容器实例，实现应用程序的弹性和可伸缩性；通过容器编排工具，可以对容器进行集中管理、监控和自动化操作，方便管理大规模的容器集群，实现应用程序的自动化部署、弹性伸缩和故障恢复等功能。

（4）**网络虚拟化**。网络虚拟化是一种关键技术，在现代计算环境中扮演着重要角色。它通过将物理网络资源划分为多个虚拟网络，实现了高效利用和灵活管理网络资源。网络虚拟化技术包括对网络设备、链路、子网、IP地址和安全策略等网络资源的虚拟化。

网络虚拟化具有多方面的优势：能够实现资源共享，多个虚拟网络可以共享同一套物理网络设备和带宽资源，更高效地利用网络资源；提供了网络隔离和安全性增强的能力，不同的虚拟网络在逻辑上相互隔离，有效防止潜在的安全风险和网络攻击；具备灵活性和可扩展性，可以根据实际需求动态分配和调整虚拟网络的资源，以适应不同应用程序或用户对网络带宽和拓扑结构的需求变化；简化了网络管理和维护的过程，通过统一的管理接口集中管理虚拟网络，降低了管理和维护的复杂性；实现了故障隔离和容错能力，提高了网络的可靠性，确保在故障情况下网络能够快速恢复正常运行。

元宇宙的构建需要大量的计算资源和存储资源，而虚拟化技术有助于优化资源的利用效率，提高整体的性能和可靠性。首先，虚拟化技术可以用于构建元宇宙的基础设施，包括服务器、存储设备、网络设备等。通过将物理设备虚拟化为多个虚拟设备，可以更好地管理和分配资源，提高设备的利用率。其次，虚拟化技术可以用于构建元宇宙中的应用程序和服务。通过将应用程序和服务虚拟化为多个容器或虚拟机，可以实现更加灵活的部署和管理，同时提高应用程序和服务的可用性和性能。另外，虚拟化技术还可以用于构建元宇宙中的用户界面和交互体验。通过虚拟化技术，可以将用户界面和交互体验虚拟化为多个虚拟终端或虚拟屏幕，实现更加个性化和定制化的用户体验。总而言之，虚拟化技术在元宇宙中的应用是非常广泛的，它可以帮助构建高效、灵活、可靠的基础设施、应用程序和用户界面，为元宇宙的发展提供有力的支持。

3.2.2 云存储技术

云存储技术作为现代信息技术的重要组成部分，旨在通过网络连接，提供高度可扩展、灵活性强、安全可靠的数据存储服务。云存储的核心目标是实现用户可以随时随地访问、管理、备份和分享数据，无需依赖特定物理设备。为实现这一目标，云存储依靠于多项相关技术，包括对象存储、分布式存储系统、弹性存储与数据加密技术等。其优势主要体现在数据的高可用性、安全可靠以及数据可访问性等方面，能够满足个人用户和企业用户的多样化存储需求。未来，云存储将朝着更加智能化、安全可信、低能耗、高效率以及多云融合等方向发展，以满足不断增长的大数据存储和智能化应用的挑战和需求。

1. 云存储的概念

云存储是一种云计算模型，该模型可以通过云计算提供方将数据和文件存储在互联网上，用户可以通过公共互联网或专用的网络连接访问这些数据和文件。提供方安全地存储、管理并维护存储服务器、基础设施和网络，以确保用户在需要时能够以几乎无限的规模和弹性容量访问数据。借助云存储，用户无需购买和管理自己的数据存储基础设施，具备更好的敏捷性、可扩展性和耐用性，并可随时随地访问数据。

云存储是由专业的云服务提供方负责拥有和运营的数据存储容量，提供方在全球多个地点维护大型数据中心。云存储提供方承担了管理容量、保障安全性和持久性的职责，使用户的应用程序可以通过互联网以即用即付模式访问数据。通常，用户可以通过互联网或专用的私有连接，使用网络门户、网站或移动应用程序连接到存储云。当用户从服务提供方处购买云存储时，用户会将数据存储的大部分工作交给供应方，包括容量、安全性、数据可用性、存储服务器和计算资源以及网络数据交付。用户的应用程序通过传统存储协议或直接使用API来访问云存储。云存储提供方还可提供大规模收集、管理、保护和分析数据的服务。

2. 云存储的相关技术

（1）**对象存储**。对象存储是一种将数据以对象的形式进行存储的方式。每个对象包含数据本身以及与之关联的元数据，它们被存储在一个平坦的命名空间中，而不是以传统的层次结构进行组织。对象存储提供了高度可扩展性和容错性，适用于存储大规模数据和处理分布式应用程序。

（2）**分布式文件系统**。分布式文件系统是一种在多个节点上分布存储和管理文件的系统。它将文件划分为多个块，并将这些块分散存储在不同的节点上，通过使用复制和数据冗余技术来提高可靠性和容错性。分布式文件系统支持高并发读写操作，适用于大规模数据处理和共享文件存储。

（3）**块存储**。块存储是一种按照块级别存储数据的技术。每个块都有唯一的标识符，并可以随机读写。块存储通常用于虚拟化环境中，例如为虚拟机提供持久化的存储卷。它提供了低延迟和高性能的访问，适用于需要频繁读写和随机访问的应用。

（4）**弹性存储**。弹性存储是一种动态调整存储容量和性能的技术。它允许根据实际需求自动扩展或缩减存储资源，以适应数据量的变化和业务需求的波动。弹性存储具有高度可伸缩性和弹性的特点，帮助优化成本和性能。

（5）**集群技术**。集群技术使得多个存储设备能够以协同的方式工作。通过将多个存储设备组织在一起形成一个集群，可以提供更大规模的存储容量和更高的性能。集群中的各个节点之间通过有效的通信和协调来实现数据的分布和管理。

（6）**内容分发网络**。内容分发网络是一种关键的技术，用于在云存储系统中提供高效的内容分发和传输。CDN 系统通过将数据存储分布在全球各地的边缘节点上，并利用就近原则，将内容快速交付给用户，提供更快速的访问和下载体验。

（7）**数据加密技术**。为了确保云存储中的数据不被未授权的用户访问，数据加密技术起到了关键的作用。通过对数据进行加密处理，确保只有拥有正确密钥的授权用户才能解密和访问数据。这种加密技术可以有效地防止数据被恶意用户或未经授权的人员获取和篡改，提高了数据的安全性和保密性。

（8）**数据备份和容灾技术**。数据备份可以将数据复制到不同的存储设备或地理位置，以防止单一存储设备或地点的故障导致数据丢失。容灾技术则确保在系统遭受灾难性事件或硬件故障时能够迅速切换到备用设备或数据副本，保证数据的可用性和持久性。

3. 云存储的目标

元宇宙实现云存储的目标是为用户提供便捷、安全、高效的数据存储和管理体验，使用户能够在虚拟环境中充分利用数据资源,支持多样化的应用场景和需求,云存储的目标有以下几点。

(1)**高效性**。云存储旨在提供快速、高效的数据上传和下载速度,确保用户可以快速访问和处理存储在云端的数据。

(2)**安全性**。云存储服务提供方致力于保护用户数据的安全性,通过数据加密、身份认证、访问控制等手段,防止未授权的访问和数据泄露。

(3)**可靠性**。云存储服务提供方通常采用数据冗余和备份策略,确保数据的可靠性和完整性,防止数据丢失和损坏。

(4)**灵活性**。云存储允许用户根据需要随时增加或减少存储空间,实现弹性的存储扩展,提供灵活的存储方案。

(5)**成本效益**。云存储采用按需付费的模式,用户只需支付实际使用的存储空间和服务,降低了前期投入和硬件维护成本。

(6)**可访问性**。云存储的目标是实现用户随时随地通过互联网访问和管理自己的数据,提供方便的数据访问和共享。

(7)**数据备份与容灾**。云存储服务提供方通常提供数据备份和灾难恢复功能,确保用户数据在意外事件中能够及时恢复。

(8)**可持续发展**。云存储服务提供方致力于构建可持续发展的数据中心,降低能源消耗和环境影响,促进绿色云计算。

4. 云存储的优势

(1)**可扩展性**。云存储能够根据需求随时扩展存储容量,且无需投入和管理实体硬件,可满足不断增长的数据需求。

(2)**降低成本**。云存储可以减少用户对硬件设备的投资,无需购买和维护大量的存储设备和基础设施,用户可以按需支付,避免了大规模的前期投入,同时也节省了硬件维护费用。

(3)**跨平台访问**。可以整合多个云存储服务和数据源,将不同平台、不同供应方的数据集成在统一的虚拟环境中。用户可以通过单一的界面访问和管理分散在不同地方的数据,实现无缝的跨平台访问。

(4)**数据冗余与备份**。云存储服务通常将数据复制到多个数据中心,确保数据冗余,提供内建的数据备份和灾难恢复功能。

(5)**安全性**。云存储服务提供方采用强大的安全措施,包括加密、访问控制和遵循行业标准,保障数据免受未授权访问和泄露,确保安全性。

（6）**自动更新与维护**。云存储提供方负责软件自动更新和维护，确保用户始终拥有最新的功能和改进。

（7）**协作与共享**。云存储方便团队和个人之间的文件和文档共享，提升了工作效率和沟通。

（8）**高可用性与可靠性**。云存储服务通常具有高可用性和可靠性，保证了服务的持续可用，减少了数据丢失或停机的风险。

（9）**集中管理**。云存储提供了集中管理数据的平台，简化了数据管理和组织。

（10）**环保**。云存储减少了对实体硬件的需求，有助于构建更环保的IT基础设施。

5. 云存储的发展趋势

云存储已经成为了当今互联网时代的一种基础设施和基本服务，其发展也在不断推进。以下是云存储的一些发展趋势。

（1）**增强数据的安全性与隐私保护**。自云计算诞生以来，安全性一直是企业在实施云计算时最关切的问题之一。在云存储领域同样如此，安全仍是首要考虑的问题。对于计划进行云存储的用户来说，安全性通常是商业和技术层面上最重要的考量。然而，许多用户对云存储的安全性要求甚至高于他们自身架构所提供的安全水平。即便如此，面对如此不切实际的安全要求，许多大型可信赖的云存储提供方尽全力满足要求，构建比多数企业数据中心更为安全的数据中心。用户会发现，云存储具备较少的安全漏洞，并且拥有更高的安全层级。事实上，云存储所能提供的安全性水平往往超越了用户自身数据中心能够达到的水平。

（2）**提高数据存储的便携性**。云存储可以有效地解决如存储空间受限、数据安全难以保障、数据备份困难等问题。用户可以将数据存储在云端，随时随地通过互联网访问，而无需受到设备限制。比如，用户可以在手机、计算机、平板电脑等设备上访问存储在云端的数据，而不必再为数据的同步和备份而烦恼。此外，云存储还可以提供更加灵活的存储方式。用户可以根据自己的需要来购买所需的存储空间，无需购买昂贵的硬件设备，让数据的管理和维护变得更加高效和便捷。

（3）**扩展到多云存储**。随着云计算市场的不断发展以及不同的云存储提供方在可用性、可靠性和数据安全方面存在差异，越来越多的企业开始采用混合云、多云策略，将数据分散在不同的云平台上，使用多云存储策略可以减少数据单点故障的风险，并提高数据的可用性和可靠性。同时，多云存储还可以帮助用户更好地利用各个云存储提供方的优势。例如，使用一个提供方的高速存储来处理需要快速访问的数据，同时使用另一个提供方的经济存储来存储需要长期保存的数据。为了实现多云存储，需要将数据复制到多个云存储提供方的存储系统中，并使用特定的软件和工具来管理这些存储系统。此外，还需要考虑数据迁移和同步的问题，以确保数据始终保持同步和一致。随着多云存储技术的发展和应用，未来可以预见的是，将有更多的企业和个人采用多云存储策略，以提高数据的可靠性和可用性。

（4）融合人工智能技术。人工智能需要大量的数据进行训练和学习，而云存储提供了海量数据的存储和处理能力，可以满足人工智能算法对数据的需求。因此，云存储在人工智能的发展中扮演着至关重要的角色。首先，云存储可以存储大规模的数据集，包括图像、文本、视频等多种类型的数据。通过云存储，人工智能研究人员可以更加方便地存储和管理数据集，加速人工智能算法的训练和应用。同时，云存储提供了大规模数据的预处理和分析能力，可以加速人工智能算法的数据准备和清洗。云存储还可以通过数据分析来发现数据集中隐藏的模式和规律，为人工智能算法的学习提供更加有价值的数据。此外，云存储可以提供高性能的计算能力，可以加速人工智能算法的开发和部署。另外，云存储可以支持多种编程语言和框架，方便人工智能研究人员进行算法开发和优化。最后，云存储可以提供高可用性和灵活的部署方案，方便人工智能应用的部署和运维。通过云存储，人工智能应用可以随时随地访问数据和计算资源，提高了应用的可靠性和性能。

3.2.3　分布式系统

分布式系统以提高整个系统的性能、可靠性和扩展性为目标，包括分布式存储和分布式计算两大核心方面。分布式存储采用分布式文件系统、分布式数据库和对象存储等模型，将数据分布存储于多个节点，实现高效、高可靠的数据管理。而分布式计算通过任务划分和并行处理，提高了计算速度和效率。这些技术广泛应用于云计算、大规模互联网服务等领域，推动了现代计算的发展和创新。

1. 分布式系统概念

不断变化的商业环境带来复杂的业务需求，使单一的应用架构越来越复杂，难以支撑业务发展。因此，业务拆分成了必然，由此演变出了垂直应用架构体系，但随着垂直应用的增多，为了解决信息孤岛和业务交互需要，就必须实现应用间的集成。在集成过程中，核心和基础组件被抽取出来作为单独的系统对外提供服务，形成平台层，并逐渐演变为分布式系统架构体系。英国国家科学研究委员会下属的计算机学会给出分布式系统的描述为，"包含多个独立的但又交互作用的计算机，它们可以对公共问题进行合作。

这个系统的特点是包含多个控制路径，它们执行一个程序的不同部分而且又相互作用"。由此可见，分布式系统是由一组通过网络进行通信、为了完成共同的任务而协调工作的计算机节点组成的系统。随着移动互联网的发展和智能终端的普及，计算机系统从单机独立工作过渡到多机器协同工作的需求，以及业务增长突破单一资源依赖、采用集群化的资源共享模式，都促进了分布式系统的发展。同样，避免单点故障、提高可用性、模块化、提高复用性等方面也推动了分布式系统的发展。在云计算中，存储和计算是最重要的两方面，基于分布式系统，可以实现高效的分布式存储和分布式计算。

2. 分布式存储

分布式存储系统是一种将数据分布在多台计算机或存储节点上的存储系统，它允许多个节点协同工作，共同管理和存储大规模的数据。分布式存储系统的设计目标是提供高可用性、高性能、可扩展性和容错性，以满足现代大规模数据存储和处理的需求。在分布式存储系统中，数据通常被切分成多个数据块，并分别存储在不同的节点上，每个节点只存储部分数据块。这种数据分布方式称为数据分片，它有助于实现数据的并行读写和处理。为了保证数据的可靠性，分布式存储系统通常会对数据进行冗余备份，即将相同数据块复制到多个节点上，以防止单点故障和数据丢失。分布式存储系统的关键特点如下。

（1）**数据分布和分片**。数据被分割成多个数据块，并分布在多个存储节点上，实现数据的分片存储。

（2）**冗余备份**。分布式存储系统通过冗余备份策略来保障数据的可靠性和容灾能力，即将数据复制到多个节点上。

（3）**数据一致性**。由于数据分布在多个节点上，确保数据的一致性是一个挑战。分布式存储系统需要实现数据一致性机制，保证各节点上数据的同步和更新。

（4）**负载均衡**。分布式存储系统需要实现负载均衡策略，确保数据均匀地分布在各个节点上，避免出现热点和性能瓶颈。

（5）**容错性和可用性**。分布式存储系统需要具备容错性，即能够在部分节点故障的情况下仍然保证数据的可用性和完整性。

（6）**可扩展性**。随着数据规模的增长，分布式存储系统需要能够方便地扩展存储容量和计算能力，以满足不断增长的存储需求。

3. 分布式计算

分布式计算是计算机科学中的一个研究方向，旨在解决那些需要巨大计算能力才能完成的问题。它将复杂的计算任务分割成多个小部分，然后将这些部分分配给多台计算机进行并行处理，最终将各部分的计算结果整合起来以得到最终的解决方案。这种分布式计算方法的优势在于将数据分散地存储于多台独立的设备上，采用可扩展的系统结构，利用多台存储服务器分担存储负荷，并利用位置服务器定位存储信息，不但解决了传统集中式存储系统中单存储服务器的瓶颈问题，还提高了系统的可靠性、可用性和扩展性。分布式计算涉及的关键技术包括下列几项。

（1）**任务分解与调度**。将大规模的计算任务分解成多个子任务，并进行任务调度，确保每个计算节点得到合理的任务分配和负载均衡。

（2）**数据分布与共享**。在分布式计算环境中，数据需要在不同的计算节点之间共享和传输。数据分布和共享技术能够保证数据的一致性和可靠性。

（3）**通信与消息传递**。分布式计算中的计算节点之间需要进行通信和消息传递，以确保各个节点之间的协作和数据传输。

（4）**错误检测与容错**。在分布式计算环境中，由于节点间的通信和数据传输，可能会发生节点故障或通信故障。错误检测与容错技术用于检测和纠正这些故障，确保计算的正确性和可靠性。

（5）**数据复制与备份**。为了提高数据的可靠性和容灾能力，分布式计算系统通常会对数据进行复制和备份，使得数据在多个节点上具有冗余性。

（6）**资源管理与动态扩展**。分布式计算环境通常具有大规模的计算节点和资源。资源管理技术用于有效地管理这些资源，实现资源的动态分配和扩展。

（7）**安全与隐私保护**。在分布式计算中，数据和计算任务需要受到保护，防止未授权访问和数据泄露。安全与隐私保护技术用于确保计算的安全性和可信度。

4. 分布式系统应用

分布式系统可以应用于多种场景，特别是在需要处理大规模数据、提高性能、实现高可用性和容错性的情况下，分布式系统应用能够发挥重要作用。以下是一些常见的分布式系统应用场景。

（1）**大数据处理**。分布式系统应用在大数据处理领域得到广泛应用。通过将大规模的数据分片存储在多个节点上，并在多个节点上并行处理数据，分布式系统应用可以高效地进行大数据分析、数据挖掘、数据清洗等任务。

（2）**云计算**。云计算是一种基于分布式架构的计算模式，通过将计算和存储资源分布在多个计算节点上，实现按需分配和使用计算资源，为用户提供灵活、弹性的计算服务。

（3）**分布式数据库**。分布式数据库将数据分布在多个节点上，并通过分布式计算进行数据查询和管理。这样可以提高数据库的性能和可扩展性，同时保障数据的高可用性和容错性。

（4）**云存储和对象存储**。云存储和对象存储是通过将数据分布在多个存储节点上，实现高可用性和容灾能力的存储服务。用户可以随时访问和管理存储在云端的数据。

分布式计算和元宇宙有着密切的联系，因为元宇宙是一个庞大的虚拟现实空间，需要处理大量的数据和计算任务。分布式计算可以提供必要的计算资源和技术支持，以满足元宇宙的需求。具体而言，元宇宙中的各种虚拟场景和应用程序需要大量的计算能力来运行和呈现。使用传统的计算模式可能会面临计算能力不足、响应时间过长和运行效率低等问题。而采用分布式计算技术，可以将计算任务分配到多个节点上进行处理，提高计算效率和响应速度，从而满足元宇宙对高性能计算的要求。此外，元宇宙中还需要大量的数据存储和处理能力。传统的数据存储和处理方式也可能面临存储容量不足、数据传输速度慢等问题。采用分布式存储技术，可以将数据分布到多个节点上存储，提高存储容量和数据传输速度，从而为元宇宙提供必要的数据存储和处理能力。总的来说，分布式计算可以为元宇宙提供必要的计算和数据处理能力，提高元宇宙的响应速度和运行效率。随着元宇宙的不断发展和壮大，我们可以预见到分布式计算技术将会在元宇宙中发挥更加重要的作用。

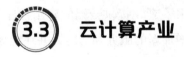

3.3 云计算产业

作为战略性新兴产业，近年来，云计算行业经历了快速的发展，形成了完善的产业链结构，产业涵盖硬件与设备制造、基础设施运营、软件与解决方案供应方、基础设施即服务、平台即服务、软件即服务、终端设备、云计算交付/咨询/认证、云安全等环节，如图3-5所示。

美国是全球最大的云计算市场之一，拥有众多领先的云计算服务提供方，如微软Azure和谷歌云。美国企业和政府机构广泛采用云计算服务，尤其在大数据处理、人工智能、物联网和企业应用等领域。相比于国外市场，国内互联网行业的快速发展也在推动公有云服务市场的飞速增长，可以肯定的是，在未来很长一段时间内，中国公有云IaaS市场增速仍然会继续高于全球平均水平，中国企业在全球公有云市场中的地位和份额也将继续增加。在中国互联网、科技行业中，阿里巴巴、腾讯、百度、华为、金山这五家一直是国内云服务市场会拿来直接类比的提供方,它们在各自领域的技术特色和发展侧重不尽相同,共同促进了中国云服务市场的蓬勃发展。

图 3-5 云计算产业

1. 微软 Azure

微软成立于 1975 年,总部位于美国华盛顿州的雷德蒙德市。公司最著名的产品是 Windows 操作系统,它成为了个人计算机的主流操作系统。此外,微软也是云计算领域的重要参与者之一。2008 年,微软公司首次推出云计算平台微软 Azure。当时,微软 Azure 主要是面向开发者和企业,提供云端的应用程序开发和部署环境,随后,微软 Azure 在过去几年中不断增加新的服务和功能,并在全球范围内扩展数据中心区域。Azure 是一种灵活和支持互操作的平台,它可以被用来创建云中运行的应用或者通过基于云的特性来加强现有应用。它开放式的架构给开发者提供了 Web 应用、互联设备的应用、个人计算机、服务器,同时也能提供最优在线复杂解决方案的选择。微软 Azure 以云技术为核心,提供了软件+服务的计算方法。同时,云计算也是 Azure 服务平台的基础。Azure 能够将处于云端的开发者个人能力,同微软全球数据中心网络托管的服务,比如存储、计算和网络基础设施服务,紧密结合起来。

2. 谷歌(Google)

Google 成立于 1998 年,总部位于美国加利福尼亚州的山景城,最初以其强大的搜索引擎而闻名,能够快速、准确地提供与用户查询相关的搜索结果。除了搜索引擎,Google 提供了众多的互联网服务和工具。Google Cloud(谷歌云)是 Google 提供的全面云计算平台,其具有高可用性、可扩展性和安全性,适用于各种规模的企业和应用程序。同时它也提供了多种数据存储和数据库服务。其中包括 Google Cloud Storage（云存储服务）、Cloud Bigtable（高扩展性 NoSQL 数据库）、Cloud Spanner（全球分布式关系数据库）等。这些服务支持大规模数据存储、分析和处理，帮助客户实现高效的数据管理和应用开发。Google Cloud 支持容器化技术，特别是 Kubernetes。Google 在云计算领域广泛推广和支持 Kubernetes。Google Cloud 提供了 Google Kubernetes Engine（托管的 Kubernetes 服务），帮助用户轻松地在云上管理和运行容器化应用程序。此外 Google 提供专业的云咨询和支持服务，帮助用户制定云计算战略、规划迁移和优化云环境。Google 的专业团队提供架构设计、咨询、实施和培训等服务，以确保用户能够充分利用 Google Cloud 的功能和性能。

3. 阿里云

作为中国顶级云服务提供商，阿里云早已成为毫无争议的中国云服务第一品牌，创立于 2009 年的阿里云发展至今已有十多个年头，作为阿里巴巴集团旗下的云计算品牌，阿里云主要以在线公共服务的方式，为企业用户和政府机构等提供计算和数据处理服务。阿里云创立的第二年，国家就相继出台了多项政策以支持国内云服务行业发展，在良好的政策保障优势、技术与数据优势、先发优势下，阿里云得到了飞速发展。阿里云服务着制造、金融、政务、交通、医疗、电信、能源等众多领域的领军企业，包括中国联通、12306、中石化、中石油、飞利浦、华大基因等大型企业用户，以及微博、知乎、锤子科技等明星互联网公司。在天猫"双 11"全球狂欢节、12306 春运购票等极富挑战的应用场景中，阿里云保持着良好的运行纪录。飞天（Apsara）诞生于 2009 年 2 月，是由阿里云自主研发，为全球范围内的超大规模通用计算而服务的操作系统。它为全球 200 多个国家和地区的创新创业企业、政府、机构等提供服务。飞天致力于解决人类在计算方面面临的规模、效率和安全等问题。它的独特之处在于它能将遍布全球的百万级服务器连成一台超级计算机，通过在线公共服务的方式为社会提供计算能力。飞天的革命性在于将云计算的三个方向整合在一起，即提供足够强大的计算能力，提供通用的计算能力，提供普惠的计算能力。

4. 腾讯云

腾讯是一家世界领先的互联网科技公司，成立于 1998 年，总部位于中国深圳。其企业云计算部分在云服务领域拥有广泛的产品和解决方案。腾讯云（Tencent Cloud）是腾讯公司推出的云计算服务平台，为开发者及企业提供云服务、云数据、云运营等整体一站式服务方案，具体包括云服务器、云存储、云数据库和弹性 Web 引擎等基础云服务，腾讯移动分析（MTA）、腾讯云推送（信鸽）等腾讯整体大数据能力，以及QQ互联、QQ空间、微云、微社区等云端链接社交体系。正是这些腾讯云可以提供给这个行业的差异化优势，造就了可支持各种互联网使用场景的高品质的腾讯云技术平台。腾讯云的主要特点是性价比高，尤其是在轻量应用服务器上。与阿里云相似，腾讯云针对直播、游戏、视频三大行业提供专业的安全解决方案，尤其是在游戏方面，腾讯云服务于数万款游戏。

5. 百度云

百度云（Baidu Cloud），是中国百度公司推出的云计算服务平台，于2015年正式对外开放运营。百度云提供丰富的云计算和人工智能服务，旨在帮助企业、开发者和个人轻松构建、部署和管理各类应用和服务。百度董事长兼CEO李彦宏曾表示，搜索是一个非常典型的云计算应用，也就是说百度天生就是做"云"的。百度，作为一家以技术为驱动的公司，云计算一直是百度的核心能力之一。早在2003年百度就已经开始使用分布式搜索系统，2013年百度深度学习研究院成立，这是中国首个完全致力于人工智能的研究院。如今百度每天响应来自100余个国家和地区的数十亿次搜索请求，稳定运行手机百度、百度地图等20款拥有过亿用户的产品，百度人工智能也处于全球领先地位。这一切的背后都离不开云计算的支持。百度智能云为金融、制造、能源、城市、医疗、媒体等众多领域的领军企业提供服务，包括浦发银行、工商银行、国家电网、清华大学、知乎、海淀城市大脑、央视网等诸多用户。百度全球AI专利申请量位列中国第一，并在语音识别、自然语言处理、知识图谱和自动驾驶4个细分领域排名国内第一，展示出AI新基建领军者深厚的技术底蕴和敏捷的创新能力；百度大脑AI大生产平台已对外开放250多项核心AI能力，日调用1万亿次，服务超过190万个开发者；作为AI大生产平台的基础底座，飞桨深度学习平台定制化训练平台上服务企业8.4万家，发布模型数量超过23万个；在芯片方面，百度自主研发的昆仑AI芯片、鸿鹄AI芯片，可为新基建提供最可靠的动力；在网络方面，拥有100T级别的带宽，近千个边缘节点，还拥有国内最早大规模应用自研的万兆网络设备；此外，百度云数据中心已覆盖北京、天津、广州、阳泉、西安等十余个城市。为满足跨国企业和个人用户在不同国家的云计算需求，百度云数据中心全球布局不断扩张，已在日本、美国、马来西亚、泰国等国家建立数据中心。

6. 华为云

华为云（Huawei Cloud），是华为技术有限公司推出的云计算服务平台，成立于2005年，专注于云计算中公有云领域的技术研究与生态拓展，致力于为用户提供一站式云计算基础设施服务。华为云立足于互联网领域，提供包括云主机、云托管、云存储等基础云服务、超算、内容分发与加速、视频托管与发布、企业 IT、云电脑、云会议、游戏托管、应用托管等服务和解决方案。华为云在政务公有云积累颇深，是政企智能升级的首选，为数字化转型和智能化升级提供了长远规划和充足的保障，这是其他产业所不能比的。据市场调研机构科纳仕咨询（Canalys）公布 2023 年第三季度中国大陆云计算市场最新数据。数据显示，该季度中国大陆云基础设施服务支出同比增长 18%，达到 92 亿美元，占全球云支出的 12%。其中，华为云市场份额为 19%，同比增长 16%，为第二大云厂商。

7. 金山云

金山云（Kingsoft Cloud），是金山软件旗下的云计算子公司，成立于 2012 年。作为中国领先的云计算服务提供方，金山云专注于为企业和开发者提供可靠、高性能的云计算解决方案。金山云安珀实验室，专注于安全技术的研究与探索，涉猎领域包括僵尸网络的探究、病毒木马的分析、漏洞的利用与防御技术、安全事件的跟踪分析等。与各大行业合作联系密切，排名前 100 名的手游公司有 90% 与金山云都开展了合作。在视频行业，金山云覆盖 90% 的头部直播及短视频 App。在医疗行业，成功实践国内大型三甲医院的上云项目。除此之外金山云还服务北京政务云，打造国内省级数据交换平台。

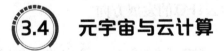

3.4 元宇宙与云计算

在实现和运营元宇宙的过程中，云计算发挥着关键作用。云计算在元宇宙发展中的最新发展趋势包括弹性和可扩展性、边缘计算、数据管理和分析、跨云互操作性、安全与隐私保护、虚拟化以及资源共享等方面，这些趋势将进一步推动云计算和元宇宙的融合发展，为创造更具智能性和高度互联的数字化世界奠定基础。

3.4.1 元宇宙与云计算的联系

云计算与元宇宙紧密相连，云计算技术为元宇宙的实现和运行提供了重要支持和基础设施。在元宇宙中，云计算扮演着关键的角色，为元宇宙提供了强大的计算和存储能力，以及灵活的资源管理和部署。

（1）云计算为元宇宙中的各种应用和服务提供了高性能的计算能力。元宇宙需要处理大量的数据和复杂的计算任务，如渲染图形、模拟物理效果、处理人工智能算法等。而云计算基于大规模的计算资源和分布式计算的理念，能够满足元宇宙对高性能计算的需求，实现快速而高效的数据处理和计算能力。

（2）云计算为元宇宙提供了可扩展的存储和资源管理功能。元宇宙中涉及大量的多媒体数据、用户信息和应用程序，这些数据需要被高效地存储、管理和共享。云计算通过分布式存储系统和资源管理机制，为元宇宙提供了可靠的数据存储和访问服务，能确保数据的可靠性、可用性和安全性，满足元宇宙对大规模数据存储和访问的需求。

（3）云计算的弹性和灵活性为元宇宙的部署和运行提供了便利。元宇宙是一个动态变化的虚拟环境，需要根据实际需求进行资源的动态分配和调整。云计算平台提供了灵活的资源管理和自动化的部署工具，使得元宇宙能够根据实时需求进行弹性扩展或收缩，提供所需的计算、存储和网络资源，以满足元宇宙的需求变化。

（4）云计算为元宇宙中的协同工作和合作提供了支持。元宇宙是一个多用户、多设备参与的虚拟空间，用户需要实时地进行协作和交互。云计算提供了共享数据和协同工作的基础设施，通过提供实时通信、数据同步和协同编辑等功能，促进了元宇宙中用户之间的协作和合作。

总之，云计算技术为元宇宙的实现和运行提供了高性能计算、可扩展存储、资源管理、灵活部署等关键技术支持。

3.4.2　元宇宙中云计算的发展方向

作为数字技术的代表和服务模式的创新，云计算将在未来数年迎来蓬勃发展的黄金时期，为数字经济的发展提供强有力的基础支撑。2023 年，据中国信息通信研究院统计，2022 年我国云计算市场规模达 4550 亿元，较 2021 年增长 40.91%，其中公有云市场规模增长 49.3%，私有云市场增加 25.3%。相比于全球 19% 的增速，我国云计算市场仍处于快速发展期，在大经济颓势下依旧保持较高的抗风险能力，预计 2025 年我国云计算整体市场规模将突破万亿元。

中国信息通信研究院 2023 年发布的《云计算白皮书》显示，我国 PaaS、SaaS 增长潜力巨大。2022 年，IaaS 市场收入稳定，规模在 2442 亿元，增速达 51.21%；PaaS 市场受容器、微服务等云原生应用带来的刺激增长强势，总收入达 342 亿元，增长 74.49%，结合人工智能大模型等发展趋势，预计未来几年将成为增长主战场；SaaS 市场保持稳定增长，营收 472 亿元，增速 27.57%，作为中小型企业上云的典型模式，在政策对中小企业数字化转型驱动下，SaaS 市场预计将迎来一波激增。从厂商层面来看，运营商强势增长将引领新一轮市场发展。目前，阿里云、天翼云、移动云、华为云、腾讯云、联通云占据了公有云 IaaS 市场的前六名；在公有云 PaaS 市场，阿里云、华为云、腾讯云、天翼云和百度云也同样处于领先地位。

当前，经济社会正在加速数字化转型，云计算作为数字经济的重要"底座"，不断赋能各行各业的转型升级。企业上云、用云持续深入，云计算服务模式不断创新，同时云安全的重要性也日渐提升。基于对云计算产业的持续、深入研究和分析，云计算作为基础设施提供者，为元宇宙提供了强大的计算能力、存储资源和网络连接。它为元宇宙的构建和运行提供了必要的技术支持和资源管理，云计算在元宇宙中发展的最新趋势如下。

（1）**弹性和可扩展性**。元宇宙是一个巨大而复杂的虚拟环境，需要强大的计算和存储能力来支持其运行。云计算将继续发扬弹性和可扩展的特性，以满足元宇宙对计算资源的动态需求。它将能够根据负载变化自动调整计算能力、存储容量和网络带宽，为元宇宙提供高效的资源管理。

（2）**边缘计算**。边缘计算可以将计算和数据处理推向离用户更近的边缘位置，减少延迟并提供更快速的响应。在元宇宙中，边缘计算可以加速交互和反馈，提高用户体验，并减轻对中心云数据中心的负载。

（3）**数据管理和分析**。元宇宙中产生的海量数据需要进行高效的管理和分析。云计算将提供更强大的数据管理和分析工具，包括数据存储、数据处理和数据挖掘等。这些工具将能够帮助元宇宙中的应用程序和用户从数据中提取有价值的信息，并支持智能决策和个性化体验。

（4）**跨云互操作性**。元宇宙可能由多个云计算平台和服务提供方构成，因此跨云互操作性将成为发展方向之一。云计算将支持不同平台之间的互操作和集成，实现数据和服务的无缝连接。这将为元宇宙的构建提供更广泛和多样化的资源，并促进不同平台之间的协作和互补。

（5）**安全和隐私保护**。元宇宙中的安全和隐私保护是关键问题。云计算将继续提供强大的安全机制和隐私保护措施，确保元宇宙中的数据和用户信息得到充分的保护。这包括数据加密、身份认证、访问控制和安全审计等措施，以维护元宇宙的安全性和可信度。

（6）**虚拟化和资源共享**。云计算的虚拟化技术将在元宇宙中发挥重要作用。它可以将物理资源抽象为虚拟资源，并为多个应用程序和用户共享。虚拟化将提高资源利用率、灵活性和效率，使元宇宙更加可扩展和可持续。

3.5 小结

本章首先简要叙述了元宇宙对算力的需求和云计算的概念、分类和特征，详细叙述了云计算中的关键技术如虚拟化技术和其架构、常见的虚拟化产品、服务器虚拟化、存储器虚拟化、容器虚拟化和网络虚拟化。同时对云存储的概念、相关技术、目标和优势进行了分析。对分布式计算的概念、关键技术和应用场景进行了详细的描述。简要从所包含的服务和优势方面介绍了一些云计算平台。最后对云计算的发展趋势做了展望，并结合元宇宙阐述了云计算对元宇宙的重要性。

3.6 习题

1. 简述什么是云计算，其与元宇宙有什么联系。
2. 请列举云计算的特征有哪些，有哪些部署模式和服务模式。
3. 请描述云计算有哪些关键技术。
4. 介绍常见的虚拟化架构有哪些，常见的虚拟化产品有哪些。
5. 请描述什么是云存储。
6. 列举云存储中有哪些关键技术。
7. 列举云存储的目标和优势有哪些。
8. 请描述什么是分布式存储系统。
9. 请描述什么是分布式计算，有哪些关键技术和特点。
10. 列举国内外的云计算产业有哪些。

第 4 章

元宇宙万物互联：物联网

物联网是元宇宙基础设施的关键支柱。本章系统介绍物联网（IoT）和人工智能物联网（AIoT）技术，阐述其基本概念和发展历程，聚焦 AIoT 技术体系，凸显物联网在元宇宙中的广泛应用和深远影响。此外，边缘计算作为物联网战略中不可或缺的重要组成部分，也将进行详细介绍。最后，本章将引领读者踏入元宇宙与物联网的交汇点，探讨二者的融合应用，并展望未来发展方向。

4.1 物联网概述

物联网（internet of things，IoT）也称为"万物相连的互联网"，是继计算机、互联网之后信息科技产业的第三次革命，是新一代信息技术的重要组成部分。IoT 被认为是通过网络将物体（包括普通物体和虚拟物体）互联互通，实现物与物、物与人之间的智能连接和信息交互。它是一种革命性的技术发展，通过将传感器、通信技术和云计算等多种技术融合，使物体能够感知、收集和传输数据，并通过云端进行存储、分析和应用，从而实现自动化、智能化和无缝互联的目标。

IoT 的实现打破了时间、地点、人、机器和物之间的障碍，实现了任何时间、任何地点、任何人、任何机器、任何物体之间的互联互通和信息交换。物联网的基本概念可以从以下 5 个方面来描述。

（1）物联网通过建立广泛的连接性，将各种物体包括传统计算设备、物理设备、传感器和嵌入式系统等连接在一起，形成一个庞大的网络。

（2）物联网通过各种传感器和感知设备实现环境感知和数据采集，从而获取各种信息和数据。

（3）物联网通过无线通信技术或有线网络实现数据传输和通信，实现物体之间的信息交互和共享。

（4）物联网通过云计算等技术对采集到的数据进行存储和处理，提供高效的数据处理和分析能力。

（5）物联网通过数据分析和人工智能技术实现对数据的智能处理和应用，实现各种智能化的场景和应用，如智能家居、智慧城市和智能制造。物联网不仅是一个连接设备的网络，更是为人们提供智能化服务和体验的平台。

4.1.1 物联网的特点

随着物联网的快速发展，人们正进入一个与以往完全不同的数字化时代。物联网以其独特的特质和能力，改变着人们与世界相互作用和互联的方式。物联网的特质包括人机物融合计算、泛在智能感知、情境自适应通信、物联网终端智能、分布式群体智能和云边端协同计算。这些特质共同构成了物联网的核心，为人们带来了全新的智能化和互联化的生活与工作体验，具体体现如下。

（1）**人机物融合计算**。随着物联网、人工智能等技术的发展，计算系统正从信息空间拓展到包含人类社会、信息空间和物理世界的三元空间。人机物三元融合计算能够协同与融合人、机、物的异质要素，构建新型智能计算系统，为解决智能制造、智慧城市、社会治理等国家重大需求提供有力支撑。其中"人"体现为社会空间广大普通用户及其所携带的移动或可穿戴设备，既包括个体或群体智能，也涵盖基于移动设备的群智感知计算。"机"体现为信息空间丰富的互联网应用、云端和边缘服务，集聚了海量多模态的数据和多样化的计算资源。"物"体现为具有感知、计算、通信、决策和移动等能力的物理实体，各种移动/嵌入式终端为感知和理解物理空间动态提供了重要支撑。人、机、物三要素在同一环境或应用场景下相互联结、和谐共生。虽然它们在能力和数据方面存在差异，但需要通过协作交互来实现能力的提升，从而完成复杂的感知和计算任务。

（2）**自组织性**。自组织性是指跨社会、信息、物理空间的异构群智能体，通过实时状态与动态环境的交互，在系统内部个体的分布式自主交互和内在共识基础上，形成时间、空间、逻辑或功能上的自组织协作。

（3）**自适应性**。在动态变化的开放环境中，智能体根据感知数据的多样性、设备资源的动态性等因素，自适应调整优化感知计算模式、分布式学习策略等。

（4）**泛在智能感知**。利用智能物联网时代无处不在的感知资源，如摄像头、射频识别（RFID）、Wi-Fi、红外、声波、毫米波等，产生丰富的多模态感知数据，并通过机器学习和深度学习等方法准确感知目标（人、环境、事件等）行为。

（5）**情境自适应通信**。根据不断变化的网络资源、连接拓扑和数据传输等情境，从实时获取的网络数据中提取情境信息，通过自适应机制实现情境适配的低成本、高效通信。

（6）**物联网终端智能**。在智能物联网场景中，将深度学习模型离线部署在资源受限且环境多变的物联网终端设备上逐渐成为趋势。这种方式具有低计算延时、低传输成本和保护数据隐私等优势，但也面临着硬件资源限制和环境动态变化对终端智能算法的挑战。因此，设计适应受限环境的轻量级深度学习模型成为智能物联网的关键问题。

（7）**分布式群体智能**。针对单个终端智能体数据和经验有限、模型训练能力弱、应用场景和任务多变等问题，智能物联网发展的重要趋势是在分布式环境下实现多智能终端的协作增强学习，与现有的集中式学习模型和框架有所区别。

（8）**端—边—云协同计算**。针对海量智能物联网数据的实时性、隐私性等数据处理需求，引入边缘计算技术到物联网中，形成"端—边—云"协同计算的智能物联网体系架构，以便及时高效地处理业务数据。

4.1.2 物联网发展历程

如图 4-1 所示，物联网的发展历程可以划分为 4 个阶段：诞生阶段、起步阶段、发展阶段和膨胀阶段，每个阶段都伴随着重要的事件和里程碑。

图 4-1　AIoT 物联发展历程

（1）**物联网诞生阶段**。物联网诞生阶段始于 1991 年"普适计算"概念的提出，强调和环境融为一体的计算概念，计算机本体从人们的视线里消失，融入到环境中的所有设备；在普适计算模式中许多设备通过全球网络为人类提供服务，为物联网的萌芽奠定了基础。随后，比尔·盖茨在 1995 年的著作《未来之路》中提及物联网概念，只是当时受限于无线网络、硬件及传感设备的发展，并未引起世人的重视。真正让物联网概念广为人知是在 1999 年，物联网之父凯文·阿什顿首次正式提出了"物联网"这一术语，主要是建立在物品编码、RFID 技术和互联网的基础上，其引发了学术界和产业界的广泛关注，这标志着物联网开始进入人们的视野。

（2）**物联网起步阶段**。物联网迈入起步阶段后，2005 年，国际电信联盟（international telecommunication union，ITU）正式确定了物联网的概念和架构，为物联网的国际化发展奠定了基础。《ITU 互联网报告 2005：物联网》指出，"无所不在的'物联网'通信时代即将来临，世界上所有的物体从轮胎到牙刷、从房屋到纸巾都可以通过互联网主动进行交换。射频识别（RFID）技术、传感器技术、纳米技术、智能嵌入技术将得到更加广泛的应用"。根据 ITU 的描述，在物联网时代，通过在各种各样的日常用品上嵌入一种短距离的移动收发器，人类在信息与通信世界里将获得一个新的沟通维度，从任何时间任何地点的人与人之间的沟通连接扩展到人与物和物与物之间的沟通连接。同时，2008 年，国际商业机器公司 IBM 提出了"智慧地球"的概念，将物联网视为实现智慧社会和可持续发展的重要工具，此概念一经提出，即得到美国各界的高度关注，甚至有分析认为 IBM 的这一构想极有可能上升至美国的国家战略，并在世界范围内引起轰动。IBM 认为，IT 产业迈入下一阶段的任务是充分将新一代 IT 技术运用于各行各业。具体地说，是采用感应器嵌入到电网、铁路、桥梁、隧道、公路、建筑、供水系统、大坝、油气管道等各种物体中的方式，并使它们广泛地连接起来，形成一个广泛的物联网网络。IBM 希望"智慧地球"策略能掀起"互联网"浪潮之后的又一次科技革命。2009 年，时任国务院总理温家宝在无锡视察中提出建设"感知中国中心"的口号，将物联网视为国家发展战略的重要组成部分，列为国家五大新兴战略产业之一，推动了物联网在中国的发展。同年 11 月，中国科学院和江苏无锡市人民政府签署合作协议成立中国物联网研究发展中心。

（3）**物联网发展阶段**。2013 年，思科预测十年内物联网设备将达到百亿级别，这标志着物联网进入了高速发展期。2015 年，中国政府将"中国制造 2025"造列为重点发展战略，进一步推动了物联网在中国的应用和发展。2017 年，国务院发布的《关于深化"互联网＋先进制造业"发展工业互联网的指导意见》中强调了工业互联网的重要性，将物联网与制造业深度融合，为我国制造业转型升级提供了指导方向和政策支持；通过将物联网技术应用于制造业中，促进制造业的数字化和智能化升级。通过将物联网技术与生产设备、工厂和供应链进行连接，实现信息的实时收集和传输，提高生产效率和质量，为智能制造提供技术支持。通过在生产过程中嵌入传感器、监控设备等，实现设备之间的数据交互和自动化控制，实现了生产过程的智能化管理。2019 年，"智能＋"概念的提出强调了人工智能与物联网的融合，为物联网智能化应用开辟了新的道路。

（4）**物联网膨胀阶段**。展望未来，物联网将进入膨胀阶段，2020 年的 AIoT 白皮书预测到 2025 年中国物联网设备将近 200 亿台，显示出物联网在中国的蓬勃发展势头。2023 年，IDC 预测到 2026 年全球对物联网的投资将超过万亿美元，显示出全球范围内物联网市场的广阔前景。随着技术的不断创新和应用场景的拓展，物联网将继续推动数字化转型和智能化升级，带来更高效、更智能的生活和工作环境。其中，物联网发展最重要的趋势之一就是智能物联网，AIoT 属于比较新的名词，学术界和业界对其定义并未达成一致。《2020 年中国智能物联网（AIoT）白皮书》中指出 AIoT 是人工智能与物联网的协同应用，它通过 IoT 系统的传感器实现实时信息采集，而在终端、边缘或云进行数据智能分析，最终形成一个智能化生态体系。而悉尼大学的研究人员发表在《IEEE Journal Internet of Things》的文章中指出"先进的通信技术（如 5G、Wi-Fi 等）将促进万物广泛连接，产生海量数据并推动智能物联网的产生。其通过融合边缘计算、雾计算和云计算的新体系架构来提升物联网系统的智能性和数据处理的及时性与安全性"。

4.2　物联网技术体系

物联网（AIoT）技术体系是将人工智能与物联网相结合的一种综合性技术体系，如图 4-2 所示，它通过感知层、网络层和应用层的协同作用，实现了任何时间、任何地点、任何人、任何机器、任何物间的互联互通和信息交换。其中，感知层负责采集环境数据；网络层负责数据的传输和通信；应用层利用人工智能和数据分析技术，实现数据的智能处理和应用。感知层如同人的各种感觉器官，由各种各样的传感器设备组成，用来感知外界环境的温度、湿度、压力、光照、气压、受力情况等信息。网络层相当于人

图 4-2　AIoT 物联网技术体系结构

的神经系统，由各种异构网络组成，将来自感知层的各类信息通过网络传输到应用层。应用层是用户和物联网间的桥梁，通过云计算、大数据、中间件等技术，为不同行业提供应用方案。这个技术体系可为人们提供智能化服务和体验，推动各行业的数字化转型和智能化升级。

4.2.1 感知层

感知层是物联网技术体系中的基础，它扮演着感知和采集环境数据的关键角色。通过各种传感器和感知设备，感知层能够实时地获取环境的各种信息和数据，如温度、湿度、光线、位置等。这些数据被转化为数字信号，为后续的数据传输、通信和处理提供了基础。感知层的技术和设备种类多种多样，涵盖了传感器、探测器、摄像头、声音识别设备等，元宇宙中还会利用虚拟现实（VR）和增强现实（AR）等设备进行感知和交互，提供更加沉浸式的体验，使用户能够感知和操纵虚拟环境中的物体和场景。

智能家居是物联网感知层的一个典型应用，通过温度传感器可以感知室内温度的变化，根据用户的需求调节空调温度；光照传感器可以感知光线强度，实现智能灯光的自动调节；门磁传感器可以感知门窗的开关状态，提供安全监控和报警功能。这些感知设备的使用使得智能家居系统能够根据环境变化自动进行调节和控制，提供舒适、安全、节能的居住环境。此外，感知层在工业领域也起着重要作用。例如，在智能制造中，通过使用各种传感器和探测器，可以实时感知生产设备的运行状态和产品质量，提高生产过程的可靠性和效率。在农业领域，农业物联网利用感知层的技术，如土壤湿度传感器、气象传感器等，能够实时监测土壤和气候条件，帮助农民科学决策，提高农作物的产量和质量。

感知层常见的关键技术包括RFID技术、二维码技术、传感器技术等。

（1）**RFID技术**。RFID技术是一种无线通信技术，通过使用射频信号来实现对物体的识别和数据传输。如图4-3（a）所示，RFID由RFID读写器和RFID标签组成，其中RFID标签是贴在物体上的小型芯片，可以携带存储信息，并与RFID读写器进行无线通信。在物联网感知层中，RFID技术广泛应用于物体识别、资产追踪、供应链管理、智能仓储、智能零售等任务，为物联网的智能化发展和应用提供了数据传输支持，它具有以下特点和优势。

① **非接触式识别**：RFID技术实现了非接触式的物体识别，不需要直接接触标签即可读取信息，为实现自动识别和数据采集提供了便捷性。

② **高效性**：RFID技术可以实现快速的数据传输和识别，大大提高了物联网感知层

的传输和响应效率。

③ **多样化的应用场景**：RFID 技术在物联网中可以应用于多种场景，例如智能物流、智能零售、智能农业等领域，为各行业的智能化发展提供了支持。

④ **实时性**：RFID 技术可以实时地获取物体信息并传输到物联网系统中，为实时监控和决策提供了数据支持。

⑤ **大规模部署**：由于 RFID 标签相对较便宜且易于部署，可以批量生产和应用，因此可以在物联网中实现大规模的部署。

（2）二维码技术。二维码是一种矩阵形式的条码，它由黑白相间的方块组成，其中黑色代表二进制中的"1"，白色代表二进制中的"0"，可以携带大量的数据信息，并通过编码和解码的过程实现数据的存储和传递。二维码具有简单易用、低成本、大容量、快速响应、高灵活性等优势，可以用于存储各种类型的数据，包括文字、链接、数字、图像等。如图 4-3（b）所示，这个二维码中就包含了网页链接的信息。二维码在物联网感知层中发挥着重要作用，主要有三方面：一是，二维码为每个物体生成唯一的标识码，

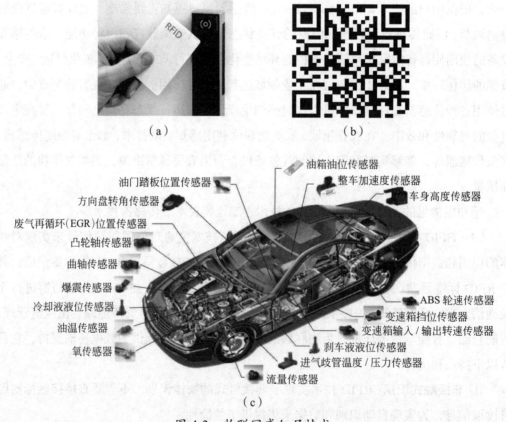

图 4-3　物联网感知层技术

（a）RFID；（b）二维码；（c）传感器

实现身份识别和区分,让感知设备能准确辨认不同物体;二是,二维码编码大量数据信息,包括物体的属性、生产信息等,感知设备通过扫描二维码获得这些数据,实现数据采集和感知;三是,作为快速识别工具,二维码可用于传递数据,感知设备通过扫描二维码将采集数据传递给网络层或应用层进行进一步处理和分析。

(3)**传感器技术**。传感器技术是物联网感知层中的重要组成部分,它用于感知环境中的各种物理量和信息,并将这些信息转化为可用于数据采集和传输的电信号或数字信号。传感器的基本原理是根据物理、化学、生物等不同的特性来感知环境中的参数,如温度、湿度、压力、光强、声音、运动等。如图4-3(c)所示,一辆汽车中通常有上百种传感器,用于监测车辆的各个零部件,保障驾驶安全和性能。不同类型的传感器具有不同的感知能力,因此在物联网感知层中,常常需要多种类型的传感器来实现全面的数据采集。传感器技术在物联网感知层中具有以下特点和优势。

① **多样性**。传感器技术涵盖了多种类型的传感器,如温度传感器、湿度传感器、压力传感器、光强传感器、声音传感器、运动传感器等。每种传感器可以感知不同的环境参数,因此在物联网感知层中可以根据不同的应用场景选择适合的传感器类型。

② **灵活性**。传感器技术具有灵活性,可以根据需求进行定制和配置。不同的物联网应用可能需要不同类型、不同规格的传感器来满足特定的感知需求,传感器技术可以根据这些需求进行灵活的设计和部署。

③ **低功耗**。在物联网感知层中,应用于嵌入式设备或移动设备中的传感器通常受限于电力供应。因此,传感器技术需要具备低功耗特性,以确保在有限电力条件下能够实现长时间稳定运行。

④ **小型化**。物联网感知层中的传感器通常需要被集成到小型设备或嵌入到环境中,因此需要具备小型化的特点。小型化的传感器可以更方便地部署和安装,同时也更加便携。

⑤ **成本低**。由于物联网应用通常需要大量的传感器来进行环境感知和数据采集,传感器技术需要具备成本低的特点。低成本的传感器可以降低整体物联网系统的成本,促进物联网技术的普及和应用。

⑥ **实时性**。在物联网感知层中,实时性是非常重要的特点。传感器技术能够实时感知环境中的参数,并将其转换为数字信号传输到上层系统,实现对环境的实时监测和控制。

⑦ **可靠性**。物联网感知层中的传感器需要具备高度的可靠性,以确保数据的准确和稳定。传感器技术在设计和制造过程中需要考虑到各种环境因素和干扰因素,以保证传感器在各种复杂条件下都能正常工作。

4.2.2 网络层

网络层是物联网技术体系的中间层,负责提供稳定、高效的数据传输通道,建立和管理物联网中各个物体之间的连接和通信,确保物联网设备之间能够可靠地进行数据交换和互联,这对于物联网系统的可靠性、安全性和性能至关重要。网络层包括网络协议、通信标准、拓扑结构、网络安全、隐私保护、管理监控、边缘计算、云端集成等要素,具备重要作用:①通过特定的协议和标准实现设备之间的通信;②选择合适的拓扑结构以确保网络的可靠性和灵活性;③负责保护物联网中设备和数据的安全性,通过身份验证、数据加密和访问控制等技术实现安全传输;④提供网络管理和监控功能,帮助发现和解决网络故障,并优化网络性能;⑤通过将计算能力推向设备边缘和云端,实现实时响应和强大的存储计算能力。总体来说,网络层在 AIoT 物联网技术体系中发挥着关键作用,提供高效、可靠和安全的物联网通信,支持各种智能化应用场景的实现。

在物联网中,物体之间的连接可以通过各种通信技术实现,包括无线通信(如 Wi-Fi、蓝牙、ZigBee、NFC)和有线网络(如以太网、电力线通信)。

(1)NFC 技术。近场通信(near field communication,NFC)技术是一种短距离无线通信技术,允许两个设备在非接触的情况下进行数据传输和交互。NFC 技术起源于无线 RFID 技术,但相比于传统的 RFID,NFC 具有更短的通信距离和更高的安全性。NFC 技术工作在 13.56MHz 的射频频段,通信距离通常在几厘米以内。设备之间只需靠近或触碰,即可建立通信连接,无需额外的配置或配对过程,因此非常方便和快捷。在物联网的网络层,NFC 技术的应用包括设备配对和连接、数据传输和共享、物联网设备的配置和管理、认证和安全应用、智能标签应用等。

(2)ZigBee 技术。ZigBee 技术是一种低功耗、低数据传输速率的无线通信技术,基于 IEEE 802.15.4 标准。其应用主要集中在小范围内,如家庭、办公室或工业环境等。在物联网感知层中,ZigBee 技术具备以下基本特点:①它支持多种网络拓扑结构,设备可以直接通信,或通过其他设备进行中继传输,增强了网络的稳定性和覆盖范围;②采用低功耗、短距离的通信协议以及多信道和跳频技术,减少了与其他无线设备的相互干扰,提高了通信可靠性;③在 ZigBee 网络中的节点可以是传感器、执行器、控制器或其他智能设备,通过通信模块进行数据传输和接收。这些特点使得 ZigBee 技术在物联网感知层中发挥重要作用,为设备之间的可靠通信提供了有效的解决方案。ZigBee 技术广泛应用于各种物联网系统中,包括智能家居、工业自动化、智慧城市、医疗健康、智慧农业等领域。

(3)蓝牙技术。蓝牙技术是一种短距离无线通信技术,最早由爱立信公司于 1994

年创制,并经过不断演进和标准化,如今已成为广泛应用于物联网中的重要通信技术。在网络层,蓝牙技术通常采用主从模式进行连接,形成星形拓扑结构,即一个主设备可以连接多个从设备,实现设备之间的数据传输和通信。这种网络结构简单灵活,适用于个人设备、家电、车辆和其他物品之间的数据传输和通信。蓝牙技术目前已广泛应用于各种领域。

① **智能家居**。蓝牙技术广泛应用于智能家居设备之间的通信,如智能音响、智能灯具、智能门锁等。用户可以通过智能手机或其他控制设备与蓝牙设备进行连接和控制。

② **车联网**。蓝牙技术在车联网中扮演重要角色,可以用于车辆与智能手机或其他设备之间的连接,实现免提通话、音乐播放和数据传输等功能。

③ **医疗健康**。蓝牙技术可以用于构建医疗健康设备的通信,如蓝牙心率监测器、血糖仪等。这些设备可以与用户的智能手机或其他设备进行连接,实现健康数据的监测和管理。

④ **智能穿戴设备**。蓝牙技术被广泛应用于智能手表、智能手环等穿戴设备中,用于与智能手机或其他设备进行数据同步和通信。

(4)**Wi-Fi 技术**。Wi-Fi 技术是一种基于无线局域网(WLAN)的通信技术,工作在 2.4GHz 和 5GHz 频段,其目的是通过无线信号实现设备之间的数据传输和互联。在 Wi-Fi 网络中,由路由器作为中心节点,它通过无线信号将数据从有线网络转换为无线信号,然后传输给周围的其他设备,如智能手机、平板电脑、电视、计算机等,实现设备的网络连接。Wi-Fi 技术的优点是无需使用网络电缆,提供了高速数据传输,能够支持大量用户同时连接,使设备之间的连接更加灵活和便捷,并且覆盖范围较广,适用于家庭、企业、公共场所等各种场景。

4.2.3 应用层

应用层是物联网技术体系的最高层,它涵盖了各种基于物联网的应用场景和解决方案。应用层包括物联网感知与采集、数据传输与通信、数据存储与处理等功能,与人工智能、大数据分析等技术相结合,实现智能化、自动化和无缝互联的目标。

在应用层中,物联网技术与各个领域的需求相结合,产生了广泛的应用场景:在智能家居应用中,家庭中的设备和家居系统能够实现远程控制、自动化调节和智能化管理,提升家居的舒适性、便利性和能源效率;在智慧城市应用中,物联网技术可以应用于交通管理、环境监测、能源管理、公共安全等方面,实现城市的智能化和可持续发展;工业物联网可以实现设备的远程监控、预测性维护和智能化生产,提高生产效率和产品质量；农业物联网可以利用传感器和数据分析技术，实现精准的灌溉、施肥和病虫害监测，提高农作物的产量和质量；医疗健康领域的物联网应用可以实现远程医疗、健康监测和智能辅助诊断，提高医疗服务的效率和质量。

4.3 边缘计算

随着物联网技术的快速发展，边缘计算作为一种解决方案应运而生。边缘计算是基于分布式开放平台的概念，通过位于物或数据源头的网络边缘侧，为用户提供就近的边缘智能服务。图4-4展示了边缘计算的基本网络架构，它是连接设备和云端的重要环节，通过融合网络、计算、存储和应用核心能力，将终端用户数据直接在网络边缘侧（包含基站、本地网络连接点和区域性网络连接点）进行处理分析，避免了数据传输到云端核心网络数据处理中心造成的延迟问题。这样的架构使得边缘计算能够有效应对云计算与远程中心之间距离过远的挑战，并减轻中心云的计算压力。其本质是将终端采集到的数据在边缘进行实时处理和决策，使物联网系统能够更快速响应和适应不断变化的环境需求，为用户提供更高效的服务和体验。

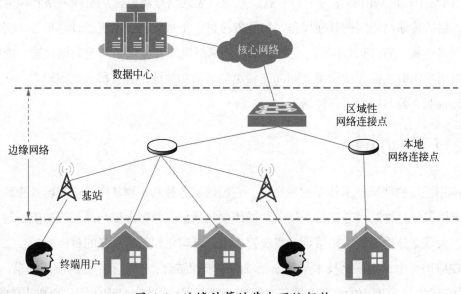

图4-4　边缘计算的基本网络架构

4.3.1 边缘计算与云计算

边缘计算和云计算常常被比较,但实际上边缘计算是从云计算发展而来的。尽管云计算拥有强大的计算能力和海量的存储能力,并通过各种软件工具构建多种应用,但边缘计算能够弥补云计算在长距离数据处理方面的局限性。类比而言,云计算类似于我们的大脑,它具有处理大量信息并具备长期存储数据的能力,即提供了强大的处理能力和存储能力,支持着视频直播、电子商务、智能制造等众多应用平台;而边缘计算类似于脊髓,位于靠近设备侧,无需依赖云计算,具备快速响应的能力,但其智能程度相对较低,在大规模计算和存储方面有一定的限制,难以处理复杂的信息。

边缘计算与云计算相辅相成,各自在不同领域发挥作用,共同构建了一个完整的计算架构。两者共同推动着物联网、人工智能和智能化应用的发展。在实际应用中,可以根据具体的需求和场景选择适合的计算模式,或者将边缘计算和云计算相结合,以实现更高效、灵活和可靠的计算能力。

4.3.2 边缘计算架构及工作原理

边缘计算是一种将数据处理和分析功能推向网络边缘的计算模型,通过将计算任务和数据处理靠近数据源的位置,提供低延迟、高效率和可靠的数据处理能力。如图4-5所示,边缘计算主要包括以下关键组成部分。

(1)**终端节点**。位于边缘网络的最前沿,通常是传感器、终端设备或用户设备。这些节点负责执行计算、存储和网络通信等任务。由于终端节点直接接触现实世界的数据,它们是数据收集的第一道关口。

(2)**边缘计算节点**。位于边缘网络的外围(通常指的是网络架构中距离终端用户或设备最近的一层或位置),负责执行边缘计算任务。这些节点处理终端节点传输过来的数据,并进行数据过滤、实时分析、决策制定和安全验证等工作。由于边缘设备的计算能力有限,边缘计算节点可以与云计算中心或其他边缘设备进行协作,实现分布式计算和资源共享,提高整体计算效率。

(3)**网络节点**。在边缘计算架构中起着关键作用,负责连接和传输数据,管理网络流量并提供网络服务。网络节点确保数据在终端节点、边缘计算节点和云计算节点之间高效传输和通信,承担着保障数据安全和稳定传输的任务,为边缘计算系统提供可靠的网络基础设施。

(4)**云计算节点**。位于边缘计算架构的后端,主要用于永久性存储边缘计算层中的数据，并处理边缘计算节点无法完成的复杂分析和综合任务。这些节点拥有更强大的计算和存储能力，适合处理大规模数据分析、机器学习、深度学习等高度计算密集型任务。另外，云计算节点还可以根据网络资源分布动态调整边缘计算层的部署策略和算法，以实现更加智能和高效的数据处理和资源管理。

总体来说，边缘计算架构将计算和处理能力推向网络边缘，提供快速、可靠和实时的计算能力。终端节点和边缘计算节点负责数据的收集、处理和决策制定，网络节点确保数据的高效传输和通信，而云计算节点提供补充的存储和处理能力。这种综合架构满足了对实时性要求较高的应用场景，并充分发挥了边缘计算和云计算的优势。

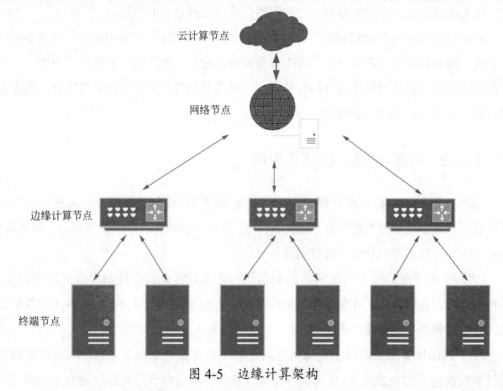

图 4-5　边缘计算架构

4.3.3　边缘计算应用

边缘计算凭借其实时数据处理能力和快速响应速度，就近提供设备管理和控制等服务，解决物联网通信中的"最后一公里"问题，实现物联网设备的智能连接和高效管理，在物联网领域具有广泛的应用前景。通过边缘计算网关的部署和边缘计算能力的发挥，实现物联网设备的智能连接和高效管理，为各行业带来更快速、高效和智能化的物联网应用解决方案。

（1）**油气设备远程监控**。在石油和天然气行业，一旦发生故障可能是灾难性的，因此需要实时监控相关设备。然而，石油和天然气工厂通常位于偏远地区，将所有数据上传至云端分析需要昂贵的传输和处理成本，并且容易产生延迟。因此，将边缘计算应用于油气设备远程监控中，可使其具备实时分析能力，且数据处理更接近设备端，减少对集中式云的连接依赖。

（2）**智能电网**。能源分配是智能电网中的关键环节，通过将传感器和物联网设备连接到工厂和办公室的边缘平台，能够就近监控能源使用并实时分析其消耗，可以帮助企业更好地管理能源消耗，同时也为电力公司的能源功耗控制提供决策依据，进一步提升电网的智能化、绿色化水平。

（3）**病症监测**。传统医疗监测设备（例如血糖监测仪、健康工具和其他传感器）数据需要存储在第三方云上，难以及时进行分析且存在隐私泄露的问题。采用边缘计算平台，医院的边缘端设备可以在本地处理数据以维护数据隐私，同时实时得到用户数据分析结果，及时对异常情况作出反馈。

（4）**交通管理**。道路交通会产生大量数据，包括公共交通车辆数据、道路车流量数据、监控视频数据等，使用边缘计算，无需将大量流量数据传输到集中式云，从而降低带宽和延迟成本，可以实现更有效的城市交通管理。

4.4 物联网产业

如图 4-6 所示，物联网产业包括了端、边、管、云、用、产业服务几个部分："端"指物联网终端，包括芯片、模组、感知设备、算法和操作系统等；"边"是相对于中心而言，是指位于中心节点之外的位置，边缘计算将计算能力下沉至边缘节点，使得计算更接近终端设备；"管"主要指连接通道及相关产品和服务，由于大连接数和复杂环境等因素，无线连接在 AIoT 应用中得到了广泛应用；"云"主要指物联网的云化能力平台，包括硬件、软件和组成平台的各个部分，不同运营主体可以提供不同类型的平台；"用"指的是 AIoT 的应用，根据驱动因素可以分为消费驱动、政策驱动和产业驱动的应用；"产业服务"包括各种联盟、协会、机构、媒体和投资基金等，为产业提供检测、标准制定、媒体宣传、咨询和投融资等服务，是推动产业发展的重要力量。这些概念共同构成了物联网产业的关键要素，并提供了发展方向。

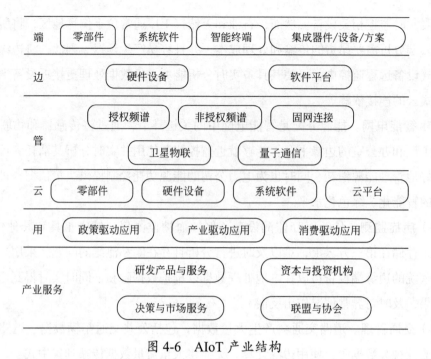

图 4-6 AIoT 产业结构

4.4.1 端

"端"即 AIoT 产业中的"终端"设备及相关软、硬件,主要包括端侧设备芯片、模组、感知设备、操作系统、底层算法等。其中"端"侧分为零部件、集成器件/设备/方案、系统软件和智能终端等。

(1)零部件。主要包括广域通信芯片、局域通信芯片、AI 芯片、存储芯片、控制芯片和天线,芯片是系统的核心,承担数据处理、计算和通信任务。广域通信芯片用于实现广域通信技术;局域通信芯片用于实现局域通信技术;AI 芯片专门用于加速人工智能计算任务;存储芯片用于数据存储和读取操作;控制芯片用于执行设备的控制和管理任务;天线用于无线通信中发送和接收无线信号。在芯片领域,高通、华为海思、联发科、美光、福建晋华和德州仪器等是主要参与者,天线领域的主要企业是信维通信、通宇通讯等。

(2)集成器件/设备/方案。主要包括模组、传感器和屏幕等。模组主要实现物联网设备的智能化和连接性;传感器用于感知和测量周围环境变量的装置,如温度、湿度、光照、压力、运动等;屏幕,也称为显示器,用于显示图像和信息的输出设备。主要参与企业有美格智能、博世、京东方等。

(3)系统软件。主要包括操作系统和 AI 算法等。操作系统为应用程序提供运行环境和资源管理；底层算法处理和分析感知数据，提取有用信息并支持智能决策和控制。操作系统主要包括 TencentOS tiny 和 OneOS 等，AI 算法公司主要有旷视科技和云从科技等。

（4）**智能终端**。主要包括智能网联汽车和可穿戴设备等。智能网联汽车是将车辆与互联网相连接，使车辆能够实现智能驾驶和自动化功能；可穿戴设备是一类集成于服装、手表、眼镜、手环等物品中的智能电子设备。智能终端的主要参与者有特斯拉、比亚迪、苹果、华为等。

"端"侧在 AIoT 产业中具有至关重要的地位，它的发展和创新对于推动整个 AIoT 产业的发展具有重要意义。在"端"侧的发展中，不同企业和技术领域的参与者都在竞相推进技术的进步，以满足不断增长的智能设备和物联网应用的需求。

4.4.2 边

"边"是相对于"中心"的概念，指的是贴近数据源头的区域。边缘智能是指将智能处理能力下沉至更靠近数据源头的网络边缘，以满足市场对实时性、隐私性和带宽节省等的需求。边缘智能包括边缘节点在边缘侧提供的高级数据分析、场景感知、实时决策和自组织协同等服务。随着物联网的普及，大量设备连接到网络边缘，产生了海量数据，推动了边缘计算的兴起。同时，深度学习算法和摩尔定律的突破也促进了人工智能的发展。边缘计算和人工智能的结合形成了边缘智能这一新的交叉领域。

边缘智能的硬件主要包括边缘网关、边缘智能控制器和边缘服务器。边缘网关负责处理和转换网络协议，辅助边缘节点进行数据交互；边缘智能控制器衔接信息技术（information technology，IT）和操作技术（operation technology，OT）提供智能化控制和管理；边缘服务器提供计算能力支持。在边缘智能领域，爱立信、施耐德电气、Arm、英特尔、思科、华为、新华三、中兴通讯、研华科技和联想等企业是主要的参与者。

边缘智能的软件平台是边缘管理层的核心，负责统一管理边缘节点并调用相关资源。目前的边缘智能软件平台主要功能包括管理网络边缘的计算、网络和存储资源，未来可能会朝着浅训练和强推理方向发展，以满足低时延场景的需求。在边缘智能软件领域，AWS、Azure、阿里云、华为云、腾讯云、百度云和创通联达等企业拥有雄厚的实力，并设计了各种云平台和软件。边缘计算、人工智能和边缘智能的结合为利用在网络边缘产生的海量数据提供了重要机遇，实现了实时智能决策，并在各个行业中开启了许多潜在应用的可能性。

4.4.3 管

"管"在 AIoT 产业链中扮演着重要角色,主要指负责连接的网络,包括授权频谱、非授权频谱、固网连接、卫星物联和量子通信网络等。它承担着将数据从终端设备传输到边缘计算和云端系统的关键任务,实现高效的数据传输和协同处理。这样的连接网络在 AIoT 领域中具有至关重要的作用,为各个环节的顺畅运行提供了坚实的基础。

(1)**授权频谱**。授权频谱指由相关政府机构或管理机构授予的通信频谱资源的使用权,以确保无线通信系统和服务的有效运行和管理,主要包括通信主设备、网维网优、连接管理平台和基础电信服务等。通信主设备是指无线通信系统中的核心设备,如基站、传输设备、路由器等;网维网优是指对无线通信网络进行运维和优化的工作;连接管理平台可以用于管理物联网设备、移动终端等;基础电信服务是向用户提供通信服务的基础设施和运营服务。主要企业有华为、华星创业、OneLink 和中国移动等。

(2)**非授权频谱**。非授权频谱指未经相关政府机构或管理机构正式授权的无线通信频谱资源的使用。包括 WLAN、通信方案和运营服务。WLAN 使用无线频谱进行通信,但通常在非授权频谱范围内工作,因此无需经过正式的政府频谱授权;通信方案是指特定的无线通信技术和协议的组合,用于实现特定的通信功能或服务;运营服务是指为用户提供无线通信服务的运营商或服务提供商。主要企业有锐捷网络、星纵物联和东方明珠等。

(3)**固网连接**。固网连接指通过有线网络(通常是电缆或光纤)提供的稳定和可靠的网络连接,包括 PLC、路由器和交换机。PLC 将网络数据传输到不同的电力线节点,实现室内网络覆盖;路由器用于将网络数据在各个子网络之间进行路由和转发,确保数据的准确传递和快速响应;交换机负责实现局域网内的设备连接和数据交换,通过高速数据传输提供稳定的内部网络连接。主要企业有固网科技、TP-Link 和三旺通信等。

(4)**卫星物联和量子通信**。卫星物联指利用卫星通信技术实现物联网设备之间的通信和数据传输;量子通信指基于量子力学原理的通信技术,旨在实现更安全、更快速的通信方式。主要参与者有长光卫星和国盾量子等。

通过在"管"侧不断发展和创新,AIoT 产业能够满足日益增长的无线连接需求,推动物联网设备的广泛应用和技术的进步。

4.4.4 云

在 AIoT 产业链中,"云"扮演着连接设备与应用场景之间的关键桥梁和重要媒介的角色,在设备管理、集成、监控、分析、控制等方面提供了基础,是物联网技术的赋能平台，对于 AIoT 的落地起着至关重要的作用。"云"侧包括零部件、硬件设备、系统软件和云平台。

（1）**零部件、硬件设备和系统软件**。主要包括 UPS、服务器、数据库、安全和大数据等。UPS 是用于保障电力的连续供应；服务器是数据中心的核心设备，用于提供各种云计算服务和存储数据；数据库是用于存储和管理数据的软件系统；大数据技术是用于处理和分析大规模数据集的一系列技术和工具。主要参与企业或平台有伊顿、浪潮信息、阿里 OceanBase、360 和海云数据等。

（2）**云平台**。主要包括通信、物联网、互联网 IT、工业厂商平台和新锐企业平台。通信平台主要由电信运营方或通信服务提供方提供，用于提供通信服务和网络资源；物联网平台专门用于连接和管理大规模的物联网设备；互联网 IT 平台是为互联网公司和互联网应用提供的云计算服务；工业厂商平台针对制造业和工业领域提供云计算和物联网服务。主要平台或企业有华为云 IoT、中国移动 OneNET、阿里云 Link 平台、浪潮云洲、西门子 MindSphere 和紫光云 UNIPower 等。

"云"侧的零部件、硬件设备、系统软件及云平台共同构成了一个完整的生态系统，为 AIoT 提供了强大的支持。云平台作为 AIoT 产业结构的关键组成部分，承担着高效的数据存储、处理和分析任务，为实现智能决策和优化效率提供了重要基础。

4.4.5 用

"用"指的是 AIoT 应用。从核心驱动要素来看，"用"可分为政策驱动型、产业驱动型和消费驱动型应用。

（1）**政策驱动型应用**。主要包括智慧停车、智慧交通、智慧城市、智慧消防等。智慧停车是利用物联网、人工智能和大数据技术等，实现更高效的停车管理和服务的应用；智慧交通是利用现代信息技术和智能化手段，提升交通管理和服务的水平；智慧城市是通过物联网、云计算和大数据等技术，将城市各项服务和基础设施进行智能化融合的应用，这些智能化应用在政策支持和推动下为城市和社会带来积极的影响。主要参与企业或平台有 ETCP、万集科技、大华股份和青鸟消防等。

（2）**产业驱动型应用**。主要包括智能楼宇、智慧物流、智慧零售等。智能楼宇实现楼宇设施的智能化管理和优化；智慧物流优化物流运输和仓储管理；智慧零售可优化零售业务，提升用户体验。这些产业驱动型应用将智能化技术与具体产业需求相结合，为企业带来了显著的效益和竞争优势。主要企业有美的楼宇科技、菜鸟网络和新大陆等。

（3）**消费驱动型应用**。指智能化技术在消费者领域中的应用，用以满足人们的个性化需求，提升生活体验，主要包括消费元宇宙、智能服装、智慧出行和智慧家庭等。消费元宇宙是一种基于虚拟现实和增强现实技术，创造出数字化的虚拟环境，让用户可以在其中进行虚拟体验和交互的应用；智能服装是融合了物联网、传感器和可穿戴技术的智能化服装，可以实现更多功能和提供更好的穿着体验；智慧出行帮助用户规划最优出行路线，选择合适的交通工具，并提供出行信息和服务；智慧家庭实现家居智能化和智能生活。这些消费驱动型应用以满足消费者的个性化需求和提升生活体验为目标。主要企业有米哈游、NIKE、滴滴出行和海尔智家等。

AIoT 在不同领域的应用推动了技术和产业的进步，为社会带来了便利和创新。政策支持、产业需求和消费者需求共同推动了 AIoT 应用的发展，为企业和个人带来了新的发展机遇和体验。

4.4.6 产业服务

"产业服务"是 AIoT 生态系统中一个重要的板块，它主要涵盖了研发与产品服务、资本与投资机构、决策与市场服务、联盟与协会。

（1）**研发产品与服务**。包括测试认证和标准化组织。测试认证和标准化组织是为了推动产业发展和确保产品质量而设立的专门机构，通过测试认证和标准化组织的服务，企业可以获得产品合规性认证，提高产品质量和竞争力，并为消费者提供更可靠、安全的产品。

（2）**资本与投资机构**。通过对有潜力的创业企业进行投资，助力新兴产业发展和创新。主要企业包括红杉中国和经纬中国等。

（3）**决策与市场服务**。包括研究咨询和行业媒体，联盟与协会包括技术联盟、行业协会和各地组织。研究咨询服务帮助企业了解市场环境、把握行业动态，制订有效的市场推广策略和业务发展计划；行业媒体专门报道和发布与特定产业相关新闻和信息。主要参与者有赛迪顾问和机器之心等。

（4）**联盟与协会**。技术联盟共享资源和技术，在技术研发、标准制定、创新合作等方面开展合作；行业协会代表行业的利益和声音，开展行业合作和交流，促进行业的健康发展和自律管理；各地组织通常由地方政府和产业企业联合成立，共同推动地方产业的发展。主要参与者有 Wi-Fi 联盟、5G 技术产业促进中心和厦门物联网协会等。

产业服务的重要作用在于协助企业打破集团壁垒、减少信息不对称，并为企业提供协助和平台，赋能企业对外发声。特别是在不确定的环境中，产业服务帮助企业寻找确定性，为企业在快速变化的环境中提供支持，促进产业的健康发展和持续创新。

4.5 元宇宙与物联网

元宇宙与物联网的融合将引发强大的火花效应。物联网连接万物、赋予数字智能并实现数据通信；元宇宙以虚拟增强现实为基础，拓展物理世界能力。两者的融合推动新业务模式、工作方式和人机互动的革新。其终极目标是创造与元宇宙完美融合的世界，带来无限可能的新业务、新工作和新互动方式。这将极大地改变人们的生活，提升探索、创造和共享信息的能力，实现全新的人机交互体验。元宇宙与物联网的融合将开启全新的时代，使人们能够更深入地融入数字化世界，创造出更智能、更灵活的环境，为人类带来更多机遇和便利。

4.5.1 元宇宙与物联网的联系

元宇宙与物联网是两个独立却相互关联的概念，两者在技术层面可以相互融合，为现实世界和虚拟世界之间的交互提供桥梁。物联网是一个通过软件、传感器和其他技术与互联网相连的网络，它能够连接和管理各种物理设备，并实现与其他设备和系统之间的数据交换和连接。这种连接性使得物联网能够收集大量的现实世界数据，包括环境感知、设备状态和用户行为等信息。而元宇宙是一个利用技术改变个体周围环境的虚拟世界，它能够提供沉浸式的体验。元宇宙通过整合现实世界数据和虚拟世界元素，创造出一种与现实世界相似或完全不同的体验空间。用户可以通过虚拟现实技术或其他交互手段进行探索和互动。其中元宇宙与物联网的主要联系如下。

（1）相互补充与增强。元宇宙和物联网之间存在相互补充和增强的关系。物联网为元宇宙提供了必要的现实世界数据，如环境感知、物体位置和状态等信息。这些数据由物联网的传感器和设备收集，并传输到元宇宙中，以丰富和增强虚拟世界的内容和体验。例如，物联网通过实时收集传感器数据来反馈虚拟世界中的天气、交通状况或用户行为等信息，从而使得元宇宙更加真实和互动。

（2）拓展应用场景和交互方式。元宇宙为物联网提供更广阔的应用场景和交互方式。通过将物联网设备和系统与元宇宙连接，用户可以通过虚拟界面或虚拟现实设备来监控和控制现实世界中的物联网设备，为用户提供更直观、沉浸式和便捷的操作体验，扩展了物联网的应用领域和用户参与度。用户可以通过元宇宙实现与物联网设备的互动，更直观地了解和管理实际环境中的物联网系统。

（3）推动数字化转型与创新。元宇宙与物联网的结合推动了数字化转型和创新的加速。通过将物联网技术与元宇宙整合,各行各业都能够实现更智能化和高效化的运营和管理。举例来说,在智慧城市领域,物联网传感器所采集的数据可以通过传输至元宇宙中,从而实现智能交通管理和环境监测等功能。这一融合为各行业带来了新的机遇和可能,推动着数字化转型的发展。

4.5.2 元宇宙中物联网的发展方向

物联网技术在满足随时随地以各种方式接入元宇宙的要求方面发挥着重要作用,并为元宇宙感知外部信息来源提供支持。元宇宙的一个重要需求是便捷的访问方式,不再局限于移动手机和电脑,而是通过各种穿戴设备、汽车、家居等实现对网络的接入,使人们能够更加便捷地与元宇宙进行交互。其中元宇宙中物联网的主要发展方向如下。

(1)**物联网传感器的感知增强**。在元宇宙中,物联网传感器充当着人类五官的延伸,发挥着至关重要的作用。这些传感器连接到各种设备和物体上,通过收集环境数据、监测用户行为等方式,为元宇宙提供实时的感知和反馈。通过更广泛的传感器网络,元宇宙能够更全面地了解用户的需求、习惯和环境的变化,从而为用户提供更个性化、智能化的体验。

(2)**多场景应用落地**。元宇宙目前正处于发展阶段,其多场景应用的实际落地依赖于各种技术的不断发展和完善。物联网技术作为元宇宙的核心之一,已经初步构建了数字城市的雏形,并对人们的生活产生了深远影响。随着5G技术的发展和"三千兆"城市的建设,物联网技术将进一步加速元宇宙的应用落地。智慧家居已成为现实,智慧社区、智慧城市、智慧乡村等领域也在持续建设,逐步落地。

(3)**创意和应用场景的不断拓展**。随着物联网技术的进一步发展和创新,我们可以期待更多创意和应用场景的出现。通过智能设备和传感器的连接,人们将能够更加方便地管理家庭、享受智慧社区的便利,体验智慧城市的便捷,甚至在乡村地区感受到物联网技术带来的改变。这将为我们的生活带来更多便利和舒适,推动社会的进步和发展。

(4)**安全与隐私保护**。随着元宇宙的发展,数据安全和隐私保护变得尤为重要。物联网技术在元宇宙中的发展不仅需要关注数据的收集和传输,还需要加强数据的安全性和隐私保护措施。在构建元宇宙的过程中,应注重建立健全的数据安全标准和隐私保护机制,充分保护用户的信息和数据。

 小结

本章主要深入探讨了物联网相关技术及其在元宇宙中的应用与发展。从物联网的整体概述出发，逐步揭示了人工智能物联网在感知层、网络层、应用层等多个方面的独特特点，通过这些方面的协同作用，实现了万物互联。与此同时，本章也着重强调了边缘计算的重要性，它在数据源头的网络边缘提供服务，有效弥补了云计算在长距离数据处理方面的局限性。另外，本章还深入探讨了物联网产业目前的发展现状，并探讨了物联网与元宇宙之间的应用和联系，物联网与元宇宙的融合将引发强大的火花效应。

 习题

1. 请列举你在生活中所使用到的 IoT 设备，并讨论其特点以及对你生活的改变。
2. 除感知层、网络层以及应用层技术架构之外，请列举其他的 AIoT 技术架构。
3. 阐述边缘计算的定义和主要特点。
4. 对边缘计算与传统的云计算进行比较，请列举两者的区别和联系。
5. 请描述边缘计算可能面临的挑战有哪些，提出自己的观点并进行解释。
6. 简述 IoT 是如何与边缘计算相关联的，它们之间的关系如何影响物联网的发展。
7. 列举边缘设备和边缘服务器的区别，它们在边缘计算架构中扮演了什么角色。
8. 请说明物联网产业中的"端""边""管""云""用"以及"产业服务"之间的联系。

第 5 章

现实世界迈入元宇宙：扩展现实

元宇宙创造了一个融合了现实世界和虚拟世界的全新空间，这一目的的实现离不开扩展现实技术，它通过将数字信息与现实世界相结合，能够增强人类感知和互动体验。本章系统介绍扩展现实技术的基本概念，详细阐述了扩展现实中实物虚化和虚物实化两项重要技术，并分析扩展现实与元宇宙之间的紧密联系和未来发展方向。

5.1 扩展现实技术概述

扩展现实是一种通过将虚拟信息（如3D模型、文本、图像或音频）叠加到真实世界中的技术，使用户能够在现实世界中和虚拟内容进行交互。以下是关于扩展现实技术的主要概念、发展历程和发展现状等。

5.1.1 扩展现实技术基本概念

什么是VR，可能大多数人回答"VR就是虚拟现实"。那什么是虚拟现实呢？通俗而直观地说，虚拟现实是通过各种技术在计算机中创建一个虚拟世界，用户可以完全沉浸其中，通过视觉、听觉等感觉来感知这个虚拟世界，并与虚拟世界中的场景、物体甚至虚拟人物进行交互。

扩展现实概念中除了虚拟现实（virtual reality，VR）以外，还包括增强现实（augmented reality，AR）和混合现实（mixed reality，MR）。因此，扩展现实产业称为3R产业。扩展现实是以计算机技术为核心，通过构建或叠加虚拟信息，并与现实环境或虚拟空间融合，从而创建交互式场景的综合计算平台。三者之间的关系如图5-1所示，其目标是建立一个包含实时信息、三维静态图像或者运动物体的完全仿真的虚拟空间，虚拟空间的各个元素按照一定规则与用户进行交互。而VR、AR、MR三个领域的差异，体现在虚拟信息和真实世界的交互方式上：使用VR技术可以独立于真实世界之外创建一个虚拟空间；使用AR技术可将这个虚拟空间叠加在真实世界之上；使用MR技术则可使创建的虚拟空间与真实世界融为一体。

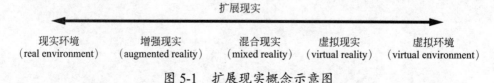

图5-1 扩展现实概念示意图

1. 虚拟现实

虚拟现实技术是一种利用计算机技术模拟生成三维空间虚拟环境，并为用户提供多种逼真感官体验（包括视觉、听觉、触觉等）的真实感模拟技术。虚拟现实技术作为仿真技术的一个重要分支，综合了多种现代科学技术，包括计算机图形学、互联网技术、人机接口技术、多媒体技术等，是一门具有挑战性的交叉科学技术。虚拟现实环境能够为用户提供与真实环境高度相似的体验。此外，用户借助于头戴式设备、触觉手套等外部设备，可以与虚拟现实环境进行实时交互，动态改变虚拟现实场景，并实时接收虚拟现实环境提供的多种类型的反馈，从而进一步提高用户在虚拟现实环境中的体验。

虚拟现实需要具备三个主要特征，即沉浸感（immersion）、交互性（interactivity）和想象力（imagination），也被称为虚拟现实的3I特征，3I特征共同促进了虚拟现实技术在提供身临其境体验和增强用户参与感方面的应用。3I特征的具体效果如下所述。

（1）**沉浸感**。用户在虚拟现实环境下的真实感程度可以用沉浸感体现。理想的虚拟现实环境应当具有高度的沉浸感，通过逼真的视觉效果、立体声效、触觉反馈等让用户无法区分身处虚拟环境还是真实环境，用户在虚拟环境中的感受与在真实环境中的感受一致，能够全身心地在虚拟现实环境中进行操作。

（2）**交互性**。用户在虚拟环境中能够进行实时互动。用户能够在虚拟环境中对物体进行操作，并可以在虚拟世界中得到反馈。交互性涉及虚拟环境中的对象在真实环境中物理现象的模拟，用户对物体的操作必须符合现实世界的物理规律，否则会给用户造成对周围环境理解的困扰。除此之外，实时性是衡量交互性好坏的重要指标之一。实时性越高，在与虚拟场景进行交互时感受的延迟越小，用户体验就越好。

（3）**想象力**。用户在虚拟现实环境中应当具备高度灵活和可扩展的想象空间，虚拟现实除了对真实环境的模拟之外，还允许用户在虚拟现实环境中进行想象，构建一些现实环境下不存在的场景，能够让用户从想象的环境中获取现实环境下无法获得的知识，从而提高人类对现实环境的认知。

2. 增强现实

增强现实技术是一种实时计算摄像机位置及姿态的技术，该技术能够在摄像机捕捉到的真实场景画面上叠加相应虚拟信息。它将虚拟信息（包括计算机生成的图形、文字、声音、动画等）实时地叠加到由摄像机捕捉到的现实画面之上，以达到对真实世界进行增强的目的。如图5-2所示，一个虚拟花盆被叠加渲染到一幅图像之上，该图像是由摄像机拍摄得到的真实世界图像，通过调整虚拟花盆的渲染位置、姿态和尺度，可以在视觉上给人一种"虚拟花盆存在于真实世界中"的逼真体验，达到虚实融合效果。

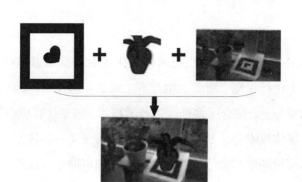

图 5-2 增强现实实例

增强现实这一新技术的到来,将通过增强人们的视觉、听觉、嗅觉、触觉和感知能力,进一步模糊真实世界与计算机所生成的虚拟世界之间的界线。常见的实现 AR 技术有三类:基于模板的 AR,在预定义的图像、标志或其他特定模板上叠加虚拟信息;基于位置的 AR,通过 GPS 或其他传感器识别用户位置,然后叠加相应的虚拟信息;基于姿态的 AR,通过手机或其他设备的加速度计、陀螺仪等传感器获取用户的姿态信息后叠加相应的虚拟信息。

AR 将真正改变人们观察世界的方式,它的应用场景非常广泛。比如,人们可以将游戏场景叠加到真实环境中,使用户能够在现实世界中享受游戏的乐趣;AR 技术可以用于制作互动教材,帮助学生通过观察、实验等方式更好地理解知识;品牌商借助 AR 技术可以制作互动广告,以吸引用户的注意力并提高品牌曝光率;利用 AR 技术将设计模型叠加到真实场景中,让用户更直观地了解设计方案。在可预见的未来,AR 技术还有很大的发展空间,该技术将会在各个领域发挥重要的作用。

3. 混合现实

混合现实是一种将真实世界和虚拟世界相结合的技术。借助计算机图形学、传感器、显示等多种技术手段,MR 虚拟的图像、视频和声音等信息叠加到真实场景中,使用户可以感受到虚拟与现实的融合。相较于 VR 将用户完全置于虚拟环境中,AR 将虚拟元素叠加在现实世界中,而 MR 结合了虚拟和现实元素,允许用户在现实世界中与虚拟元素进行实时互动。混合现实技术广泛应用于多个领域,如娱乐、游戏、医疗、教育、设计、军事等。例如,在游戏领域,混合现实技术可以将虚拟角色置于真实环境中,增强游戏的真实感;而在医疗领域,混合现实技术则可以帮助医生更好地理解病情,更精准地进行手术;在教育领域,混合现实技术可以为学生提供更直观、生动的学习体验,激发学生的兴趣。

5.1.2 扩展现实技术发展历程

扩展现实技术的发展历程主要涉及虚拟现实、增强现实、混合现实等。虚拟现实、增强现实和混合现实技术都经历了长期的演进和发展,随着技术不断进步和应用场景的不断扩展,这3种技术将继续影响人们的日常生活、工作和娱乐方式。

1. 虚拟现实技术发展历程

虚拟现实技术的发展经历了4个阶段:20世纪30年代至60年代,首次提出虚拟现实的概念,在这探索阶段诞生了第一款头戴式显示器;20世纪70年代至80年代,虚拟现实技术处于萌芽阶段,出现第一套基于头盔和数据手套的VR系统虚拟交互环境工作站,虚拟现实技术被广为人知;20世纪90年代至21世纪初,虚拟现实技术处于发展阶段,洞穴式自动虚拟系统、Virtual Boy虚物现实游戏机等相继出现,推动了虚拟现实技术的发展,并引起了广泛的关注;21世纪初至今,虚拟现实技术进入成熟阶段,Oculus Rift头戴式设备、Daydream虚拟现实平台在市场上已是热门产品。

1)探索阶段(20世纪30年代至60年代)

虚拟现实这个词语最早出现在20世纪30年代斯坦利·温鲍姆(Stanley Grauman Weinbaum)的科幻小说《皮格马利翁的眼镜》中,该书首次提出了以全息护目镜为基础的虚拟现实系统,因此被认为是探索虚拟现实的第一部科幻作品。

1956年,电影摄影师莫顿·海利希(Morton Heiling)构想并创造了一个能够为人类所有感官提供体验的设备,并于1962年制造了首个原型系统,命名为"Sensorama"(图5-3),该设备基于驾驶直升机、骑自行车等运动体验制作了5部电影,观众在观影时能够同时获得视觉、听觉、嗅觉和触觉的体验。但是受限于当时的认知水平,并没有人认识到一项革命性技术已诞生。

1960年,莫顿·海利希发明了第一款头戴式显示器(head mounted display,HMD)—球形电子眼罩(telesphere mask)并注册了专利。头戴式显示器主要由3D CRT显示器组成,

图5-3 Sensorama设备

能够进行3D显示,并提供立体声效果。然而,该设备无法实现真实世界和虚拟世界的交互,且缺乏运动追踪功能。

1961年,两位美国飞歌(Philco)公司的工程师开发出了首款具有运动追踪系统的HMD—Headsight,该设备为每只眼睛提供独立的显示屏和运动追踪系统,允许用户通

过转动头部观察周围环境。这款设备的设计初衷并非用于虚拟现实，而是为了让美国军方能以沉浸式方式远程查看危险情况。该设备以闭路摄像机作为视频输入，缺乏计算机图形生成功能的集成。

1968年，计算机图形学之父伊凡·苏泽兰（Ivan Sutherland）开发了世界上第一台计算机图形驱动的虚拟现实头戴式设备，该设备包含了头部位置追踪系统。由于当时软硬件设备不成熟，且因设备重量过于沉重导致在使用时不得不悬吊在房顶上，因此也被后人称为"达摩克利斯之剑"。

2）萌芽阶段（20世纪70年代至80年代）

1971年，弗里德里克·布罗克斯研制了一款具有力反馈功能的原型系统——Grope-Ⅱ。用户可以借助一个外部操作器对虚拟环境中的对象进行移动、抓取等操作，并通过传感器让用户感受到被操作物体的重量。

1974年，迈伦·克鲁格建立了一个名为Videoplace的实验室，旨在让用户在不借助任何外部设备的情况下与虚拟环境进行交互。该系统还允许位于不同地方的用户在虚拟环境下进行通信。用户面对投影屏幕，通过摄像机拍摄用户的轮廓，与计算机生成的图形进行融合，然后再投影至屏幕上，通过传感器捕捉识别用户的身体姿态，可以在屏幕上显示爬山、游泳等情境。

1978年，麻省理工学院创建了阿斯彭电影地图（Aspen Movie Map）项目。该项目通过采集阿斯彭城市每个季节各个城市街道的图片，并经过计算机处理之后，为用户提供3种虚拟交互模式：夏季、冬季和三维模式。通过该系统，用户仿佛置身于阿斯彭城市，可以足不出户地浏览城市街景。

1985年，美国航空航天管理局NASA的斯科特·费舍尔（Scott Fisher）研发了数据手套（data glove）。数据手套是一种轻柔的、可穿戴的手套装置，可以测量手掌的弯曲程度、关节的动作以及手指的分合等，通过计算机编程能够操控数据手套实现特定的功能。数据手套是虚拟现实外部设备最早的原型之一，与之原理类似的还有数据衣。

1986年，斯科特·费舍尔研发了第一套基于头盔和数据手套的VR系统虚拟交互环境工作站（virtual interactive environment workstation，VIEW）。这是第一款相对完整的VR系统，不仅能够通过头戴设备进行沉浸式的体验，还可以通过外部设备进行场景交互，被应用到了科学数据可视化、空间技术等领域。

1987年，可视化编程实验室（visual programming lab，VPL）的贾瑞恩·拉尼尔（Jaron Lanier）研发了多种与虚拟现实相关的产品，包含数据手套、数据衣、眼镜电话、音量控制软件等。VPL成为第一家销售虚拟现实设备的公司，使"虚拟现实"广为人知。至此，虚拟现实成为计算机领域的主要研究方向之一。

3）发展阶段（20 世纪 90 年代至 21 世纪初）

1991 年，世嘉（SEGA）公司发行了世嘉虚拟现实（SEGA VR）耳机街机游戏和世嘉驱动器（Mega Drive）。配备液晶显示屏、立体耳机和惯性传感器，能够追踪用户的头部运动。同时，SEGA 公司还推出了虚拟游戏，成为全球第一多人虚拟现实游戏平台。然而由于技术限制，SEGA 公司宣布该设备将永久停留在原型阶段。现在看来，这或许是 SEGA 公司的重大决策失误。

1991 年，Virtuality Group 推出了一系列街机游戏和设备，玩家通过佩戴 VR 眼镜能够在游戏机上体验沉浸式游戏，设备延迟低于 50ms，并且不同设备能够借助于网络进行互联，为玩家带来多人游戏的体验。

1992 年，罗莱·克鲁兹·内拉（Carolina Cruz-Neira）开发了大型 VR 系统——沉浸式投影，即洞穴式自动虚拟系统（cave automatic virtual environment，CAVE），这是一种基于投影的虚拟现实系统，并在国际图形学会议上引起了广泛关注。CAVE 系统一般由 4 个投影屏幕组成，形成一个立方体结构，用户正前方、左侧和右侧采用背投投影方式，底面采用正投投影方式。通过高性能工作站向投影屏幕交替显示计算机生成的立体图像，观察者佩戴立体眼镜和一种六自由度的头部跟踪设备，实时将观察者的视点位置反馈到工作站中，进而动态地调整投影画面的位置，提升观察者的真实感体验。

1995 年，任天堂公司发布了 Virtual Boy 虚物现实游戏机。它被认为是第一款能够显示立体 3D 图形的游戏机。Virtual Boy 配备一个能够显示 3D 图形的视频头戴显示器，通过视差的方式为用户呈现出真实的深度感，该设备还配备了一个控制器用于玩家与虚拟环境的交互。任天堂公司承诺该设备能够进行多人游戏，但是由于多种原因，多人游戏一直未能发布。此外，该设备存在定价过高、3D 效果不够理想、便携性差等问题，导致销售量未达预期，最终被任天堂公司下架。

1996 年，世界首次虚拟现实博览会在伦敦开幕，这是一场没有场地、没有真实展品的虚拟博览会，用户可以通过互联网在全球各个角落观看这次博览会，浏览虚拟展品。

4）成熟阶段（21 世纪初至今）

在进入 21 世纪之后，随着计算机技术的飞速发展，虚拟现实技术在软件和硬件方面都得到了较快提升，使得基于大型数据的声音和图像实时动画制作成为可能，极大地推动了虚拟现实技术在各行各业的应用。此外，多种新型实用的输入输出设备不断出现，也为虚拟现实技术的生态构造补上了重要的一环。

在软件方面，以计算机图形学为基础的现代计算机绘制技术极大提升了用户在虚拟现实环境中的真实感体验。这些技术包括：光线追踪（ray tracing）、光线投射（ray casting）、抗锯齿（anti-aliasing）、环境遮罩（ambient occlusion）、光子映射（photon mapping）等。

尤其是随着英伟达公司在 1999 年 8 月发布了 NVIDIA GeForce 256 第一款现代意义上的显卡，以图形处理单元（graphics processing unit，GPU）为基础的绘制技术使得虚拟现实场景在真实感绘制方面有了更进一步的提升。

在硬件方面，许多商业化虚拟现实穿戴式设备逐步走进了人类的生活中。2012 年，Oculus Rift 头戴式设备在众筹网站 Kickstarter 上线，仅用 3 天时间就筹集到 100 万美元，首轮融资 1600 万美元。2013 年推出了开发者版本，并发布了 20 余款虚拟现实游戏。2014 年，Facebook 以 20 亿美元收购 Oculus 公司。2016 年，推出了 Oculus Rift CV1 消费者版本。2018 年推出了 Oculus Go，配备宽四边形高清晰度（wide quad high definition，WQHD）显示屏，具有立体声效果，能够提供数千款 VR 游戏和全景视频体验。2020 年，推出了第二代 Oculus Quest，在渲染性能上进一步提升，单眼分辨率达到了 1832×1920 像素，显示屏刷新率达到 90Hz，质量只有 503g。2014 年，谷歌推出了纸板眼镜 Cardboard，该项目花费了谷歌工程师 6 个月时间，是一款将智能手机变成虚拟现实设备的原型设备。该设备售价仅 15 美元，用户也可以下载谷歌提供的图纸自己制作一个 Cardboard。该设备为虚拟现实的普及打下了非常广泛的群众基础。

2016 年，谷歌公司发布了 Daydream 虚拟现实平台，同时发布了对应的解决方案，包含头戴式设备和遥控器的设计方案、手机硬件认证和应用商店开发等。兼容 Daydream 规范的手机标识为"Daydream-Ready"。Daydream 平台是在开源手机操作系统安卓（Android）的基础之上建立起来的，该平台实际上是为 VR 应用的开发提供了一套开发标准，为虚拟现实的规范化提供了一个参考。

2. 增强现实技术发展历程

增强现实起步相比于虚拟现实较晚，1968 年伊凡·苏泽兰创建了第一个增强现实原型系统，它使用一个光学透视式头盔显示器，通过两个六自由度的跟踪器进行跟踪注册，但由于当时计算机处理性能的限制，只能实时显示非常简单的线框模型。1992 年，"增强现实"一词首次由波音公司在其设计的辅助布线系统中提出。汤姆·考德尔（Tom Caudell）和戴维·米泽尔（David Mizell）认为，相比于虚拟现实，增强现实因为不需要对整个场景都进行渲染绘制，因此在算力和资源消耗上更具优势，但为了使虚实融合的精度更高、效果更逼真，对实时三维注册技术提出更高的要求。1994 年，保罗·米尔格拉姆（Paul Milgram）和岸野文雄（Fumio Kishino）提出了"现实—虚拟连续统一体"，描述了从真实环境到虚拟环境的跨度，真实场景和虚拟场景分布在两端，在这两者之间接近虚拟场景的是增强虚拟，接近真实环境的是增强现实，位于中间的部分统称为混合现实。1997 年，拉纳尔多·阿祖马（Ronald Azuma）提出的增强现实的定义认为增强现实技术应具有3个具体特征：三维注册、虚实融合以及实时交互。目前米尔格拉姆和阿祖马提出的增强现实定义得到了世界范围内 AR 技术研究者们的普遍认可。

进入 21 世纪初，增强现实开始进入商业化阶段。2009 年，诺基亚发布了一款名为"诺基亚城市指南"的 AR 应用，允许用户通过手机摄像头查看现实世界并获取虚拟信息。随着智能手机的普及和性能的提升，移动 AR 应用开始迅速发展。谷歌于 2013 年发布了 Google Glass 智能眼镜，允许用户通过佩戴设备在眼镜上看到增强现实信息。然而，由于一系列问题，如隐私问题和高昂的售价，Google Glass 并未取得预期的商业成功。2016 年，Pokemon Go 游戏的推出引起了全球范围内的热潮。该游戏将虚拟的精灵和现实世界相结合，使玩家在现实中捕捉虚拟生物，掀起了 AR 游戏的浪潮。增强现实技术经历了几十年的发展，从最初的实验阶段到商业化应用，从移动设备上的应用到硬件设备的尝试，AR 正在逐步融入人们的日常生活，并在不同领域展现出巨大的潜力。随着技术的不断进步和应用场景的拓展，AR 有望继续发展壮大。

3. 混合现实技术发展历程

混合现实技术的发展历程相对较短，早期的概念融合于虚拟现实以及增强现实技术中。混合现实的概念在 20 世纪 90 年代初期开始出现。当时，研究人员和科学家开始探索将虚拟内容与真实世界相结合的可能性。然而，由于当时计算机技术和传感器技术的限制，混合现实的发展处于实验和研究阶段。2015 年，微软发布了 HoloLens，这是一款首个商用增强现实（或混合现实）头戴显示器。HoloLens 采用了先进的传感器技术和计算机视觉算法，使用户可以在现实世界中看到虚拟物体，并与其进行互动。HoloLens 的发布标志着混合现实技术进入了一个新的阶段。自 2016 年以来，混合现实技术得到了显著的进步，并在各个领域得到了广泛的应用。不仅在科学研究、医疗、教育等领域，混合现实也开始渗透到娱乐和游戏产业。除了 HoloLens，其他公司也推出了类似的混合现实（增强现实）设备和应用，如 Magic Leap One、Meta AR Glasses 等。混合现实技术的发展历程相对较短，但随着技术的不断进步和应用场景的拓展，混合现实有望在未来持续发展，并成为人们日常生活和工作中不可或缺的一部分。

5.1.3 扩展现实技术发展现状

当前，扩展现实技术已经取得了巨大的进展，国内外的研究工作在推动其发展方面起到了关键作用。与之相关的关联技术的不断进步也加速了扩展现实技术的应用范围扩大和性能提升。以下主要介绍扩展现实技术发展现状、国内外研究工作以及与之相关的相互促进的关联技术。

1. 国内外研究工作

扩展现实技术仍然是目前的研究热点，国内外高校和公司高度关注其发展。总体而言，美国、德国、日本等国家在扩展现实技术方面发展得较早，我国虽然在扩展现实技术方面起步较晚，但发展速度较快。在某些领域，我国甚至呈现出后来居上的趋势。

1）美国

虚拟现实技术发明于美国，并同其他高新技术一样，美国首先将虚拟现实技术用于军事训练、航空航天培训（例如宇航员、飞行员和相关维修人员培训）等各种模拟训练系统的研发。20 世纪 80 年代，以美国国防部和美国宇航局为首推动的虚拟现实技术在军事和航天方面快速发展，取得了显著成就。美国宇航局 Ames 实验室对虚拟现实技术的发展起到了重要的作用。1984 年启动了虚拟视觉环境显示（virtual visual environment display，VIVED）项目，1986 年开发了虚拟界面环境工作站（virtual interactive environment workstation，VIEW）。此外，Ames 实验室还改造了 HMD 以及数据手套，使这些设备能够进入工程化应用阶段。该实验室已经逐步建成了航空航天 VR 训练和维修系统。目前 Ames 正在开发一款模拟地球外行星的 VR 系统——虚拟行星探索（virtual planetary exploration，VPE），用户可以通过浏览器足不出户地访问不同的行星系统。

进入 20 世纪 90 年代，美国将虚拟现实技术的发展转向民用技术，许多高校和研究机构开始了虚拟现实相关的研究，并且催生了大量虚拟现实公司。北卡罗来纳大学计算机系是虚拟现实研究领域比较著名的团队之一，主要在航空模拟驾驶、建筑仿真优化和外科手术仿真治疗等方面进行深入研究。罗马琳达大学的医学中心将虚拟现实技术用于神经疾病方面的研究，将数据手套作为手部颤动测量工具，并将手部运动实时地显示在计算机上，进而进行诊断分析。斯坦福研究院（stanford research institute，SRI）主要从事虚拟现实硬件的研究，包括定位设备、视觉显示器、光学设备、触觉和力反馈设备以及三维输入输出设备等。SRI 还利用虚拟现实技术进行军用飞机和车辆的驾驶训练，通过虚拟仿真降低事故率。乔治·梅森大学研制了一套动态虚拟环境中的流体实时仿真系统。施乐公司将虚拟现实和增强现实技术用于未来办公室项目，设计了一套虚拟现实窗口辅助办公系统。美国波音公司通过虚拟现实技术为波音 737 Max 10 探索更好的加工工艺，在虚拟现实环境下，能够为飞机的装配工艺提供更好的指导。

近年来，以谷歌、脸书（Meta，原名 Facebook）和苹果为首的科技公司在虚拟现实领域展开了激烈的市场竞争，发布了多款虚拟现实设备，将虚拟现实技术应用于手机、平板电脑等移动设备，使虚拟现实技术走进千家万户，为用户带来前所未有的体验。

2）欧洲

在欧洲，以德国、英国和瑞典为首的发达国家积极开展虚拟现实技术的理论研究和实际应用。德国 FhG-IGD 图形研究所和德国计算机技术中心主要从事虚拟现实技术的研究，包括虚拟感知、虚拟环境下的控制、虚拟现实在空间技术方面的应用、虚拟训练等。他们还开发了一套测试平台，用来评估虚拟现实技术对未来系统和操作界面的影响。此外，德国还将虚拟现实技术用于传统制造业的改造，以降低产品的设计和制造成本，降低返工和研发风险，提高企业竞争力；通过虚拟现实技术进行员工培训，以降低企业培训成本。

英国虚拟现实技术在分布式并行处理、外部设备的设计和应用等方面处于领先地位。以内容生产、生活服务、技术引导为核心的虚拟现实和增强现实公司在教育、医疗、制造、金融等行业都有着很大的优势。瑞典研究的基于 UNIX 的异质分布式系统——DIVE 全分布式虚拟交互环境，在不同节点上多个进程可以在同一时间进行工作。欧洲空客公司也将虚拟现实技术应用于飞机维修过程当中，能够大大降低成本。

3）日本

日本有众多高校和研究所从事虚拟现实技术的理论研究和实际应用。东京大学为虚拟现实技术提供了一种新的显示方式，为了解决目前虚拟现实显示与交互存在的局限性，他们开发了一种全新的虚拟全息系统，该系统与 CAVE 系统类似，用户可以在其中进行漫游和交互。日本电气股份有限公司（NEC）开发了一种虚拟现实系统，具有建立真实世界中的手与虚拟手之间关系的能力，用户可使用虚拟手操作虚拟模型。日本奈良尖端技术研究院开发了一种嗅觉模拟器，借助于该模拟器，当用户在虚拟空间中靠近不同的水果时，可以通过控制外部装置向鼻尖处散发不同水果的气味，这是虚拟现实技术在除了视觉领域之外的重要研究突破。

索尼公司 2016 年发布了头戴式虚拟现实设备——PSVR（PlayStation VR），借助于自身游戏平台 PlayStation，索尼公司发布了大量优质的虚拟现实游戏，牢牢占据了虚拟现实游戏市场。任天堂公司早在 1995 年就发布了一款虚拟现实设备 Virtual Boy，但是由于当时设计理念过于前卫，技术不够成熟，导致产品夭折。2019 年，任天堂公司重新布局虚拟现实市场，于 3 月发布了 Switch 游戏机的配件 Labo VR kit，将 Switch 游戏机变身为虚拟现实眼镜。

4）中国

我国针对虚拟现实技术的研究起步较晚，但是随着计算机技术以及互联网技术在我国的快速发展，众多高校开展了关于虚拟现实技术的研究，同时也涌现出了大量研发虚拟现实的企业。

北京航空航天大学是国内最早从事虚拟现实研究和应用的高校之一，从最开始的理论研究到现在的成果转化，北京航空航天大学将虚拟现实应用到了国防军事、航空航天、医疗手术、装备制造等各个方面。2007 年，北京航空航天大学虚拟现实技术与系统国家重点实验室批准建设，实验室总体定位于虚拟现实的应用基础与核心技术研究，这是我国在 VR/AR 领域第一个也是唯一一个国家级重点实验室。实验室在赵沁平院士的带领下开发了我国第一个基于广域专用计算机网络的虚拟现实环境——分布式虚拟环境（distributed virtual environment network，DVENET），该系统支持异步分布式虚拟现实应用的开发，能够满足虚拟现实全周期、全过程的应用开发。此外，该实验室还研制了多款虚拟仿真器，包括直升机虚拟仿真器、坦克虚拟仿真器、虚拟战场环境观察器等，为我国的军事训练和航空航天训练提供多样化的虚拟仿真平台。实验室在原始创新的基础之上，发挥多学科交叉与军民融合优势，为虚拟现实技术在我国军用和民用的发展做出了引领性的贡献。

浙江大学计算机辅助设计与图形学国家重点实验室在虚拟环境真实感知和虚实环境融合等方面开展了深入探索，该实验室研究多种虚拟现实关键技术，包括虚拟环境漫游技术、实时绘制技术、人机交互技术等，开发了虚拟现实平台，并应用在文化娱乐、国防安全、装备制造等领域。该实验室还研究了多种高效算法来提高虚拟绘制的实时性，包括虚拟环境中的快速漫游算法和递进网格的快速生成算法等，开发了虚拟建筑实时漫游系统，为用户提供交互手段用于提高用户在虚拟环境漫游过程中的真实感受。

清华大学虚拟现实与人机界面实验室在虚拟现实人机交互和系统设计方面进行了深入的系统研究，同时也致力于研究和开发一些适用于大学和科研机构教学与研究使用的虚拟现实系统，提供整套解决方案，包括整套系统集成、重要人机交互设备以及仿真分析软件。研究成果包括：运用数据手套和位置跟踪器实现虚拟零件装配，通过虚拟现实进行手术仿真，开发了虚拟驾驶模拟系统，基于运动跟踪和多通道拼接大屏幕投影系统的虚拟操控场景仿真等。清华大学光盘国家工程研究中心通过 QuickTime 技术实现了足不出户地欣赏布达拉宫全景。

北京大学汪国平教授团队自主研发了超大规模分布式虚拟仿真支撑平台 ViWoSG，用于飞行模拟的视景仿真系统等，取得了很好的效果。北京理工大学长期致力于虚拟现实技术在国防系统的应用，为中国航天员科研训练中心成功研制了 VR 眼镜，能够有效缓解航天员在太空的心理压力，帮助我国航天员顺利完成长达 1 个月的在轨驻留任务。北方工业大学增强现实与互动娱乐团队在虚拟现实理论算法和应用开发方面开展了大量卓有成效的研究。他们通过硬件设备开发具有沉浸感的虚拟现实技术，成功研发了"北方工业大学虚拟校园"；通过数字头盔、数据手套立体投影、动感座椅等硬件设备制作了3D短片,通过120°环幕立体投影系统播放,有较强的立体效果;建设了新媒体实验室,自主研制了虚拟驾驶系统、动作捕捉系统、虚拟幻象系统、赤影系统等。北京科技大学人工智能与三维可视化团队在虚拟现实方面研究了基于物理的流体三维真实感模拟及可视化,提出可交互的非均质流体动画三维建模、面向多相流场景的交互现象模拟,以及基于数据驱动的流体模拟等方面的研究方法;开发了一款实用的纯交互式汽车模拟驾驶培训系统。

此外,国内从事虚拟现实与增强现实研究的高校和机构还包括:国防科技大学、天津大学、中国科学院自动化研究所、北京邮电大学、深圳大学、山东大学等,这些高校及单位都在虚拟现实与增强现实技术理论及其应用方面取得了突出成绩,为该技术在我国的推广普及做出了贡献。

2. 相互促进的关联技术

VR技术的实现离不开计算机技术,比如计算机图形学、人工智能、5G技术和大数据技术等,它们和VR技术紧密联系,相互促进,共同发展。

(1)**计算机图形学**。计算机图形学是一门利用数学算法将二维或三维图形转化为计算机显示器的栅格形式的科学。简单地说,计算机图形学主要研究如何在计算机中表示图形、如何用计算机进行图形的计算、处理和显示的相关原理与算法。VR技术与计算机图形学两者是包含关系。虚拟现实通过计算机图形学的视觉展示,将虚拟的"现实"呈现出来,除此之外,VR还要将图形渲染出的效果再呈现为3D画面,供人们直接观察。此外,VR还包括对听觉、触觉、嗅觉等视觉之外的感官进行反馈。

(2)**人工智能**。人工智能是研究、开发用于模拟、延伸和扩展人的智能的理论、方法、技术及应用系统的一门新的技术科学,是计算机科学的一个分支。它试图揭示人类智能的本质,并生产出一种新的、能以人类智能相似的方式做出反应的智能机器。该领域的研究包括机器人、语言识别、图像识别、自然语言处理和专家系统等。人工智能和VR又有何种关系呢?简单来说,人工智能能够创造接受感知的事物,而VR是创造被感知的环境。人工智能的事物可以在VR环境中进行模拟和训练。随着时间的推移,人工智能会使得虚拟世界中的环境更真实,让虚拟的人更像人,让虚拟的场景更逼真。

(3)**5G通信**。第五代移动通信技术,即5G,是4G之后移动通信技术的新变革。近两三年有不少人将5G与VR紧密联系。脸书首席执行官扎克伯格甚至认为,VR将成为5G技术最为重要的杀手级应用。5G技术的引入对于VR应用场景至关重要,在VR/AR技术中,语音识别、视线跟踪、手势感应等对实时性有较高的要求,这要求网络需具备低时延性。因此,超高速且低时延的5G网络为VR技术进入人们的日常生活铺平了道路。随着 5G 技术的发展，VR 将得到更广泛的应用，成为人们日常生活中的重要组成部分。

（4）**大数据技术**。从表面上看，大数据技术和 VR 技术似乎没有直接的联系，事实上，VR 技术可以从多个方面改变大数据的处理方式。比如，VR 技术可以将大数据可视化，提供沉浸式的体验，在传统的 2D 屏幕上可视化大量数据几乎是不可能完成的任务，但 VR 提供了一种全新的解决方案。通过 VR 技术，用户可以身临其境地观察和交互大数据，从而更直观地理解和分析数据。长期以来，人们一直在使用静态数据模型来了解动态数据，VR 技术可以让数据分析变成交互式，提供了动态处理数据的能力。

5.2 实物虚化

元宇宙的"实物虚化"是指将现实世界中的资产或实体物品转化为虚拟世界中的虚拟物品或服务，使现实世界的实物可以在虚拟世界中被数字化、复制和使用。实物虚化技术在元宇宙中有着广泛的应用：在文化遗产数字化领域，通过将文物和历史遗迹的实物转化为数字形式，如图 5-4（a）所示，人们可以用计算机对文物进行修复和展示，避免了文物在展示时受到损伤，更好地保护和传承文化遗产，同时也能够为人们提供更加真实的文化体验；如图 5-4（b）所示，汽车制造商可以使用 AR 技术将实际汽车的外观

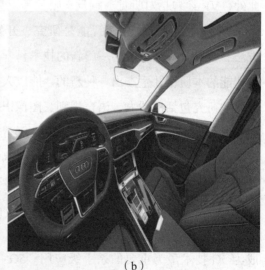

（a） （b）

图 5-4 三维扫描建模

（a）文化保护；（b）沉浸式体验

和内饰数字化,并在元宇宙中展示,用户可以使用 AR 或 VR 技术创建沉浸式体验,自由地查看、旋转和观察汽车的各个细节;如图 5-5 所示在智慧城市建设领域,通过将现实中的城市和建筑物转换成数字形式,人们可以在虚拟空间中进行建筑规划和设计,提高建筑和城市规划的效率和质量;实物虚化还可以应用于虚拟购物、虚拟展览和虚拟旅游等领域,使用户可以在虚拟空间中进行购物、参观展览和旅游,获得更加真实的体验。实物虚化技术为元宇宙带来了众多有益的应用,促进了文化传承、产品宣传、城市规划和虚拟体验等领域的发展,同时也为用户提供了更丰富、多样的虚拟体验和服务。

图 5-5 现实建筑虚化

实物虚化是将现实世界中的实物对象转换成虚拟世界中的虚拟物品的过程,通常涉及以下流程。

(1)**扫描或采集现实物体数据**。使用相关设备进行扫描或采集现实世界中实物的数据。可以通过激光扫描仪、摄像机、传感器等技术来实现。

(2)**数据处理与建模**。采集到的现实物体数据需要进行处理和建模,以生成虚拟物品的模型。在这一步骤中,通常使用计算机图形学和计算机辅助设计(computer-aided design,CAD)等技术来进行数据处理和模型构建。

(3)**虚拟化与转换**。将生成的虚拟物品模型转换为虚拟世界的格式,以便在元宇宙中进行展示和应用。涉及将模型转换成虚拟现实(VR)或增强现实(AR)平台所支持的文件格式。

(4)**添加交互元素**。在虚拟化过程中,还可以添加交互元素,使虚拟物品在元宇宙中可以与用户或其他虚拟元素进行交互。例如，为虚拟文物添加交互式展示功能，或为虚拟商品添加购物、试穿等交互功能。

（5）验证与调整。完成虚拟化后，需要进行验证和调整，确保虚拟物品在元宇宙中的表现符合预期，并且与现实世界中的实物保持一致。

（6）元宇宙展示与应用。将虚拟化后的物品上传至元宇宙平台，并在虚拟环境中进行展示和应用，用户可以通过 VR 设备或其他互动设备来与这些虚拟物品进行互动。

元宇宙的实物虚化涉及到多项技术：三维重建和物理建模是不可或缺的工具和方法。三维重建涵盖了多种技术，如 CAD 建模、激光扫描、体素建模和基于图像建模等，这些技术能够从现实世界中采集数据，并将其转换为虚拟化的三维模型。而物理建模则着重于模拟物体的运动、力学行为和交互，通过物理引擎模拟、有限元分析、基于规则的物理建模以及多体力学模拟等方法，使得虚拟物品在元宇宙中能够以更加真实、逼真的方式与用户进行交互和反应。这两项关键技术的应用为元宇宙创造了无限可能，使得用户能够在虚拟环境中尽情探索、体验，并实现对现实世界的创新性再现与传承。

5.2.1　三维建模

三维建模在元宇宙实物虚化部分扮演着至关重要的角色，使用数学几何模型描述和展示现实世界中的物体与场景，是实现元宇宙视觉呈现的关键之一，也是实现交互和动态物理效果的基础。计算机辅助设计建模、激光扫描建模、体素建模和基于图像的建模是常见的元宇宙实物虚化的几何建模方法。

1. CAD 建模

CAD 是一种常用的几何建模方法。CAD 软件通常提供多种建模工具，如三维建模、草图设计、面建模等，可以帮助用户轻松创建复杂的三维模型。CAD 建模适用于机械制造、建筑设计、工业设计等领域，它可以在不同的建模阶段提供高精度、高质量的模型。CAD 建模通常采用实体建模或面建模，可以创建精细的几何形状，并且具有很好的可编辑性和可重用性（图 5-6）。CAD 建模在元宇宙中主要应用领域如下。

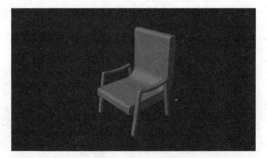

图 5-6　CAD 建模

（1）虚拟物品的设计与制造。通过 CAD 建模，设计师可以方便地设计各种形状和结构，并对其进行可视化展示和测试。因此，CAD 建模技术常用于元宇宙中的虚拟物品的设计与制造，用户可以自由地设计和制造各种虚拟物品，如衣服、配饰、家具、交通工具、建筑等。

（2）**虚拟环境的建立**。CAD 建模可以便捷地完成各种复杂地形的设计，如山脉、河流、湖泊等。同时，CAD 建模还可以快速地建造虚拟城市和建筑，如大厦、桥梁、公园等。而元宇宙中的虚拟环境包括各种虚拟地形、景观、城市、建筑等。这些虚拟环境需要具备真实感和沉浸感，因此充分利用 CAD 建模的便捷与精细化设计的优势，对元宇宙中的虚拟环境进行设计建模。

（3）**虚拟现实和增强现实的开发**。在元宇宙中，虚拟现实和增强现实技术被广泛应用，给用户提供更加真实和沉浸的体验。虚拟现实和增强现实需要精细的虚拟物体来支持，而 CAD 建模技术具有提供大量虚拟物体资源的能力，开发人员可运用 CAD 软件，快速创建各种虚拟物体，并进行动态效果展示和测试。

元宇宙作为一个虚拟的世界，需要精细的建模来实现虚拟环境的呈现和交互体验的优化。而 CAD 建模技术以其高效性、精准性、集成性、复用性的特点，在元宇宙的建设中具有不可替代的优势。

（1）**高效性**。在元宇宙中，需要大量的虚拟物品来丰富场景和世界的内容，例如建筑、车辆、人物等。CAD 建模可以通过绘制基本的几何体（例如矩形、圆柱等）并对其进行修改和组合，快速生成复杂的虚拟物品。CAD 建模还支持各种高级操作，如复制、反转、剖分、光滑、变形等，可以大幅提高虚拟物品建模的效率和质量。

（2）**精准性**。元宇宙中需要处理的对象和场景的尺度区间较大，小到玩具大到行星，需要支持多种不同尺度的建模。CAD 建模可以根据不同的场景要求，控制虚拟物品的精度和细节，保证不同尺度场景的效果。例如，在建筑领域，需要对建筑物的细节进行精细化建模；而在游戏领域，可能更注重建筑物的整体外观和造型，这就需要控制建模精度和细节。

（3）**集成性**。在元宇宙中，还有许多其他的建模工具，如游戏引擎、动画软件等，这些工具也可以用于虚拟物品的建模。CAD 建模具有高集成性，可以通过与其他建模工具的集成，使虚拟物品的建模更加高效和方便。例如，可以将 CAD 建模的结果导入到游戏引擎中进行场景的布置和渲染，或者将动画软件中的模型导入到 CAD 中进行修改和优化。

（4）**复用性**。CAD 建模具有很好的复用性，主要包括可重复性和可编辑性。CAD 可以通过复制、粘贴和数组等操作，快速复制相似的模型，从而实现模型的高效复制和重复利用。为了满足虚拟世界持续不断变化的过程，CAD 建模同时也可以对建模数据进行修改，以满足不断变化的需求。

2. 激光扫描建模

激光扫描技术是一种非接触式的三维数据采集方法，可以获取实物表面的点云数据。在实物虚化中，这种方法通常用于文物保护、文化遗产重建等领域。激光扫描可以快速获得高精度的物体表面数据，并且可以避免对实物造成破坏。激光扫描后的点云数据可以转化为三维模型，然后进行模型编辑、渲染等操作，从而实现实物虚化。

激光扫描建模的过程是利用激光发射器向目标物体表面发射激光束，当激光束照射到物体表面时，激光束会被反射或散射回来，扫描仪便可以捕捉这些反射或散射的光信号，并将其转化为数字信号。通过不断扫描物体表面的各个点，再将其组合起来，就可以生成一个完整的三维数字模型。如图 5-7 所示，无人机可携带扫描设备对地面进行激光扫描，得到地面点云信息后即可重建为三维模型。相对于传统手工建模和 CAD 建模，激光扫描建模具有高精度、高效率、高可靠性等优点，可以快速地创建出真实世界的数字化副本。

图 5-7　无人机对地面进行激光扫描建模

激光扫描建模技术的应用非常广泛，包括工业设计、文化遗产保护、医学、建筑、游戏等领域。在元宇宙中，激光扫描建模技术主要应用在以下几个方面。

（1）**三维模型制作**。激光扫描可以将真实物体的形状和细节数字化，生成高精度的三维模型。这些模型可以用于制作虚拟场景中的物体和环境，提高元宇宙的真实感和沉浸感。例如，游戏开发商可以使用激光扫描技术将真实世界中的建筑、景观和人物数字化，用于游戏中的场景和角色设计。

（2）**场景数字化**。激光扫描可以为虚拟现实和增强现实应用提供真实世界的场景和物体。通过激光扫描技术，可以将真实世界中的场景和物体数字化，然后将其应用到虚拟现实和增强现实场景中，使用户可以更加真实地体验虚拟环境。

（3）**文化遗产保护**。激光扫描技术可以为文化遗产的数字化保护提供支持。通过激光扫描技术，可以将文化遗产中的建筑、雕塑和文物等数字化，保存在数据库中，以便后续的修复和展示。在元宇宙中，这些数字化的文化遗产可以用于创建虚拟博物馆或文化遗产旅游景点，使更多的人可以了解和体验这些珍贵的文化遗产。

（4）**建筑和设计**。激光扫描可以为建筑和设计行业提供快速和准确的建模服务。通过激光扫描技术，可以将建筑物的结构、空间和细节数字化，用于建筑设计、建筑历史研究、维护和修复等。

3. 体素建模

如图 5-8 所示，体素建模是一种基于像素的几何建模方法，其将物体分解为小的三维像素单元，三维像素单位则被称为体素，每个体素可以根据其属性（如密度、颜色等）来表示物体的属性，从而构建出三维几何模型。体素建模通过快速生成的复杂三维模型，可以进行高级编辑和渲染等操作，具有诸多优势，如数据迁移性强、交互性高、可视化效果好等，在元宇宙搭建中具有重要作用。

图 5-8　体素建模

（1）**场景快速搭建**。体素建模可以用于快速创建虚拟世界中的自然场景和室内场景。例如，一个虚拟森林可以使用体素来表示每个树木的形状和位置，以及它们的树干和树枝的分支情况；一个会议室可以用体素来表示桌子和每把椅子的形状与位置，以及桌上物品摆放的方向与形状。这种方法可以方便地进行交互式设计和场景构建，并且可以在现有的数据集或采集的现场数据基础上进行快速生成。

（2）**精细建模**。体素建模可以用于虚拟物体的精细建模。在元宇宙中，人们需要准确地表示和操作各种物体，如车辆、建筑和家具等。传统的 CAD 建模方法需要专业技能和复杂的软件工具，而体素建模可以使用更加直观的方法进行建模。例如，使用手势控制设备对物体进行扫描和建模，然后在虚拟环境中进行精细的调整和编辑。

（3）通用性强。体素建模不依赖于特定的形状，因此可以使用任意数据源进行建模，例如激光雷达、摄像头、扫描仪等设备采集的现场数据，而不需要专门为每个场景设计新的建模方法。物体表示为简单的立方体，可以使用相同的模型或修改少量参数来生成新的模型，易于重复利用在不同场景中，减少了模型开发和修改的时间和成本。此外，可以用不同分辨率的体素进行建模以达到不同精度要求，精度选择灵活。

（4）仿真模拟。体素建模具有对物体进行离散化的功能，可实现精细的物理模拟。在元宇宙中，需要对各种场景进行物理模拟，如碰撞检测、重力模拟、气体模拟等，达到在虚拟世界中实现物体仿真的外形变化、位置变化，在对物体进行精确建模的同时来保证虚化后的物体能在虚拟世界中保持对应的物理特性。

4. 基于图像的建模

基于图像的建模这种方法通常是从现实世界中采集图像或视频，然后使用计算机视觉技术生成三维模型。在元宇宙中，基于图像的建模通常用于创建虚拟场景、虚拟建筑和虚拟游戏物品等。与其他建模方法相比，基于图像的建模可以更快速地创建模型，并且可以实现对物体较为精细的建模和渲染。基于图像的建模可以分为两类：结构化方法和非结构化方法。在元宇宙实物虚化的过程中结构化方法最为常见，结构化方法通常使用已知的场景信息和物体特征来生成三维模型，基于图像的建模可以通过多种途径实现，其中较为常见的方法包括运动恢复结构（structure from motion，SfM）、多视图立体视觉（multi-view stereo，MVS）。

运动恢复结构是基于图像的建模中最早的一种方法，它通过多张二维图像还原出三维世界中的场景。该方法首先利用图像中的特征点来计算相机的运动轨迹，然后根据不同视角下的图像信息来还原出三维世界中的场景。运动恢复结构方法的优势在于能够对大规模的场景进行建模，但对于复杂纹理和低对比度场景的建模效果不佳。

多视图立体视觉是一种基于多张二维图像的建模方法，它通过对不同视角下的图像信息进行匹配来还原场景的三维信息，如图5-9所示。该方法可以克服运动恢复结构在复杂场景下的局限性，但需要处理大量的图像数据，对计算资源和算法要求较高。2020年，神经渲染场（neural radiance fields，NeRF）技术的提出极大地提升了基于图像建模技术的建模效果。NeRF及其改进模型可以对输入场景一系列多角度的图像进行三维建模，生成高分辨率且具有逼真光照效果的三维模型。

上述三维建模方法可以相互结合，在实际应用中根据需求选择不同的方法进行建模。同时，几何模型也可以作为虚拟资产的一种形式，在实物虚化中转化为元宇宙中虚拟物品或服务，例如实际土地转化为虚拟地产、真实建筑转化为虚拟建筑等。

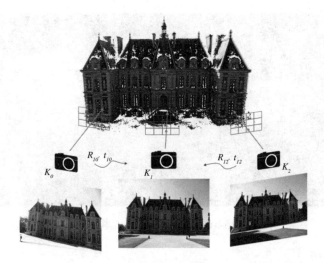

图 5-9 基于多视图立体视觉的三维建模

5.2.2 物理建模

元宇宙中的实物虚化不仅需要几何建模来构建物体的形状和外观，还需要物理建模来描述物体的物理性质和行为。物理建模通常使用物理引擎来模拟物体的运动、碰撞、摩擦、重力、液体流动等现象，从而实现更真实的交互和仿真体验。物理建模是将真实物理现象通过数学方法表达出来，在虚拟环境中模拟实现真实的物理现象，使得虚拟物品的运动、碰撞等行为表现得更加逼真。物理引擎模拟、有限元分析、基于规则的物理建模、多体动力学模拟是元宇宙实物虚化中常用的物理建模方法。

1. 物理引擎模拟

物理引擎是一种计算机程序，可以模拟物体的物理特性，如重力、碰撞、摩擦等。在元宇宙中，物理引擎常用于虚拟现实游戏、虚拟物理实验等领域。物理引擎可以模拟多种物理特性，包括刚体动力学模拟、软体动力学模拟、流体动力学模拟、热力学模拟、光学模拟等，图 5-10 展示了物理引擎对小球面对不同坡度情况的运动轨迹模拟。

物理引擎模拟技术在元宇宙中具有重要作用和意义，主要体现在以下几个方面：首先，为元宇宙中自然的交互方式提供支持，为用户提供更加自然、真实的交互体验，提高用户交互的便捷性、实用性、沉浸感；其次，广泛应用于元宇宙中的各种场景，促进虚拟现实游戏、数字娱乐、工业仿真、医学模拟等领域产业的发展，具有更加广泛的应用场景和商业价值；最后，推动图形计算、机器学习、计算机视觉等领域相关技术的发展，使这些技术广泛融入元宇宙中，推动元宇宙技术的发展和创新。

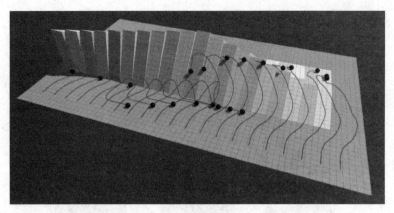

图 5-10　小球运动轨迹模拟

2. 有限元分析

在元宇宙中的物理建模方法中，有限元分析（finite element analysis，FEA）是一种常见的物理建模方法，它将复杂的结构物划分为许多小的部分进行离散化处理，通过计算求解每个小部分的力学特性，进而将这些小部分的力学特性组合在一起，得到整个结构物的力学特性。有限元分析在元宇宙中主要应用于建筑、桥梁、机械设备等工程结构的建模和分析，可以有效地评估各种结构物在不同载荷下的力学性能，预测结构物的应力和变形情况，为工程设计提供参考和支持，如图 5-11 所示。有限元分析的内容包括网格生成、材料力学特性分析、载荷分析、边界条件分析等。

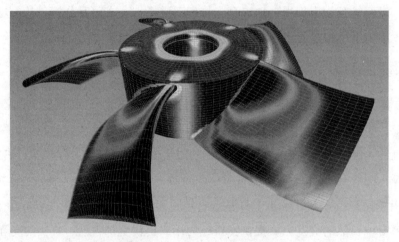

图 5-11　风扇旋转运动分析

有限元分析在元宇宙中的物理建模中具有重要的作用：①有限元分析可以对物理模型进行精细的分析，获得物理系统在力学、热学、电磁学等方面的行为规律和特性，为元宇宙物理引擎提供准确的参数和约束条件，提升建模真实性和精细度；②有限元分析可以用于预测和优化物理系统的行为，包括结构变形、温度分布、电磁场分布等，从而达到更好的表现效果和更高的交互体验；③有限元分析可以用于物理系统缺陷检测，帮助开发者和设计师发现虚拟环境中的物理系统缺陷，并进行针对性的改进和优化，提高虚拟环境的逼真度和用户体验。

3. 基于规则的物理建模

基于规则的物理建模是一种利用物体的几何形状和材料特性，通过规则表达式计算物体的物理特性的方法。规则表达式是描述物理现象或系统行为的数学表达式或语句，其定义取决于所描述的物理现象或系统行为的特定特征和属性。基于规则的物理建模通过制定一些规则和参数来模拟和预测物体在不同环境和条件下的物理行为，可以快速生成物体的物理特性。如图 5-12 所示，在物体碰撞分析中，可以利用牛顿第二定律表示物体所受的合力，从而实现碰撞模拟效果。元宇宙中，基于规则的物理建模的内容包含材质属性规则、碰撞检测规则、力学规则、动力学规则、能量守恒定律等。

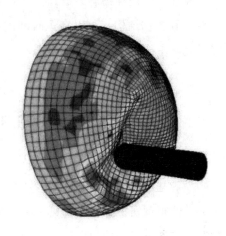

图 5-12　物体碰撞分析

基于规则的物理建模在元宇宙中的作用包括：可以快速创建高质量的物理模型，使用预定义的规则和参数调整模型的大小、形状、比例和细节，提高元宇宙的开发速度和质量；可以提供实时的可视化和交互式的编辑功能，以及自动生成大量的变化版本，从而为用户提供更多的选择和可能性，使元宇宙的内容更加丰富和多样化；可以通过模拟物理规律，帮助构建真实感和交互性更强的虚拟世界，提升用户沉浸度。

4. 多体动力学模拟

多体动力学模拟是一种数值计算方法，用于模拟多个物体之间的运动和相互作用。多体动力学模拟将系统中的每个粒子看作一个单独的体，利用牛顿力学的运动方程对其运动轨迹进行数值模拟，从而推导出整个系统的运动情况，精确地模拟多个物体之间的交互作用，并且可以通过增加或减少物体的数量，实现虚拟场景的扩大或缩小。多体动力学模拟的主要内容包括粒子的初始状态设置、力场的建立（图 5-13）、求解运动方程、可视化呈现等。

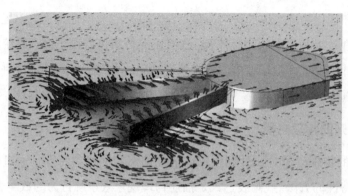

图 5-13 力场建立分析

多体动力学模拟是一种重要的物理仿真技术,可以通过模拟物体运动的轨迹、速度、碰撞、摩擦等物理参数和物理效应,实现逼真的物理效果。此外,该方法采用高效的算法和数据结构,可以在短时间内计算出大量物体之间的相互作用,提高计算效率,降低元宇宙终端设备的性能需求。

5.3 虚物实化

实物虚化专注于将现实世界中的资产或实体物品转化为虚拟世界中的虚拟物品或服务,使得现实世界的实物可以在虚拟世界中被数字化、复制和使用。与之相反,虚物实化是将建模好的虚拟世界呈现给用户的过程,它包括了视觉、听觉甚至触觉等多感官的综合呈现。虚物实化的过程主要涉及视觉绘制、并行绘制、声音渲染和力触觉渲染等技术。在元宇宙中,虚物实化可以扮演多种角色或发挥多种作用,主要包括几个方面:通过特定的技术,虚拟艺术品、游戏物品、数字资产等可以被实体化,并用于交易、收藏或展示;建筑师、设计师和工程师可以通过虚拟现实(VR)或增强现实(AR)等技术将虚拟设计转化为实际的建筑结构或物理设备。此外,元宇宙是一个多领域、多行业的整合平台,虚物实化为不同领域之间的交流和合作提供了新的可能性。通过将虚拟事物实体化,不同行业的专业人士可以更加直观地理解和协作,促进跨界创新和合作。

5.3.1 图形绘制

图形绘制是计算机图形学领域的一个关键概念,它涵盖了视觉绘制和并行绘制。视觉绘制和并行绘制在现代计算机图形学中相互交织,通过视觉绘制将三维场景渲染到二维屏幕上,并行绘制则通过充分利用计算资源来提高渲染速度和质量。这两者共同推动了图形渲染技术的进步,为各种应用领域提供了更逼真的可视化效果和更高效的图形渲染能力。

1. 视觉绘制

视觉绘制是一种通过手绘或电脑绘图软件创作视觉作品的艺术形式。这种艺术形式可以应用于广告、动画、游戏、电影等多个领域。要了解视觉绘制的原理与方法,首先要对人类视觉系统进行研究,以掌握人类视觉系统的特点。人类视觉系统非常复杂,由眼睛、大脑和神经系统等多个组成部分共同协作才能实现视觉的感知和理解。了解人类视觉系统、立体显示原理和真实感实时绘制等内容,可以更好地理解视觉绘制的原理和技巧。

1) 人类视觉系统

人眼当中存在一亿多个类感光器,这些类感光器不均匀地分布在视网膜上。视网膜的中心区域称为中央凹,是视网膜中最敏锐的视觉区域。中央凹是人眼高分辨率的色彩感知区域,而中心凹的周围则是人眼低分辨率的感知区域,被投影到中央凹的图像所在的区域代表聚焦区。在仿真过程中,观察者的焦点是无意识且动态变化的,因此,通过跟踪眼睛的动态变化,可以探测到焦点的变化。

人类的双眼能够感受到立体的图像,并且评估物体与观察者的距离。这是大脑利用两只眼睛看到的图像位置的水平位移得到的。如图5-14所示的是一个简单的人类立体视觉生理模型,A、B两个物体出现在人类眼睛视场中,物体A位于物体B的后面。当人眼集中注意力于物体B的一个特征点,眼睛会聚焦在一个固定点F上。此时由于人类左眼瞳孔和右眼瞳孔之间存在一定的距离,这个距离被称为内瞳距,两只眼睛到聚焦点F之间的连线会产生一定的角度。一般情况下,内瞳距固定,这个角度会随着观察的物体的靠近或远离而变大或变小。这个角度的变化体现到人眼观察到的内容上,即两只眼睛看到的固定点F的位置会因角度的变化而不同,从而导致物体在人类左眼和右眼中呈现出的影像会有一定的水平位移,这个位移被称为图像视差。

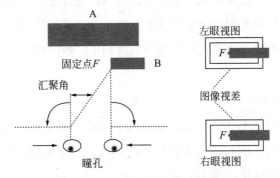

图 5-14 人类立体视觉生理模型

虚拟现实的图形显示设备如果能够产生相同的图像视差，就能使虚拟物体在人眼中形成立体的显示效果，同时也能使人眼感受到虚拟现实中的场景深度信息。为了产生这种图像视差，虚拟现实的图形显示设备需要分别向两只眼睛输出两幅轻微位移的图像。如果有两个显示设备（如立体显示头盔）分别输出不同的图像，即可实现虚拟物体在人眼中呈现立体的显示效果。如果只有一个显示设备，则要采取分时或分光等技术一次产生两种图像输出到两只眼睛。

图像视差在近距离显示的时候是一个非常有效的判定深度的线索，但在远距离观察时图像视差效果会大打折扣。这是因为当观察的物体距离观察者越远，两眼到聚焦点 F 之间连线的角度就越小，即两眼的图像视差也就越小。当物体较远时（一般距离观察者 10m 以外），利用图像视差来感知深度的效果就不明显。此时可以利用图像中的原有线索（如线性透视、阴影、遮挡等）来进行远处物体的深度感知。另外，在使用一只眼睛进行观察的情况下，因为观察者移动头部时，近处的物体看上去比远处的物体移动得更多，这样产生的运动视差也是一种很好的深度感知线索。

2）立体显示

如图 5-15 所示，由于内瞳距的存在，人类眼睛在观察物体时两只眼睛看到的图像存在差异，两幅不同的图像被输送至大脑，形成了具有景深效果的立体图像，这就是立体成像的原理。根据这个原理，可通过分色技术、分光技术、分时技术和光栅技术对实物进行立体显示。这些技术的基本思路都是产生两幅轻微位移的图像并输送到双眼，技术的不同之处主要在于如何使得双眼在看同一个画面时接收到不同的图像。

图 5-15　立体显示技术原理

立体显示技术是一种模拟人眼观察三维物体的方法，能够将物体的深度和空间位置模拟得非常逼真，让观众可以感受到真实的三维场景。目前常见的立体显示技术主要包括基于偏振镜的立体显示技术、基于活动眼镜的立体显示技术、基于自然视差的立体显示技术、基于全息成像的立体显示技术等。立体显示技术在虚拟现实、电影、游戏、医学等领域得到了广泛应用，可以为用户带来更加沉浸式的视觉体验。

3）真实感实时绘制

在虚拟现实的视觉绘制中，仅仅依靠立体显示技术来生成三维立体影像是不够的，虚拟世界需要具备实时生成与改变虚拟物体的能力，这样才能产生"真实感"。这就涉及真实感绘制和实时性绘制相关的技术。

真实感图形绘制是通过综合运用数学、物理学、计算机科学、心理学等知识，在计算机图形输出设备上绘制出接近真实场景的技术。这种技术通常应用于数字绘画和 3D 建模，以创建高质量的图像和动画。常见的几种真实感绘制技术包括光线追踪（ray tracing）、纹理映射（texture mapping）、阴影技术（shadow techniques）等。这些技术常常结合使用，以实现更高水平的真实感绘制。随着计算机硬件的不断发展和图形算法的改进，真实感绘制技术在游戏、电影特效、虚拟现实等领域得到广泛应用，为用户带来更加逼真的视觉体验。

实时性绘制技术是指通过快速的计算和优化，使得计算机能够以几乎无延迟的速度呈现图像或动画。这些技术通常用于需要实时交互的应用程序，如电子游戏、虚拟现实、增强现实和科学可视化等领域。常用的几种实时性绘制技术主要包括实时光照（real-time lighting）、硬件加速（hardware acceleration）、级联阴影映射（cascade shadow mapping）、线性深度（linear depth）等。

2. 并行绘制

并行绘制是指在多个处理器或计算机上同时进行图形绘制的技术。它通过将一幅图像同时划分成多个部分，并将每个部分同时分配给不同的处理器或计算机来加快图形绘制的速度。这种技术在需要绘制分辨率较大的图像或需要实时更新的图像场景时效果显著，例如科学可视化、游戏开发和计算机辅助设计等领域。

要实现并行绘制，需要应用并行计算技术，例如多线程、多进程和分布式计算等。在图形绘制过程中，可以将图像分成多个独立的区域，并将每个区域分配给不同的处理器或计算机。每个处理器或计算机可以独立地进行图像绘制，然后将结果合并以形成最终的图像。此外，并行绘制需要考虑数据同步和通信问题。由于不同的处理器或计算机可能同时访问相同数据，因此需要使用同步机制来确保数据的准确性。并行绘制是一种高效的图形绘制技术，可以显著提高图形绘制的速度和性能，以此减少资源的闲置率，最大限度提高计算资源的利用率。

虚拟现实中的图形绘制，是应用视觉绘制的相关技术，基于计算机的软件和硬件将虚拟世界中的三维几何模型转变为二维场景并呈现给用户。一般图形绘制的工作方式与工厂流水线类似，图形绘制过程分为处理不同任务的若干子过程。不同任务流水线的划分略有不同，可分为三个阶段。

（1）**应用程序阶段**。应用程序阶段使用软件编程方式通过计算机 CPU 或 GPU 完成。该阶段要完成建模、加速计算、人机交互响应等任务。同时需要为绘制的内容提供几何处理，一般包括点、线、三角形等，最终将这些内容输出显示。

（2）**几何处理阶段**。几何处理阶段主要由几何处理引擎完成，将三维坐标转换为二维屏幕坐标，包括坐标变换、旋转、缩放、光照、裁剪、映射等。

（3）**光栅化阶段**。光栅化阶段是通过光栅化单元实现的。将几何场景转化为图像，把几何处理阶段输出的几何图形信息转换输出显示。

可用于图形绘制过程中的并行绘制方法有流水线并行、数据并行和作业并行三种方式。三者各有其局限性，并适用于不同的应用场景。

（1）**流水线并行**。最常见、最易实现的并行方法是流水线并行方法。图形绘制流水线中不同的阶段独立执行会导致计算资源浪费，而采用流水线并行执行可提高资源利用率。流水线并行的局限性在于后一阶段的输入依赖于前一阶段的输出，整体流水线速度受限于花费时间较长的阶段。

（2）**数据并行**。数据首先被分为子数据流，然后在相同模块上对子数据流进行处理。数据并行方法的优点在于流水线的执行数量不会影响并行效果，但受限于系统通信带宽和相同模块的数目。因此数据并行方法适用于数据相关性较弱的绘制，同时该方法具有可扩展性，可应用于构建大规模的并行绘制系统。

（3）**作业并行**。主要用于具有多个独立分支的流水线绘制，通过多个进程并行执行某些分支，一个子任务的失败不会影响其他子任务的执行，这种隔离性使得系统更具容错性，而该方法的局限性在于独立分支的数量以及模块之间的差异性。

当前，主要有基于高端多处理器和高性能图形工作站和基于个人计算机集群两种方式构建并行图形绘制系统，二者的主要区别在于基于高端多处理器和高性能图形工作站出现较早，较为传统，应用范围较为广泛，但价格过于高昂；而由于个人计算机的普及性和低成本，基于个人计算机集群的技术在最近几年变得越来越流行，应用范围正在逐渐变大。

（1）**基于高端多处理器和高性能图形工作站**。传统用于实现并行图形绘制系统的方式是基于高端多处理器和高性能图形工作站。美国硅图公司（Silicon Graphics Inc，SGI）采用的是 Sort-middle 实现的 Infinite Reality 系统，该系统通过顶点总线对像素片段生成器进行广播，每秒可绘制 700 万三角面片；北卡罗来纳大学（University of North Carolina，UNC）采用 Sort-last 方法实现的 Pixel Flow 系统，采用全图像合成方法实现了可伸缩的并行图像处理，并采用像素流结构实现真实感图像的绘制。基于高端多处理器和高性能图形工作站的应用广泛，其可用于科学计算、工程设计、数字内容创作、游戏开发等领域。

（2）**基于个人计算机集群**。基于个人计算机集群是由多台普通 PC 组成的集群计算机系统。这些个人计算机之间通过网络连接，用于协同完成某些任务。这些任务可能需要高性能计算、大数据分析、仿真和建模等。随着高性能微机图像卡的出现，基于个人计算机集群构建并行图形绘制系统已成为新趋势，可以使用不同的软件和硬件架构来构建，包括专用的个人计算机集群解决方案和自定义构建的集群。个人计算机集群使用并行计算技术，将一个大型任务分成多个小任务，并同时在集群中的每台计算机上运行，这样可以大大缩短任务完成时间。通常使用高速网络来连接计算节点，以实现节点之间的通信和数据传输，并且可以在需要时扩展计算资源。个人计算机集群的硬件可以根据应用需求进行定制，例如可以使用高性能 CPU、GPU、FPGA 等加速卡，以及大容量内存和存储设备。在软件方面，个人计算机集群使用各种并行计算库和工具，例如 OpenMPI、OpenMP、CUDA 等，来实现任务并行化和分布式计算。尽管个人计算机集群的构建和管理可能需要一定的技术知识和经验，但它们仍然是一种相对低成本、灵活和可扩展的计算资源。

5.3.2　场景渲染

场景渲染是一种多感官体验的技术，涉及声音渲染和力触觉渲染，这两个方面相互协同工作，共同构成了现代多感官虚拟体验的基础，以创造更加沉浸式和真实的虚拟体验。

1. 声音渲染

良好的声音渲染能提升人们的沉浸感，体验"声临其境"的感觉。虚拟场景的声音渲染技术是在对人类的听觉系统充分了解之后，利用人类听觉系统的特性进行开发的。

三维虚拟声音指通过声音处理技术在二维平面的听觉空间中模拟出三维听觉空间的效果，使得听众能够感受到声音来自于不同的方向和距离。三维虚拟声音技术的任务是在虚拟场景中能使用户准确地判断出声源的精确位置，且符合人们在真实环境中的听觉方式。三维虚拟声音与人们熟悉的立体声存在一定的区别，就整体效果而言，立体声来自听者面前的某个平面，而三维虚拟声音来自围绕听者双耳的一个球形中的任何位置，即声音出现在头部的上方、后方或前方。但虚拟声音在双声道立体声的基础上不增加声道和音箱，而是把声场信号通过电路处理后播出，使听者感到声音来自多个方位，产生逼真的立体声场效果。例如，在战场模拟训练系统中，当听到对手射击的枪声时，就能像在现实世界中一样准确且迅速地判断出对手的位置。

三维虚拟声实现的技术关键是营造出声源来自于四面八方的幻觉，这需要结合人体听觉系统的生理特点以及心理声学的原理来对环绕声进行特定的处理。人耳的空间定位包括水平、垂直及前后方向。水平定位主要依靠双耳，垂直定位主要依靠耳廓，而前后定位及对环绕声场的感受主要取决于头相关传输函数（head-related transfer function，HRTF）。虚拟杜比环绕声依据这些效应，人为制造与实际声源在人耳处一样的声波状态，使人脑在相应空间方位上产生对应的声像。一般来说，三维虚拟声的实现需要模拟声波的传播、反射、衍射、吸收等过程，以及考虑房间的几何形状、材质、反射率、吸音率等因素，通常采用的技术包括声学建模、头相关传输函数、数字信号处理（digital signal processing，DSP）、音源定位技术等。

2. 力触觉渲染

力触觉是除视觉和听觉之外最重要的感觉，是人类认识外界环境并与之交互的重要手段。在用户与虚拟场景的交互之中加入力触觉的交互，可使虚拟环境更加逼真，极大增强场景的真实性。

力触觉反馈是一种交互技术，它利用力传感器和振动器等技术，让用户通过感受机器对自己施加的力或压力来增强与机器的交互体验。这种技术被广泛应用于虚拟现实、游戏等领域。在虚拟现实中，力触觉反馈可以让用户感受到物体的重量、硬度、质地等，从而增强虚拟世界的真实感。力触觉反馈主要分为接触反馈和力反馈，是人机交互中常见的两种反馈方式，它们都可以提高用户的交互体验，主要区别在于反馈的方式和效果有所不同。

（1）**接触反馈**。接触反馈主要指虚拟环境中能够感知到虚拟对象接触表面的几何外形、纹理和温度等属性信息。在移动设备上，触觉反馈可以通过振动或声音来提供用户按下屏幕时的感觉。在游戏中，接触反馈可以通过震动手柄、喇叭等方式来提供用户的游戏行为反馈。在计算机鼠标中，接触反馈可以通过滚轮或触摸板来提供用户的滚动或平移操作的反馈。接触反馈能够增强用户与机器的互动体验，使其更加直观和自然。通过接触反馈技术，用户可以更好地了解他们的操作和机器的响应，并更快速和准确地完成任务。

（2）**力反馈**。力反馈通过传感器或其他设备将某种力量的信息反馈给用户，从而使用户能够感知、理解和控制该力量。力反馈通常用于虚拟现实、游戏控制器、手术机器人等领域。它可以提高用户对虚拟环境的沉浸感，增强游戏体验。力反馈技术通常包括传感器、执行器和控制系统，传感器用于感知力量，执行器将力量转化为反馈信号，控制系统则用于监控和控制整个系统的运行。

5.3.3 其他技术

增强现实和混合现实的相关技术包括三维注册技术、标定技术等。虚拟物体信息能够在现实环境中正确地显示位置，是虚拟信息与真实环境相融合的关键。精度、响应时间、跟踪范围、鲁棒性、分辨率等是系统跟踪技术衡量的标准。另外，虚拟物体与图像、视频等真实场景的物体要求非常准确地对准。如果改变移动设备的摄像机，那么需要根据真实摄像机参数的变化而改变虚拟摄像机移动的参数，使两者一致。因此，对于真实物体姿态、位置等参数要实时跟踪，不断更新参数，这个过程中测量精度由标定精度决定。

1. 三维注册技术

如果想让图像准确地叠加到真实环境中，就必须有很好的追踪定位技术。为了实现虚拟信息和真实环境无缝结合，将虚拟信息正确地定位在现实世界中至关重要。三维注册的目的是准确计算摄像机的姿态与位置，使物体能够被摆放在正确的位置。通过跟踪摄像机的运动计算出用户视线方向，确定虚拟坐标系和真实坐标系之间的关系，将虚拟物体投放到真实环境中。因此解决三维注册问题的关键就是要明确不同坐标系之间的关系。世界坐标系指的是由于摄像机位于真实世界，需要使用一个基准坐标系来表示它和空间中任意点在真实世界中的位置，这个基准坐标系称为世界坐标系。图像坐标系的原点是光轴与成像平面的交点，X轴与Y轴分别与摄像机坐标系的X、Y轴重合。摄像机坐标系原点位于光学中心，Z轴与光轴重合。

目前的三维注册技术可以分为三类：基于硬件跟踪设备的注册技术、基于视觉跟踪的注册技术、基于混合跟踪的注册技术。

（1）**基于硬件跟踪设备的注册技术**。早期普遍采用超声波、光学式等传感器对摄像机进行跟踪定位。然而，这类注册技术虽然速度快，但是设备的价格较为昂贵，而且易受到周围环境的影响。这些设备无法满足精确性和轻便性的需求。

（2）**基于视觉跟踪的注册技术**。随着计算机视觉技术的不断发展，基于视觉跟踪的注册技术开始被使用。它的原理是通过计算机检测出拍摄的真实物体图像的特征点，并根据特征点添加虚拟物体及其在真实世界中的坐标等信息。此外，超声波设备和光学式设备等通常与基于视觉跟踪的注册技术相结合，充分发挥两种技术的优势，以实现稳定可靠的跟踪效果。近几年此类注册技术较为常用，主要分为基于人工标志点的注册技术和基于自然特征的视觉注册技术。

基于人工标志点的注册技术需要在真实场景中事先放置标志物作为识别标志。通过标志实现在复杂的真实场景中快速检测出标志物,然后将虚拟场景注册在标志物所在空间。标志物可能是只有黑白色的矩形块或者特殊几何形状的标志物,不同标志物包含信息不同,提取方法也不同,合理选取标志物有利于提高识别的准确性。

图 5-16 为基于人工标志点注册的增强现实系统的工作示意图,主要包括以下步骤:首先利用摄像机拍摄视频,并将采集到的视频导入计算机;然后对视频进行二值化处理,将标志物与背景区域进行分割,以缩小搜索范围;随后进行角点检测和连通区域分析,找出标志物候选区域;接着根据摄像机参数、标志物空间位置与成像点之间的关系,计算出标志物的位置和姿态;最后,绘制虚拟物体,并根据计算得到的位置和姿态将虚拟物体叠加到正确位置上,在显示设备上呈现最终的虚拟效果。

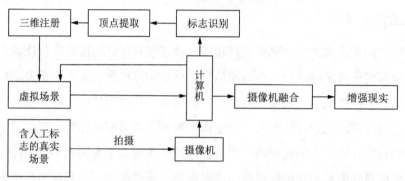

图 5-16 基于人工标志点注册的增强现实系统

基于人工标志点注册的注册技术要求场景中放置标志点不允许有遮挡,否则会造成跟踪注册失败。而基于自然特征的注册技术无需人为指定标志点,它依赖场景的自然特征进行注册。该技术非常依赖于对自然特征的高效识别和跟踪,需要虚拟场景中与真实场景有关的视觉信息如点、纹理等。基于自然特征的注册技术避免了人工标志物带来的局限性,给用户更好的沉浸感,是未来的发展趋势。

(3)基于混合跟踪的注册技术。基于混合跟踪的注册技术指在增强现实系统中采用两种或两种以上的跟踪注册技术,实现各种注册技术的优势互补,取长补短。

表 5-1 对三种注册技术从原理、优缺点上进行了比较。

表 5-1 三种注册技术的比较

注册技术	原理	优点	缺点
基于硬件跟踪设备的注册技术	根据信号发射源和感知获取数据求出物体相对位置和方向	延迟小	设备昂贵,受设备和移动空间的限制

续表

注册技术	原理	优点	缺点
基于视觉跟踪的注册技术	根据真实场景求出观察者运动轨迹,从而确定其在虚拟场景中的位置和方向	无需特殊硬件设备,精度高	计算复杂性高,延迟大,误差较大,鲁棒性不强
基于混合跟踪的注册技术	根据硬件设备定位用户的位置和姿态,对配准结果进行误差补偿	算法鲁棒性好,精度高	成本高,系统可移植性低

2. 标定技术

当用户观察的视角发生变化时,虚拟摄像机的参数也需要进行相应调整,以保持与真实摄像机参数的一致性。同时,还要实时跟踪真实物体的位置和姿态等参数,并对这些参数进行更新。一些内部参数如摄像机相对位置和方向等始终保持不变,因此需要提前对这些参数进行标定。

摄像机标定是机器视觉技术和摄影测量学非常重要的组成部分,机器视觉技术和摄影测量学的本质就是从摄像机拍摄的图像中获得 3D 物体的几何信息,即摄像机标定是机器视觉技术和摄影测量学的基础。摄像机标定的过程包括获取摄像机的内、外参数。其中,摄像机内参数包括摄像机的焦距等信息,而摄像机外参数则包括摄像机在世界坐标系中的位置信息等。世界坐标系和图像坐标系间的投影关系就是通过这些摄像机的内、外参数确定的。通过确定空间某点的三维几何位置与其在图像中对应点之间的相互关系,建立起摄像机成像各个坐标系的几何模型。

1) 完整成像模型

完整的成像过程共涉及四个不重合坐标系之间的三步转换,如图 5-17 所示,包括世界坐标系、摄像机坐标系、像平面坐标系和计算机图像平面坐标系四个坐标系之间的转换。具体过程如下。

图 5-17 从 3D 世界坐标系到计算机图像坐标系转换示意

从世界坐标系 XYZ 到摄像机坐标系 xyz 的视图变换 Z_1,可表示为

$$\begin{bmatrix} x \\ y \\ z \end{bmatrix} = \boldsymbol{R} \begin{bmatrix} X \\ Y \\ Z \end{bmatrix} + \boldsymbol{T} \tag{5.1}$$

其中，$\boldsymbol{R}$ 和 $\boldsymbol{T}$ 分别为 3×3 旋转矩阵（实际上是两个坐标系的三组对应坐标轴轴间夹角的函数）和 1×3 平移矩阵，分别为

$$\boldsymbol{R} = \begin{bmatrix} r_1 & r_2 & r_3 \\ r_4 & r_5 & r_6 \\ r_7 & r_8 & r_9 \end{bmatrix} \tag{5.2}$$

$$\boldsymbol{T} = [T_x \ T_y \ T_z]^{\mathrm{T}} \tag{5.3}$$

从摄像机坐标系 xyz 到像平面坐标系 $x'y'$ 的投影变换 Z_2，可表示为

$$x' = \lambda \frac{x}{y} \tag{5.4}$$

$$y' = \lambda \frac{y}{z} \tag{5.5}$$

从像坐标系 $x'y'$ 到计算机图像坐标系 MN 的像素化 Z_3，可表示为

$$M = u \frac{x' M_x}{S_x L_x} + O_m \tag{5.6}$$

$$N = \frac{y'}{S_y} + O_n \tag{5.7}$$

其中，M 和 N 分别为计算机存储器中像素的总行数和总列数（计算机坐标）；O_m 和 O_n 分别为计算机存储器中心像素所在的行数和列数；S_x 为沿 x 方向（扫描线方向）两相邻传感器中心间的距离，S_y 为沿 y 方向两相邻传感器中心间的距离；L_x 为 x 方向传感器元素的个数；M_x 为计算机在一行内的采样数（像素个数）；u 为一个取决于摄像机的不确定性图像尺度因子。

根据传感器的工作原理，在逐行扫描时，图像获取硬件和摄像机扫描硬件间的时间差或摄像机扫描本身在时间上的不精确性会引入某些不确定性因素。这些不确定性因素可通过引入不确定性图像尺度因子 u 来描述，建立受不确定性图像尺度因子影响的像平面坐标系 $x'y'$ 与计算机图像坐标系 MN 之间的联系。

2）标定方法分类

摄像机标定方法多种多样。例如，根据摄像机模型特点，可分为线性方法和非线性方法；根据是否需要标定物，可分为传统摄像机标定方法、摄像机自标定方法和基于主动视觉的标定方法；根据标定物维数的不同，可分为使用 2D 平面靶标的方法和使用 3D 立体靶标的方法；根据求解参数的结果，可分为显式方法和隐式方法；根据摄像机内

参数是否可变，可分为可变内参数的方法和不可变内参数的方法；根据摄像机的运动方式，可分为限定运动方式的方法和不限定运动方式的方法；根据视觉系统所用的摄像机个数，可分为单摄像机标定方法和多摄像机标定方法。标定方法分类如表 5-2 所示，其中列举了一些分类准则、类别和典型方法。

在表 5-2 中，非线性方法一般较复杂，处理问题时速度较慢且需要一个良好的初值，且无法保证参数收敛到全局最优解。相比之下，隐式方法采用转换矩阵元素作为标定参数，用一个转换矩阵表示 3D 空间物点与 2D 平面像点之间的对应关系，只需求解线性方程，因此在精度要求不是很高的情况下，可获得较高的效率。直接线性变换法（direct linear transform，DLT）以线性模型为基础，使用一个 3×4 矩阵表示 3D 空间物点与 2D 平面像点的对应关系，忽略了中间的成像过程。在多摄像机标定方法中，最常见的是双摄像机标定方法，与单摄像机标定相比，双摄像机标定不仅需要知道每台摄像机自身的内部和外部参数，还需要通过标定来测量两个摄像机之间的相对位置和方向。

表 5-2 标定方法分类

分类准则	类别	典型方法
摄像机模型特点	线性	两级标定法
	非线性	LM 优化方法
		牛顿·拉夫森（Newton Raphson，NR）优化方法
		对参数进行标定的非线性优化方法
		假定只存在径向畸变的方法
是否需要标定物	传统摄像机标定方法	利用最优化算法的方法
		利用摄像机变换矩阵的方法
		考虑畸变补偿的两步法
		采用摄像机成像模型的双平面方法
		直接线性变换法（DLT）
		利用径向校准约束（radial alignment constraint，RAC）的方法
	摄像机自标定方法	直接求解 Kruppa 方程的方法
		分层逐步的方法
		利用绝对二次曲线的方法
		基于二次曲面的方法
	基于主动视觉的标定方法	基于两组三正交运动的线性方法
		基于四组和五组平面正交运动的方法
		基于平面单应矩阵的正交运动方法
		基于外极点的正交运动方法

续表

分类准则	类别	典型方法
标定物维数的不同	使用2D平面靶标	使用黑白相间棋盘标定靶（取网格交点为标定点）的方法
		使用网格状排列圆点（取圆点中心为标定点）的方法
	使用3D立体靶标	使用尺寸和形状已知的3D物体的方法
求解参数的结果	显式	考虑具有直接物理意义的标定参数（如畸变系数）的方法
	隐式	直接线性变换（DLT）的方法，可标定几何参数
摄像机内参数是否可变	可变内参数	—
	不可变内参数	—
摄像机的运动方式	限定运动方式	针对摄像机只有纯旋转运动的方法
		针对摄像机存在正交平移运动的方法
	不限定运动方式	—
视觉系统所用的摄像机个数	单摄像机（单目视觉）标定	—
	多摄像机标定	对多个摄像机采用1D标定物（具有3个及以上距离已知的共线点）进行标定，并使用最大似然准则对线性算法进行精化的方法

5.4 元宇宙与扩展现实

元宇宙是一种虚拟数字世界，旨在与现实世界相融合，扩展人们的互动和体验。扩展现实是一种将数字信息叠加到真实世界中的技术，以增强人们的感知。元宇宙和扩展现实都代表着数字技术在创造更加交互性和沉浸感的虚拟世界方面的重要进展。

5.4.1 扩展现实相关应用

扩展现实技术在各个领域都有广泛的应用，比如数字人（digital humans）和人工智能生成内容（artificial intelligence generated content/AI-generated content，AIGC）等领域，它们都展示了扩展现实技术的多样性和潜力。这些应用展示了XR技术在提供更丰富、更具互动性和更令人印象深刻的用户体验方面的巨大潜力。

1. 数字人

互联网巨头如 Meta、腾讯、百度以及英伟达，在构建其元宇宙版图时无一例外都优先布局了虚拟数字人，推出各自的数字人创作平台，如英伟达推出了 Omniverse Avatar。那么，虚拟数字人到底是什么？具有什么重要特征？

虚拟数字人是指由计算机程序创建的、具有人类形象和人类行为特征的虚拟实体。这些虚拟数字人可以通过 3D 建模、人工智能、语音合成等技术制作出具有逼真外貌和行为的虚拟角色，用于各种场景，例如游戏、虚拟现实、人机交互等。虚拟数字人可以与真实人类进行交互，从而实现更加自然、直观的人机交互，提高用户体验。

虚拟数字人具有三个重要特征：一是具有人的虚拟形象，需要借助物理设备呈现，但不是物理实物，这是其与机器人的核心区别；二是具备独特的人设，有自己的性格特征和行为特征；三是具备互动的能力，未来虚拟数字人将能够自如地交流、行动和表达情绪。

虚拟数字人可以作为虚拟助手，与人类进行自然、直观的交互，提供各种服务，例如语音识别、语音合成、图像识别等。数字人可以成为扩展现实中的虚拟对象之一，即将虚拟数字人与真实场景相结合，让用户能够在现实世界中与虚拟人物进行互动，为扩展现实应用增加更多的交互性和娱乐性，让用户在与数字人物的互动中获得更丰富的体验。在实现虚拟数字人时，需要解决虚拟人物的逼真渲染、人机交互等挑战，涉及到实物虚化、虚物实化等技术，以实现高质量的虚拟人物在真实场景中的呈现。例如，虚拟数字人与现实世界没有直接的物理联系，需要由计算机图形学和人工智能技术创建和操控，通过虚物实化技术使得虚拟世界中创造的数字内容能够离开计算机屏幕，以实体的形式存在于现实世界中；同样地，实物虚化技术可以用来创建虚拟数字人的模型，一个真实的人物可以通过 3D 扫描等技术获得其物理模型，并将其转换为虚拟数字人的形式。这样，真实的人物就可以在虚拟环境中存在，并与其他虚拟对象或虚拟场景进行交互。

在某种程度上，虚拟数字人具备感知、识别和分析决策的能力，但智能程度和能力范围可能有所限制，与真实人类的认知和智能相比还存在差距。例如，一些用于新闻播报的虚拟主播，可能只会涉及人物生成、人物表达和显示合成三方面的技术，导入新闻播报的内容后，虚拟主播能够完成新闻播报的工作，却不能与人们进行交互。同时，一些额外结合了感知识别、分析决策等能力的虚拟数字人则显得更加智能，他们能够依据语音语义识别、人脸识别、动作识别等技术识别人们的状态，并依据强大的知识库做出合理的应对。例如，一些银行、政府办事大厅中使用的虚拟数字人可以自然地和人们进行交互，并能够以专业的知识为人们提供咨询服务。

2. 人工智能生成内容（AIGC）

AIGC 一般认为是相对于专业生成内容（professional generated content，PGC）、用户生成内容（user generated content，UGC）而提出的概念。AIGC 狭义概念是利用 AI 自动生成内容的生产方式。广义的 AIGC 可以看作像人类一样具备生成创造能力的 AI 技术，即生成式 AI，它可以基于训练数据和生成算法模型，自主生成创造新的文本、图像、音乐、视频、3D 交互内容等各种形式的内容和数据，以及包括开启科学新发现、创造新的价值和意义等。

从发展背景方面来看，AIGC 的兴起源于深度学习技术的快速突破和日益增长的数字内容供给需求。一方面，技术进步驱动 AIGC 可用性不断增强。在人工智能发展初期，虽然对 AIGC 进行了一些初步尝试，但受限于各种因素，相关算法多基于预先定义的规则或者模板，还远远算不上是智能创作内容的程度。近年来，基于深度学习算法的 AIGC 技术快速迭代，彻底打破了原先模板化、公式化、小范围的局限，可以快速、灵活地生成不同模态的数据内容。另一方面，海量需求牵引 AIGC 应用落地。随着数字经济与实体经济融合程度不断加深，以及 Meta、微软、字节跳动等平台巨头的数字化场景向元宇宙转型，人们对数字内容总量和丰富程度的整体需求不断提高。数字内容的生产取决于想象能力、制造能力和知识水平，传统内容生产手段受限于人力有限的制造能力，逐渐无法满足消费者对于数字内容的消费需求，供给侧产能瓶颈日益凸显。基于以上原因，AIGC 在各行业中得到越来越广泛的应用，市场潜力逐渐显现。

从技术能力方面来看，AIGC 根据面向对象、实现功能的不同可分为三个层次。一是智能数字内容孪生，其主要目标是建立现实世界到数字世界的映射，将现实世界中的物理属性（如物体的大小、纹理、颜色等）和社会属性（如主体行为、主体关系等）高效、可感知地进行数字化。二是智能数字内容编辑，其主要目的是建立数字世界与现实世界的双向交互。在数字内容孪生的基础上，从现实世界实现对虚拟数字世界中内容的控制和修改，同时利用数字世界高效率仿真和低成本试错的优势，为现实世界的应用提供快速迭代能力。三是智能数字内容创作，其主要目标是让人工智能算法具备内容创作和自我演化的能力，形成的 AIGC 产品具备类似甚至超越人的创作能力。以上三个层面的能力共同构成 AIGC 的能力闭环。

AIGC 作为人工智能技术和产业应用的要素之一，随着技术能力的不断迭代升级，正在降低内容创作门槛、释放创作能力，未来将推动数实融合趋势下内容创作的范式转变。

5.4.2 元宇宙与扩展现实技术的联系

扩展现实在元宇宙中扮演着关键的角色，它涉及人类用户与虚拟世界的互动方式和工具。下面是扩展现实技术在元宇宙中的几个关键方面。

（1）**虚拟现实、增强现实和混合现实技术**。VR、AR、MR 三种技术通过提供沉浸式的视觉和听觉体验，使用户能够与元宇宙中的虚拟环境进行交互。用户可以通过头显、手柄、触觉反馈等设备进入和操作虚拟世界，与虚拟对象和其他用户进行实时互动。

（2）**脑机接口**。脑机接口技术允许用户直接通过大脑活动与计算机系统进行交互。这种技术可以将用户的意图从大脑信号中解读出来，并将其转化为虚拟世界中的操作。脑机接口在元宇宙中的应用可以提供更直接、快速的交互方式，减少中间环节。

（3）**社交互动和合作工具**。元宇宙是一个多用户的虚拟空间，人机交互需要支持用户之间的社交互动和合作。这包括语音和视频通信工具、实时共享和协作平台，以及支持多人游戏和活动的交互功能。这些工具和功能使得用户能够与其他人共同探索、创造和享受虚拟世界。

虚拟现实系统的主要工作流程是将现实世界中的事物转换至虚拟场景中，进而呈现给用户，捕捉用户的交互行为，并作出反应。主要包括实物虚化、虚物实化两个环节。

（1）**实物虚化是在虚拟世界中描绘现实世界中的事物的过程**。在虚拟现实技术中，必不可少的实物虚化技术有几何造型建模、物理行为建模等，它们将从外观和物理特性等方面来对现实世界的物体进行建模，呈现于虚拟场景中。

（2）**虚物实化则是将建模好的虚拟场景呈现给用户的过程**。根据用户需求的不同，这一过程需要的技术和工具支持也随之不同。如要使用户看到三维的立体影像，需要依靠视觉绘制技术；要使用户看到的虚拟物体逼真，需要真实感绘制技术的帮助；要使用户听到三维虚拟的声音，需要三维声音渲染技术；要使用户感受真实的触感，需要力触觉渲染技术。

此外，虚拟现实技术还包括用户与虚拟场景进行交互的过程中所需的人机交互等相关技术。这些虚拟现实的基本技术也是增强现实、混合现实等应用的基础。但是增强现实和混合现实涉及现实世界和虚拟世界的叠加，还需要一些配准技术和标定技术的支持来保证叠加的准确性。

5.4.3 元宇宙中扩展现实技术的发展方向

元宇宙可以被看作通过数字技术创造出来的虚拟世界与现实世界融合共生的人类

社会新形态。如今元宇宙的大门已经呈现在用户面前，扩展现实技术作为元宇宙基础技术之一，为用户提供沉浸式体验，目标是全面接管人类的视觉、听觉、触觉等，并通过动作捕捉实现元宇宙的信息输入与输出，逐渐成为打开元宇宙大门的"钥匙"。从当前的发展现状来看，XR 在元宇宙的应用中还存在一些问题。例如，当前的 XR 设备较为沉重，长时间穿戴往往会使用户十分疲惫；随着 XR 技术的发展，相关设备与内容也实现了大迈进，得以为更多用户提供多样的元宇宙体验。

以下是元宇宙中扩展现实技术发展的一些方向。

（1）**提升扩展现实体验**。扩展现实技术的首要目标是将虚拟内容无缝地融合到现实世界中，以提供更丰富、更真实的用户体验。未来的发展将集中在更高的图像质量、更快的处理速度、更精确的定位和跟踪技术，以及更符合人眼视觉感知的显示技术。

（2）**智能感知与交互**。随着人工智能技术的进步，扩展现实设备可能会通过智能感知和理解环境，为用户提供更智能化的交互体验。例如，设备可以自动识别物体、文字或场景，并为用户提供相关信息或实用功能。

（3）**轻量化与便携性**。目前的扩展现实设备通常还比较笨重，未来元宇宙中的发展方向将着重于减小设备体积、降低功耗，并提高设备的便携性，使用户可以更加方便地使用和携带。

（4）**社交与协作**。元宇宙是一个多用户的虚拟空间，未来的扩展现实技术将更加注重用户之间的社交和协作体验。用户可以在虚拟空间中与其他用户进行互动、合作或竞争，增强社交交流的真实感和沉浸感。

（5）**虚拟物品与数字资产**。在元宇宙中，虚拟物品和数字资产将扮演重要角色。扩展现实技术可以帮助用户更加真实地感受和交互虚拟物品，同时区块链技术的结合也使得虚拟资产的产权和价值得以保护和转移。

（6）**安全与隐私保护**。随着扩展现实技术的普及，安全和隐私问题将变得尤为重要。未来的发展将集中于保障用户的数据和身份安全，以及对虚拟空间中的欺诈和恶意行为进行有效管理。

元宇宙当前处于起步阶段，一些关键性的技术、硬件还未能实现，标准尚未制定及统一。在更进一步发展的元宇宙中，功能更为强大的连接媒介（诸如虚拟现实、增强现实、混合现实等）将大大拓展连接的形式与信息传递的方式，人机互联甚至可以超越神经反射与感官感知的连接，直接跳入思想的连接；情境再现突破空间与时间的限制，使得个人在与他人连接的同时，也可以和历史相连。毫无疑问，所有这些社会连接与社会关系必然带来新的社会形态。伴随着 5G、区块链等基础设施的完善、智能终端的普及，以及扩展现实、云计算及数字孪生等技术的成熟,元宇宙有望成为集娱乐、社交、学习、生产、生活为一体的数字世界,与现实世界紧密融合。

5.5 小结

本章主要介绍扩展现实、实物虚化技术以及虚物实化技术。主要包含四个方面的内容:明确扩展现实概念的定义、内涵及扩展现实的发展历程,介绍当前扩展现实技术以及关联技术的发展现状;介绍了包括三维建模和物理建模方法,讨论了实物虚化在元宇宙中应用的发展方向;介绍了视觉绘制、并行绘制、声音渲染以及力触觉渲染四类技术以及增强现实、混合现实系统的实现所必需的三维注册、标定等技术;最后对扩展现实与元宇宙的联系进行简要概括。通过本章的介绍,读者能够整体把握扩展现实的概念、发展历程及现状,认清实物虚化技术以及虚物实化技术及其原理,为进一步具体了解扩展现实各方面细节打下基础。

5.6 习题

1. 请描述什么是 XR 技术,举例说明 XR 是如何将虚拟元素叠加到真实世界中的。
2. 请列举至少三个扩展现实在现实生活中的应用领域,并简要说明它们是如何改善用户体验或提供新功能的。
3. 请简述生活中遇到的三维建模实例并谈谈其建模的效果。
4. 请针对三维建模中的激光扫描讨论其在应用上可能遇到的困难与瓶颈。
5. 请分享在学习过程中所遇到的仿真软件并分析其可能运用到的物理模拟场景。
6. 请简述物理模拟对科学技术的推进作用以及可能存在的弊端。
7. 请简要概括并行绘制的原理及实现过程。
8. 请简要概述基于硬件跟踪设备的注册技术、基于视觉跟踪的注册技术、基于混合跟踪的注册技术的定义及各自的优缺点。
9. 请简述数字人的未来发展趋势及其应用领域。
10. 请总结目前元宇宙中扩展现实技术存在的缺点与局限性。

第 6 章

自然融入元宇宙：人机交互

人机交互是计算机科学和人机工程学领域的重要分支，涵盖了多个关键方面，旨在改善计算机系统与用户之间的互动，使用户体验更加愉快、高效和自然。这一领域正在不断演进，以适应不断变化的技术和用户需求，为我们的数字化世界提供更好的互动方式。本章主要介绍人机交互基本概念、人机交互发展历程、人机交互系统组成、人机交互设备等几个方面。

6.1 人机交互基本概念

人机交互（human-computer interaction，HCI）顾名思义就是人和机器的互动，该说法首次使用是在 Stuart K. Card、Allen Newell 和 Thomas P. Moran 撰写的著作 The Psychology of Human-Computer Interaction 里，它是一门研究系统与用户之间交互关系的交叉学科。人机交互是一个跨学科领域，涵盖了人类用户与计算机系统之间的设计、评估和实践等内容。人机交互关注如何设计、开发和优化用户界面和交互方式，使人们能够有效地与计算机系统、应用程序、设备和技术进行交互，带来更卓越的用户体验和更高的用户满意度。在人机交互的设计过程中，需要充分地考虑到易用性、可访问性、可靠性、效率、灵活性等因素。

（1）**易用性**。一个友好的设计能够使用户快速上手，无需烦琐的培训或说明。在考虑到布局、导航、标签、按钮等方面时，务必确保用户能够毫不费力地完成任务。

（2）**可访问性**。可访问性也是系统的可接近性，确保所有用户包括身体上或认知上有障碍的人，都能够使用系统。

（3）**可靠性**。用户可以在不同时间和情境下获得一致的体验。系统应避免崩溃、数据丢失等安全问题，具有一定的稳定性和可靠性，从而获得用户的信任。

（4）**效率**。系统设计最小化冗余步骤以此提高操作速度，使用户能够在短时间内高效地完成任务。

（5）**灵活性**。系统应该具有适应性和扩展性，用户能够根据自身需求进行调整和个性化设置等。

硬件和机器的发展旨在为人类提供服务和支持，而人机交互技术在这一进程中发挥着重要的作用。通过人机交互技术，人与硬件、机器之间的关系发生了根本性的变化，实现了更加紧密和智能的互动。在人机交互技术出现之前，早期使用的硬件主要是功能性工具，与人的沟通是单向的，其主要作用是扩展人类在体力方面的能力。人们通过硬件工具来增强自身能力，实现更高效的生产和工作。随着机器从机械化向智能化的发展，尤其是人工智能技术的应用，硬件进入了智能化时代。这种智能化的硬件具备了人类的认知、思考和执行能力，不仅仅是力量的增强，更重要的是在脑力方面扩展了人类的能力。

经过多年的演进与创新，人机交互正日益朝着更智能化的方向发展。从早期硬件作为功能性工具的单向交互方式，到如今智能化、多样化的交互方式，人机交互在不断丰富着人们与技术的互动体验。通过与人类进行交互，智能硬件能够理解和解释人类的意图，并作出相应的响应和行动。它们能够处理复杂的任务、提供个性化的服务，并为人类创造更多的可能性。

人机交互系统的关键组成包括多种交互设备，如触摸屏、声控系统、眼动追踪设备等。人机交互系统的发展持续拓展了用户与技术之间的界面，从单一的键盘鼠标操作，演变到更加直观、自然的触摸、手势和声音控制。随着元宇宙的兴起，人机交互将进一步展现出其潜力。在元宇宙中，人机交互成为连接现实与虚拟的纽带，让人们能够在虚拟世界中更自如地进行沟通、创造、互动。从个人虚拟体验到跨平台、多领域的互通融合，人机交互技术正引领着技术与人类互动的全新时代。

6.2 人机交互的发展历程

人机交互的发展历史，是从人适应计算机到计算机不断地适应人的发展史，交互的信息也由精确的输入/输出信息变成非精确的输入/输出信息。人机交互的主要发展大致可以划分为以下几个阶段。

（1）**早期阶段**。人机交互的起源可以追溯至 20 世纪 40 年代的早期计算机时期。当时，计算机主要通过打孔卡片、拨动开关等机械方式进行操作，使用者需要具备专业知识来使用计算机。这一时期的人机交互面临着诸多挑战，包括操作复杂、使用门槛高等问题，限制了计算机技术的普及和发展。然而，正是从这一早期阶段开始，人们意识到人机交互的改进需求。

（2）**命令行界面阶段**。20 世纪 70 年代早期，计算机开始出现基于文本的命令行界面（command-line interface，CLI），标志着计算机进入了命令行界面阶段。如图 6-1 所示，用户可以通过输入特定的命令与计算机进行交互。命令行界面的优点在于键盘输入内容具有较高的准确率，且几乎不需要冗余的操作，所以熟练的用户可以达到非常高的交互效率。同时，经过精心设计的规则使得命令行界面支持丰富灵活的指令形式，从而简化了操作流程。CLI 的局限在于其交互过程缺乏直观性，机器命令的构建规则往往与自然语言相差甚远，因此用户需要记忆大量指令，甚至有时需要具备计算机领域的专业知识和技能，才能实现高效的使用。对于初学者而言，显著提高了学习成本，同时也明显影响了一般用户在使用命令行界面时的体验。尽管 CLI 在一些方面具有优势，但其复杂性和缺乏直观性限制了其在广大非专业用户中的普及。

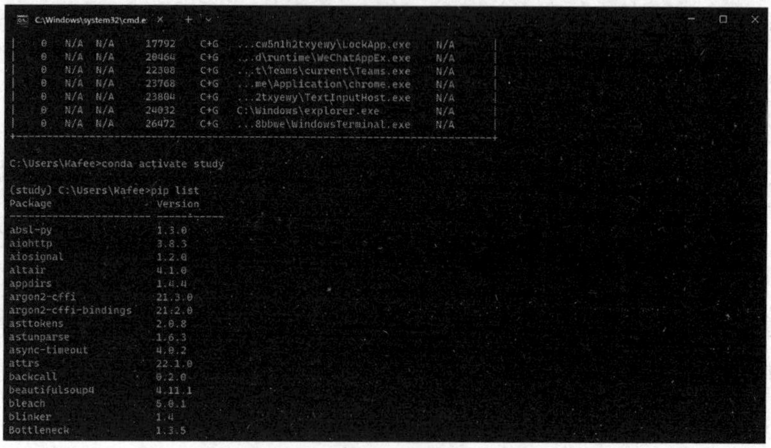

图 6-1　命令行界面示意

（3）**图形用户界面阶段**。在 20 世纪 80 年代初，Xerox PARC 实验室成功开发出了全球首个图形用户界面（graphical user interface，GUI），并将其成功应用于个人计算机系统。GUI 使用图标、菜单和指针（鼠标）等可视化元素，使用户可以通过直观的操作方式与计算机交互，这一阶段最著名的例子就是苹果公司的 Macintosh 计算机和微软的 Windows 操作系统。

GUI 的引入带来了一场革命性的变革，它摆脱了抽象的命令行界面，通过借助人们在现实世界中的交互经验，以更加直观的方式与计算机互动。这一突破极大地降低了用户的学习和认知成本，使更多人能够轻松上手使用计算机。GUI 的问世标志着人机交互方式的彻底改变。通过 GUI，计算机不再局限于专业人员，而是变得更加亲民，让普通用户也能够轻松自如地操作计算机，从而推动了计算机技术的快速普及和广泛应用。

（4）**触摸交互阶段**。随着智能手机和平板电脑的出现，触摸交互成为新的人机交互方式。在触摸交互界面中，用户通过手指在屏幕上直接操作显示的交互内容。根据人机交互研究中的定义，触摸交互界面一般包括页面（page）、控件（widget）、图标（icon）和手势（gesture）这四类主要的交互元素。用户可以通过触摸、长按、拖曳等方式直接用手指控制目标，或者通过绘制手势的方式触发交互指令。触摸屏让用户通过手指触摸、滑动等直接的手势操作来控制设备，进一步简化了交互过程，并推动了移动设备的普及。

目前，触摸界面主要存在于智能手机和可穿戴设备（如智能手表）上。触摸交互界面的优势是充分利用了人们触摸物理世界中物体的经验，将间接的交互操作转化为直接的交互操作。这种方式不仅保留了一部分触觉反馈，还进一步降低了用户的学习和认知成本。然而，触摸操作受困于著名的"胖手指问题"，即由于手指本身的柔软，以及手指点击时对于屏幕显示内容的遮挡，在触屏上点击时往往难以精确地控制落点的位置，输入信号的粒度远远低于交互元素的响应粒度。同时，由于触摸交互界面的形态仍然为二维界面，所以这限制了一些与三维交互元素的交互操作。

（5）**智能交互阶段**。近年来，人工智能和机器学习的快速发展催生了更智能、更自然的交互方式，为用户带来了前所未有的便利和体验。其中，语音助手的出现是一个重要的里程碑。诸如 Siri、Alexa、Google Assistant 等智能语音助手，用户可以通过自然语言进行对话式交互。用户只需用简单自然的语言提出指令、问题或需求，智能语音助手便能理解并做出相应的响应。这种交互方式消除了复杂的图形界面和命令行操作，让人机交互更加直观、高效和亲近。

与此同时，手势识别和面部识别技术的蓬勃发展也为人机交互带来了崭新的体验。借助先进的传感器和计算机视觉技术，设备能够辨识并理解用户的手势动作或面部表情，使用户能够通过简单的手势或表情与计算机进行交互。这种交互方式的发展不仅增添了交互的趣味性，还更进一步拓展了人机交互的边界。

（6）**三维交互阶段**。随着网络的普及和无线通信技术的发展，人们的需求不再局限于界面美学形式的创新，现在的用户更多的希望在使用多媒体终端时，有着更便捷、更符合个人使用习惯，同时又有着比较美观的操作界面。近年来，人机界面的演变更加强调交互的自然性，即用户的交互行为与其生理和认知的习惯相吻合，随之出现了主要的交互界面——三维交互界面。

三维交互界面的引入进一步提升了人机交互界面的自然性。在这种界面中，用户通过身体动作（如手势或身体关节的运动）与三维空间中的界面元素进行交互，计算机通过捕捉用户动作并进行意图分析，从而触发相应的交互功能，如图 6-2 所示。当前，三维交互界面主要应用于体感交互、虚拟现实和增强现实等交互场景，其优势在于突破了二维界面的限制，将交互扩展到了三维空间。因此，用户能够按照与物理世界相似的方式与

图 6-2　三维交互界面

虚拟三维物体进行交互，从而进一步提升了交互的自然性，降低了学习成本。然而，三维交互也面临挑战，因为缺乏触觉反馈，用户动作中的噪声较大，且交互动作与自然身体运动较难区分，导致输入信号的准确性相对较低，进而限制了交互意图的精准识别。此外，与图形用户界面和触摸交互界面相比，动作交互往往需要较大的动作幅度，因此交互的效率也较低，可能让用户感到疲劳。

6.3 人机交互系统组成

图 6-3 人机交互系统组成

人机交互系统涉及多个子系统，如图 6-3 所示，包括光学与显示系统、音频系统、计算系统、连接系统和交互系统等。各个子系统在人机交互系统中密切协作，共同构成了全面的交互体验。它们的发展和创新不断推动着人机交互系统的进步，提供更加智能、直观、沉浸的交互方式和体验。随着技术的不断演进，这些子系统将继续融合和优化，为人机交互系统带来更多的可能性和创新。

1. 光学与显示系统

光学与显示系统通过使用优质的光学元件和先进的显示技术，以及合理的图像处理和调节，旨在提供更真实、清晰、舒适的视觉体验。光学与显示系统又可细分为光学系统与显示系统，如图 6-4 所示。光学与显示系统的关注重点主要围绕着提供高质量的图像、宽广的视场角、平滑的动态显示、实时的响应和透明的显示效果，以增强用户的沉浸感和交互体验。

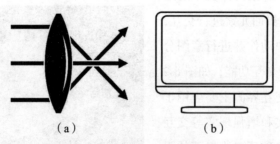

图 6-4 光学与显示系统
（a）光学系统；（b）显示系统

（1）**光学系统**。包括透镜、光学滤波器、衍射光栅等在内的光学元件在交互系统中起到了光学成像和调节的作用。光学元件通过对光的折射、反射、透射等处理，实现光线的调节和控制，使其符合用户的观看需求。光学元件的设计和质量直接影响到设备的显示效果和图像质量。通过合理的光学设计，可以实现更广阔的视场角、更高的分辨率和更清晰的图像。人机交互系统的光学技术发展经历了不断创新和改进的过程。早期的商业化 VR 设备采用了传统的光学系统，其中每个眼睛对应一个单透镜，但存在视场角和设备尺寸之间的权衡问题。为了提升视场角并减小设备尺寸和重量，菲涅耳透镜被广泛应用于超短焦镜头设计，它具有较短的焦距和更小的体积。近年来，基于偏振的光学折叠技术的提出，为进一步减小设备尺寸并增加视场角提供了新的可能性。这些创新不断推动光学技术在人机交互系统中的发展，为用户提供更广阔的视野、更真实的体验和更舒适的使用感。未来，随着技术的不断进步，有望看到更先进的光学技术应用于人机交互系统，为用户带来更出色的交互体验。

（2）**显示系统**。显示系统在交互系统中负责将处理后的图像以视觉形式呈现给用户，它直接影响用户对图像和虚拟场景的感知和交互体验。它通常由显示屏、显示控制器和背光源等组成。显示屏可以是液晶显示器（LCD）、有机发光二极管（OLED）或其他显示设备，用于显示图像和界面。显示控制器负责控制图像的输入和输出，对图像进行处理和调整。背光源提供显示屏的背光照明，确保图像在暗环境中的可见性。显示系统的性能影响着图像的清晰度、色彩还原度和刷新率等，对于提供良好的视觉体验至关重要。

近眼显示（near-eye display）是一种被广泛应用于头显的显示技术。近眼显示主要用于将图像或虚拟内容直接呈现在用户的眼睛附近，以便用户能够直接看到显示的图像，而无需将目光转移到远处的屏幕上，以实现沉浸式的视觉体验。近眼显示技术包括多种方法和技术，常见的近眼显示技术包括双目视差技术、视网膜成像技术、集成成像显示技术和全息技术。双目视差技术利用人眼的双目视差效应，通过向左右眼显示稍有差异的图像，实现逼真的立体感。视网膜成像技术利用微型显示器或投影系统，将图像聚焦在用户的视网膜上，创造出高分辨率和高逼真度的图像，使用户感觉图像存在于现实世界中。集成成像显示技术将显示器集成到透明材料中，创造出一种隐形显示效果，使显示图像与周围环境融为一体，增强现实应用中的虚实融合体验。全息技术利用光的干涉和衍射原理生成逼真的三维图像，以全方位的方式呈现物体的形状、纹理和运动，实现更身临其境的虚拟现实体验。这些近眼显示技术不断推动人机交互系统的发展，为用户带来更为逼真、令人惊叹的视觉体验。

2. 音频系统

音频系统用于提供声音的输入和输出。它包括传声器、扬声器、音频处理器和信号控制器等，如图 6-5 所示。传声器负责声音的采集和输入，扬声器负责声音的输出，信号处理器用于处理和增强声音效果，音频控制器用于调节音量和音频参数。音频系统的关注重点在于提供清晰、逼真的音频效果，以增强用户的听觉体验。音频系统的性能和体验依赖于硬件方案的选择。其中，高品质的传声器能够捕捉到更清晰、准确的声音，为语音交互提供更好的识别和响应能力。音频处理单元的质量和功能决定了音频效果的逼真程度，包括降噪、环绕音效、立体声等功能。而扬声器的音质和舒适性也会直接影响用户对音频体验的感知。

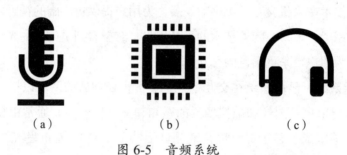

图 6-5　音频系统

（a）音频输入设备；（b）音频处理单元；（c）音频输出设备

（1）**传声器**。传声器是音频系统的输入部分，用于捕捉用户的语音指令或周围环境的声音。它可以是传统的电容式传声器或微机电系统（micro electro mechanical system，MEMS）传声器。高质量的传声器能够准确地捕捉声音，并具有良好的噪声过滤功能，以确保语音识别的准确性和可靠性。

（2）**音频处理单元**。音频处理单元是音频系统的核心部分，包括音频编解码器和信号处理器。音频编解码器负责将音频信号进行编码和解码，以实现音频的高效传输和存储。信号处理器则负责对音频信号进行降噪、混响、均衡等处理，以提供清晰、逼真的音频效果。部分先进的音频处理单元还可以实现环绕音效、3D 音频效果和自适应音频调整等功能。

（3）**扬声器**。扬声器是音频系统的输出部分，用于将经过处理的音频信号转换成声音，使用户能够听到虚拟环境中的声音效果。扬声器通常用于扩音，适用于需要将声音传播到更大范围的场景，如 VR 体验馆。耳机则能够提供更个人化的音频体验，使用户能够更清晰地聆听细节，增强方向感。

3. 计算系统

计算系统是交互系统的核心组成部分，负责处理设备的数据和执行各种计算任务。它包括处理器、内存与存储器以及相关辅助芯片与控制器等，并通过算法实现数据处理、运算和控制。处理器是计算系统的引擎，负责执行设备的指令和进行各种计算任务；存储器在计算系统中起到存储和访问数据的重要作用，确保数据的可靠性和高效性；辅助芯片如图形芯片则专门用于图形渲染和图像处理，为用户提供优质的视觉体验；而算法则是计算系统的灵魂，通过各种智能算法和数据处理技术，实现丰富的人机交互功能和数据处理。计算系统的关注重点在于提供高性能的数据处理能力和快速的响应速度，以支持各种复杂的计算任务和交互操作。

（1）**处理器**。处理器是交互系统中的核心计算单元，负责执行各种计算任务和数据处理操作。中央处理器（central processing unit，CPU）通常用于控制和管理设备的整体操作，处理通用计算任务，如操作系统的运行、应用程序的执行和数据处理。而图形处理器（graphics processing unit，GPU）则专门用于图形相关的计算任务，如图像渲染、图形效果处理和虚拟现实环境的创建。GPU 具备卓越的并行处理能力，能够高效地处理大规模的图形计算，为用户带来流畅、逼真的视觉体验。通过 CPU 和 GPU 的协同工作，人机交互系统能够提供出色的计算性能和图形处理能力，为用户提供更加出色的使用体验。

（2）**存储与记忆体**。交互系统在使用中需要处理大量的数据和应用程序，因此存储和访问数据的能力至关重要。存储器（如固态硬盘）用于存储设备的操作系统、应用程序和用户数据。快速的存储器能够提供快速的数据读写速度，保证设备的响应性和性能。同时，随机存取存储器（random access memory，RAM）用于临时存储正在运行的应用程序和数据，提供更快的数据访问速度，以满足实时计算需求。RAM 的快速读写能力可以有效减少数据访问的延迟，提升设备的运行效率。综合而言，存储器和 RAM 的高速性能对于保证交互设备的顺畅运行和高效处理数据起着重要的作用。

（3）**辅助芯片与控制器**。交互系统还可能依赖一些辅助芯片和控制器，以支持特定的功能和连接。例如，传感器控制器用于与各种传感器（如加速度计、陀螺仪、磁力计）进行通信和数据处理。同时，连接器和接口控制器用于实现设备与外部设备（如显示器、耳机、手柄等）之间的连接和通信，以实现更丰富的交互体验。这些辅助芯片和控制器的存在丰富了交互系统的功能和连接能力。它们与主要的计算组件协同工作，为用户提供更全面、多样化的交互体验，使得交互系统能够更好地适应不同的需求和应用场景。

4. 连接系统

交互系统的连接系统使设备能够与其他设备或网络进行数据交换和通信，扩展了设备的功能和互联性。交互系统通过有线和无线的方式进行通信，涉及多个通信模块的协同作用。有线连接提供了稳定的数据传输和高速连接，适用于需要高质量数据传输的场景。无线连接提供了便携性和灵活性，使设备可以无需物理连接而进行通信和数据传输。根据具体的应用需求和设备设计，可以选择适合的连接方式或结合多种连接方式，以满足用户在交互过程中的需求。

（1）**有线连接**。有线连接是最常见的连接方式之一，通过电缆或线缆将设备与外部设备连接起来。有线连接方式在人机交互系统中起到了重要的作用，通过物理线缆的连接，实现了设备之间的稳定数据传输和通信。尽管无线连接技术在便利性和灵活性方面有优势，但有线连接方式仍然在许多关键应用中占据着重要地位。它们提供了稳定的数据传输、高速连接和可靠性，尤其在对稳定性和性能要求较高的场景中表现出优势。此外，有线连接方式也可以减少电磁干扰和安全风险，提供更可靠和高质量的连接保证。因此，在人机交互系统中，有线连接方式仍然被广泛使用，并且在一些关键应用中具有不可替代的地位。常见的有线连接方式包括 USB 和高清多媒体接口（high-definition multimedia interface，HDMI）。

（2）**无线连接**。无线连接通过无线技术实现设备与外部设备之间的通信和数据传输。无线连接提供了更大的灵活性和便利性，使设备可以在无需物理连接的情况下与其他设备进行通信和数据交换。针对不同的设备需求和应用场景可选择合适的无线连接方式，以获得稳定、高效的连接和交互体验。蓝牙、Wi-Fi 以及 NFC 为几种常见的无线连接技术。

5. 交互系统

交互系统负责用户与设备之间的交互和指令传输，关注重点在于提供方便、灵敏的操作方式，以实现用户与设备的高效互动。交互系统在人机交互中起到关键作用，通过硬件和软件的协同工作，用户的动作、声音、位置等信息被准确地捕捉和解析，系统可以根据用户的输入作出相应的反馈和响应。在硬件方面，传感器起到数据采集的作用，可以捕捉用户的动作、声音、位置等信息，将其转化为数字信号。为了追求更多动作、更广范围、更高精度和更自然的交互体验，交互系统使用多种传感器，如加速度计、陀螺仪、磁力计和光学传感器等。芯片则负责数据的处理和分析，通过算法进行计算和识别，从而得出用户的状态和意图。这些硬件组件协同工作，为交互系统提供了实时、准确的数据基础。在软件方面，算法扮演着重要的角色。算法对传感器采集到的数据进行解析和分析，从中提取出有用的信息，并根据用户的需求和意图作出相应的反馈和响应。这些算法可以包括手势识别、语音识别、动作跟踪等，通过对数据的处理和分析，使交互系统能够更好地理解用户的行为和指令。通过传感器、芯片和算法的协同工作，交互系统能够实现与用户的实时交互。这种实时交互使用户能够与虚拟环境或数字内容进行更加自然、流畅的互动，增强了用户的沉浸感和参与感。

交互系统包括输入和输出系统以及多种交互技术，旨在实现直观、高效和可靠的交互体验。输入系统通过触摸屏、手柄/控制器、语音识别和手势识别等方式，让用户输入指令和操作设备。输出系统通过显示屏幕、音频输出和触觉反馈等方式，向用户呈现图像、声音和触觉反馈。常见的人机交互技术包括触控交互、声控交互、动作交互、眼动交互以及脑机交互（brain computer interaction，BCI）等多种技术，通过这些技术，用户可以以直观、自然和多样化的方式与设备进行互动。

（1）**触控交互**。触控交互技术是通过触摸屏或触摸板来实现用户与设备的交互。触摸屏通过感应用户手指的接触或操作来实现点击、滑动、缩放等操作。触摸交互的直观性和灵活性使其成为移动设备和便携式设备的主要交互方式，也为元宇宙的沉浸式体验和自由交互提供了关键手段。触控交互技术的实现基于电学、声学、光学或其他物理原理，通过检测用户与触摸界面之间的互动实现操作和控制。以下是几种常见触控交互技术的实现原理。

① **电阻式触控技术**。电阻式触摸屏是一种最早的触控技术，它基于两层透明的导电薄膜叠加在一起，形成交叉的网格。当用户用手指或者触控笔触摸屏幕时，两层导电薄膜之间会发生接触，形成电路连接，从而检测到触摸位置。该技术的优点是可以实现精确的触摸位置定位，但同时需要对屏幕施加一定的压力。

② **电容式触控技术**。电容式触摸屏利用电容变化来检测触摸。屏幕表面布满了微小的电容传感器，当用户触摸屏幕时，人体的电容会影响传感器之间的电场，从而检测到触摸位置。电容式触摸屏具有高灵敏度的触摸体验，不需要对屏幕施加压力，适用于多点触控和手势识别。

③ **表面声波技术**。表面声波技术基于声波传播原理，通过在屏幕表面布置发射器和接收器，产生声波信号并检测其在屏幕表面的传播。当用户触摸屏幕时，触摸点会影响声波传播路径，接收器检测到变化可以确定触摸位置。这种技术具有较高的准确性和稳定性，适用于大型触摸屏幕。

④ **光学投影技术**。光学投影技术使用红外线或激光光源投射光束到屏幕表面，然后通过摄像机或传感器来捕捉被触摸物体的影子。当用户触摸屏幕时，光束被遮挡或改变，从而检测到触摸位置。这种技术可以实现大尺寸、高分辨率的触摸屏幕，但在强光

照环境下会受到影响。

（2）**声控交互**。声控交互技术基于语音识别和语音合成技术，通过识别和理解用户的语音指令，实现与设备的交互。在元宇宙中，用户可以通过简单的语音指令来控制虚拟角色的动作、导航到不同场景、发送消息、查询信息等，从而实现与虚拟环境的实时交互。声控交互技术的核心是语音处理芯片，它可以采集和处理声音信号，并通过语音识别算法将语音转化为文本或指令。随后设备根据识别结果执行相应的操作，例如播放音乐、发送消息等。声控交互所依赖的技术主要包括语音识别、语义理解以及语音合成等技术。

① **语音识别技术**。声控交互的核心技术。它通过分析用户的口头指令，将语音信号转换为可执行的命令或文字输入。用户希望指令能够被准确理解并及时响应，从而获得更加流畅和自然的交互体验。因此，提高语音识别技术的准确性和实时性对于声控交互体验至关重要。此外，语音识别技术需要适应多样化的语音、方言和口音，以满足不同用户的需求。

② **语义理解技术**。通过分析文本的语义和上下文来理解用户的意图。这种技术不仅仅是将语音转化为文本，还能够理解指令的背后含义。它使用自然语言处理技术，如命名实体识别、关键词提取和情感分析，来推断用户的意图，从而更好地响应用户的声音指令。同时，语音合成技术需要更加自然和逼真，以提供更真实的交互体验。

③ **语音合成技术**。用于将计算机或智能设备的响应转化为语音输出，以回应用户的指令或提供信息。在元宇宙中，语音合成技术可以为用户呈现虚拟角色的语音对话，或者提供场景中的声音效果，增强虚拟环境的沉浸感和真实感。对于一些用户来说，语音合成还可以帮助解决阅读困难或语言障碍等问题，使他们更容易参与到虚拟体验中。

（3）**动作交互**。动作交互技术通过感应用户的身体动作来实现与设备的交互，通常可以使用摄像头、传感器或陀螺仪等设备来捕捉用户的手势、姿态或运动。动作交互技术的不断发展为人机交互带来了更为自然、直观和便捷的交互体验，有效解放了用户双手，减少了对传统输入设备的依赖，同时让用户更加身临其境地融入交互过程。通过识别和解析用户的动作，设备可以进行相应的响应，例如控制游戏角色、操作虚拟物体等。常见的动作交互技术包括手势交互和身体姿势交互技术。

① **手势交互技术**。动作交互中最常见的形式之一。通过识别用户手部的不同动作，如挥手、点击、捏合等，来实现与设备的交互。手势识别流程涵盖数据采集、数据预处理、特征提取、模式识别和操作等关键步骤。首先对用户的手势数据进行采集，再对数据进行预处理，包括降噪和图像增强，以提高数据质量。然后，从预处理后的数据中提

取重要特征,如手的形状、动态轨迹等。这些特征用于与预定义手势模式进行比较,进行模式识别,通常借助机器学习技术。最终,根据识别结果执行相应的操作,实现用户与设备的自然交互。整个过程旨在实现对用户手势的敏感感知与智能响应。在虚拟现实环境中,手势交互使用户能够直接用手指在虚拟空间中操作物体、进行手势导航等,增强了用户的沉浸感和交互体验。

② **身体姿势交互技术**。通过识别用户的身体姿势和动作,使计算机能够理解用户的意图并做出相应的反应。身体姿势识别的流程涵盖图像或传感器数据采集、数据预处理、特征提取、模式识别和应用操作等关键步骤。首先,通过摄像头或传感器获取用户的身体姿势数据,捕捉关节角度和位置等信息。随后,数据经过预处理,包括降噪、平滑和姿势校准,以提升数据质量。然后,从经过预处理的数据中提取出关键特征,如关节角度的变化和身体部位的运动轨迹。这些关键特征被用于训练模型或与预定义的姿势模式进行匹配,借助深度学习等先进技术进行姿势识别。最终,识别结果应用于各种操作,例如虚拟角色控制、健康监测等,以实现人机间的自然互动。整个过程旨在实现对用户身体姿势的智能感知和响应,为交互体验增添了更多可能性。在虚拟现实游戏中,身体姿势交互使用户能够通过身体动作来控制虚拟角色的移动和动作,增加了游戏的互动性和真实感。

(4) **眼动交互**。眼动交互技术使用眼动追踪设备来监测用户的眼球运动,识别用户的注视位置和眼球动作,从而实现与设备的交互。通过追踪用户的视线,设备可以根据用户的注视位置进行选择、控制或交互。眼动交互技术的发展为人机交互带来了更加自然、直观和便捷的交互体验。它不仅可以解放用户双手,减少对传统输入设备的依赖,还可以让用户更加身临其境地参与到交互过程中。通过不断优化硬件的性能、能效和互动特性,以及持续提升眼动传感器和算法的计算能力和集成度,眼动交互技术能更好地满足用户对于沉浸式体验和高效互动的需求,进一步推动元宇宙等领域的实现与应用。然而,姿势识别的准确性和动作的实时性对于实现高效的眼动交互至关重要,不同用户的眼动行为可能受到多种因素的影响,如环境光线、视力问题等,这可能导致交互的不稳定性。因此,为了进一步推进眼动交互技术的发展,需要持续进行研究和创新,提高交互的稳定性和用户体验。

根据用户眼动信息所发挥的不同作用和特点,可将眼动交互技分为视线反馈技术、视线点击技术和视线输入技术三类。

① **视线反馈技术**。主要包括附加信息反馈技术。这种技术通过实时追踪用户的眼动信息,将光标跟踪、焦点提示等附加信息反馈给用户,增强用户对交互界面的感知和

理解。例如，当用户的视线聚焦在特定位置时，界面可能会呈现更多细节或相关提示，从而提供更丰富的交互体验。

②**视线点击技术**。一种将眼球注视点信息转化为实际的点击操作的眼动交互技术，类似于传统的鼠标单击。用户可以通过长时间凝视或注视特定目标来触发操作，如选中菜单项、链接或图标。这种方法通常结合了眼动追踪和凝视持续时间分析，以识别用户意图并执行相应的操作。基于视线点击的技术在实现无需实际手部操作的情况下，提供了便捷的界面交互方式。

③**视线输入技术**。一种利用眼动数据进行文本输入和命令输入的交互方式。通过追踪用户的眼球运动和注视点，系统可以将用户注视的字母、单词或图标转化为输入，从而实现文字编辑、控制应用等功能。通过对用户的视线模式和行为的分析，系统可以识别用户的意图并执行相应的操作。例如，用户可以通过眼球运动来绘制形状、输入文字或进行导航。这类技术依赖于高级的算法和模式识别，以将眼动信息转化为实际的输入指令。

（5）**脑机交互**。脑机交互也称脑机接口（brain computer interface，BCI），是一种能够让人脑与外部环境直接进行交互的系统。脑机交互技术通过采集脑电或其他与脑活动相关的电信号，将用户的意图转化为计算机指令或控制信号。脑机交互技术的实现基于对大脑信号的获取、解码和应用。其基本原理是通过脑电信号的采集和处理，将人的思维活动转化为控制外部设备的命令。当人们接受外部刺激或进行特定思维活动时，其神经电活动会产生相应的变化，这些变化形成了脑电时空尺度模式。通过对这些特征信号进行模式识别，可以将用户的思维活动翻译成外部设备的控制指令，实现与外部环境的交互。

脑机交互技术涉及多个学科领域，如脑科学、医学、计算机科学、信号处理等。它在辅助康复技术、心理学研究、虚拟现实与增强现实等领域具有广泛的应用前景。最初，脑机交互技术的研究动机是为运动障碍患者提供康复辅助技术。目前，脑机交互技术在医学领域取得了一些突破，在非医学领域的应用虽处于研究的初期阶段，但其应用也逐渐增多，如游戏和娱乐界面、图像分类和测谎等领域，这为人机交互带来更多创新和可能性。

根据获取脑信号方式的不同，可将脑机交互分为侵入式脑机交互和非侵入式脑机交互两类。

①**侵入式脑机交互技术**。通过在患者的大脑皮质植入电极或芯片，实现对神经信号的获取。这些电极能够直接接触到神经元，捕捉到高质量、高精度的脑电活动。由于其直接的接触性质，侵入式脑机交互通常具有较高的信号质量和准确性，可以用于实现

精细的控制，如假肢运动、机器人操作等。然而，侵入式技术需要进行外科手术，存在植入风险和术后管理问题，因此主要应用于特定医疗或研究场景。

② **非侵入式脑机交互技术**。通过外部传感器获取头皮上的脑电信号或其他生物信号，而无需植入电极。这些传感器可以是脑电图（electroencephalography，EEG）、功能磁共振成像（functional magnetic resonance imaging，fMRI）等。尽管信号质量可能相对较低，但非侵入式脑机交互具有方便、安全、易于操作的特点，广泛应用于娱乐、虚拟现实、注意力训练等领域。它的局限性在于信号的精度和准确性相对较差，可能无法实现一些需要高精度控制的任务。

6.4 人机交互设备

人机交互设备是由不同的软硬件设备相互组合、相互作用而形成的。现阶段常用的硬件设备大致有视觉交互设备、手势交互设备、声音设备和脑机接口设备等，其中视觉交互设备主要包括移动 VR、一体机 VR、AR 和 MR 眼镜以及基于主机的 VR。本节将对上述几种常见的硬件设备进行介绍。

6.4.1 移动 VR

移动 VR 是指需要配合手机的头戴式设备（图 6-6），用户通过专用的 VR 眼镜看到虚拟现实画面。移动 VR 仅依赖于手机连接，无须其他外部重型计算设备支持，因此用户的活动区域不会局限于某个固定区域。但由于手机本身的硬件及计算能力的限制，其画面分辨率低、延迟高、沉浸感较差，相对其他的 VR 系统来说用户体验还有一定差距。目前几种主流的移动 VR 产品有 Google Cardboard 2、Google Daydream View、Samsung Gear VR、暴风魔镜等。

图 6-6　移动 VR 示意

（1）**Google Cardboard 2**。Google Cardboard 2 是 Google 出品的简单版虚拟现实硬

件，由透镜、厚纸板、玻璃和一些导电的泡沫材料组合而成。它的实现原理是利用双眼的视角不同，大脑会自动感知左影像和右影像，从而建立一个 3D 影像。只需将智能手机插入设备上的槽中即可使用。它的设计简单、便携，使用起来非常方便，配合"手机 + Cardboard App"就能体验虚拟现实。

（2）Google Daydream View。谷歌在 2016 年 10 月 5 日新品发布会上发布的头戴显示设备。DayDream View 算是 Cardboard 的替代品，整体做工水平明显提升。与前一代 Cardboard 相同，需要搭配智能手机才能使用，而且目前支持的只有 Google 发布的品牌手机 Pixel 与 Pixel XL。Daydream View 使用了更软的纤维材质来提升佩戴的舒适度，为使用者提供了十分舒适的穿戴体验。Daydream View 在硬件设计上比前一代有显著提升，但支持的软件内容明显不足，目前能够体验到的 VR 内容仍旧是以 Google 自家提供的应用程序为主。

（3）Samsung Gear VR。Gear VR 采用了全黑的配色，由三星电子与 Oculus VR 公司合作开发，支持 USB-C 接口，而且与手机的连接变成了模块化。新 Gear VR 可以直接与 Note 7 配合，使用其 Type-C 接口。三星 Gear VR 头戴式器件还包括在一侧的一个触摸板和回退按钮，以及一个接近传感器探测何时戴上头戴式器件。用户通过触摸板和按键可具备与虚拟环境进行交互的能力。目前还是一款仅面向开发者的装置。

（4）暴风魔镜。这是暴风影音发布的一款硬件产品，是一款虚拟现实头戴式显示设备。使用时需要配合暴风影音开发的专属魔镜应用，在手机上实现 IMAX 效果。暴风魔镜 App 的操作方式有两种：头控和手柄。头控式利用手机的陀螺仪，通过摇晃头部进行选择，因其具有反应过于敏感、效率低下，而且长时间晃动会造成不适的缺点，所以不建议使用。另外一种通过手柄的操作方式只需打开手机蓝牙，然后打开 App 点击"配对"，配对成功后手柄会轻微震动，最后使用手柄对虚拟内容进行按键和指向选择操作，相比头控方式更加方便和准确。

6.4.2 VR 一体机

VR 一体机是指具备独立处理器、显卡和存储器的 VR 头显（虚拟现实头戴式显示设备），功能不如外接式 VR 头显强大。如图 6-7 所示，它没有连线束缚，自由度更高，使用方便，摆脱了依附在其他计算终端上的限制，具有数据无线传输、计算实时处理、产品体积轻巧等特点。相较于移动 VR 可提供更强大的运算能力、更高的分辨率、更低的延迟，给用户带来更好的体验。同时，VR 一体机集成了独立处理器等单元，设备重量增加，价格更昂贵。目前市面上较为流行的 VR 一体机产品有 HTC VIVE Focus3、

图 6-7　VR 一体机示意

PICO 4、Quest Pro 等。

（1）HTC VIVE Focus 3。2021 年 5 月 12 日，HTC 在 HTC VIVE 虚拟生态大会（V²EC 2021）上发布了以高通旗舰骁龙 XR2 处理器、8GB 运行内存、5K 分辨率、120°视场角以及 90Hz 刷新频率作为标准配置的全能 VR 一体机 VIVE Focus 3。相较于前几代头显内置电池的设计，HTC VIVE Focus 3 在整体结构设计上改用前头显+后电池的结构方式，长时间佩戴也不容易感觉疲劳。相较前代 VR 一体机产品，VIVE Focus 3 的屏幕分辨率提升了 260%，子像素数量提升 400%，同时具备 90Hz 刷新频率，并可提供 120°的超宽视场角，更大的视场角也带来了更沉浸的观看体验，实际地消除了纱窗效应，可以清晰地呈现画面中的细节，使软件设计和用户交互更加自然。此外，VIVE Focus 3 还支持有线和无线串流功能，可以将 Unreal Engine、Unity Software 以及 SteamVR 上的内容流转到 VIVE Focus 3 上。

（2）PICO 4。2022 年 9 月 27 日，字节跳动耗资 90 亿元收购 PICO。一周年之际，PICO 在青岛发布了升级的 PICO 4 系列 VR 一体机。PICO 4 搭载了高通骁龙 XR2 芯片、8GB 运行内存、128/256GB UFS3.0 存储以及 4K+ 超感视屏。PICO 4 拥有 6DoF（6 degree of freedom）追踪算法，有自研高精度四目 Inside-out 方案和红外光学定位系统，实现了亚毫米级的定位精度和毫秒级的追踪速度。视场角（field of view，FOV）达到 105°，更接近人眼自然感知的视角范围。此外，PICO 4 支持电动瞳距（interpupillary distance，IPD）调节，能够满足不同头型和瞳距的需求。PICO 4 光学方案由此前的菲涅尔改为 Pancake 折叠光路设计，不仅让 PICO 4 能够大幅缩小头显主机的重量和厚度，还可以缓解画面畸变问题，提升成像质量。

（3）Quest Pro。2022 年 10 月 12 日，Meta 发布了 VR 一体机 Quest Pro。硬件方面，Quest Pro 搭载了高通骁龙 XR2+ 移动平台（首发）+12GB 运行内存，达到了 VR 产业消费市场的硬件端顶级配置，将 XR2+ 和 RAM 放在芯片侧面，后者能够实现更好的散热，从而获得更高的持续性能。Quest Pro 采用了两片式 pancake 光学方案，左右分别为两个 pancake 模组，水平 FOV 为 106°。手柄的外形设计则出人意料地取消了追踪圆环，这不但降低了手环间的互撞概率，还让手柄变得更加轻盈和迷你。关于瞳距调节，相比于 PICO 4 配备了无极电动瞳距调节（62 ~ 72mm），Quest Pro 采用的手动线性调节机制结构简单，成本较低。Quest Pro 提供了连续透镜间距调节功能，能在 55 ~ 75 mm 自动调节 IPD，用户可以轻松地掌握和调节适合自己的瞳距。

6.4.3　AR、MR 眼镜

由于 AR 眼镜更加专注于虚拟物体本身，缺少与现实世界的交互，其应用领域相对有限。AR 眼镜更适用于娱乐需求，在企业开发者群体中的受众相对较少。因此，目前市场上更多的发展关注点集中在 MR 眼镜。

（1）微软 HoloLens 2。微软于 2019 年度世界移动大会上正式发布 HoloLens 2 混合现实设备，搭载高通骁龙 850 处理器。相较于第一代，HoloLens 2 采用了 2K 分辨率的显示屏，长宽比为 3∶2，对角视场角提升至 52°。在 Azure Kinect 这一新型阵列传感器的支持下，HoloLens 2 中加入了 Semantic Understanding 功能，让其能够区分出环境中的不同物体。其还配置了可用于视频会议的 800 万像素前置摄像头，整个设备可以进行 6 个角度的全方位跟踪，并提供相应的互动，通过鼻梁上的两个微型摄像机，HoloLens 2 可以实现眼动追踪功能。HoloLens 2 在人体工程学和人机交互方面得到了极大改善，不仅佩戴起来更加舒适，而且还可以在虚拟与现实之间实现快速切换。

（2）Magic Leap 2。与第一代相比，Magic Leap 2 的外形尺寸更小，FOV 在第一代的基础上提升了一倍，图像质量得到较大的提升，优化了色彩均匀性。Magic Leap 2 采用了双方案跟踪：Inside-Out+ 红外追踪，这样就能在极大程度上解决了用眼不适的问题。Magic Leap 2 使用两个无障碍摄像头对每只眼睛进行跟踪，并配有 6 个 LED 来照亮眼睛并生成"闪烁点"，从而提高画面渲染速度、图像质量和舒适度。另外，Magic Leap 2 还可以定位声音的位置，与其他设备相比，Magic Leap 2 存在相当柔和的视场边缘，当内容离开屏幕时不会太过突兀。Magic Leap 2 的另一个优势在于可以动态调节视图，减少环境光强度，以此提升内容的坚实感。然而，Magic Leap 2 的类护目镜设计显著降低了周边视觉效果，而且适眼距离明显更短，几乎不能叠加眼镜使用。

6.4.4　基于主机的 VR

基于主机的 VR 指的是通过主机对虚拟内容数据进行运算，将运算结果传输给头戴式设备，进而达到展示给用户的目的。相比于一体机，基于主机的 VR 能够利用强大的运算能力提供流畅、清晰的画面，完成虚拟场景的构建。但不足之处在于虚拟设备需要连接主机，导致灵活性较差。目前市面上几款主流的基于主机的 VR 有 Valve Index、HTC VIVE 等。

（1）Valve Index。显示屏具有与 HTC VIVE Pro 相同的 2880×1600 像素分辨率，视场角提升至约 130°，刷新频率为 144Hz。不同于 VIVE Pro 的 AMOLED 显示面板，Valve 为 Index 配备的是 RGB LCD 显示面板，显示效果方面进一步降低了纱窗效应，使文字和轮廓更清晰。重点改进之一是配套的摄像头和手柄支持手指和手势感应功能，外倾式的镜片能够提供更宽阔的视野，优化的光学组件能提供更稳定清晰的焦点外视觉，当然，Index 仍然会限制用户的视觉，由于存在光线折射现象，用户佩戴时仍然会注意到视线角落里的黑条。Index 在侧面存在调节镜片与眼睛间距离的旋钮，适合戴眼镜的用户。Index 对硬件要求较低，NVIDIA GeForce GTX 970 或 AMD Radeon RX 480 GPU 为最低规格。

（2）HTC VIVE Pro 2。HTC VIVE Pro 系列于 2018 年首次亮相，VIVE Pro 2 拥有两块 3.5 寸高分辨率的 OLED 显示屏，双眼分辨率达到 5K（4896×2488 像素），是目前分辨率最高的头显之一，并具备 120°广阔视场角，兼容 Steam VR 2.0 追踪定位系统。同时 VIVE Pro 2 拥有超平滑的 120Hz 刷新频率，可以通过调节镜头距离获得最佳的观看效果，头显主体可折叠，可获得沉浸式的佩戴体验。VIVE Pro 2 将线缆集成化，对线缆进行更加规整的梳理，极大地方便了设备安装。设备使用时只需将线缆与串流盒连接，将 VIVE Pro 2 与 PC 设备进行连接即可。同时，VIVE Pro 2 成为首个支持 DSC 显示流压缩技术的 PC VR 头显，该技术提供无损的视觉数据压缩，保持与 Display Port 1.2 显示端口向后兼容。即便用户的 PC 显卡不支持显示流压缩技术，依然可以从大幅降低纱窗效应的高清屏幕中收获出色的画面体验。

（3）Project Morpheus。Project Morpheus 是由索尼公司悉心打造的 VR 眼镜，其配置为：5.7 英寸 OLED 显示屏，1920×1080 像素分辨率，100°可视角，1080P/120FPS 视频格式，延迟为 18ms 以内，单固定带，快速脱卸按钮，120Hz 刷新频率，9 个 LED 用于 360°头部位置追踪，3D 音效。Project Morpheus 显示的画面色彩艳丽，流畅度极高（120FPS），但分辨率还有待提升，左右两个眼睛的 OLED 屏幕分辨率都是 960×1080 像素。360°的全景体验可以给用户带来完美沉浸感。相比索尼之前的头戴式显示器 HMZ-TX 系列，Project Morpheus 简化了佩戴方式，提升了佩戴感受，不再需要将设备利用橡皮带紧紧扣在头上，也不用担心因为佩戴不当而造成漏光。与头戴式显示器 HMZ-TX 系列显示的画面不同，戴上 Project Morpheus 后看到的会是一个圆形的视野。索尼使用了 PlayStation Eye 摄像头来监控佩戴者的动作，用户可以通过移动头部或使用索尼的游戏手柄来实现游戏操控。

6.4.5　手势交互设备

手势交互是指用户通过手部动作或姿态控制设备，如 Leap Motion、Gloveone 手套等，与计算机进行交互。手势交互可以实现无需物理触摸的操作，提高了用户的自由度和操作效率。以下是对一些产品的介绍。

（1）Leap Motion。Leap Motion 控制器不会替代键盘、鼠标、手写笔或触控板，相反，它们协同工作。它是一种用于手部跟踪的姿势识别设备。通过 Leap Motion 设备，用户可以在计算机或虚拟现实环境中使用手势进行交互，而无需触摸屏幕或使用鼠标。这种技术在一定程度上实现了更自然、直观的人机交互方式。Leap Motion 设备基于先进的光学和红外线传感器技术，能够高精度地跟踪用户手部和手指的动作。它能够捕捉手势、动态手势和手指的细微动作，从而实现在虚拟现实应用、游戏、计算机图形界面等方面的交互。

（2）Gloveone 手套。Gloveone 手套是一种 VR 手势交互设备，由西班牙公司 NeuroDigital Technologies 推出。设计初衷是为了提供一种更真实、更直观的虚拟现实体验，让用户能够通过手部动作和触觉来与虚拟环境进行交互。Gloveone 手套配备了多种传感器和振动装置，可以实时地追踪用户手部的动作和姿势。用户戴上 Gloveone 手套后，便可以在虚拟现实空间中看到自己的虚拟手，并能够通过自然的手势和动作进行交互。手套还能够模拟触摸和触觉感受，使用户在虚拟世界中能够感受到虚拟物体的存在和质感。

（3）Myo 臂环。Myo 臂环是由加拿大公司 Thalmic Labs（后更名为 North）开发和推出的一种穿戴设备，它可以固定在用户的前臂上。Myo 臂环的主要功能是通过肌肉电信号感应技术来识别用户手臂和手部的肌肉活动，从而实现手势控制和交互。Myo 臂环内部配备了多个肌肉电信号传感器和陀螺仪，这些传感器可以实时地监测用户手臂和手部的肌肉收缩和动作。通过学习用户的手势和动作模式，Myo 臂环可以识别不同的手势指令，比如手势滑动、握拳、抓取等，然后将这些手势指令转换为计算机或移动设备上的操作命令。

6.4.6　脑机接口设备

脑机接口（brain-computer interface，BCI）是一种允许人类大脑与外部设备进行直接通信的技术，如图 6-8 所示。该技术的发展涉及多个领域，包括医学、神经科学、计算机科学和工程学。BCI 的应用非常广泛，例如医疗健康、辅助技术、娱乐和科学研究

第 6 章 自然融入元宇宙：人机交互

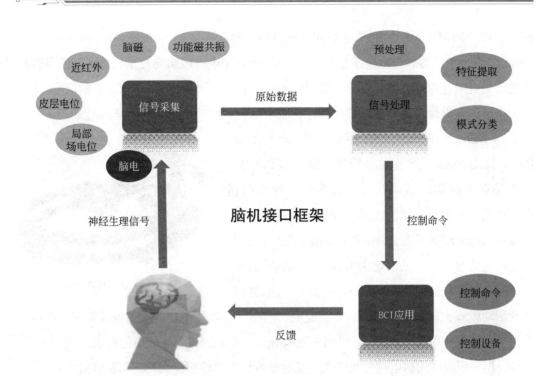

图 6-8 脑机接口原理

等。目前一些公司和研究机构已经推出了一些原型设备和产品，以下是一些脑机接口设备的简要概括。

（1）NeuroSky MindWave。如图 6-9 所示，NeuroSky MindWave 是由 NeuroSky 公司开发。它是一款简单的、便携式的脑电图头戴式设备，用于检测大脑的电活动，并将数据传输到连接的计算机或移动设备上。NeuroSky MindWave 配备了单一通道的脑电图传感器，用于监测头皮上的电信号变化。NeuroSky MindWave 是一种入门级的脑机接口设备，相比于其他设备，它的传感器数量和数据处理能力相对较低。

图 6-9 NeuroSky MindWave

（2）Stentrode。Stentrode 由澳大利亚的 Synchron 公司开发，目标是实现无创的脑机接口，即通过将脑机接口设备直接植入血管中，而不需要进行传统的开颅手术。这一技术概念非常有潜力，可以减少手术风险、恢复时间和感染风险，并且更加方便和可持续。但是 Stentrode 技术目前还处于早期研究和开发阶段，还需要进一步的临床研究和验证，以确保其安全性和有效性。

（3）The Altius。The Altius 系统由一个带集成充电电池的植入式脉冲发生器、一根放置在外周神经周围的袖带电极和外部设备（包括医生使用的编程棒（programming wand）、患者控制器和充电器）组成。The Altius 采用电神经阻滞技术，旨在帮助慢性疼痛患者更有效地管理症状，减轻疼痛。Altius 系统可能会成为一个非常重要的治疗选择，它为大量患有慢性疼痛的患者提供治疗，减少他们对阿片类药物的持续依赖。

（4）Emotiv Epoc+。如图 6-10 所示，Emotiv Epoc+ 是由 Emotiv 公司推出的高级脑机接口产品，旨在捕捉大脑的电活动并将其转换为可操作的信号，使用户能够与计算机或其他设备进行直接交互。Emotiv Epoc+ 配备了多个脑电图传感器，能够监测头皮上的电信号变化，从而记录大脑不同区域的活动。通过复杂的信号处理算法来分析脑电信号，识别特定

图 6-10　Emotiv Epoc+

的脑活动模式，例如注意力、放松、眨眼、咀嚼等，以及一些基本的脑波频率。Emotiv 提供了一系列应用程序和游戏，供用户使用 Epoc+ 来控制虚拟环境中的角色或进行交互。例如，用户可以使用脑电信号玩游戏、控制虚拟环境体验或探索其他创意应用。

图 6-11　Thync Relax Pro

（5）Thync Relax Pro。如图 6-11 所示，Thync Relax Pro 是由 Thync 公司开发。Thync 公司是一家专注于脑机接口技术和神经科学的公司，旨在通过脑电刺激技术提供情绪和放松管理解决方案。Thync Relax Pro 使用脑电刺激技术来与用户的大脑进行交互。这种技术是通过对大脑进行低水平的电刺激来影响特定的神经通路，从而产生特定的情绪和情感体验。旨在帮助用户放松身心、减轻压力和焦虑，提供一种非药物的情绪管理解决方案，用户可以通过使用设备来调整自己的情绪状态。

（6）Neurable。Neurable 是一家美国的神经科学技术公司，专注于开发脑机接口技术，目标是将脑机接口技术应用于虚拟现实（VR）和增强现实（AR）等领域，使用户能够通过大脑信号与虚拟世界进行直接交互。Neurable 使用脑电图传感器来监测大脑的电活动，通过佩戴脑电图头戴式设备捕捉脑部特定区域的电信号，从而识别用户的认知和意图。用户可以通过思考、专注或产生特定的脑活动模式来与虚拟现实世界进行交互，而无需使用传统的手柄或控制器，能够以更直接、自然的方式参与虚拟世界中的活动。

6.5 元宇宙与人机交互

元宇宙和人机交互是两个紧密相关的领域，元宇宙是一个虚拟数字世界，旨在提供多感官、沉浸式的用户体验，而人机交互是设计、开发和评估计算机系统以使人与计算机之间的互动更加有效的领域。元宇宙需要先进的人机交互技术来创造沉浸式体验，而人机交互则可以受益于元宇宙中的多感官、虚拟界面，提供更具吸引力和直观性的用户界面。这两者相互促进，共同推动了数字化世界的进一步发展，为用户提供更丰富、更智能和更沉浸式的互动体验。

6.5.1 元宇宙与人机交互的联系

元宇宙（Metaverse）和人机交互之间存在密切的联系和相互促进的关系，它们在多个方面相互发展并相互影响。

（1）**交互体验的升级**。元宇宙是一个虚拟的数字世界，通过人机交互等技术为用户提供身临其境的交互体验。人机交互的发展在很大程度上推动了元宇宙的实现，因为只有通过更高级、更自然的交互方式，才能在元宇宙中获得更真实和沉浸式的体验。

（2）**界面和控制技术的创新**。元宇宙的虚拟世界需要创新的界面和控制技术，以便用户能够在虚拟世界中自如地操作。这推动了对更先进的人机交互技术的需求，例如手势识别、脑机接口等，以实现在元宇宙中的自由、直观交互。

（3）**用户体验设计的关联**。元宇宙的成功与否很大程度上取决于用户体验的质量。人机交互设计原则和方法在元宇宙的界面和交互设计中同样适用，能够帮助创造出用户友好、易用且具有吸引力的虚拟环境。

人机交互的进步推动了元宇宙技术的发展，而元宇宙的兴起也要求更高级、更创新的人机交互技术来实现更出色的用户体验。这两者相互融合，为未来数字世界的发展创造了更多可能性。在不远的未来，当 AI 技术不断发展，特别是脑机交互技术可以准确读取人脑信息时，人们就可以不通过动作、语音、输入文字等信号发送指令，而可以直接将意念所想传达给设备，解锁 AI 技术中这一最神秘的难关。因此，交互的终极方式是人类通过 AI 将指令输入到虚拟世界，同时又通过沉浸式视频展示将交互结果输出给人类。

6.5.2　元宇宙中人机交互的发展方向

随着 AI、脑机接口等技术的进步，到元宇宙发展的高级阶段，脑机交互技术可以准确读取人脑信息，人类通过脑机接口直接将意念传递给智能体完成交互，即人类将自己的指令通过脑电波输入至虚拟世界，同时虚拟世界也将反馈传送和呈现在人的大脑中，人机交互的终极方式将从时间和空间上完全解放用户。以下是元宇宙中人机交互的一些发展方向。

（1）**沉浸式交互体验**。元宇宙追求更高程度的沉浸感，未来的人机交互将会进一步发展沉浸式技术，包括手势识别、语音识别、脑机接口等技术，使用户可以更自然地与元宇宙中的虚拟环境和角色进行直接、即时的互动，获得更真实、身临其境的体验。

（2）**个性化和自定义**。元宇宙允许用户创造自己的虚拟角色、环境和体验，未来的人机交互将注重更高级的个性化定制，通过分析用户的喜好和行为，为每个用户打造独特的虚拟体验。

（3）**虚拟经济和交易**。元宇宙中可能涉及虚拟经济和交易，人机交互需要支持更方便、安全的虚拟支付和交易方式，以满足用户在虚拟世界中的消费和交易需求。

（4）**人工智能和智能代理**。元宇宙中的虚拟环境和角色可能由人工智能驱动，未来的人机交互将需要更智能化的代理系统，使虚拟角色能够与用户进行更智能、自适应的互动。

元宇宙时代，在智能交互的支持下，人的行为都能够被准确理解和把握，访问信息世界的界面被移动到人的眼前，信息系统所具有的深度意图理解和情境感知能力为我们的生活、工作、娱乐构造出轻松高效的环境。人机交互范式无限接近人类在现实生活中获取信息的自然方式，全世界变成可以点击的桌面和信息展示的面板，人和机器的交互变成人和世界的交互。虚拟人和智能体可实现人体功能的无限延伸，人机交互的优化将极大地提升社会生产效率，使人类的文明迈上新的台阶。

6.6　小结

在元宇宙的构建与发展中，人机交互硬件设备以及开发引擎与平台扮演着重要的角色，它们为元宇宙的实现提供了关键的基础和支持。人机交互设备系统由多个关键部分组成，各系统之间的协同作用是人机交互设备实现高效、便捷、舒适的交互体验的关键所在。它们共同构成了一个完整的人机交互生态系统，为用户提供了丰富的功能和无限的可能性。新型硬件设备提供了更加逼真、沉浸和自由的元宇宙体验，其中由高性能芯片处理复杂计算和图形渲染，开发引擎与平台提供丰富工具与协同环境。这些因素的协同将会促进元宇宙的持续发展和进步，为人类创造了全新的数字体验。展望未来，随着技术的进步和创新，我们可以期待未来元宇宙的人机交互软硬件平台变得更加先进和智能化，为人们带来更加引人入胜的虚拟世界。

6.7 习题

1. 请简要概括人机交互的系统组成和原理。
2. 请简述人机交互的实现流程。
4. 请简述在人机交互的发展历程中，各阶段分别有什么特点。
5. 除了文中提及的交互技术，请列举2~3项新兴的人机交互技术。
6. 请列举目前人机交互设备中最新的脑机接口设备有哪些。
7. 请简述目前人机交互技术的发展还存在哪些局限性。
8. 请简述如何看待人机交互中的信任问题。
9. 请描述元宇宙中可能涉及的虚拟经济和交易会以何种形式呈现。
10. 请描述如何看待人机交互的未来发展，未来将实现何种程度的人机交互。

第 7 章

元宇宙的信任基石：区块链

区块链技术是元宇宙发展的关键推动力，为元宇宙提供了安全、透明和可信赖的基础设施，保证了数字资产的所有权和交易的安全性。本章从基本概念出发，回顾了区块链的发展历程，层次化地介绍了区块链技术体系，对其中的关键技术——密码学与共识机制进行介绍，并分析了区块链与元宇宙的联系，对元宇宙中区块链的发展方向进行了展望。

7.1 区块链概述

区块链技术早期是作为一种分布式账本技术而存在的，但随着区块链技术的不断发展，其包含的技术不断增加和完善，区块链的应用领域也在逐渐扩大，是目前数据安全领域中的重要技术体系之一，下面将从基本定义与特征两方面来认识区块链。

7.1.1 区块链定义

数据是元宇宙的核心内容之一，是元宇宙中的主要生产要素，即劳动、资本、技术等现实生产要素在元宇宙中的数字化产物，因此数据的确权、加密与保护具有十分重要的意义。区块链（blockchain）起源于中本聪提出的比特币，是一种去中心化、不可篡改、可追溯、多方共同维护、允许透明交易的分布式账本。而区块链技术是现代密码学、对等式网络（peer-to-peer，P2P）、分布式数据存储、共识机制、智能合约等多种技术的结合，能够将传统单方维护的多个孤立数据整合在一起，分布式地存储在多方共同维护的多个节点上，数据按照严格的规则和共识机制进行更新，任何一方都无法完全控制这些数据，从而解决了数据的可信问题，实现了可信的多方信息共享和监督。通过智能合约实现自动化处理，避免了繁琐的人工对账，提高了业务处理效率，降低了交易成本。通过应用区块链技术，互不了解、互不信任的多方可在无需借助第三方可信验证的条件下实现可信的数据协同。因此，区块链技术是元宇宙中数据安全的基石。

7.1.2 区块链特征

区块链的特征包括信息不可篡改、结构去中心化、匿名性、开放性和自治性等特点。

（1）**信息不可篡改**。传统数据库包含增加、删除、修改和查询四个基本操作，而数据一旦被记录在区块链上，就无法进行修改、删除和篡改等操作。这是由区块链的数据结构决定的。区块链使用以区块为单位的链式结构，数据被划分成无数的区块，每个区块对应的哈希值由前一区块的哈希值和当前区块的数据计算所得。因此当修改其中某一区块的数据时，所有后续区块的哈希值都会产生变化，从而无法通过网络节点的认证。

（2）**结构去中心化**。去中心化是一种出现在多节点系统中的体系结构，相比由某个机构或个人来控制运行的中心化系统，去中心化的系统将由整个系统中的所有节点共同管理，每个节点都可以连接并影响其他节点。以太坊创始人 Vitalik Buterin 从三个角度去阐述去中心化：架构去中心化、治理去中心化和逻辑去中心化。其中，架构去中心化是指系统由多个物理节点构成，可以容忍多节点崩溃后还可以继续运作；治理去中心化是指系统由多个人或组织掌握；逻辑去中心化是指系统呈现的接口和数据是否像由无数节点组成的集群。现有的区块链方案基本都是架构去中心化的，而治理去中心化则是在公有链和联盟链中存在，私有链中不存在。同时，为了运行效率，绝大部分区块链平台是逻辑去中心化的，整个区块链网络使用相同的共识算法进行运作。所以，区块链并非是一个完全去中心化的系统，而是根据应用场景与效率做出了取舍。

去中心化带来高容错、抗攻击和防合谋三个优点。高容错是指去中心化系统很少会因为某个局部节点的故障而导致整个系统的停摆；抗攻击是指攻击和操纵去中心化系统的成本很高，没有传统意义上薄弱的"中心"；防合谋则是指去中心化系统的参与者很难通过合谋勾结损害其他参与者的利益。

（3）**匿名性**。区块链的匿名性是一种相对的概念，由于去中心化的原因，所以区块链的交易是公开的，任何用户均可查看交易记录。但是区块链的链上活动无需参与者以公开身份进行互信，而是遵循固定的算法，由程序判断节点间活动的有效性，所以交易信息具有匿名性和不可查看性。

（4）**开放性**。区块链系统是开放的，区块链的数据对所有人公开，任何人都可以通过公开的接口查询区块链数据和开发相关应用。所以区块链的匿名性使交易各方的私有信息被加密，但这不会影响区块链的开放性。

（5）**自治性**。由于区块链基于协商一致的规范和协议，系统中的所有节点可以在可信的环境中进行数据交互，无需人或组织的信任背书，因此具有自治性。

7.2 区块链的发展历程

区块链的发展可以分为诞生前的技术积累期以及诞生后的发展期，如图 7-1 所示。随着区块链技术的快速演变，不断有新的技术和应用解决方案提出。因此研究者们根据区块链的应用范围将区块链的发展期划分为三个阶段，即以可编程加密数字货币为代表的区块链1.0时期，基于智能合约可编程应用的区块链2.0时期。区块链3.0则是希望区块链技术可以广泛应用于社会公证、物流、审计、物联网等社会各个领域，从而实现可编程社会。由于区块链3.0仍处于探索阶段，尚未出现标志性事件，因此下面将主要对技术积累期以及区块链诞生后的前两个阶段进行简要介绍。

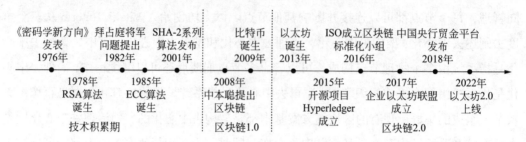

图7-1　区块链发展历程

7.2.1　技术积累期

区块链技术的形成离不开密码学和分布式计算。

1976年，Bailey W. Diffie和Martin E. Hellman发表的《密码学新方向》（New Directions in Cryptography）覆盖了未来数十年密码学所有的发展领域，包括非对称加密、椭圆曲线算法、哈希算法等，其首次提出了公共密钥加密协议与数字签名概念，奠定了迄今为止整个密码学的发展方向，也对区块链技术的诞生起到了决定性的作用。

1978年，由RL Rivest、A Shamir和L Adleman发表的"A Method for Obtaining Digital Signatures and Public-key Cryptosystems"提出了一种诞生自数论的非对称加密算法——RSA（Rivest-Shamir-Adleman）算法，不需要发送方与接收方双方同时参与加密，更适合计算机信息加密，后被广泛应用于数字安全领域。

1979年，Ralph C. Merkle提出了Merkle-Tree数据结构和相应的算法，现在被广泛用于校验分布式网络中数据同步的正确性，对分布式计算的发展起着重要的作用。

1982年，Leslie Lamport提出拜占庭将军问题（Byzantine generals problem），该问题的解决标志着分布式计算的可靠性理论和实践进入了实质性阶段，对于分布式计算的可靠性和安全性至关重要，涉及到如何在分布式系统中达成可靠的共识。

1985年，Neal Koblitz和Victor Miller各自独立提出了椭圆曲线加密算法（elliptic curve cryptography，ECC），改善了RSA算法由于计算量庞大而无法实际应用的问题，推动了非对称加密体系进入实际生产应用。

2001年，美国国家安全局发布了SHA-2系列算法，其中就包括了目前应用最广的SHA-256算法，至此，区块链诞生的密码学基础基本完成。

7.2.2 区块链1.0

区块链这一概念的起源可以追溯到2008年中本聪发表的论文，该论文提出了一种新的货币体系，并使用区块链作为底层分布式账本技术，实现去中心化的交易验证和记录。在论文发表的两个月后，比特币（bitcoin）系统正式运行并开放了源代码，构建了一个公开透明、去中心化、防篡改的账本系统。由于比特币这种可编程货币在去中心化交易的前提下解决了双重支付问题，使得价值脱离现实金融体系在互联网中直接流通成为了可能，引起了加密数字货币热潮，区块链技术第一次走进了大众的视野，这个阶段被称为区块链1.0。

随着区块链技术的进一步发展，人们意识到区块链技术在货币之外的应用潜力，希望将区块链技术在金融领域的应用中进一步推广。但是由于比特币系统内置的脚本系统主要针对加密数字货币交易而专门设计，是一种非图灵完备系统，在表达能力上存在限制。因此在构建如股权、众筹和存证等应用时，有许多逻辑无法表达，开发难度大。

7.2.3 区块链2.0

区块链1.0的诸多限制制约了区块链应用的扩展，于是以太坊应运而生。2013年12月，Vitalik Buterin将智能合约（smart contract）应用到区块链，提出了以太坊（ethereum）区块链平台。以太坊提供了图灵完备的编程语言，以此为基础实现的智能合约将区块链的应用领域从单纯的数字货币交易记录扩展到各类数字资产交易中。智能合约是执行合约条款的计算机交易协议，允许在没有第三方的情况下进行自动化可信交易，这些交易可追踪且不可逆转，以数字化的方式完成共识、履约、监控履约过程并验证履约结果。智能合约这一概念由Nicholas Szabo于1994年首次提出，目的是提供优于传统合同方法的安全，并减少与合同相关的交易成本。

2015年，著名的非营利性联盟——Linux基金会发起了名为超级账本（hyperledger）的开源项目，并成立了超级账本基金会。超级账本项目致力于推进区块链技术发展，构建一个开放中立的技术平台，将区块链技术的透明性和效率带入企业市场。目前Hyperledger的成员有143家，IBM、FUJITSU、华为等企业都参与其中。主要包括13个代码项目：5个分布式账本项目、2个库项目和6个工具项目。分布式账本项目中的Hyperledger Fabric允许各个组件（如共识和成员服务）即插即用，模块化和灵活的设计可以适用于广泛的行业应用场景，并且加入了成员权限管理功能，使区块链可以部署在企业场景中。

2016年，国际标准化组织 ISO 正式成立了区块链和分布式记账技术委员会（ISO/TC 307），该委员会致力于制定区块链和分布式记账技术领域相关的国际标准。自成立以来，ISO/TC 307 启动了包括参考架构、智能合约、安全隐私、互操作等国际标准的研制工作。

2017年，由全球区块链领导者、采用者、创新者、开发者和企业组成的全球社区——企业以太坊联盟（enterprise ethereum alliance，EEA）正式成立，包括埃森哲、微软、摩根大通等诸多企业都参与其中。EEA 致力于提高以太坊区块链的隐私性、保密性、可扩展性和安全性，以及探索跨越许可以太坊网络、公共以太坊网络以及行业特点应用层的混合架构，从而进一步开发以太坊在企业中的应用。

2018年，由中国人民银行发起，联合多家上市公司建立了中国人民银行贸易金融区块链平台（简称"央行贸金平台"），致力于为贸易金融提供公共服务的金融基础设施。平台的目标是创建基于区块链技术的开放、可信、安全、标准、合规、高效、公益、共享的贸易金融资产登记、托管、交易和流转平台，同时赋能中小企业，服务实体经济，降低企业融资成本，提高融资效率，积极探索基于区块链的创新性贸易金融产品形态、金融监管政策，以贸易融资推动深港合作和粤港澳大湾区发展，为推动数字经济的全球化发展奠定基础。2018年9月4日，平台的一期项目首次对外发布并在深圳正式上线试运行，为比亚迪集团办理600万元的跨境融资业务，是中国首笔基于区块链技术的跨境供应链融资业务。2021年，央行贸金平台与香港贸易联动平台完成第二期项目对接，实现为企业用户办理跨境贸易业务，包括恒生、汇丰、渣打等多家境外银行接入。

2022年以太坊2.0上线，以太坊结束了耗费资源的工作量证明（proof of work，PoW）共识算法，正式启用了权益证明（proof of stake，PoS）共识算法，显著降低了共识的能量消耗，提升了共识速度，最高可支持每秒10万笔交易的吞吐量。

7.3 区块链的体系结构

伴随区块链技术的不断发展，区块链具体的实现细节虽有所不同，但是其体系结构是大同小异的。如图7-2区块链体系结构所示，将区块链系统划分为数据层、网络层、共识层、激励层、合约层和应用层，是目前主流的体系结构之一。

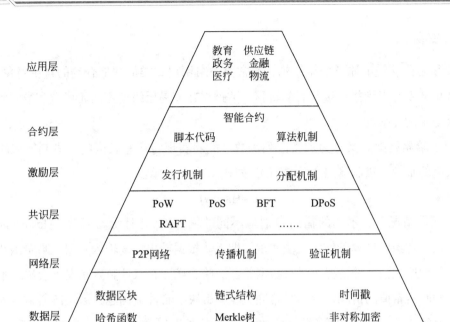

图 7-2 区块链体系结构

7.3.1 数据层

数据层主要描述区块链的物理形式，封装了区块链的底层数据存储和加密技术，是最底层的技术。从数据结构的设计上，现有区块链平台的数据结构在具体实现上有所不同，但整体结构上基本相似，即每个节点存储的本地区块链副本可以看成三个级别的分层数据结构，包括交易、区块和链，每个级别的数据使用不同的加密方法保证数据的完整性和真实性，区块链结构如图 7-3 所示。

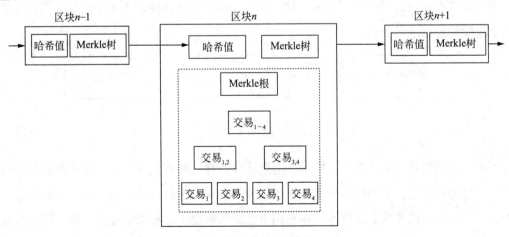

图 7-3 区块链结构

1. 交易

交易是区块链的原子数据结构，通常由一组用户或类似智能合约的自主对象创建，完成代币从发送者到指定接收者的转移。数据层在交易层级使用哈希函数和数字签名保证交易记录的完整性。

（1）**哈希函数**。又称为加密散列函数，能够实现将任意长度的二进制输入映射到固定长度的唯一二进制输出（哈希值），如式（7.1）所示：

$$O=\text{Hash}(I) \tag{7.1}$$

在同一函数情况下，不同的输出 O 对应不同的输入 I，并且哈希函数（Hash function）的逆向计算在当前计算条件下无法实现，即无法根据输出恢复输入，因此哈希函数可以在有效保护原始信息的情况下进行数据验证。哈希函数在某些特殊情况下会出现不同数据产生相同哈希值的情况，称为哈希冲突。为解决哈希冲突问题，区块链通常会采用添加随机字符串、使用不同哈希函数、增加哈希值长度以及工作量证明辅助认证等手段。每个交易信息生成后，相应的哈希值被记录下来，作为指向该交易的哈希指针，由于不存在完全相同的交易信息，每笔交易的哈希值也不同，因此通过对哈希值的验证可以确定交易信息的完整性和有效性。

（2）**数字签名**。基于非对称加密，主要指的是在交易过程中使用不一样的公钥和私钥进行消息加密和解密。区块链网络中的每个节点都会生成一对公钥和私钥，私钥与数字签名的生成相关联，只由节点所有，数字签名通过一串无法伪造的字符串证明交易发送方的身份。公钥与数字签名的验证相关，只有通过对应私钥生成的数字签名经过验证后才会通过验证。数字签名的生成过程如图 7-4 所示，消息发送方使用私钥对原始消息的哈希值进行加密得到数字签名，数字签名与原始消息一同作为发送信息发送，并将私钥对应的公钥进行公布。

图 7-4 数字签名生成

数字签名验证过程如图 7-5 所示，消息接收方在接收到信息后，使用提供的公钥对数字签名进行解密，得到的哈希值与原始消息的哈希值进行计算比较。由于非对称加密中，私钥与公钥具有唯一对应性，在私钥不泄露的前提下，如果哈希值一致，即可确认该消息是由发送方发出且没有被篡改。因此区块链网络中的节点会通过公钥生成的字符串作为区块链上的永久地址识别自身。

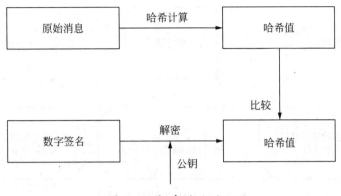

图 7-5　数字签名验证

2. 区块

区块是交易的任意子集的集合，只有参与建立网络共识过程的节点才能进行创建。为了防止数据被篡改，减少存储开销，区块使用 Merkle 树结构存储交易数据。Merkle 树通过二叉树的形式存储交易数据，叶子节点是每个交易数据块的哈希值，非叶子节点是其子节点的哈希值，这样所有的交易数据以哈希 Merkle 根（Hash merkle root）的形式保存在区块中。进行数据验证时，可以通过对哈希 Merkle 根进行哈希值验证实现对整个区块交易的快速验证，无需对区块中的所有交易进行验证，提高了区块链网络的吞吐效率，也降低了交易存储开销。

3. 链

区块链中的链状结构是不同区块按照顺序构建的链表，区块链通过哈希指针实现链式结构。为了保证每个区块数据的完整性，每个区块将上一个区块数据的哈希值作为哈希指针，保存到当前区块的数据结构中，哈希指针不仅可以指向数据存储的位置，而且可以明确上一区块数据的哈希值，确认数据是否被篡改。

7.3.2　网络层

网络层涉及区块链网络中的分布式点对点网络、节点间消息传播协议和数据验证机制，主要目标是在节点间引入随机拓扑结构，同时实现区块链更新信息的有效传播和本地同步。在区块链分布式网络这种会面临拜占庭将军问题的环境，不同的应用场景对于身份管理机制的诉求不同，对区块链网络的去中心化和开放程度需求也不同，这决定着区块链上节点的组织模式，如图 7-6 所示，目前区块链主要包含公有链（public blockchain）、联盟链（consortium blockchain）和私有链（private blockchain）三类。

图 7-6　区块链的组织模式

1. 公有链

公有链去中心化程度最高，链上数据公开透明，任何人都可以参与区块链数据的读取和维护，不受单个中央机构的管控，因此网络可以组织成为分布式点对点网络（P2P 网络）。P2P 网络的拓扑为扁平化拓扑结构，每个节点间可以自由组网，不存在中心化节点和层级结构，任意两个节点之间通过消息传播协议实现消息的传播；同时每个节点地位平等，都承担了节点发现、网络路由、传播消息、区块数据验证等功能。公有链目前主要以比特币、以太坊等加密货币为主。

2. 联盟链

联盟链实现了部分去中心化，通常在多个已知身份组织（成员）之间构建，比如，企业之间的供应链管理、政府部门之间数据共享和银行之间的支付结算等。联盟链相较公有链通常需要更严格的身份认证和权限管理，并且节点数量相对固定。区块链中的节点被赋予不同身份，节点可能会根据身份组织在不同的网络拓扑中，实现不同的特定功能，如数据验证、消息传递等。

3. 私有链

私有链是与公有链相对的概念，中心化程度高，权限完全由某个人、组织或机构管控，数据读取和写入受到管理者制定的规则制约，更适用于特定组织或机构的内部使用。

7.3.3　共识层

共识层封装了区块链网络中所使用的各类共识算法，共识是对某个提案（proposal）达成一致的过程。区块链作为一个去中心化系统，经常会出现网络消息传输故障、节点宕机以及网络攻击等诸多问题，这会导致各节点的数据出现不一致的情况，从而影响系统正常运转。如何在复杂的网络环境中保证各节点数据的一致性，是共识算法需要解决的主要问题。通过在区块链节点之间运行共识算法实现区块链高安全性、去中心化、去信任化等特性，是区块链系统的核心。

共识的一般流程如图 7-7 所示，分为加入共识、出块、验证投票和退出共识四个阶段。

图 7-7　共识流程

1. 加入共识

加入共识阶段决定什么样的节点可以参与共识流程，成为网络中的有效参与者。不同的网络结构适用不同的准入方式，在私有链和联盟链这种有权限管理的网络结构中，节点的加入共识环节需要由网络中负责管理的机构或个人审核。而在公开链中由于不存在特殊权限节点，就需要其他方式来选择参与共识的节点，例如比特币采用的工作量证明共识算法中，一方面需要提供足够的工作量的节点才可以加入共识，另一方面需要节点提供足够的算力工作量才可以进行共识。

2. 出块

出块也称为提案，出块阶段需要确认哪个参与共识的节点有权提出新的交易或区块，并在网络中进行广播。节点根据共识算法的规则和条件竞争成为提案者，即出块者。不同共识算法采取的出块方式不同，例如共识节点按顺序轮流出块，随机出块以及在节点无异常前一直保持一个节点出块等方法。

3. 验证投票

验证投票环节是为了确保新的交易或区块是有效的，并在网络中进行验证，以避免恶意行为或错误。在收到新的交易或区块后，其他节点会对其进行验证，检查其是否满足共识算法设定的规则和条件，如果验证通过，节点将投票同意接受该区块或交易。

4. 退出共识

当一个节点希望退出共识网络时，需要进行退出共识流程，以确保网络的稳定性和一致性。退出共识的节点会向网络中的节点发送请求，请求注销或离开共识网络。其他节点根据共识算法的规则来处理该请求，网络会在确认节点退出请求后相应地进行调整，确保共识算法继续有效运行。

7.3.4 激励层

激励层为刺激区块链网络平稳运行和发展而加入的激励措施,包括发行机制和分配机制。由于区块链作为一种去中心化的分布式系统,没有中心化系统中的中央管理机构来控制和协调其运作,参与者可以自由加入或退出,也可以自由选择是否要遵守系统规则,因此需要一种机制来确保参与者按照规则参与并为系统做出贡献。

以比特币为例,比特币采用的共识算法是工作量证明,通过节点计算某个特定难度的哈希值来证明区块的有效性,这种计算需要节点提供大量的算力。因此系统会产生相应数额的比特币作为节点提供算力的激励,比特币也借此完成了去中心化发行,这一过程也被形象地称为"挖矿"。

7.3.5 合约层

合约层实现了区块链的可编程性,包括脚本代码、算法机制和智能合约。其中智能合约是在满足条件时会自动按照预置的逻辑对链上的状态、资产等数据进行处理的计算机程序。智能合约是区块链从单一的货币或金融交易到通用工具的必要环节,是区块链2.0的技术核心。在合约层中的智能合约不只是一段可执行的代码,它还封装了智能合约语言、运行环境以及与账本交互接口等内容,可以被应用层调用以实现各种场景下的功能。

1. 智能合约语言

智能合约语言包括智能合约的编程语言规范、开发和编译工具,能够实现让开发者撰写智能程序,并编译为可执行程序等功能。目前常见的智能合约编程语言包括以太坊提供的首个图灵完备的智能合约编程语言 Solidity,以内存安全性著称的编程语言 Rust,以及一些通用性的编程语言如 Java、Golang、Javascript 等。其中 Solidity 是专门为以太坊网络中的智能合约编程而开发的,强调代码的安全性和正确性,以避免漏洞和攻击。并且区别于之前的一些脚本代码,Solidity 是图灵完备的,这意味着它并不局限于运行少数特定的算法,而是可以与一般编程语言一样计算所有可计算的函数,进一步丰富了智能合约的应用场景。

2. 智能合约运行环境

智能合约程序的运行需要一个可信的运行环境。由于区块链是分布式网络,相同的智能合约需要部署在每个节点,而不同节点会使用不同的物理硬件和操作系统,因此区块链的智能合约运行需要能够跨平台使用。此外，由于每个节点可能部署多个智能合约或运行其他程序，运行环境还需要是隔离的，确保在受到攻击或出现 bug 时，不会影响其余部分。因此，目前智能合约运行的方式主要有虚拟机（virtual machine）、容器（container）和可信执行环境（trusted execution environment，TEE）。

（1）虚拟机是一种软件实现的操作系统，通过将物理硬件资源虚拟化，使同一个物理主机上运行多个独立的操作系统和应用程序，并且相互隔离。例如 Solidity 所需要的执行环境是以太坊虚拟机（ethereum virtual machine，EVM）。

（2）容器是一种在操作系统级别实现隔离的虚拟化技术，允许应用程序及其依赖环境打包在一起形成独立的运行单元，由于容器共享主机操作系统的内核，因此，相比虚拟机更轻量，资源占用更少。例如 Hyperledger Fabric 的智能合约就是运行在 Docker 容器上。

（3）可信执行环境（trusted execution environment，TEE）是一种具有运算和存储能力，能提供安全性和完整性保护的独立处理环境，是一种基于硬件隔离的运行环境。基本思想是在 CPU、内存等硬件中为敏感数据单独分配一个安全区域，除了经过授权的接口外，硬件中的其余部分不能访问该隔离区域的数据，从而实现敏感数据的隐私计算。

7.3.6 应用层

应用层是建立在底层技术之上，将区块链适配各种不同应用场景和需求的具体实现，负责为用户提供各种服务。应用程序可通过任何编程语言实现，包括 Java、Golang 等，并运行在各种操作系统中。应用程序通过区块链提供的接口完成对区块链中数据的读取、写入等操作，开发人员在编写应用时无需关注底层区块链的工作过程，只需要专注自己应用的业务逻辑即可。在区块链 1.0 时期，区块链的业务应用只集中在加密货币领域，随着智能合约的加入，区块链具备应用在政务、医疗、产业等各种领域的潜力。

1. 区块链在政务中的应用

区块链可用于提高政务服务效率。现有的政务服务过程中，不同层级的不同部门间在共享数据时存在共享交换效率低、共享安全性难以保障，以及数据流程过程权责不清等问题。通过将区块链作为政务服务的基础信息设施，打破不同部门间的信息孤岛，可有效提高数据共享效率与安全性。共享数据可以准确溯源，数据流转过程确权清晰、痕迹可查，有效提高数据可信度。

政府服务的另一痛点是业务流程烦琐，尤其在跨部门办理业务时存在的对接流程不清晰，资料不同步，跨部门信任度不足等问题。通过各部门组成联盟链，建立部门间共识机制，实现业务数据与操作记录实时同步，全网业务节点可以有效互信，有效提高跨部门业务协同能力。

以证件照为例，作为个人与企业从事社会生产活动中一种具有重要法律效力的文件，证件照是社会正常运转必不可少的工具。传统纸质证照存在资源浪费、不易保存、难以防伪等问题。基于区块链技术推进电子证照，建立社会可信体系，将各类证照保存在区块链上，借助区块链不可篡改的特性，可解决证照造假问题，减少认证环节，提高业务办理效率。

2. 区块链在医疗中的应用

区块链可用于推进医疗信息化。目前我国医疗正处于信息化改革的过程中，需要建立全员人口信息、电子档案、电子病历等数据库，并动态更新。基于区块链建设新型医疗信息化体系，可有效解决数据孤岛、数据可信度低和隐私泄露等问题。

由于不同水平、层级和管理的医疗机构所开出的诊疗记录、检查检验报告等无法保证不可篡改、不可伪造和可溯源，以及存在数据共享时的安全性不可控、数据的读取修改权限不明等问题。因此目前患者在不同医疗机构就医时，往往需要重复检查检验，浪费时间和医疗资源，也延误患者就医时机。将患者的医疗数据通过区块链共享，在患者授权的情况下，医疗数据可以在不同机构之间共享，医生可以查看到患者的完整就诊记录和体检数据等，从而做到及时施治。同时由于区块链的不可篡改性，有效防止病历信息被篡改，提高医疗数据跨机构可信度。

医疗数据具有巨大的研究价值，但是需要基于大量的数据样本进行挖掘。传统以单一医疗机构或研究部门进行的医疗数据研究，存在样本范围受限的问题。而大范围的数据收集存在成本高昂、数据准确性不足以及患者隐私难以得到保障等问题。而基于区块链构建医疗数据共享系统，数据需求方可以直接通过区块链获得患者完整的电子病历、诊疗数据等信息，并且这些信息由区块链保证真实可信性，未被篡改与伪造。而患者作为数据提供方可以自己授权管理自己的医疗数据是否被使用以及使用范围，在医疗数据被使用时还可以直接获得激励。

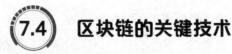

7.4　区块链的关键技术

区块链背后离不开现代密码学、共识机制、P2P 网络、智能合约等多种技术的支撑，其中密码学和共识机制对区块链安全性发挥最主要作用。密码学从数学的角度为区块链提供基础安全保障，而共识机制保障了区块链在复杂的网络环境下信息交互的可靠性，二者共同维护了区块链的安全性。

7.4.1 密码学

密码学本身是一门古老的学科，但是这里所指的密码学是计算机密码学，是研究计算机信息加密、解密及其变换的数学和计算机交叉学科。密码学是区块链的基石技术之一，是区块链实现不可篡改、消息验证、通信安全等特性的基础。一个加密系统包括未加密的报文（明文）、加密后的报文（密文）、加密和解密的密钥、加密和解密的算法和设备。区块链中密码学一方面用于信息的加密传递保证信息的安全性，不被窃取，包括对称加密、非对称加密；另一方面用于信息认证，确保消息的完整性，包括单向散列算法、消息认证和数字签名。

1. 对称加密

对称加密是应用较早的加密算法，技术成熟。对称加密流程如图 7-8 所示，数据发送方将原始消息和加密密钥经过特殊加密算法处理后，使其变成复杂的加密信息发送给数据接收方。接收方在接收到加密密文后，需要知道加密时使用的相同密钥以及加密算法的逆算法，对加密密文解密得到原始数据。对称加密算法的优点是加密速度快，缺点是由于共享密钥带来的密钥泄露问题。常见的对称加密算法包括数据加密标准（data encryption standard，DES）、三重数据加密算法（triple data encryption algorithm，TDEA）以及高级加密标准（advanced encryption standard，AES）等。

图 7-8 对称加密

DES 是 1977 年美国联邦信息处理标准（federal information processing standards，FIPS）中采用的一种对称密码标准（FIPS 46-3）。在某些文献中，作为算法的 DES 称为数据加密算法（data encryption algorithm，DEA），已与作为标准的 DES 区分开来。一直以来，DES 被美国及其他国家的政府和银行等广泛使用。然而，随着计算机的进步，DES 已经能够被暴力破解，其安全性大不如前。

3DES 是三重数据加密算法的简称，相当于使用三个 DES 密钥对数据块应用进行三次 DES 加密算法。这是由于计算机运算能力增强，原版 DES 加密算法的密钥长度过短容易被暴力破解，3DES 通过简单增加密钥长度的方法来避免类似的攻击，并不是完全新的加密算法。

AES 是取代了其前任标准（DES）的一种新的对称加密算法，2000 年美国的国家标准与技术研究院（national institute of standards and technology，NIST）从全世界的企业和密码学家提交的对称加密算法中选出了一种名为 Rijndael 的对称密码算法，并将其确定为 AES，成为美国的国家标准，即联邦信息处理标准（FIPS）。虽然 AES 是美国的标准，但和 DES 一样，也成了一个世界性的标准。Rijndael 密码算法是由比利时密码学家 Joan Daemen 和 Vincent Rijmen 设计的分组密码算法，分组密码算法是指只能加密固定长度的明文，如常见的 AES-128、AES-192 和 AES-256 就是指加密 128 位、192 位和 256 位长度的数据，如果数据超出了长度就需要对原始数据进行分块（分组）。

2. 非对称加密

非对称加密也称公钥加密，重点解决了对称加密中的密钥配送问题，具有更高的安全性，是目前在网络安全领域广为使用的加密方法，也是区块链这种去中心化系统中交易签名、钱包地址产生、隐私算法等功能实现的基础。密钥配送问题是指对称加密中，加密方需要将密钥配送给接受者，常用的密钥配送方式包括预先共享密钥、通过密钥中心分配、通过 Diffie-Hellman 密钥交换以及通过非对称加密解决。

非对称加密算法需要两个密钥：公开密钥（public key，公钥）和私有密钥（private key，私钥），公钥与私钥是成对生成的，用公钥加密的数据，只能由对应的私钥解密。因为加密和解密使用不同密钥，所以这种算法称为非对称加密算法。非对称加密算法实现加密信息交换的基本过程如图 7-9 所示。

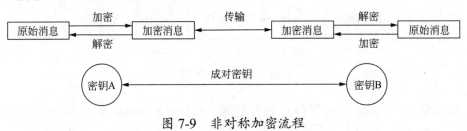

图 7-9　非对称加密流程

（1）加密过程：A 生成一对密钥并将公钥公开，需要向 A 发送信息的其他角色（B），使用该公钥（A）对信息进行加密后再发送给 A。

（2）解密过程：A 接收信息后用自己的私钥对加密信息进行解密。A 想要回复 B 时正好相反，使用 B 的公钥对数据进行加密，B 使用自己的私钥进行解密。

对称加密算法中只有一种密钥，并且是非公开的，如果要解密就得让对方知道密钥，所以保证其安全性就是保证密钥的安全。而非对称加密体制有两种密钥，其中一个是公开的，需要保密的私钥无需在双方之间传输密钥，大大提高了安全性。但是非对称加密算法的复杂度更高，加密解密的速度没有对称加密快。

常用的非对称加密包括 RSA、ECC、ElGamal 和 Rabin 等。RSA 源于数论中的一个共识：将两个大质数相乘得到一个合数是十分简单的，但是将一个大合数因数分解为两个质数是十分困难的；ECC 根据乘法运算的逆运算十分困难这一特性，通过对椭圆曲线上的特定点进行特殊乘法实现；ElGamal 利用了给定生成元和模数求离散对数的困难度；Rabin 是 RSA 的演进算法，利用大整数分解的困性实现的。

3. 单向散列算法

和对称与非对称加密算法这种双向过程不同，单向散列算法（Hash algorithm）并不具备解密过程，它是一个从任何一种数据中创造数字指纹的单向算法，也称为哈希算法。散列算法把消息或数据压缩成摘要，使数据量变小，将数据的格式固定下来。该函数将数据打乱混合，重新创建一个叫作散列值（或哈希值）的指纹，通常用一个短的随机字母和数字组成的字符串来代表。这在信息认证时十分有效，无需对完整信息进行比对，只需要对信息的哈希值进行比对就可以确保信息的一致性，有效提高了信息安全性。

散列算法具有正向快速、逆向困难、输入敏感和强抗碰撞等特征。正向快速是指对给定输入信息，通过哈希算法，可以在极短时间内快速计算得到哈希值。逆向困难是指在密码学和计算复杂性理论中的一种性质，意味着从哈希值逆向计算出原始输入数据是非常困难、耗时的任务，特别是在计算上不可行。该特性是哈希算法安全性的基础。输入敏感是指输入信息发生任何微小变化，哪怕仅仅是一个字符的更改，重新生成的哈希值与原哈希值也会有天壤之别。同时，完全无法通过对比新旧哈希值的差异推测数据内容发生了什么变化。因此，通过哈希值可以很容易地验证两个文件内容是否相同。该特性广泛应用于错误校正。在网络传输中，发送方在发送数据的同时，发送该内容的哈希值。接收方收到数据后，只需要将数据再次进行哈希运算，对比输出与接收的哈希值，就可以判断数据是否被修改或损坏。强抗碰撞性指很难找到两个不同的输入可以产生相同的哈希输出，当然由于哈希算法输出位数是有限的，也就是说，哈希输出数量是有限的，而输入却是无限的，所以不存在永远不发生碰撞的哈希算法。但是哈希算法仍然被广泛使用，只要算法保证发生碰撞的概率足够小，通过暴力枚举获取哈希值对应输入概率就更小，代价也相应更大。

目前主流的散列算法包括信息摘要算法（message digest algorithm，MDA）和安全散列算法（secure Hash algorithm，SHA）。MD 是 Rivest 于 1991 年设计的输出哈希值 128 位的单向散列系列算法，包括 MD2、MD4、MD5 和 MD6，广泛应用于文件校验和数字签名等领域，但是由于输出长度较短，安全性不足，区块链中更多采用的是 SHA 算法。SHA 由美国国家安全局设计，美国国家标准与技术研究院发布的系列算法，现有五个算法，分别是 SHA-1、SHA-224、SHA-256、SHA-384 和 SHA-512，后四者并称为 SHA-2，也是目前最主要使用的 SHA 算法。

4. 消息认证码

消息认证码（message authentication code，MAC）是一种验证消息完整性和真实性的密码学技术，用于确认信息是否被篡改，以及是否由他人伪装发送者发送的消息。消息认证码的输入包括任意长度的消息和一个发送者与接受者之间共享的密钥，可以输出固定长度的数据作为认证码，称为 MAC，MAC 随后会与消息一起传输或存储。MAC 与单向散列算法类似，但是相比单向散列算法只需要知道所使用的算法就可以进行消息认证，MAC 必须知道密钥才可以进行消息验证。消息认证码目前用于 SSL/TLS 通信协议对于通信内容的检验和认证中。

消息认证码可以在双方之间进行检验，但是无法向第三方证明消息是由哪一方发出的，任何一方都可以否认自己发出该消息，从而导致第三方认证失败。

5. 数字签名

为了解决消息认证码在部分场景下无法确认消息源的问题，数字签名技术应运而生。在数字签名技术中，消息传递过程额外出现了生成消息签名和验证消息签名的行为，生成与验证都需要对应的密钥实现，密钥由对应的公钥和私钥组成。发送方在生成消息签名时需要使用私钥，接收方验证消息签名时使用发送方私钥所对应的公钥。

在区块链网络中，每个节点或用户都拥有一对公、私钥。节点（用户）发送交易时，使用私钥对交易内容生成一段数字签名，将签名以及公钥附加在交易中。其他节点收到广播消息后，首先利用公钥对交易中附加的数字签名进行验证。只有签名验证通过，才能证明该交易在传播过程中完整性未被破坏，且交易确实由公钥对应的私钥签名发出，从而认定该交易为一笔有效交易，进而触发后续交易执行、交易排序共识等处理流程。目前在区块链中常见的数字签名算法包括 ECDSA、Ed25519 以及国密 SM2。

6. 数字证书

数字签名技术可以实现消息确认、身份认证和防止否认，但这都是基于正确的公钥实现的，当有人伪造公钥，数字签名就不可靠了。因此为了解决公钥信任问题，出现了数字证书技术，就是由可信任的认证机构（certification authority，CA）对公钥进行数字签名，生成数字证书来确保公钥的可靠性。在 CA 机构中会保存一对公钥和私钥，私钥用于对用户签发证书，而公钥也称为 CA 根证书，会公开发布用于认证数字证书的合法性。

在区块链的公有链中，由于没有准入机制与中心认证，仅使用公钥与私钥，因此通常不使用数字证书。但是在联盟链、私有链这种许可链（permissioned blockchain）场景下，数字证书是身份验证与权限管理的核心技术。在联盟链这种场景下会自建证书认证中心，为区块链上的节点、用户签发数字证书。

7.4.2 共识机制

区块链系统建立在去中心化的点对点网络基础之上，由共识算法实现在分散的节点间对交易的处理顺序达成一致的问题，这是共识机制在区块链系统中起到的最主要作用，解决了分布式系统中多个节点之间如何对某个状态达成一致性结果的问题，保障节点数据的一致性。

1. 共识理论

共识问题的研究源远流长，追溯到 1975 年，Akkoyunlu、Ekanadham 和 Huber 提出了计算机领域的"两军问题"，证明节点间通过通信在不可靠通信链路上达成共识是不可能的，标志着业界对共识问题研究的开端。

1977 年，Lamport 提出共识机制的正确性模型，只有同时满足安全性与活性的分布式共识机制才是可靠的。其中，安全性（safety）指系统对请求的回复必须是正确且无需修改的；活性（liveness）是指系统能在有限时间内对请求作出回复。这一模型影响深远，时至今日，任何共识算法的提出，都需要在安全性与活性两个维度给出严谨的证明。

1982 年，Lamport、Shostak 和 Pease 提出了著名的拜占庭将军问题，以多位东罗马帝国将军如何达成共识围攻敌军的场景，研究在一个互不信任的多节点网络中，可能存在故障节点或恶意攻击的情况下，网络中的诚实节点如何达成共识的问题。由此，业界对共识机制的研究正式延伸出拜占庭容错与崩溃容错两大分支。崩溃错误（crash fault）是节点消息的发送与处理过程，可能因网络故障或节点崩溃而发生延时、丢失、重复等异常，但消息内容并不会被伪造或篡改，崩溃错误本质上是拜占庭错误的子集。拜占庭错误（Byzantine fault）不仅可以包括崩溃错误的所有行为，还包括伪造消息内容，对不同节点发送不同消息，甚至联合其他拜占庭节点一起破坏分布式系统。与崩溃错误相比，关键差异是增加了伪造消息内容的攻击方式。

1985 年，Fisher、Lycnh 和 Paterson 提出了 FLP 不可能定理，促进了网络模型的进一步完善,为后期共识算法的发展奠定了坚实的理论基础。FLP定理证明,在异步网络中,只要有一个进程存在故障的可能性,就不存在一种确定的共识机制能够保证所有进程在有限时间内达成一致。为了寻求可行的工程解,研究者们基于传统的异步网络模型,提出了工程中可实现且约束相对宽松的"半同步网络模型",如今绝大多数共识算法都是以此作为基本假设。常见的网络模型如下。

(1)**同步网络**。在同步网络模型中,消息的发送与处理时间都是有限且已知的。显然,这个模型中假设的网络过于理想化,对于网络的不确定性与节点宕机的可能性均没有假设,难以保障实际工程中的可靠性。

(2)**异步网络**。在异步模型中,消息的发送与处理时间都是不确定且无上限的。FLP定理已经证明,没有一种确定的基于此种网络假设的共识算法。

(3)**半同步网络**。为了同时满足安全性与活性,大多数共识算法会选择基于工程可实现且约束相对宽松的半同步网络模型假设。在该模型下,网络中的消息传输时延虽然存在上限,但上限并不可知,因此不能作为共识协议参数使用,但是系统能够确保节点发出的消息在有限时间内,最终能够到达其他所有节点。

2. 共识算法

首先,共识算法需具备高安全性,即使在会出现节点崩溃甚至恶意攻击风险的网络中,仍然需要确保正常节点之间的数据达成一致;其次,共识算法是去中心化的,支持多个节点组成分布式共识集群,共同参与交易的验证与执行,无需依赖中心化的第三方就能正常运转;最后,共识算法是去信任化的,共识节点之间并不需要彼此信任,而是只要参与共同的共识机制,就能最终达成对数据的一致认知。

在区块链系统中,不同共识算法基于不同的基本假设,使用不同的实现方式,提供不同的故障容错及节点参与方式等特性,其分类维度是多样的。常见的分类方式包括证明类共识算法、拜占庭容错共识算法、崩溃容错共识算法以及基于硬件可信执行环境的共识算法。

(1)**证明类共识算法**。区块链共识机制的主流,核心是集中节点的竞争环节,只是参与竞争所依赖的证明有所不同。参与竞争的共识节点在每一轮共识过程中必须证明自己具有某种特定的能力,在竞争中胜出的共识节点将获得记账权。通过记账权的相对公平分配,结合激励层的设计,以更高的收益预期引导大部分理性节点诚实记账,从而最大限度地提高作恶行为的成本,在工程意义上杜绝作恶风险,进而保障系统的稳定运行。常用的证明类算法包括工作量证明(proof of work,PoW)、权益证明(proof of stake,PoS)、委托权益证明算法(delegated proof of stake,DPoS)和权威证明机制(proof of authority，PoA）等。PoW 需要发起者通过一定的工作量，完成一定难度的工作得到结果，验证方很容易通过结果验证发起方是否做了相应的工作。这种方案的一个核心特征是不对称性，工作对于请求方是困难的，对于验证方则是简单的。PoS 为了改善 PoW 类算法的高能耗和低性能的缺点，将节点获得生产区块权利的概率由 PoW 中的算力变为拥有权益的多少。DPoS 是 PoS 的一种衍生算法，由持有权益的节点投票选出代表，代理轮流获取区块记账权，本质上是一种受控中心化的共识机制。DPoS 可以进一步降低共识开销，提高共识速度。相比前三种适用于公有链的共识算法，PoA 是一种更适合在联盟链或私有链的共识算法，在 PoA 算法中，交易验证与创建区块是由特定的验证者或者节点授予的。由于节点是通过信任机制选举的，节点间的交流不需要消耗大量的计算能力，因此可以节省大量的电力和计算资源，且具有更高的交易处理效率。

（2）**拜占庭容错共识算法**。主要解决异步系统中存在恶意节点情况时的共识问题，核心思想是少数服从多数，常用的算法包括实用拜占庭容错（practical Byzantine fault tolerance，PBFT）算法和 HotStuff 算法。PBFT 算法是 Miguel Castro（卡斯特罗）和 2008 年的图灵奖得主 Barbara Liskov（利斯科夫）在 1999 年提出来的，解决了传统拜占庭容错算法效率不高的问题，也解决了实际系统应用中的拜占庭容错问题。拜占庭容错问题是区块链共识算法中需要解决的一个核心问题，以比特币和以太坊 1.0 为代表的 PoW、以 EDS 为代表的 DPoS 以及以太坊 2.0 采用的 PoS，这些都是解决公有链场景下共识节点众多时的 BFT 问题，而 PBFT 是在联盟链场景下，共识节点较少时的一种解决方案。PBFT 算法的前提是采用密码学算法保证节点之间的消息传送不可篡改。PBFT 是最早的可实用的拜占庭容错共识算法，但由于其在视图转换（view change）时需要大量的消息转发，导致每当共识集群需要切换 Leader 时消息复杂度过高，在实际项目中很难承受。HotStuff 协议由 Abraham、Gueta 等提出，是一种在 PBFT 等共识算法的基础上实现的三阶段投票的 BFT 共识算法。该协议满足共识算法安全性（safety）、活性（liveness）和响应性（responsiveness），同时可以实现线性的消息复杂度，即使在 Leader 转换过程中依然可保持为线性。

（3）**崩溃容错共识算法**。该算法假设网络中共识节点均为"诚实"节点或可信节点，即节点均按照既定算法协议履行职责，不会作恶，不会出现拜占庭将军问题。该类算法可在系统出现如网络、磁盘故障或服务器宕机等故障的情况下仍正常运行，可容忍不超过一半的故障节点，常应用于联盟链或私有链中，以提供更高效的共识服务，提升系统性能。当前主流的崩溃容错共识算法主要有 Paxos 及其衍生的 Raft 共识算法。Paxos 算法于 1990 年由 Leslie Lamport 提出，实现了一种最大化保证分布式系统一致性的机制。Paxos 算法包括三种角色，即提案者（proposer）、受理者（acceptor）和同步者（learner）。提案者需要先对某提案（proposal）进行投票，得到大多数受理者的支持后，才将该提案再发送至所有同步者进行确认。Paxos 并不保证系统总处于强一致的状态，但由于每次提案共识均需要至少超过一半的节点同意，最终整个系统会达到一致的状态，即保证最终一致性。目前 Google 的 Spanner、Chubby 等系统中均应用了 Paxos 算法。但 Paxos 算法由于其原理细节描述较少以及很高的工程复杂度，实际应用中常以 Paxos 算法为基础，对其算法流程进行优化更新，得到 Paxos 改进算法，以更适用于工程应用，其中最经典的即 Raft 共识算法。Raft 算法即以 Paxos 为基础，最初由斯坦福大学的 Diego Ongaro 和 John Ousterhout 于 2013 年在发表的论文"In Search of an Understandable Consensus Algorithm"中提出，在 Diego Ongaro 的博士论文"Consensus: Bridging Theory and Practice"中对该算法的细节进行了详尽的描述。该算法对 Paxos 进行了简化设计和流程优化，比 Paxos 更易于理解和实现，在实际应用场景中更加实用。Raft 算法的核心思想是集群中各节点从相同的初始状态开始，以相同的顺序执行各个操作，最终使集群达成一致的状态。Raft 算法将节点划分为三种角色，即领导者（leader）、跟随者（follower）、候选者（candidate），三种角色之间可以相互转换。算法采用日志方式进行同步，通过选举一个 leader 进行决策来简化后续流程。leader 决定日志的提交顺序，日志只能由 leader 向 follower 进行单向复制，以此保证集群中各节点最终的日志顺序一致。

（4）**基于硬件可信执行环境的共识算法**。可信执行环境（trusted execution environment，TEE）受硬件机制的保护，提供受保护的内存和执行环境的隔离，从而提供高可靠的安全隐私保证。在共识场景下，TEE 环境可被视为"诚信"节点，只会出现故障而不会出现拜占庭问题，对于接收到的数据，均会诚实地按照既定的逻辑执行。因此可考虑结合 TEE 环境的安全性来设计共识算法，假设使用 TEE 环境的节点均为诚信节点，不会作恶，原有共识协议可以在此基础上进行优化，降低复杂度等，以提供更高效的共识服务。

7.5 元宇宙与区块链

区块链作为元宇宙的信任基石，与元宇宙中数据安全、数字身份和数字资产安全息息相关，影响着元宇宙的方方面面，反过来元宇宙的发展也对区块链技术提出了更多的要求，推动区块链技术的进一步发展。

7.5.1 元宇宙与区块链的联系

区块链具备与人工智能、物联网、云计算、移动通信等前沿信息技术深度融合的潜力，可充分发挥其促进数据共享、优化业务流程、降低运营成本、提升协同效率、建设可信体系等优势功能。元宇宙作为囊括了诸多前沿技术在内的统一体，深度受益于区块链的发展，区块链技术将作为数据基石有效地将元宇宙的各种技术部分串联起来。

（1）**区块链技术可以提供数据的安全性、可靠性和不可篡改性，有助于去除信任中心，是元宇宙的可信基石**。在元宇宙的应用场景中，从用户穿戴各类传感设备到各种数字形象和资产等数据，都包含着大量可能与用户隐私相关的敏感数据，这些数据可能需要在不同设备、节点之间进行交换、传输或共享。这期间存在各种潜在的利益冲突、隐私泄露、安全威胁等令人无法忽视的问题，因此需要确保数据流转的过程具备安全性、透明性、可追踪性等。通过构建基于区块链的数据交互体系，使传统针对单一节点进行的网络攻击失效，网络攻击等黑客行为的成本大幅上升，且难以突破区块链的认证机制，造成有效影响，极大地提高了元宇宙的数据安全。同时，由于区块链中的链上信息具有透明性，所有参与的节点都可以获取，解决了传统网络模型下信息不对称造成的数据安全问题。智能合约的存在将最大程度减少数据运转中个人或机构的参与，降低了由于数据依赖性造成的数据安全问题。例如在游戏平台中，玩家的数据由游戏公司垄断掌控，实际上这些数据资产属于公司，而不属于玩家本人，这容易导致数据被篡改或丢失的问题。然而，区块链技术的引入可以将玩家的数据存储在分布式的区块链上，确保数据的不可篡改性，同时提供数据的安全性和可靠性。

（2）**用户在元宇宙中的各类活动需要依赖一个可信的数字身份，区块链技术可为元宇宙数字身份的确认和管理提供服务**。数字身份是元宇宙中节点用户的标识，身份信息分散在各种应用程序中，由多种不同属性信息组合并映射节点用户的真实身份，其属性信息包括交易信息、社交信息、娱乐信息等，属性信息越全面数字身份越完整。用户在元宇宙中的一切活动需要依赖数字身份的存在，数字身份是用户在元宇宙中的映射，是用户在虚拟世界中活动的必要条件。因此数字身份的管理具有十分重要的意义，等同于现实世界中的身份管理，确保了数字世界中身份的真实性和所有权。传统中心化的数字身份管理方式容易存在隐私泄露、信息壁垒等问题，用户无法自由地在元宇宙中活动。而基于区块链的自我主权身份模型既将用户信息的掌控权交还到用户手中，又解决了元宇宙中的信任问题，无需依赖传统的信任中心，用户与用户之间即可完成身份认证、交流、交易等可信操作。

（3）元宇宙中包含着各式各样的数字资产，区块链技术能够有效且安全地进行数字资产确权和交易**。元宇宙是一个属于用户的、具有连通性的、去中心化的沉浸式虚拟数字经济空间，其中存在着原始数据资产、用户创造的数字资产、现实世界平行到虚拟世界的数字资产等各种形式的数字资产。数字资产是数字经济的中心，数字经济是元宇宙中的经济主体，区块链技术将数字资产表达为"Token"，实现了现实世界的资产在虚拟数字世界的数字化，这是元宇宙中数字经济的主体。因此，数字资产的所有权界定与流转等操作是元宇宙中的核心环节之一，传统资产管理体系是以国家、权威机构如银行等作为信用背书，进行资产保管与交易等操作。而在基于区块链的去中心化数字资产管理体系中，资产管理也将依托区块链的链上信息实现，用户与用户之间将直接完成可信的资产交易，避免了传统资产管理体系中因政治、地理、欺诈等因素产生的制约与风险。因此，从经济角度来看，区块链提高了元宇宙中经济活动的安全性，降低了经济活动的门槛，并为广大用户提供更加自由和公平的经济机会。

7.5.2　元宇宙中区块链的发展方向

区块链目前正处于向区块链 3.0 发展的阶段，在区块链 3.0 时期，区块链将从少数特定的领域扩展到社会的各行各业中，解决包括元宇宙在内的各类应用场景中数据安全与信任问题。但是，区块链现有的一些技术瓶颈制约着它在元宇宙中应用，例如区块链的传统链式数据结构在面对元宇宙中庞大的数据量时，存在可扩展性弱、交易速度慢、易被量子计算机攻击、交易消耗资源费用高等问题。另外，现有的工作量证明共识算法存在算力集中化、选举性能低、资源浪费等问题，而被视为工作量证明共识算法更好替代品的权益证明类共识算法虽然一定程度上解决了资源浪费的问题，但还存在一些如无权益攻击、粉碎攻击等安全性问题。因此，需要区块链技术进一步发展才能够满足元宇宙中的区块链各类应用场景。排除上文介绍的数据安全、资产管理以及数字身份管理等应用，以下是未来元宇宙中区块链可能的发展方向。

（1）**传统通信与计算资源管理体系不适用元宇宙，需要构建基于区块链的新型计算资源管理体系**。元宇宙作为一个数字化的虚拟世界，需要消耗巨大的通信与计算资源用以运转。同时，用户在接入元宇宙进行各项活动时也需要消耗相应的通信与计算资源。这些资源消耗将被纳入元宇宙的集成资产中，因此需要量化用户或服务方使用的通信和计算资源，以确定元宇宙服务的成本和价格。在传统中心化体系中，由公司向电信运营方或互联网提供方（internet server provider，ISP）购买网络带宽、线路等通信资源，并支付服务器在互联网数据中心（internet data center，IDC）中部署的运行开销，这部分费用将作为成本的一部分在公司向用户提供服务时收取，而用户也需要向互联网提供方

（internet server provider，ISP）支付相应的通信费用。而在去中心化的元宇宙中，数据的通信主要依靠基于区块链的分布式网络，数据的传输方式与传统网络体系中点对点数据传输的拓扑结果不同，数据会向全网广播同步。因此，基于路由节点计费的传统通信资源管理方式不再适用。同时，数据的存储以及计算资源也与传统计算方式不同，旧有的资源管理体系不再适用。因此，需要构建基于区块链的去中心化通信与计算资源管理体系。

（2）**区块链在保障元宇宙数据安全的同时，也带来监管与隐私保护的难题**。基于区块链的数字身份管理确保了元宇宙中用户的身份安全与个人隐私，但是元宇宙也并非法外之地，依然需要在法律允许的范围内进行各种活动。因此，如何将区块链带来的安全与隐私合理地纳入法律的监管之中是元宇宙实现道路上很关键的问题。由于区块链上的所有信息都加密封装到点对点的加密隧道中，在保证通信数据安全的同时，也提高了执法干预的难度，可能成为犯罪的潜在保护伞。因此元宇宙中区块链的加密安全体系在设计时，应该将更多法律因素纳入考虑范围，从系统层面实现逐级监管。元宇宙作为一个全新的领域需要建立自己的法律伦理框架来规范用户的行为。由此，从法律和工程的角度来探讨和设计元宇宙的监管规则是值得进一步研究的。

（3）**量子计算机对区块链的安全基石提出了巨大调整，抵抗量子攻击是区块链的必然方向**。作为元宇宙的数据基石，区块链自身的安全性等价于元宇宙的安全性，目前关于区块链的已知安全问题多是由智能合约中程序漏洞或应用端人为安全意识不足造成的，不属于区块链底层机制。然而由于量子计算机的不断发展，目前区块链依赖的加密体系在未来可能会面临量子计算机的挑战，许多现有的加密算法都不具备抗量子攻击的能力，区块链也将丧失赖以生存的安全性。量子计算机是一种基于量子物理特性的新型计算机。目前所广为使用的传统计算机（电子计算机）依靠半导体实现，而半导体只能表示 0 或 1 两种状态，因此现有的计算机都是以二进制比特为基础。而量子计算机中的量子比特（qubit）可以表示多种状态，因此，在一些特定的数学问题上有远超电子计算机的运算效率。目前区块链中最基础的安全保障是基于非对称加密机制的公钥体系，而其依赖的在电子计算机体系中难以破解的公钥算法如 RSA、ECC 等，在面对量子计算机时将被轻易破解。因此，如何设计具有防止量子攻击能力的区块链加密方案，是区块链未来能否进一步得到应用的关键所在。

7.6 小结

本章系统地介绍了区块链技术及其与元宇宙的关系。在区块链概述中，了解了区块链的基本原理和工作机制，以及区块链的发展史。在区块链的关键技术方面，对其技术体系结构、密码学、消息认证码和共识机制等关键要素进行探讨。最后，了解了区块链与元宇宙的关系，强调了区块链在元宇宙中的去中心化治理和数字资产交易方面的作用。尽管存在可扩展性和隐私保护等挑战，但区块链与元宇宙的融合有望推动数字社会的创新发展。通过本章的学习，对区块链及其与元宇宙的关联有了更深入的了解，为进一步研究和实践奠定了基础。

7.7 习题

1. 简要概述区块链的定义和特征。
2. 请描述区块链的发展历程，简要介绍技术积累期、区块链 1.0 和区块链 2.0 阶段。
3. 请简要描述数据层、网络层、共识层、激励层、合约层和应用层的功能。
4. 请简要解释区块链中的加密技术在整个系统中的作用。
5. 请描述什么是共识机制，它在区块链中有何重要性。
6. 区块链与元宇宙之间有什么联系？简要介绍二者的关系。
7. 请描述元宇宙中区块链的发展方向有哪些，请简要列举几个主要方向。
8. 总结对称加密与非对称加密的特点。
9. 请描述什么是消息认证码，在区块链中如何应用和确保数据的安全性。
10. 分析并总结区块链发展面临哪些挑战。

第 8 章

元宇宙与未来互联网：Web3.0

Web3.0，又被称作"下一代互联网"，它与元宇宙所需的网络生态高度重合，是元宇宙世界中非常有潜力的一项关键技术。本章从基本概念出发，回顾了 Web1.0 到 Web3.0 的发展历程，阐述了 Web3.0 的特点与风险，介绍了 Web3.0 的主要组成部分，并深入分析 Web3.0 与元宇宙的紧密联系和未来发展方向。

8.1 Web3.0 的基本概念

Web3.0，也称为"分布式 Web"或"去中心化 Web"，是对当前 Web2.0 模式的进一步演进和发展。Web3.0 的核心理念是通过区块链技术，为互联网赋予更强大的去中心化特性，创建一个无需中介机构的互信生态系统，用户可以相互交互和传输价值，以实现更高程度的用户自治、数据隐私和安全性。Web3.0 的出现被视为互联网的下一代，具有革命性的潜力。

8.1.1 Web3.0 的发展历程

图 8-1 所示为互联网的发展历程。

图 8-1 互联网的发展历程

（1）Web1.0。互联网在 20 世纪 90 年代到 21 世纪初的发展阶段称为 Web1.0，也称为静态互联网时期。Web1.0 时代的互联网建立在开源协议之上，用户利用 Web 浏览器通过门户网站，单向获取内容，主要进行浏览、搜索等操作，只是被动地接收信息，没有互动体验。这一阶段的互联网迎来第一次创业浪潮，这一时期的知名公司有 Netscape、Yahoo 和 Google。Netscape 研发出第一个大规模商用浏览器，Yahoo 提出了互联网黄页,而 Google 推出了大受欢迎的搜索服务。"基于点击流量"的盈利模式开始出现,一种全新的"信息经济"模式开始诞生。

(2) Web2.0。互联网在 20 世纪初至今的发展阶段是 Web2.0 时期,也称为社交互联网,以社交媒体平台、电子商务网站和搜索引擎为主导。网络建立在用户端——服务端的二元架构上,每个人都有机会在互联网上进行内容的生产与分发,这意味着人们不但可以浏览互联网上的信息,还能创造自己的内容并发布到互联网上与他人互动交流。这一阶段互联网的核心特点是:从 PC 端向移动端迁移,移动互联网逐渐成为主流;网络集中化,用户依赖于社交媒体平台、电子商务网站和搜索引擎等中介机构来进行用户之间的交互,并且用户必须将他们的数据提供给上述中介机构,以换取使用它们的服务;平台公司成为吞噬一切的垄断者,互联网的数据、权利以及由此带来的收益往往被中心化的商业机构所垄断,"平台经济"成为这一时期的经济特征。

(3) Web3.0。Web3.0 是一种去中心化的新型互联网服务,是下一代网络技术的变革方向。在 Web3.0 时代,我们不但可以在互联网上读取、交互信息,还可以传递资产。每个人都可以在计算、存储、资产等各个领域享受到去中心化的服务,成为自己信息数据的掌控者、管理者、拥有者,挑战传统的公司制度。在这一阶段,全球大部分人口都变成了互联网用户,相比之前由平台建设、平台管理、平台创造的 Web2.0 互联网服务,Web3.0 将具备开放性、隐私性和共建性三大特性。

8.1.2 Web2.0 的问题

作为下一代互联网发展的方向,Web3.0 致力于解决 Web2.0 存在的各种问题,包括平台垄断、数据孤岛、隐私泄露、人的异化等。

1. 平台垄断

Web2.0 中的平台经济催生了大量的平台垄断现象,互联网平台通常采用"烧钱补贴"策略以抢占市场并击败竞争对手,从而达到垄断地位的目的。然而,一旦垄断地位确立,由于资本主义的逐利本质,平台往往会利用其市场支配地位坐地起价,削弱用户利益,妨碍公共利益,导致整个社会的福利水平下降。平台滥用市场支配地位主要表现为过度剥削和压制竞争对手两个方面。

在过度剥削方面,垄断平台不仅对用户实行价格歧视,还进行大数据杀熟等行为,从而实现最大化平台的收益。对商家的剥削表现为制定过高的抽佣比例,由于商家对平台高度依赖,缺乏议价权,因此不得不接受这些不利的条款,这种现象在电商平台和外卖平台等领域较为普遍。

在压制竞争对手方面，垄断平台会采取多种手段，例如限制竞争对手的发展、屏蔽竞争对手的产品链接、关键词或限流某些内容进行竞争压制，并通过投资并购等手段直接兼并竞争对手，从而实现市场垄断。

2. 数据孤岛

Web2.0时期中各个平台对数据进行限制，导致了数据孤岛现象。数据在信息时代被视为最为重要的生产力要素，其作用类似于石油，在遵循安全合规的前提下，数据的自由流动可以激发创新，释放数据的潜在价值。

然而，在Web2.0时代，用户生产的数据属于平台所有，因此需要在平台上注册账户以便于承载数字身份。不同平台之间的账户体系互不相通，导致数据难以共享，用户需要在不同平台上注册不同账号，这不仅影响用户的体验，也限制了数据释放其最大化价值。用户经常面临检索信息时需要在许多平台进行搜索，或者需要在不同平台发布信息等问题。例如，许多新媒体的内容制作者，需要在多个媒体平台注册账号，发布同样的创作内容。这也造成了侵犯内容版权的问题在不同平台间时有发生，如果创作者不及时发布抢占，就会被其他人剽窃发布。

由于平台间数据技术不具备互通性，并且企业与行业之间不愿共享数据，导致形成了多个数据孤岛。数据孤岛的存在进一步影响了互联网的发展，造成了资源浪费和信息有效性下降等问题。

3. 隐私泄露

当前互联网平台提供的服务已经覆盖了人们生活、工作、娱乐的各个方面，包括购物、文娱、办公协作等。为了使用这些服务，用户必须授权平台收集和使用其数据，存在隐私泄露问题。这些数据量巨大，一旦落入逐利的平台之手，泄露或滥用后果不堪设想。例如，2016年美国大选期间，剑桥分析公司（Cambridge analytica）在未经允许的情况下收集了脸书用户数据，并利用这些数据进行了有争议的选举宣传。

4. 人的异化

在平台互联网时代，算法已经成为无比强大的力量，它时刻控制着用户的生活方式与思维习惯，导致了算法霸权和人的异化现象。算法是互联网平台的核心，虽然为人们带来了便利，但同时也存在日益突出的问题，如算法滥用、算法作恶等，算法在设计上可能存在绝对的效率导向。例如，许多短视频应用存在成瘾性设计，利用人性弱点推送内容，使人沉迷于信息茧房，习惯于被喂养、被驯化，不自觉地沉迷于算法投放的产品。

8.1.3 Web3.0 的特点

针对上述 Web2.0 存在的各种问题,Web3.0 将致力于构建一个具备开放性、隐私性和共建性的互联网。

1. 开放性

Web3.0 是一个开放、去中心化、透明、民主和公平的系统,它打破了 Web2.0 时代的"围墙花园"模式,用户的行为不再受第三方平台的限制。Web3.0 的开放性主要体现在用户准入的自由和门槛降低,以及应用之间的高度组合性和复合性。通过跨链协议,Web3.0 实现了基于不同基础设施应用之间的互联互通,用户在 Web3.0 世界多个应用间的行为可以生成类似社交关系的图谱,进一步提升数据价值的挖掘潜力。同时,Web3.0 是一个去中心化的系统,不依赖于任何中心化的机构或组织。Web3.0 中的应用程序是去中心化的,开源的,并且数据存储也是去中心化的,这使得 Web3.0 更加开放、透明、民主和公平。因此,Web3.0 的开放性、去中心化和透明度是其最重要的特点之一,这种特点为 Web3.0 在未来的发展中提供了无限的可能性和机会。

2. 隐私性

Web3.0 是一个更具有隐私保护性质的互联网。在 Web3.0 时代,用户倾向于采取更为彻底的方式来保护其个人数据隐私。这种隐私保护体现在以下几个方面:去中心化的身份验证、匿名性和去中心化的加密。在 Web3.0 中,用户行为产生的数据以及应用协议将得到隐私保护,包括基础区块链平台隐私保护、存储数据隐私(分布式存储)保护、用户私钥管理、匿名协议等方面。Web3.0 的用户数据不再归属于平台所有,而是将所有权转移到分散的个人身上,使得个人数据可以被出售或交换,同时用户也不会失去对数据所有权的控制,更无需依赖第三方平台来管理数据。Web3.0 中的身份验证是去中心化的,交易是匿名的,个人信息与交易记录不会被公开,加密技术也是去中心化的,这些特点使用户的个人隐私得到了更好的保护。

3. 共建性

Web3.0 是一个共建的互联网平台,Web2.0 互联网应用限制了用户在内容创作、经济共享方面的发展,例如平台审核限制、跨平台限制、社区治理方面的限制,并且创作的内容实质上属于平台,用户并非真正的创建者。Web3.0 打破了这些限制,引入了区块链的代币(token)激励机制,有效地反馈了内容经济的价值给创作者。同时,在合成资产、NFT 等技术的支持下,传统的资产可以在非许可、无交割的前提下融入

Web3.0 中。Web3.0 的激励机制促使同一个社群的用户自发地共建、参与共治，并共享利益成果。Web3.0 生态的建设离不开协作，应用、工具和协议的发展都需要有序的协作。去中心化自治组织（decentralized autonomous organization，DAO）是一种去中心化的组织形式。在 Web3.0 时代，它是用户因共同目标组织起来，利用区块链技术和智能合约进行规则制定和执行，从而保证公平的社区自我治理形式。

8.1.4　Web3.0 的风险

虽然 Web3.0 解决了 Web2.0 中垄断平台、缺少隐私保护等问题，但由于 Web3.0 本身所使用技术的不完善，以及相应法律法规与监管手段的不足，存在各种风险挑战。

1. 信息安全风险

在 Web2.0 时代，用户上传的信息可信度可以由平台监管保障。但是进入去中心化的 Web3.0 时期，信息的来源由平台管理转向全民共建，在解决了传统平台垄断带来的信息孤岛和隐私泄露等问题的同时，也出现了包括信息可信度、危害信息难以监管等新信息安全问题。在 Web2.0 时期，法律法规的监管只需要针对一些企业平台制定和执行，就可以有效地保障信息安全。但是在 Web3.0 时期，法律法规的约束对象从平台转向个人，监管的难度和强度大幅提高，需要新的法律法规与监管模式。当缺少平台与机构的监管时，互联网会出现大量可信度低的信息噪声，降低了互联网信息的有效性。

2. 网络安全风险

虽然 Web3.0 所基于的区块链技术可以有效地提高数据安全性，但是网络攻击也会变化出新形式来针对区块链的特点，包括智能合约逻辑漏洞、加密劫持等手段。例如 2023 年 Avalanche 上的 DeFi 平台 Platypus Finance 遭遇了闪电贷黑客攻击，被盗走了约 850 万美元。这种攻击被设计用来针对支持闪电贷智能合约的去中心化金融平台，利用智能合约中的逻辑漏洞来大量借贷并操纵或攻击其他智能合约或交易，非法牟利。加密劫持是指通过在客户端等终端节点植入后台程序，破解加密信息，从而非法牟利。在 Web3.0 时期，随着个人的数字资产比重增加，网络风险带来的破坏性也随之增强。

3. 金融安全风险

Web3.0 中的一个核心内容是包含虚拟货币和 NFT 等在内的数字资产，数字资产有助于保障价值互联网的构建，用户在创造价值时可以有效获得效益。但是难以监管的数字资产也成为了洗钱、恶意炒作等违法行为的温床，尤其是法定货币与虚拟货币之间的恶性转移，极易成为外资对本国市场进行恶意注资的手段。因此需要可以有效监管数字金融活动的监管手段，以及相应的法律法规来防范可能出现的金融安全问题。

8.2 Web3.0 的组成

Web3.0 被视为下一代互联网，是一个去中心化、信任机制强大的网络体系。在 Web3.0 体系中，区块链提供了技术基础，DeFi 构建了 Web3.0 的金融体系，DAO 提供了组织范式，NFT 实现了数字商品。

8.2.1 Web3.0 的金融系统 DeFi

去中心化金融（decentralized finance，DeFi）作为 Web3.0 时代的金融基础，摆脱了 Web2.0 时期依赖传统金融系统的桎梏，提供了更为灵活的去中心化金融体系，在提供诸多便利的同时也对安全和监管提出了新的挑战。

1. DeFi 概述

DeFi 是一种在区块链上构建的无需传统中介机构的金融系统，其特点是不依赖于传统金融机构（如券商、交易所或银行）所提供的金融工具，而是通过智能合约在透明化的区块链网络上提供所有类型的金融服务。传统的金融交易习惯于通过银行和其他金融机构（如全球交易所）进行，但 DeFi 提供了一种新的可能。通过 DeFi，人们可以以更加高效和透明的方式处理多种金融应用，如投资、保险、交换和借贷。它并非银行那样促进各方之间的交易和服务，而是使用开源协议和公共区块链开发的去中心化金融框架。这种金融框架的两个核心组件是基础设施和货币。在传统的金融体系中，银行扮演基础设施的角色，而法定货币（如人民币）充当货币的角色。DeFi 则使用新的组件来提供全方位的金融服务。

在 Web2.0 时代，中心化机构拥有各类金融服务管理的主导权。由于各中心化机构之间复杂的利益关系和制度差异，一旦用户的金融服务涉及跨机构运作，就会遇到复杂的流程手续以及高昂的手续费。首先需要根据汇款的金额、事项、个人身份等信息填写相应的表单，如果超出了正常汇款金额的限制，可能还会涉及额外的申请。然后，还需要缴纳多笔费用，包括汇出银行的汇出手续费和汇入银行的汇入手续费，每一项手续费都包含多项子费用。支付完手续费之后，汇款往往也不是及时到账的，需要等待 1 ~ 2

个工作日才能完成。传统金融这种昂贵、低效的结算方式在 Web3.0 时代可以得到很大的改良。运用区块链进行加密货币结算可以在 15 分钟内完成跨国汇款，又因为没有中心化机构抽取利润，只需要支付算力消耗的手续费即可。

同时，在一些国家，对于银行不同账户的开通是有资质限制的，比如说开户需要有多少资产、开户人需要满足什么条件等。在这种情况下，金融服务难以做到普惠，那些不满足开户条件的微小客户，无法享受到任何金融有关的服务。而 DeFi 却能够让每个人都能够公平地享受到投资、理财、借贷、保险等金融服务。此外，资本主义国家的银行在金融危机中发生过破产的情况，人们对于中心化机构提供的金融服务持有不信任的态度，担心因为管理者的经营不善，自己的财产可能会在一晚上消失。因此，DeFi 也就成了时代的需求。

DeFi 的运行机制十分简单，用户向区块链质押一定的抵押品（通常是代币），质押会触发相关智能合约。然后，用户可以通过智能合约里面设定的各种协议享受到不同的金融服务，如此的运行机制也就摆脱了中心化机构的影响。通过消除中心化机构，DeFi 让任何人都可以在所有连接了互联网的地方使用各类金融服务。

2. DeFi 的特点

DeFi 主要具备以下三个特征，这些特征符合 Web3.0 时代的基本价值观。

（1）**开放性和透明性**。DeFi 具有开放性和透明性，这是 Web3.0 时代的基本价值观。与传统金融不同，DeFi 不受地理或金融障碍的限制，采用无需许可的访问模式。在 DeFi 生态系统中，数据传输和协议机制也是开放和透明的。使用公共区块链，每个交易必须广播给网络上的所有节点，每个验证节点都能获得交易数据，使用户能够进行全面的数据分析。DeFi 协议是完全开放的，人们可以自由查看、审计和开发现有 DeFi 协议的源代码，参与 DeFi 生态的建设。

（2）**组合性和可扩展性**。DeFi 被形象地称为"货币乐高"，其高度的组合性和可扩展性赋予了其持久的生命力。在 DeFi 系统中，所有相关的协议代码都是开源的，并在结算层面具有很高的互操作性，可以跨不同平台或不同的加密货币进行互通，并自由地组合。开发人员只需根据目标金融服务场景的需求组合已有的协议元件，就能形成全新的金融解决方案并写入智能合约中。例如，通过组合链上聚合交易协议、去中心化交易协议、借款协议和保险协议，可以创建一个 Web3.0 时代的理财产品。

（3）**便捷性和可访问性**。在 Web3.0 时代，每个用户都是其数据的所有者，他们可以对其进行控制。DeFi 提供给用户便捷和可访问的方式来掌控其金融资产，这是 Web3.0 的基本特征之一。在 DeFi 生态系统中，每个用户都可以随时访问和使用金融服务，无需中介。相比传统金融，DeFi 的交易结算速度更快、成本更低，有助于提高人们的参与度。此外，DeFi 的开放和透明性为所有参与者提供了平等的机会，无论他们的背景或位置如何都有机会参与。这种可访问性和平等性是 Web3.0 时代的重要特征之一。

3. DeFi 的应用

如表 8-1 所示，DeFi 可应用于包括交易、借贷和投资等各种金融活动。

表 8-1 DeFi的应用

金融活动类别	服务	去中心化金融	传统金融
交易	资金转移	DeFi 稳定币	传统支付平台
	资产交易	加密资产 DEX	交易所场外经纪人
	衍生品交易	加密衍生品 DEX	
借贷	抵押贷款	去中心化借贷平台	贷款交易经纪人
	无抵押贷款	信贷委托机构	商业银行
投资	理财产品	去中心化的投资组合	基金

在资金转移中，传统金融体系通常依赖于中心化机构（如银行、支付机构等）进行资金的转移和结算，这些机构需要承担中介的角色，处理用户之间的交易并收取相应的费用。而 DeFi 则通过去中心化的智能合约技术，使用户可以直接在区块链上进行资金转移和结算，无需借助中心化机构的帮助，从而实现了更加快速、低成本、安全的交易体验。同时，DeFi 参考传统金融体系中美元作为稳定货币进行资金结算的作用，设计了稳定币 DAI。这是一个基于以太坊区块链技术的去中心化稳定币，其价值与美元等价。DAI 的核心机制是通过智能合约与抵押资产的锁定，维持其价值稳定。用户可以使用以太坊网络上的其他数字资产，如 ETH、BAT 等，作为抵押品，锁定这些抵押品并生成相应的 DAI。DAI 的供应量和价值受到锁定的抵押资产的数量和价值的限制，因此 DAI 的供应量和价值可以通过智能合约的自动化管理实现稳定，稳定币的出现解决了传统加密货币波动剧烈难以用于资金转移的问题。

在资产交易与衍生品交易中，DeFi 与传统金融都需要通过交易所实现，不同的是，去中心化交易所（decentralized exchanges，DEX）是非托管的，如 dYdX 与 Uniswap 等。DEX 利用点对点交易自动执行智能合约，用户保留对其私钥和资金的控制权。在借贷中，DeFi 通过去中心化借贷平台实现无中介借贷，例如，结合 DAI 的 Maker 项目和结合流动性池的借贷机制 Compound 项目等。

在投资方面，传统的资产管理主要由公募基金、信托、证券、银行和资产管理公司等机构提供，投资者将其资产委托给这些专业机构，它们通过在各种资本市场上投资金融产品，实现资产增值。然而，这样的资产管理模式存在两个主要问题：一是用户需要信任这些机构才能将资产委托给他们；二是对用户而言，资产的实际配置过程和投资逻辑的透明度有限，无法获知全部的细节。DeFi 生态系统中的资产管理协议可以有效地解决这些问题，它们基于区块链技术和智能合约，在无法篡改和无需许可的情况下实现完全透明和无需信任的操作，任何人都可以根据自己的偏好自由参与。DeFi 的资产管理项目与传统行业类似，通常分为两类：主动资产管理和被动资产管理，以适应不同风险偏好的投资者。主动资产管理指基金管理人按照自己的策略进行交易，并在平台上公开其交易策略和业绩，投资者可以根据基金业绩和交易标的选择基金进行投资；被动资产管理通常与一些指数挂钩，更适合风险偏好较低的投资者。

4. DeFi 的风险

技术风险是当前 DeFi 面临的一个重要问题。根据慢雾（slowmist）区块链安全与反洗钱报告，2023 年上半年，涉及智能合约的攻击、钓鱼攻击、交易平台被盗和网络欺诈等安全事件共 185 件，损失高达 9.2 亿美元，其中 DeFi 安全事件共 111 件，损失高达 4.8 亿美元。因此，DeFi 在技术方面并非毫无缺陷。智能合约风险和可组合性风险是 DeFi 在技术方面的主要风险。智能合约风险包括资金错误交易不可撤销、代码漏洞、预言机故障等安全问题。另外，由于 DeFi 项目的开放性，资产流动性得以增强，但借贷协议中的抵押与流动性供应之间存在超额抵押和反常激励的机制，所以在相互组合的 DeFi 项目中，如果有一环出现抵押违约等情况，就有可能造成整个系统的崩溃。

从理论上来讲，DeFi 是一个去中心化的概念，但实际上，DeFi 的治理框架仍然存在着中心化的色彩。这是因为 DeFi 中很多应用都是由某个团队或公司开发和设计的，在项目早期，平台治理的主体通常只能是开发者。即使到了项目后期，平台引入治理代币，开发者仍然可以持有平台的治理代币并对提案进行投票。这些因素都意味着 DeFi 平台存在中心化的元素。另外，在一些特定规则下，决策权可能集中在少数大量稳定币持有者的手中。然而，这些持币量大的少数持有者有可能会联合起来，在自己的账户之间进行虚假交易，或是通过特定策略进行"抢先交易"，从而提高自己的经济利益。到今天为止，真正意义上的去中心化在很多项目中还未实现，大多数项目的开发者都拥有万能钥匙，不仅可以关闭或禁用去中心化的应用程序，还可以对其进行升级，并在出现技术问题时提供紧急关闭。DeFi 的去中心化治理形式如何满足合规和监管要求仍是一个未知数，监管机构以及 DeFi 部门都还没有提出可行的、可持续的解决方案。

8.2.2 Web3.0 的组织范式 DAO

去中心化自治组织（decentralized autonomous organization，DAO）是一种为了避免单一权力中心带来的治理问题，传统组织管理体系是在 Web3.0 影响下诞生的，适用于 Web3.0 的去中心化组织形式，具有去信任、公平决策和架构灵活等特点。

1. DAO 概述

去中心化自治组织又称分布式自治公司（decentralized autonomous corporation，DAC），是一种采用公开透明的计算机代码实现的组织形式，其不受单一组织或个人的控制。这一概念最早起源于 2013 年由 EOS 创始人 Daniel Larimer 提出的分布式自治公司，并由以太坊创始人 Vitalik Buterin 在以太坊白皮书中进一步阐述这一概念，并正式提出 DAO 这一说法。DAO 是区块链技术核心理念的一种新型组织管理形式，其成员在共同体内自发形成共创、共建、共治的协同行为，共享其成果。DAO 的规则由网络社群中各个参与者通过使用智能合约来建立，构成 DAO 运行的基本框架。这些合约规定了基于区块链活动的决策方式，根据成员的表决结果可以实施一些代码，如增加代币发售、销毁选定数量的储备代币或向现有代币持有者发放特定的奖励。任何成员都可以深入了解协议在每个步骤中的运作方式。

DAO 的投票过程发布在区块链上，其投票权通常根据用户持有的代币数量分配，即"1 币 1 票（1T1V）"。比如，拥有 100 个代币的用户的投票权是拥有 50 个代币的用户的两倍。1T1V 设计根植于与股权证明相同的逻辑——进行治理攻击需要不良行为者控制非常大的股权。如果一个拥有 25% 总投票权的用户进行了不良投票，破坏了网络，也将伤害自己，威胁到自己所持股权的价值。DAO 通常拥有存放可以发行代币的金库。DAO 的成员可以就如何使用这些资金进行投票，比如投票决定是否放弃金库资金换取资产。

2. DAO 特征

（1）DAO 是去信任化的，传统公司的管理机制很大程度上依赖于股东对管理层的信任，尽管管理者受到各种协议的约束，但因为管理者人品问题而导致的公司危机屡见不鲜。相比之下，DAO 这种组织范式可以让组织"去信任化"运作，不需要依赖于个体之间的信任，人们只需要"信任"代码就行，从而实现整个系统的"去信任化"。对代码的"信任"很容易建立，因为 DAO 的所有规则都公开透明地写入代码中，任何人都能看到。虽然并不是每个人都能读懂代码，但代码公开这件事本身就证明了这个投票规则里的问题能够被发现。在发布前，这些代码就进行了广泛的测试，并且 DAO 启动后采取的每一个动作都必须得到社区的批准，是完全透明和可验证的。当然，这样的公开体系也带来了一些问题，比如因为代码公开而使得整个系统更容易遭受黑客的攻击，但从长远的角度看，黑客的攻击加强了投票规则的容错性，更加强化了整个系统的"去信任化"。

（2）DAO实现了公平决策，DAO中的所有决策都是通过投票方式进行的，因此具有一定的公平性。所有利益相关者都能根据代币拥有数量来进行投票，进而对整个组织的所有重大事项进行决策。即使在代币数量相对集中的情况下，也可能出现相对中心化的决策者，但相对于传统机构，这类决策者出现的概率已经极大降低。此外，相对集中的决策权也会降低新用户购买代币的意愿，从而导致代币价值的下降，这一自然市场调控机制的存在约束了代币巨头的出现。在DAO中，除了重大事项的决策，内部纠纷通常可以通过投票系统轻松解决。

（3）DAO具有架构灵活的特点，DAO的去中心化让公司能够一直维持扁平的架构，这也赋予了整体架构的灵活性，解决了很多复杂架构的公司存在的问题。例如，复杂的架构使公司上下信息传递不通畅，底层员工会受制于管理者的权威而不敢提出自己的想法，而简单的扁平架构让任何人都可以提出改进组织的创新想法，推动公司更好地发展。此外，公司的增员和减员也非常容易，不需要复杂的协议签订、开会决策或是业务定岗，只需要买入和卖出代币就行。每个人都可以按照自己的意志决定自己的角色，而一些重要岗位的任命也只需要社区投票选择即可。同时，社区的架构改革也会变得容易。在传统公司，规则的改变势必牵涉到各个利益集团以及上下游太多人力和物力资源的分配，因此执行起来特别麻烦。但在DAO中，架构的更改就只是在集体投票后简单地升级一个程序，得益于互联网和区块链等计算机技术，改进成为一件很方便的事情，这让DAO拥有了更充沛的发展活力。

3. DAO应用场景

协议型DAO是一种组织形式，它将权力从协议开发团队转移到用户手中。用户可以提出提案、进行表决和决定协议的发展方向。协议型DAO通常会引入可转让的具有二级市场价值的代币，代币持有者有权提出想法、投票和实现对网络的更改。协议型DAO会根据用户的使用量和贡献发放治理代币，赋予用户相应的投票权。只要满足一定要求，用户就可以提出改进协议的提案。所有代币持有者都可以投票决定开发人员是否应该推进该提案，代币数量决定投票时的权重。

（1）投资型DAO引入各种代币，这些代币具有投票权并具有一定的投资价值。一些团体开始联合起来对这些代币进行投资，形成了聚焦于代币投资的投资型DAO。不同于依赖投资委员会（investment committee，IC）的中心化决策，投资型 DAO 的投资决策是由全体代币持有者一起做出的。这样的形式使参与者对于投资标的拥有更高的透明度和自主权，而这样基于集体共识的投资方式也同样有利于 Web3.0 生态中早期项目的成长。

（2）资助型 DAO 是一种非营利机构，旨在推进更广阔的 Web3.0 生态系统。它支持有前途的项目，并通过资助帮助新的 Web3.0 贡献者开辟道路。资助型 DAO 受社会资本而不是金融回报驱动，通过社区捐赠资金，并以治理提案的形式将这笔资金分配给 DAO 中的各个贡献者。

（3）服务型 DAO 为人才需求方和人才提供方搭建平台。服务型 DAO 可以通过链上签约帮助这些项目完成人才资源的分配工作。需要人才服务的发布方可以在服务型 DAO 上发布任务和奖金，而任务完成者在扣除掉缴纳给服务型 DAO 的手续费后，可以收到剩余奖金以及 DAO 组织的治理代币。

（4）社交型 DAO 旨在创建一个原生数字化社区，该社区是有着共同利益的人组成。围绕代币进行协作，并让所有人共享 DAO 带来的好处，比如共享所有权和权限。这种形式的项目就是社交型 DAO。

4. DAO 风险

DAO 作为一种组织形式，具备透明公开、去中心化以及全自动化的特点，这些特点为其提供了传统公司所不具备的优势。然而，这些优势的另一面也意味着 DAO 存在一些风险。

（1）DAO 的去中心化治理方式存在趋于中心化的风险。虽然 DAO 的规则是通过去中心化的投票方式来保证组织内重大事项决策的公平性，但任何组织中总会存在不活跃、不愿意投票的成员，导致投票权向持有更多代币的成员集中，从而使 DAO 去中心化的特点随之削减，变得更加中心化。

（2）现行法律对于 DAO 这类组织形式的法律地位还没有明确规定。在此情况下，DAO 参与者可能面临潜在的无限连带的法律责任，而知名参与者和组织也可能成为监管执法或民事行动的针对性目标。虽然在某些司法管辖区，DAO 具有合伙制的法律效力，或作为集体投资的一种形式，但法院不会将其视为拥有独立自主法律身份的法律实体。

（3）DAO 的"去信任化"机制存在合约安全问题。虽然通过智能合约及其公开的源代码来确保合约的安全性，但合约的公开性也导致 DAO 在成立初期规则迭代不完善的情况下很容易遭受黑客攻击，从而引发合约的安全问题。

8.2.3 Web3.0 的数字商品 NFT

NFT 为 Web3.0 中数字资产的管理提供了解决方案，保障了财产安全与数字版权，是现实世界版权保护与财产保护理念在数字世界的体现，将有效促进创作者的热情。

1. NFT 概述

非同质化代币（non-fungible token，NFT）是一种基于区块链技术的数字资产，作为数字内容所有权和原始性的唯一标识。与传统的加密货币不同，NFT 不是相互等价的，它们都具有自己独特的属性和特征。每个 NFT 具有独特的标识符和元数据，因此其具有唯一性，无法互相替换。NFT 可以代表各种数字艺术作品、音乐、视频、游戏物品等数字化资产，可以被买卖、拍卖和收藏。在元宇宙中，NFT 可以用来代表虚拟资产和虚拟空间中的所有权，为虚拟经济和社交网络提供了新的商业模式和社交互动方式。例如，一件数字艺术品可以是一个 NFT，它具有独特的创作和版权信息。一个虚拟土地块也可以是一个 NFT，它具有独特的地理位置和属性。NFT 具有唯一性和不可替代性，使得数字资产可以被确切地标识和交易。

NFT 的作用在于赋予数字资产独特的价值和拥有权。传统的数字资产往往容易被复制和篡改，因此无法完全保证其真实性和独特性。NFT 的区块链技术和智能合约使得数字资产能够被真实地标识和验证。同时，NFT 的不可替代性也确保了它们不会被重复使用或篡改。这使得 NFT 在数字艺术、虚拟资产、游戏物品、知识产权等领域都具有广泛的应用前景。

NFT 的历史可以追溯到 2012 年，当时 Counterparty 推出了第一个基于比特币区块链的 NFT。然而，NFT 并没有受到广泛的关注和应用，直到 2017 年 CryptoKitties 的出现。CryptoKitties 是一个虚拟猫养成游戏，其中的每一只猫都是一个 NFT。这个游戏的成功引发了人们对 NFT 的关注，并促进了 NFT 的应用和发展。随着区块链技术的发展和数字资产市场的不断扩大，NFT 已经成为了数字资产领域的一个重要组成部分。

2. NFT 特性

首先，NFT 无法以货币形式进行交易。与其他加密货币不同，NFT 是非同质化的，难以确定 NFT 和货币之间的汇率，因此 NFT 不能像加密货币一样进行交易。在一些交易所中，人们看到的名为 NFT 的代币实际上并不是真正意义上的 NFT，而是一些与 NFT 相关的代币。通常情况下，NFT 是以商品的形式进行交易的，用户可以用各种代币购买附着了艺术品、游戏或其他形式知识产权的 NFT。

其次，NFT 难以分割且流动性差。与比特币、以太币等加密货币不同，NFT 不能被分割成更小的单位以增加流动性。每一个 NFT 都对应着一个完整的作品，无法被分割成更小的单位，只能选择全部购买。因此，相对于其他代币，NFT 的流动性更差，很难在短时间内出售，需要像商品一样进行展览，等待潜在买家的到来。虽然为了提高流动性，Niftex、Unicly、NFTX 等项目通过发行碎片、共享代币、建立投票赎回机制等方式让 NFT 得以分割流通，但是本质上底层的 NFT 还是一个整体。

最后，NFT 具有验证真伪的能力。对于艺术品、收藏品、知识产权等非同质化商品，验证真伪一直是一个难题。假设有一个天才艺术家能够制作出一幅高仿的《蒙娜丽莎》，如何检验这幅画作的真实性？雇佣鉴定专家、使用各种仪器、查阅各种历史资料进行比对，都需要耗费大量的成本和精力。对于互联网上的数字作品来说，复制、粘贴就可以创建一个仿冒品，如何证明手中的作品是原作而不是副本呢？NFT 利用智能合约和区块链上存储的信息，可以方便地追溯 NFT 的创作和转移记录。每一笔交易的时间、价格和买家都可以方便地追踪，同时，我们还可以检查合约地址以确定 NFT 的真实性。这些机制都确保了 NFT 的可验证真伪性，赋予了 NFT 在 Web3.0 世界中作为商品买卖的能力。

3. NFT 应用场景

NFT 的应用场景非常广泛，以下是一些常见的应用场景。

（1）**数字艺术品和收藏品**。NFT 可作为数字艺术品和收藏品的唯一凭证，每一个 NFT 都对应着一个唯一的数字资产，包括艺术品、音乐、影片、游戏道具等。NFT 可以提供数字内容的所有权和独占性，并且可追溯其创作者和历史交易记录，从而提高数字艺术品和收藏品的价值。

（2）**游戏和虚拟世界**。游戏内的虚拟物品和游戏道具可用 NFT 表示，如武器、装备、宠物等。游戏开发者可以将 NFT 的属性和价值与游戏内的物品相结合，从而创造出真正有价值的虚拟世界。此外，NFT 还可以被用来作为游戏内的数字货币，为游戏经济系统提供支持。

（3）**数字版权和知识产权**。NFT 可以被用来表示数字版权和知识产权，如音乐、电影、书籍等数字内容的版权。这样可以有效地保护数字内容的创作者和版权所有人的利益，并且可以追踪数字内容的使用和转移记录。

（4）**珍稀物品和实物资产**。NFT 可作为实物资产的数字版权，如房地产、汽车、艺术品等，从而为这些资产提供更方便的转让和交易方式。此外，NFT 还可以被用来表示珍稀物品，如纪念品、珠宝、瓷器等，提高其收藏价值和交易效率。

（5）**慈善和社会公益**。NFT 可以用来进行慈善和社会公益事业的募资，如为环保组织、慈善机构、医疗机构等募集资金。通过销售NFT，支持者可以获得独特的数字资产，并为公益事业做出贡献。

4. NFT风险

NFT常见的风险包括存储风险、伪造欺诈风险以及价值评估风险。

（1）**存储风险**。指NFT及其关联的数字艺术品存储在不同的区块链或存储机制上的风险。如果艺术品和NFT代币位于同一区块链上，是最安全的存储机制。而如果艺术品与NFT代币存储在两条不同的区块链上，或存储在去中心化存储机制上，如星际文件系统（inter planetary file system，IPFS）、Arueave等通过某种存储关系映射将两者联系起来，那么一旦挂载艺术品的区块链消失，就会存在所属的存储关系还在，但是艺术品不见了的风险。此外，如果NFT代币位于区块链上，而艺术品不存储在任何区块链或去中心化存储上，而是由发行代币的公司或团体存储，则风险非常高，因为如果存放艺术品的服务器不再运营，或链接指向的地址被掉包，NFT将变得毫无价值。

（2）**伪造欺诈风险**。指NFT存在被粗制滥造的伪造版欺骗的可能性。虽然NFT具有追溯创作者和验真的能力，但是如果贪图省事，未按照作品地址和交易追溯记录进行仔细确认，则仍然存在被欺骗的风险。例如，伪造者可以对NFT绑定的头像进行截图，很容易就能得到一个PNG格式的图片来对原始NFT进行伪造。伪造的方式有如下几种：将图片直接上传到原先的区块链上，试图让用户混淆；将图片挂载到不同的区块链上，制作成NFT来欺骗用户；通过给图像加一个边框或其他点缀，制作成一个看起来相似的NFT，欺骗用户让其误以为是同系列作品，具有相同的价值。另外，诈骗者还可能伪造或盗用网站进行虚假宣传，例如通过采用和原始NFT一样的出售界面布局去销售假冒的NFT。在社交媒体上，假装知名艺术家发售NFT，以及劫持艺术家个人网站链接宣传虚假NFT的欺诈事件屡见不鲜。

（3）**价值评估风险**。指相比同质化代币的市场价格评估，NFT在价值评估上非常困难。NFT的价格取决于买家的支付能力、所有者的创造力、NFT本身的独特性及稀缺性等多种因素，通常都采用拍卖的形式进行价格发现，因而波动的范围十分巨大。同时，因为NFT只能像商品那样进行交易，其价值的兑现完全取决于是否存在愿意购买的买家，如果不存在任何买家，NFT本身也就不具备任何交易价值了。另外NFT市场价格可能出现极度波动，这可能会导致投资者的资产贬值或者暴利。在某些情况下，市场的波动可能会导致NFT的价格暴涨，这可能会诱使人们盲目跟风，进行高风险的投资，导致经济损失。

8.3 元宇宙与 Web3.0

Web3.0 与元宇宙的关系十分紧密,从技术架构来看,Web3.0 作为吸收区块链技术发展的新一代互联网,为元宇宙提供了重要的技术支持。从发展历程来看,Web3.0 可以视作元宇宙的早期形态,可以实现元宇宙中的去中心化金融、去中心化管理以及去中心化的数字藏品等功能。从生态体系来看,Web3.0 是元宇宙中的一部分。

(1) **Web3.0 为元宇宙提供了去中心化的基础设施**。借助区块链技术,Web3.0 构建了去中心化存储与计算、去中心化身份验证、智能合约以及具备互操作性的标准化平台等去中心化的基础设施。通过数据的分散存储,确保了元宇宙中的用户数据、虚拟资产以及虚拟场景等核心数据的安全性与可靠性。去中心化的计算平台为元宇宙中复杂的计算任务和交互需求提供了强大的算力支持。通过去中心化身份验证,元宇宙中的用户将拥有自己的数字身份,并在元宇宙中进行安全与可信的信息交互、身份认证等行为,保障了用户的信息安全与隐私。智能合约作为区块链中的核心内容,为 Web3.0 提供了自动化和可编程的功能,这也同样使元宇宙受益。元宇宙中的交易与交互均可在无人干预的情况下,根据预设规则进行,保证了交互与交易的高效进行,保障了信息与资产的所有权与交换权。最后,Web3.0 构建了一个具备互操作性的标准化平台,使得不同元宇宙空间之间的沟通成为可能,使数据和资产可以自由流动。标准化的协议与接口不仅有利于元宇宙之间的交互和连接,也有利于相关设备统一接口,降低设备成本,便于元宇宙的普及与发展。

(2) **Web3.0 为元宇宙提供了去中心化的金融系统、组织范式以及数字商品**。DeFi 提供了去中心化的金融系统解决方案,使元宇宙中的虚拟经济可以不借助任何中心化的平台运转,用户可以进行自由的交易、借贷、资产管理等行为,拥有很高的金融自主权。同时,DeFi 增加了元宇宙中的经济流动性和效率,减少了现实社会对元宇宙经济的影响,提高了元宇宙经济的安全性。DAO 为元宇宙提供了去中心化的组织范式,实现社区自治和去中心化治理。NFT 为元宇宙提供了数字商品的解决方案,为元宇宙中的数字资产与虚拟物品提供了唯一且不可替代的所有权证明。NFT 也为元宇宙中的创作者提供了一种新的经济模型,通过将创作成果转换为 NFT,创作者可以通过 NFT 的出售获取收益。这种经济模式将激励更多创作者参与到元宇宙的内容创作中,同时 NFT 的不可篡改和区块链交易记录确保了作品的版权。

8.4 小结

Web3.0 是下一代互联网的演进,得益于区块链技术,Web3.0 可以提供更加安全、开放和去中心化的网络环境。本章介绍了 Web3.0 的相关概念与发展历程,以及 Web3.0 中的重要组成部分,包括去中心化金融系统 DeFi、去中心化组织以及数字商品 NFT,并介绍了 Web3.0 与元宇宙的关系。通过本章的学习,进一步深入了解了 Web3.0 及其与元宇宙的关联。

8.5 习题

1. 请简述 Web3.0 的定义,简要介绍其发展历程。
2. 请列举 Web2.0 存在哪些问题,这些问题如何催生了 Web3.0 的出现?
3. 请简述 Web3.0 相较于 Web2.0 的主要优势是什么。
4. 总结 DeFi 与传统金融系统的区别。
5. 请描述 Web3.0 的组织范式去中心化自治组织(DAO)是什么。
6. 什么是 NFT?简要解释 Web3.0 中 NFT 的概念和用途。
7. Web3.0 与元宇宙之间有何联系?简要说明二者的关系。
8. 请简要介绍数字身份在 Web3.0 中的重要性和应用场景。
9. 请讨论 Web3.0 的发展是否伴随着一些风险,简要描述这些风险。
10. 请总结 Web3.0 的发展和特点,并展望其对未来互联网的影响。

第 9 章

元宇宙的智慧：
人工智能

人工智能是新一代信息技术时代下最具影响力和潜力的技术之一，它正在改变着我们生活和工作的方方面面。本章首先从人工智能的基本概念出发，追溯其发展历程，详细介绍机器学习、计算机视觉、自然语言处理、多模态人工智能、大模型、人工智能生成内容等人工智能关键技术，并分析元宇宙与人工智能之间的密切联系和未来发展方向。

9.1　人工智能概述

人工智能作为一门引领科技领域的前沿学科，已经深刻地改变了人们的日常生活。从其最早的概念萌芽到如今的广泛应用，人工智能经历了漫长而精彩的发展历程，不断超越技术限制，探索着模仿和提升人类智能的可能性。本节将探讨人工智能的定义、发展历程以及关键技术，并洞察它在不同领域的应用潜力。无论是机器学习、计算机视觉、自然语言处理，还是多模态、大模型、人工智能生成内容等，这些关键技术正不断推动着人工智能领域的进步，为我们开启了一个全新的数字化时代。

9.1.1　人工智能定义

人工智能（artificial intelligence，AI）是一门研究和开发使计算机系统拥有模仿人类智能的学科和技术，它旨在让计算机具备感知、理解、学习、推理和解决问题的能力，并能在特定任务上表现出接近甚至超越人类的智能水平。人工智能利用计算机和算法来模拟、复制人类的认知和智能过程，从而使机器能够处理复杂的问题和执行各种任务，以提供智能化的解决方案。在人工智能的发展过程中，可以分为弱人工智能和强人工智能。

（1）**弱人工智能**。弱人工智能被称为"狭义人工智能"，是该领域较早的定义，由麻省理工学院的约翰·麦卡锡在1956年的达特茅斯会议上提出，他表示"人工智能就是要让机器的行为看起来就像是人所表现出的智能行为一样"。这类人工智能系统专注于解决特定的任务，并且在该任务上表现出类似人类的智能。例如，语音助手、图像识别系统和推荐算法都属于弱人工智能，它们在特定任务上表现出色，但缺乏跨领域的通用智能。

（2）**强人工智能**。强人工智能被称为"通用人工智能"，是指具备和人类智能相当甚至超越人类智能的人工智能系统。强人工智能能够像人类一样在多个领域进行学习、推理和解决问题，具备通用性和自主学习能力。这类人工智能系统是人工智能领域的一个远期目标，目前仍任重道远。

弱人工智能目前已经广泛应用于各行各业，为我们的社会和经济带来了诸多便利。强人工智能的实现是一个复杂而具有挑战性的任务，需要解决许多技术、伦理和安全问题。尽管目前还未达到强人工智能的水平，但随着科技的不断进步，人工智能领域的研究和发展将不断推进，为未来的人工智能进化带来更多可能性。

9.1.2 人工智能发展历程

人工智能的发展历程是一个跨越数十年的持续演进过程，始于20世纪50年代的萌芽阶段，经历了形成、发展和成熟四个关键阶段。在这个历程中，人工智能从最初的概念提出到如今的广泛应用，不断突破技术限制，为社会、经济和科学领域带来了深远的影响。

（1）**萌芽阶段**（1956—1960年）。人工智能的萌芽阶段可以追溯到20世纪50年代。1956年，约翰·麦卡锡等在达特茅斯会议上首次提出了"人工智能"这一概念，正式标志着人工智能学科的诞生。在这一时期，研究者们开始探索如何使计算机能够模拟人类智能，涉及推理、搜索、学习等基础性研究。

（2）**形成阶段**（1960—1974年）。随着人工智能的提出，各行各业开始对这一概念产生关注，并在其发展过程中出现了几个标志性事件，推动人工智能学科逐渐形成。在这个阶段，人工智能逐渐发展出独特的研究方向和技术体系。其中，1966年，麻省理工学院的德裔美国计算机科学家约瑟夫·维森鲍姆（Joseph Weizenbaum）开发了历史上第一个聊天机器人——ELIZA。ELIZA作为早期自然语言处理程序的代表之一，它通过简单的模式匹配和回复技术，可以模拟心理治疗师与用户的对话。尽管ELIZA并没有真正地理解语言，但它引起了公众对人工智能的浓厚兴趣，成为当时最著名的人工智能程序之一。

随后在1973年，心理学家詹姆斯·莱克提出了"弱人工智能"和"强人工智能"的区分，引发了学者对人工智能不同层次的讨论。Edward Shortliffe等于1974年开发的MYCIN是早期专家系统的代表。MYCIN专注于诊断和治疗感染疾病，它使用了符号逻辑和专家知识库，可以通过推理和规则来做出医学诊断建议。MYCIN的成功在医学领域引起了广泛的关注，并被认为是人工智能在实际应用中的重要突破。

（3）**发展阶段**（1990—2006年）。人工智能在形成后经历了很长一段时间的低潮。20世纪70年代至80年代之间，人工智能研究进展相对缓慢和低迷。在这个阶段，曾经充满希望的人工智能领域受到了严重的挫折，研究经费减少，研究者减少，各行业对人工智能的兴趣和投资大幅下降，这阶段也被人们称为"冬眠期"。

1986年杰弗里·辛顿（Geoffrey Hinton）等先后提出了多层感知器（multilayer perceptron，MLP）与反向传播（back propagation，BP）算法。BP算法的重新发现被认为是人工智能发展的一个重要转折点，它为神经网络的训练提供了有效的方法。接下来一段时间，神经网络和机器学习等技术取得了重要突破，为人工智能的新篇章开启了大门。1989年，LeCun结合BP算法与权值共享的卷积神经层发明了卷积神经网络（convolutional neural network，CNN），并首次将卷积神经网络成功应用到美国邮局的手写字符识别系统中。这些技术的发展使得人工智能在语音识别、图像处理等领域开始取得进展，逐步应用于实际生产和生活中。1997年，IBM公司的"深蓝"计算机战胜了国际象棋世界冠军卡斯帕罗夫，该事件成为人工智能史上的一个重要里程碑。之后，人工智能开始了平稳向上的发展。

（4）成熟阶段（2006年至今）。进入21世纪，人工智能的发展日益成熟，机器学习和深度学习成为人工智能研究主流，并在各行业得到了广泛应用。2006年，李飞飞教授意识到了专家学者在研究算法的过程中忽视了"数据"的重要性问题，于是开始带头构建大型图像数据集ImageNet，图9-1为ImageNet数据集Logo，自此，图像识别大赛由此拉开帷幕。同年，由于人工神经网络的不断发展，深度学习的概念被提出。此后一段时间，深度神经网络和卷积神经网络开始不断映入人们的眼帘。深度学习的发展又一次掀起人工智能的研究狂潮，这一次狂潮至今仍在持续。

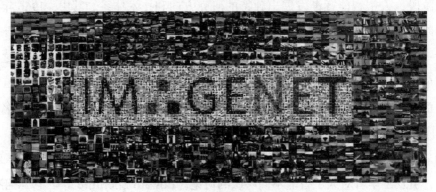

图9-1 ImageNet数据集

得益于计算能力的大幅提升和大规模数据的可用性，深度学习技术成为推动人工智能发展的关键驱动力。2012年，谷歌的深度学习网络AlexNet在ImageNet竞赛中取得胜利，标志着深度学习在图像识别领域的突破。2016年谷歌开发出AlphaGo程序，其围棋水平已经能够超过人类的顶尖水平。2022年，OpenAI推出的大语言模型GPT系列是人工智能技术发展中的又一里程碑事件，它能让计算机生成逼真的文本，并与人类进行流畅的对话。

总的来说，人工智能的发展历程是一个持续不断的进步过程，从最初的萌芽到成熟阶段的广泛应用，人工智能技术不断演进，为我们的社会和经济带来了巨大的影响。如今，人工智能已经广泛渗透到各个领域，为社会带来了巨大的影响和变革。它在医疗、金融、交通、教育等行业都发挥着重要作用，推动着人类社会向着智能化、数字化的方向不断迈进。随着技术的不断演进和创新，人工智能的未来充满了无限可能，相信它将继续为人类带来更多的惊喜和进步。

9.1.3 人工智能关键技术

目前，人工智能技术已经在各行各业得到广泛应用，为社会和经济带来了深刻的影响。虽然对于人工智能关键技术的定义没有统一的标准，但可以总结出以下十个关键技术。

（1）**机器学习**。机器学习是人工智能的核心技术之一，它使计算机能够通过数据学习和改进算法，从而实现模式识别、预测和决策。监督学习、无监督学习和强化学习是机器学习的主要分支。

（2）**计算机视觉**。计算机视觉使得计算机能够"看"和理解图像及视频。它包括图像识别、目标检测、图像生成等任务，广泛应用于自动驾驶、安防、医疗影像等领域。

（3）**自然语言处理**。自然语言处理使计算机能够理解、分析和生成自然语言。它包括语音识别、文本理解、情感分析等技术，广泛应用于语音助手、机器翻译、智能客服等领域。

（4）**多模态人工智能**。多模态人工智能整合了不同感知模态（如视觉、语音、传感器数据等），使得计算机能够综合多种信息进行分析和决策。这种技术在自动驾驶、智能机器人等领域具有重要作用。

（5）**AI 大模型**。AI 大模型是指参数规模庞大的深度学习模型，如 BERT、ChatGPT 等。这些大模型在自然语言处理、图像识别等任务中表现出色，但也带来了计算资源和能源消耗的挑战。

（6）**人工智能生成内容**。人工智能生成内容（artificial intelligence generate content，AIGC）是指利用生成对抗网络（generative adversarial networks，GANs）等技术创造逼真的图像、音频、视频和文本内容。这一技术在游戏、艺术创作等领域有广泛应用。

（7）**强化学习**。强化学习通过试错来学习最优策略，适用于自动驾驶、游戏 AI 等领域。它的特点是代理在环境中与之交互，通过奖励和惩罚来学习优化行为。

（8）人机交互。人机交互技术使得人与计算机之间的交流更加自然和高效，包括语音识别、手势识别、虚拟现实等。它提高了人工智能系统的易用性和用户体验。

（9）知识图谱。知识图谱是一种以图结构表示知识的技术，用于建模实体和概念之间的关系。它在语义理解、推荐系统等方面发挥重要作用。

（10）VR/AR。虚拟现实（virtual reality，VR）/增强现实（augmented reality，AR）是以计算机为核心的新型视听技术。结合相关科学技术，在一定范围内生成与真实环境在视觉、听觉、触感等方面高度近似的数字化环境。用户借助必要的装备与数字化环境中的对象进行交互，相互影响，获得近似真实环境的感受和体验，通过显示设备、跟踪定位设备、触力觉交互设备、数据获取设备、专用芯片等来实现。

这些关键技术相互之间紧密结合，共同推动了人工智能的迅猛发展。随着科技的不断进步，人工智能必将迎来新的突破和发展，为各行各业带来更多的创新和改变。

9.2　机器学习

机器学习是一种人工智能技术，它可以让机器从数据中学习并自我改进。它赋予智能机器人理解人类行为、语言和环境的能力，促使智能推荐系统更精准，实现个性化内容推荐，从而提高用户与元宇宙的互动和体验。这种技术的广泛应用使得机器能够通过自然语言处理和计算机视觉等技术与人类更智能地互动，为元宇宙的发展和探索提供了无限潜力。因此，本节将重点探讨机器学习与元宇宙之间的紧密关系，展示机器学习技术在元宇宙中的应用和潜力，帮助用户更好地了解和探索元宇宙中的各种内容和功能。

9.2.1　机器学习的基本概念

1. 学习的定义

学习是心理学的一个术语，它具有广义和狭义两个层面。广义的学习是指个体在生活过程中通过获得经验而逐渐改变行为的过程，这是动物和人类生活中普遍存在的现象。例如，人们学习骑自行车的过程或者动物园中的大象练习吹口琴的过程等都属于广义的学习。而狭义的学习则特指学生在校园内的学习过程。

在现代科技发展的背景下，广义学习与机器学习产生了密切联系。机器学习作为人工智能的一个重要分支，通过算法和模型使计算机系统具备从数据中学习和自我改进的能力。与广义学习类似，机器学习通过处理大量数据和经验，发现规律和模式，以优化系统的性能和表现。这种相似性使机器学习成为了一种模拟人类学习过程的技术。

2. 机器学习的定义

机器学习是人工智能的一个重要分支。作为实现人工智能的一种方法，机器学习利用数据和算法使计算机系统能够从经验中学习并改进性能。近30多年来，机器学习已经发展成为一门涵盖多个领域的学科集成，涉及概率论、统计学、逼近论、凸分析、计算复杂性理论等多个学科。

机器学习的核心思想是通过对数据进行分析和模式识别，从中发现规律和趋势，并基于这些发现作出预测甚至决策。机器学习算法可以使计算机系统通过不断的训练和优化，自动从数据中学习，并对未知数据作出推断和预测。这种能力使得机器学习在诸多领域中得以应用，如自然语言处理、计算机视觉、数据挖掘、智能推荐系统等。

机器学习的发展离不开概率论、统计学和其他相关学科的支持。概率论和统计学为机器学习提供了建模和推断的基础，帮助解决不确定性和数据噪声等问题。此外，凸分析和计算复杂性理论等学科也为机器学习算法的设计和分析提供了理论基础。

3. 机器学习三要素

机器学习是一种通过数据和算法来构建模型，从而使计算机能够自动学习和改进任务性能的方法。它涉及三个主要要素：数据、模型和算法，这些要素共同构成了机器学习的基础框架，并在机器学习过程中起着关键作用。

（1）**数据**。机器学习的基石是数据，没有足够数量和高质量的数据，机器学习系统无法有效学习和预测。数据的获取可以有多种来源，包括结构化数据（如表格数据）和非结构化数据（如文本、图像、音频等）。在机器学习中，数据被分为训练数据和测试数据。训练数据用于模型的训练和参数调整，而测试数据则用于评估模型在未知数据上的性能。

（2）**模型**。机器学习的核心组成部分是模型，它代表了机器学习系统对数据的假设或表达。模型的目标是从输入数据中学习规律和模式，以便进行预测、分类或其他任务。模型可以是简单的数学函数，也可以是复杂的神经网络结构，具体选择取决于任务的复杂性和数据的特点。在训练过程中，机器学习系统通过调整模型的参数，使其能够更好地拟合数据，从而实现对未知数据的预测和分类。

（3）**算法**。算法是指用于训练模型和进行预测的具体数学和统计方法。不同类型的问题可能需要不同的算法。例如，在监督学习中，常用的算法包括线性回归、决策树和支持向量机等，而在无监督学习中，常用的算法包括聚类和降维。算法的选择和优化直接影响到模型的性能和准确度。

综上所述，数据提供了机器学习的基础，模型是学习的表达，算法则是实现学习和预测的具体方法。通过不断优化这三个要素，机器学习系统可以持续改进自身的性能和效果。

4. 机器学习分类

根据训练期间接受的监督数量和监督类型，机器学习可以分为以下三种类型：监督学习、无监督学习和强化学习，如图9-2所示。

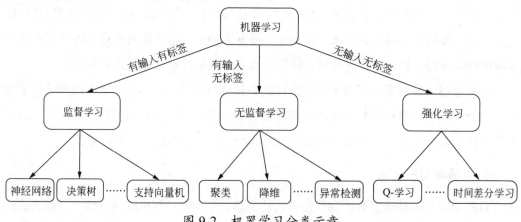

图 9-2　机器学习分类示意

（1）**监督学习**。在监督学习（supervised learning）中，训练数据包含了输入样本和对应的标签或目标值。模型通过学习输入与标记之间的映射关系，以预测新的未知数据的输出结果。监督学习适用于有明确输出结果的问题，如图像分类、语音识别等。

主要的监督学习算法包括神经网络（neural network）、支持向量机（support vector machine）、k-近邻算法（k-nearest neighbors）、朴素贝叶斯法（naive Bayes）、决策树（decision tree）等。这些算法都有各自的优缺点，可以根据具体的问题和数据来选择合适的算法。神经网络具有强大的非线性建模能力；支持向量机能够有效地解决分类问题；k-近邻算法不需要训练模型，而需要利用训练数据集中最近的 k 个实例来进行分类；朴素贝叶斯法基于贝叶斯定理进行分类，通常用于文本分类等问题；决策树基于树形结构进行分类，易于理解和解释。

（2）**无监督学习**。在无监督学习（unsupervised learning）中，训练数据没有标记或目标值。模型的目标是自主学习数据之间的内在结构和模式，通常是进行聚类、降维或异常检测等任务。无监督学习适用于没有明确目标的探索性问题，如用户分群、数据可视化等。

主要的无监督学习算法包括聚类算法、降维算法、关联规则挖掘、潜在语义分析、自组织映射和异常检测等。聚类算法将数据样本划分为不同的簇（即同一类）；降维算法用于将高维数据转换为较低维度的表示形式；关联规则挖掘算法用于发现数据中的频繁项集，即经常同时出现的物品或特征；异常检测算法用于识别数据中的异常样本或事件。

（3）强化学习。与监督学习不同的是，强化学习（reinforcement learning）不需要带标签的输入/输出对，同时也无需直接求解最优解，而是通过试错和优化来逐步提升性能，是一种通过智能体与环境交互来学习最优策略的方法。智能体根据环境的奖励或惩罚信号调整策略，以获得最大长期奖励。强化学习适用于需要进行决策和行动的问题，如游戏玩家、机器人控制等。

主要的强化学习算法包括 Q-Learning、DQN（deep Q network）、A3C（asynchronous advantage actor-critic）、时间差分学习和 PPO（proximal policy optimization）等。Q-Learning 基于值函数，通过更新状态-作对的价值函数来学习最优策略；DQN 是一种深度学习算法，使用深度神经网络近似 Q 值函数；A3C 结合了 Actor-Critic 方法和并行化训练，加速训练过程；时间差分学习通过比较当前和未来预测值的差异来优化决策；PPO 采用剪切策略更新来提高训练稳定性。这些强化学习算法在解决复杂环境和高维状态空间的任务中发挥着关键作用。

这三种类型的机器学习方法在不同应用场景下各具优势，随着技术的发展，它们相互交织并衍生出更多的变体和应用，为解决各种实际问题提供了丰富多样的解决方案。从监督学习获得准确的预测，到无监督学习发现数据中的隐藏结构，再到强化学习进行决策优化，这些机器学习方法共同推动着人工智能领域的不断进步与创新。

9.2.2 机器学习的经典算法

机器学习有许多经典的方法，包括线性回归、决策树、支持向量机、朴素贝叶斯法等，它们主要使用统计学和优化方法来训练模型，并使用训练数据来进行预测或分类任务。这些方法的共同点在于，它们通过训练数据来学习模型参数，再使用这些参数来进行预测或分类任务。上述经典方法在各领域都得到了广泛的应用，包括金融、医疗、电子商务等。

1. 线性回归算法

线性回归（linear regression）是一种监督学习算法，用于建立线性模型。作为一种基本的统计方法，如图 9-3 所示，它用于估计因变量（或响应变量）与一个或多个自变量（或解释变量）之间的线性关系。线性回归分为简单线性回归和多变量回归。简单线性回归（simple linear regression）适用于只涉及一个自变量和一个因变量的情况，通过拟合一条直线来描述自变量和因变量之间的线性关系，使得预测值与实际观测值之间的误差最小化。多变量回归（multiple regression）则适用于涉及两组以上自变量和一个因变量的情况，通过拟合一个多维空间中的超平面来描述自变量和因变量之间的关系。这两种类型的线性回归在实际应用中都具有重要的意义，可以帮助理解和预测变量之间的关系，并进行有效的数据分析和预测。

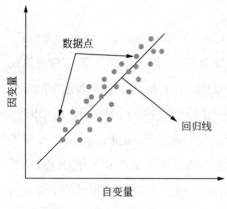

图 9-3　线性回归算法示意

2. 支持向量机算法

支持向量机（support vector machine，SVM）是一种基于统计学习理论的监督学习算法，可用于分类和回归分析，基本思想是将数据映射到高维空间，使得不同类别的数据在高维空间中能够更好地分开。如图 9-4 所示，SVM 通过找到一个最优超平面（即能够最大化不同类别数据间隔的超平面）来实现分类或回归任务。SVM 的优点之一是它在处理高维数据时表现出色，并且具有较高的准确率和泛化能力。它可以有效地处理特征维度较高的数据集。然而，SVM 对计算资源和时间的需求较高，尤其是在大规模数据集上。此外，对于 SVM 的参数选择非常敏感，需要仔细调整以获得最佳性能。

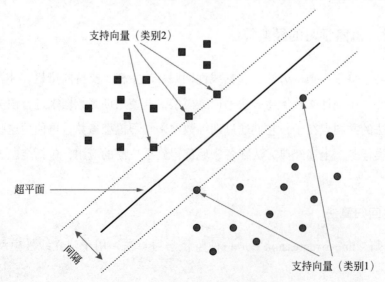

图 9-4　支持向量机算法示意

3. k-近邻算法

k-近邻算法（k-nearest neighbors，KNN）是基于实例的监督学习算法，它通过寻找训练集中与新样本最接近的 k 个样本点，并根据这 k 个邻居的分类标签进行投票来确定新样本的类别，如图 9-5 所示。KNN 的优点在于简单易懂，对非线性问题有较好的分类效果。然而，它需要存储所有训练数据，计算量较大。同时，在高维数据中，样本密度可能变得较低，导致算法性能下降，这就是"维数灾难"。此外，在处理不平衡数据集时，效果也可能较差。

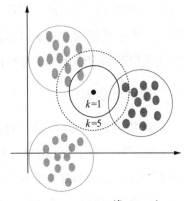

图 9-5　KNN 算法示意

4. 决策树算法

决策树（decision tree）是一种预测模型，它代表的是属性与预测类别之间的一种映射关系。决策树模型采用树状结构，树中每个节点表示测试属性，每个分叉路径则代表该测试属性的一种属性取值情况，而每个叶节点则表示预测类别。图 9-6 展示了使用决策树预测小明是否会接受某项工作的例子，可以发现，小明期望的工作条件是：工资超过 5000 元、通勤时间小于 1 小时、公司能够提供免费咖啡。决策树算法具有许多优点，

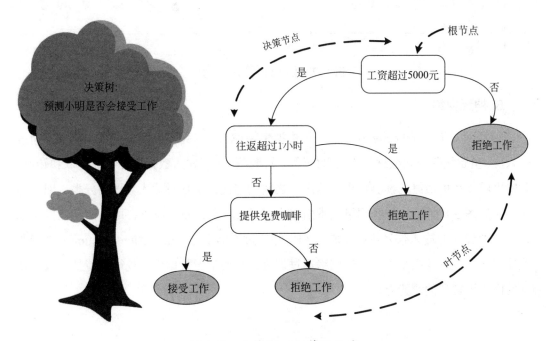

图 9-6　决策树回归算法示意

如易于理解和解释,能够处理离散和连续型数据,对异常值和缺失值具有一定的容忍性。此外,决策树还可以通过剪枝等技术来减小过拟合的风险。然而,决策树算法也有一些限制。由于决策树是基于局部最优划分的,因此可能会产生局部最优的问题,导致生成的决策树不够准确或不具有最佳性能。

5. k-均值算法

k-均值算法(k-means algorithm)是一种基于距离度量的聚类算法,如图9-7所示,左图表示数据集中所有样本,k-均值算法能够根据样本间的距离,将其分成如右图所示的不同簇。k-均值算法的缺点之一是需要事先指定簇的数量k。选取不合理的k值可能导致聚类效果较差,因此确定合适的k值是一个具有挑战性的任务。此外,对于数据分布不均匀或簇形状不规则的数据集,k-均值算法的聚类效果可能会受到影响。

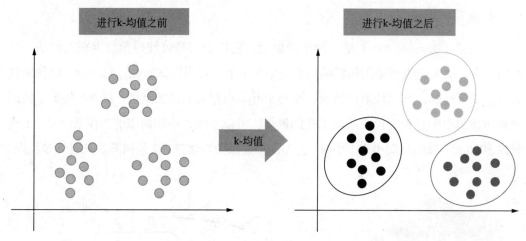

图 9-7 k-均值算法示意

6. 神经网络

神经网络(neural network)是一种模拟生物神经系统结构和功能的数学模型,通过输入层(负责接收原始数据作为模型的输入)、隐藏层(对输入数据进行特征提取和转换)和输出层(负责最终的预测结果或输出)之间的连接,实现对输入数据的分类、回归等任务,如图9-8所示。神经网络通常由多个神经元(neuron)组成,每个神经元接受来自其他神经元的输入信号进行加权求和,并通过激活函数(activation function)进行非线性变换,最终输出结果。神经网络通过训练,自动学习数据中的规律和特征,具有良好的模式识别和预测能力。

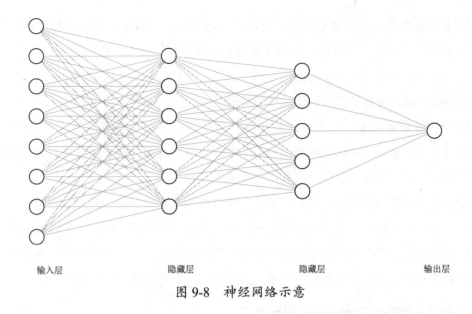

图 9-8 神经网络示意

9.2.3 机器学习与元宇宙

机器学习在元宇宙中扮演着关键角色。它通过智能内容生成、虚拟数字人的创造、智能交互和内容安全审查，推动了元宇宙的多样化、个性化和沉浸式发展。这些技术的融合为用户提供丰富多样的体验，让虚拟空间成为自我实现和交流的无限可能之地。机器学习为元宇宙的进步不断注入活力，打造了一个充满创造力和交互性的数字化空间，为用户带来更真实、充实的虚拟生活。

1. 机器学习在元宇宙中的作用

元宇宙是数字技术和虚拟现实的极致融合，而机器学习在这个数字化的宇宙中扮演着不可或缺的关键角色。通过智能内容生成，机器学习技术可以根据用户的兴趣、喜好和行为模式，生成个性化、多样化的内容，从而提供更加丰富和引人入胜的体验。

（1）**个性化内容生成**。机器学习技术通过智能内容生成，能够根据用户的兴趣、喜好和行为模式，生成个性化、多样化的内容。这丰富了元宇宙的体验，无论是虚拟场景、虚拟物品还是虚拟角色，都能根据用户需求进行动态调整，让每个用户在元宇宙中找到属于自己的独特体验。

（2）**虚拟数字人创造**。虚拟数字人是元宇宙的重要组成部分，机器学习通过深度学习和神经网络技术，分析和学习真实世界中的个体特征、行为习惯和语言风格，并将这些知识应用于虚拟数字人的生成。这样的虚拟数字人能够具备更加真实、智能和感性的特点，与用户进行自然流畅的交互，增强了元宇宙的沉浸式体验。

（3）智能交互。在元宇宙中，实现用户与虚拟环境、数字实体之间的互动离不开智能交互技术。机器学习通过自然语言处理和图像识别等技术，使用户能够通过语音、手势或表情等多种方式与元宇宙进行交流。这进一步打破了现实世界中的沟通壁垒，让用户能够更轻松、直观地探索和体验虚拟空间。

（4）内容安全审查。在开放式的虚拟环境中，内容安全审查是不可忽视的问题。机器学习在这方面可以通过监测和识别不当内容、有害行为以及不法行为，实现及时拦截和过滤，维护元宇宙的良好秩序和用户体验。

随着社会的进步和发展，人们对更多、更高级的体验和互动的需求不断增长。元宇宙作为一个充满无限可能性的数字化空间，让人们能够对实现超越现实生活的虚拟交流与体验充满期待，而机器学习正是实现这些期待的重要推动力。在未来的元宇宙中，机器学习必将继续发挥着更加重要的作用，为用户创造出更加精彩纷呈的虚拟体验。

2. 机器学习在元宇宙中的应用场景

随着元宇宙的迅猛发展，越来越多企业开始将目光投向这一新兴市场。在元宇宙中，机器学习作为一项强大的技术工具，能够帮助企业更好地理解用户需求和行为模式，为其提供优质的产品和服务。以下是一些机器学习在元宇宙中的应用场景。

（1）智能 NPC 和游戏 AI。传统游戏中的非玩家角色（non-player character，NPC）通常受限于预设的行为模式，而机器学习技术可以使 NPC 更加智能化和逼真。通过深度学习算法，NPC 可以学习玩家的行为模式和喜好，从而提供更加个性化和适应性的游戏体验。这些智能 NPC 能够更好地与玩家互动，根据玩家的举动做出更合理的反应，增加游戏的挑战性和乐趣。

（2）个性化推荐和服务。基于机器学习的个性化推荐系统可以根据用户的喜好、行为和历史记录，为用户提供定制化的内容和服务。无论是虚拟商品推荐、社交互动还是虚拟活动安排，都可以根据用户的兴趣进行智能化推荐，提高用户满意度和参与度。

（3）增强现实和虚拟现实应用。机器学习在 AR 和 VR 中也有广泛应用。通过深度学习和计算机视觉技术，可以实现更加逼真和交互式的 AR/VR 体验，让用户获得更加真实和令人惊叹的虚拟体验。

（4）虚拟助手和导航。在元宇宙中，虚拟助手可以帮助用户更好地导航和探索虚拟空间。这些虚拟助手可以通过自然语言处理和图像识别技术，与用户进行实时交互，提供导航、解释和建议，使用户能够更加便捷地享受元宇宙的服务和体验。

机器学习在元宇宙中发挥着多方面的作用，从提升游戏体验到增强虚拟世界的智能化和交互性，对元宇宙的发展和用户体验起着积极的推动作用。随着技术的不断进步和创新，我们可以预见在未来的元宇宙中，机器学习将继续发挥更加重要的作用，为用户创造出更加丰富多彩的虚拟体验。

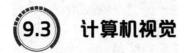

计算机视觉作为元宇宙的底层技术之一，是实现现实世界视觉数据数字化的关键。计算机视觉技术致力于研究人类的视觉感知和分析能力，是现代人工智能的重要研究领域，目前许多热门的人工智能应用都源自该领域，如人脸识别、无人机、无人驾驶等。在元宇宙中，计算机视觉技术被广泛应用于构建和识别虚拟世界与现实世界的人和物，从而构建虚拟世界与现实世界的数字孪生系统，实现元宇宙的视觉物质基础。

9.3.1 计算机视觉的基本概念

计算机视觉是一门致力于赋予机器视觉能力的学科，旨在让计算机和系统利用摄像机等设备代替人眼，从视频、数字图像和其他形式的视觉输入中获取资源丰富的信息，并采取行动或提供建议，是人工智能的一个重要领域。

计算机视觉任务可以划分为信息的收集、分析和处理三个阶段。信息的收集指从外部环境中获取视觉数据的过程，为后续的分析和处理提供输入。数据来源可以是摄像机、传感器或已存在的图像和视频等。获取图像数据后，为了构建计算机视觉的智能模型，需要对图像信息进行分析。其中，算法扮演着关键的角色，它负责对图像信息进行分析和处理。当前，基于深度学习的算法在图像信息分析和处理领域占据主导地位。这些算法使得计算机能够处理各种计算机视觉问题，包括图像分类、目标检测、对象跟踪和图像检索等。

（1）**花卉识别**。属于细粒度（指将图像分解成更小的像素或特征）图像分类，要求模型可以正确地识别花的类别，如图 9-9 所示。

（2）**人脸识别**。人脸识别是一种基于人的脸部特征信息进行身份认证的生物特征识别技术。其利用摄像头采集含有人脸的图像或视频流，并自动在图像中检测和跟踪人脸，进而对检测到的人脸进行识别，如图 9-10 所示。

图 9-9 花卉识别

（a）三角梅；（b）龙船花；（c）雏菊；（d）向日葵；（e）栀子花；（f）郁金香

图 9-10 人脸识别

（3）**语义分割**。语义分割是在像素级层面上识别同类对象的过程。在图 9-11 所示的例子中，识别出环境背景下物体，并用单一颜色对它们进行颜色编码，以表示它们属于同一类。

（4）**视频分析**。用于对结构化的人、车、物等视频内容信息进行快速检索、查询。这项应用使得公安系统在繁杂的监控视频中搜寻到罪犯成为可能。在大量人群流动的交通枢纽，该技术也广泛用于人群分析、防控预警等。

图 9-11　语义分割

（5）**自动驾驶**。目标识别系统利用计算机视觉观测交通环境，从实时视频信号中自动识别出目标，为实时自动驾驶，如启动、停止、转向、加速和减速等操作提供判别依据。

（6）**虚拟游戏**。在交互游戏中通过追踪人体对象的运动，利用人体关键点检测技术来追踪人类玩家的运动，从而利用它来渲染虚拟数字人的动作。

总体而言，计算机视觉是以图像、视频信号为输入，对其内容进行分析理解，建立语义关联的逻辑推理，服务于从场景对象识别等底层感知任务到环境对象交互推理等高层认知任务的全过程。

9.3.2　计算机视觉的发展与趋势

计算机视觉的发展历程是以技术的不断演进来推进的。1982 年，大卫·马尔（David Marr）的著作《视觉》问世，标志着计算机视觉成为了一门独立学科。随着技术的不断发展，学术界通过对马尔计算机视觉理论的批评得到了"主动视觉"的概念，同时"多视几何"和"三维重建理论"的提出使得算法的鲁棒性和泛化能力不断提高。进入 21 世纪，深度学习在计算机视觉领域占据主导地位，其通过对海量数据的学习，能够自适应地从新的应用场景中提取有效的特征，大幅提升算法的灵活性和泛化性。计算机视觉发展 40 多年，总体经历了 4 个主要阶段：马尔计算视觉、主动和目的视觉、多视几何和分层三维重建及基于学习的视觉，如图 9-12 所示。

（1）**马尔计算视觉**。1970 年，马尔将计算视觉分为计算理论、表达、算法及其实现三层，其中算法部分是计算视觉的主体内容。马尔认为从二维图像到三维物体到重建，是可以通过计算完成的。首先从二维图像得到基元，其次通过立体视觉等模块将基元提升到 2.5 维表达，最后提升到三维表达。

（2）**主动和目的视觉**。1990年，耶鲁大学Tarr和布朗大学Black认为马尔的"通用视觉理论"过分强调"应用视觉"，是短见之举。随后，国际上20多位视觉专家发表"主动性、目的性"的视觉观点。但所提出的一些主动视觉方法，仅是算法层次上的改进，缺乏理论框架创新。

（3）**多视几何和分层三维重建**。2000年，多视几何理论引入到计算机视觉中，提高三维重建的鲁棒性和对大数据的适应性，推动三维重建的应用。分层三维重建理论仅需要分步优化具有3个和5个参数的非线性优化问题，从而大幅减小三维重建的计算复杂度，这是计算机视觉继马尔后的重要理论，促进计算机视觉发展走向"繁荣"。

（4）**基于学习的视觉**。基于学习的视觉指以机器学习为主要技术的研究。研究分为两个阶段：21世纪初的以流形学习为代表的子空间法和目前以深度学习为代表的视觉方法。对比基于几何的方法，深度学习算法大幅提升视觉识别准确率，但缺乏坚实的理论基础。另外，数据、算力、算法三大要素的进步驱动AI技术成熟度持续提升，商业化进程加速。

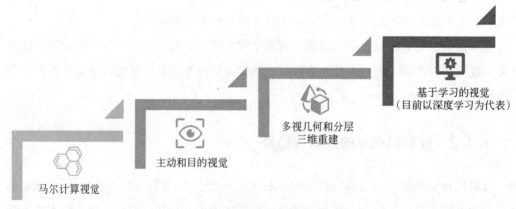

图9-12　计算机视觉发展历程

9.3.3　计算机视觉的关键技术

1. 视觉图像处理

视觉图像处理是利用计算机算法和技术对数字图像进行处理和分析的过程，它是计算机视觉的一个重要分支。计算机视觉是使机器能够像人类一样"看到"和理解视觉世界的广泛学科，不仅包括处理图像，还包括解释图像并根据图像做出决策。视觉图像处理可用于多种目的，例如提高质量、提取特征、检测对象、识别人脸、分割区域、复原图像、压缩图像等。此外，视觉图像处理还可以应用于不同类型的图像，包括二维、三维、高光谱、体积和多模态图像。在本节中，我们将探讨视觉图像处理的一些技术、应用和挑战。

视觉图像处理技术涉及将输入图像转换为输出图像或信息的一系列步骤或阶段。这些步骤通常包括如下项目。

（1）**图像获取**。从源（例如摄像机、扫描仪或文件）捕获或获取图像的过程即为图像获取过程。图像采集还可能涉及预处理步骤，例如对图像进行过滤、调整大小或裁剪等。

（2）**图像增强**。通过修改图像的对比度、亮度、锐度、噪声或其他方面来改善图像外观或质量的过程称为图像增强。图像增强可以在空间域（通过直接操纵像素）或频域（通过将图像转换为不同的表示形式，例如傅里叶变换）中完成。

（3）**图像恢复**。利用反卷积、修复或超分辨率重建等方法恢复因模糊、失真或噪声等因素而退化的图像的过程称为图像恢复。

（4）**图像分割**。图像分割是根据颜色、纹理或形状等标准将图像划分为有意义的区域或片段的过程。图像分割可以使用的方法包括：阈值化、边缘检测、区域生长、聚类等。

（5）**图像特征提取**。从图像中提取相关信息或特征，用于进一步分析或识别的过程。图像特征提取可以使用各种方法完成，例如角点检测、斑点检测、梯度直方图或尺度不变特征变换（scale-invariant feature transform，SIFT）。

（6）**图像识别**。根据特征对图像中的对象或实体进行识别或分类的过程。图像识别有多种实现方法，如模板匹配、最近邻、深度学习等。

（7）**图像压缩**。通过删除冗余或不相关信息来减小图像大小或带宽的过程。可以使用游程编码（run-length encoding，RLE）、霍夫曼编码或JPEG等方法进行图像压缩。

视觉图像处理在各个领域都发挥着重要作用。在医疗保健方面，它可以用于分析医学图像，如X射线、MRI扫描或超声波扫描，以辅助诊断、治疗或监测。通过视觉图像处理，可以检测出医学图像中的肿瘤、病变或骨折，为医生提供更准确的诊断依据。在安全方面，视觉图像处理可以通过执行人脸识别、指纹识别或虹膜识别等任务来增强安全和监视系统。例如，通过视觉图像处理技术，可以使用生物特征来验证一个人的身份，提高安全性。在娱乐领域，视觉图像处理可以为电影、游戏或虚拟现实创建逼真和身临其境的效果和动画。通过添加或删除对象、更改背景或应用过滤器等技术，可以编辑图像，为用户带来更加丰富的娱乐体验。在教育方面，视觉图像处理可以为学生和教师创造互动、引人入胜的学习材料和工具。例如，可以根据图像生成测验或拼图，提供更加有趣和有效的学习方式。总而言之，视觉图像处理在多个领域都具有广泛的应用前景，为人们的生活带来了许多便利和创新。

2. 图像分类

图像分类也称为图像识别，是一种利用计算机对图像进行处理、分析和理解，以识别不同模式目标和对象的技术，是物体检测、图像分割、物体跟踪、行为分析、人脸识别等高层视觉任务的基础。图像分类的任务就是使用图像分类模型读取图片，并预测该图片属于集合中各个标签的概率，最终判定图片的标签，如判定图 9-13 中的图片是属于集合 {狗，猫，羊驼} 中的标签 "狗"。

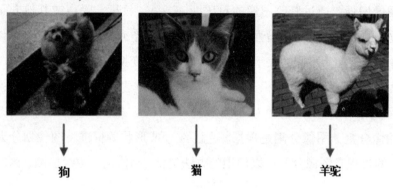

狗　　　　　　　　猫　　　　　　　　羊驼

图 9-13　动物数据集样例

图像分类包括通用图像分类和细粒度图像分类两种。通用图像分类是指将图像分为一些常见的类别，如动物、植物、食物等。细粒度图像分类是指将图像分为一些更具体的类别，如狗的品种、鸟的种类、花的品种等。细粒度图像分类比通用图像分类更难，因为不同类别之间的差异很小，需要更细致的特征来区分。

从 2010 年至今，每年举办的 ImageNet 大规模视觉识别挑战赛（ImageNet large scale visual recognition challenge，ILSVRC）是评估图像分类算法的一个重要赛事。它的数据集是 ImageNet 的子集，包含上百万幅图像，分为 1000 个类别。其中，2010 年与 2011 年的获胜团队采用的是传统的图像分类算法，主要使用尺度不变特征变换（scale-invariant feature transform，SIFT）、局部二值模式（local binary pattern，LBP）等算法来提取特征，再将提取的特征用于训练支持向量机（support vector machine，SVM）等分类器进行分类，取得的最好结果是 28.2% 的错误率。

深度学习是机器学习的一个分支，是近些年来机器学习领域的研究热点之一。深度学习的思想提出后，在学术界和工业界持续升温，在语音处理、计算机视觉和自然语言处理等领域获得了突破性的进展。自 2011 年以来，研究人员首先在语音识别问题上应用深度学习技术，将准确率提高了 20%～30%，取得了近十年来最大的突破性进展。2012 年之后，基于卷积神经网络的深度学习模型在大规模图像分类任务上取得了显著的性能提升，掀起了深度学习研究的热潮并持续至今。AlexNet、GoogleNet、VGGNet、ResNet、MobileNet 和 EfficientNet 是其中具有代表性的五个网络。

3. 目标检测

目标检测是计算机视觉研究的重点问题之一，是理解图像高层语义信息的重要基础。目标检测的主要任务是根据输入图像定位感兴趣的目标并给出类别信息，输出结果通常是在输入图像的基础上，以边界框（bounding box）的形式标识目标的具体位置，并在矩形框的上方显示类别信息和置信度分数，检测示例如图 9-14 所示。随着深度学习和人工智能技术的蓬勃发展，将深度学习技术应用到图像处理领域已经成为趋势。深度学习的发展推动了图像目标检测技术的进步，从仅检测人和车等目标延伸到全面的场景理解，在准确率和速率两方面均得到了明显的提升。

图 9-14　目标检测示例

近年来，不少学者提出了大量基于卷积神经网络（CNN）的方法，使目标检测算法取得了很大的突破，也证明了深度学习对物体检测起到了巨大的推动作用。这些算法大致可以分为两类，第一类是基于候选区域（region proposal）的 R-CNN 系列算法（R-CNN、SPP-Net、fast R-CNN、faster R-CNN 等），它们属于两阶段算法，即首先让算法产生目标候选框，也就是目标位置，其次对候选框进行分类与回归；第二类是 YOLO、SSD（single shot multiBox detector）等单阶段算法，仅使用一个卷积神经网络即可直接预测出不同目标的类别与位置。第一类算法预测准确度高一些，但是运算速度慢；第二类算法计算速度快，但准确性要低一些。图 9-15 给出这两类目标检测算法发展史。

图 9-15 目标检测算法发展史

4. 图像分割

图像分割技术是计算机视觉领域的重要研究方向之一，它通常用于定位图像中包含的目标和背景。该技术通过为图像中的每个像素分配标签，将具有相同属性的像素划分为同一类别，从而为进一步的图像分类、物体检测和内容理解等任务奠定了坚实的基础。这一过程有助于提高图像分析的准确性和可理解性，为计算机视觉应用的发展和改进提供了支持。

按照具体分割效果的不同，图像分割可分为语义分割、实例分割和全景分割三种，如图 9-16 所示。

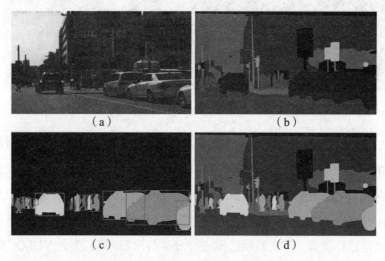

图 9-16 三种图像分割方法示例

（a）图片；（b）语义分割；（c）实例分割；（d）全景分割

（1）**语义分割**。对图像中每个像素都划分出对应的类别，即实现在像素级别上对图像分类。在开始图像分割处理之前，必须明确语义分割的任务要求，理解语义分割的输入与输出。语义分割近年来大多应用在无人车驾驶技术、医疗影像等分析中进行辅助判断。

(2) **实例分割**。语义分割只分割目标的类型,而实例分割不仅要分割目标的类型,同时还要为不同实例分割同类型的不同目标。

(3) **全景分割**。在实例分割的基础之上,还需对图中的所有物体(包括背景)进行检测和分割,并使用不同颜色区分不同实例。全景分割任务要求识别图像中的每个像素点,并且必须给出对应的语义标签和实例编号。其中,语义标签是物体的类别,而实例编号对应的是同类但不同实例的标识。

图像语义分割在当前阶段虽然取得了显著的进步,但依然面临很多待解决的问题,如小目标分割不够准确、多尺度物体分割存在局限、物体边缘信息得不到很好的保留、分割结果中存在噪声点等。根据实现技术的不同,图像分割的实现方式可分为基于特征编码的模型、基于区域选择的模型、基于RNN的模型、基于上采样/反卷积的模型、基于提高特征分辨率的模型等方法。

5. 图像生成

图像生成是指根据输入向量生成目标图像。这里的输入向量可以是随机的噪声或用户指定的条件向量。图像生成的具体应用场景有:手写体生成、人脸合成、风格迁移、图像复原、超分辨率重建等。当前的图像生成任务主要是借助生成对抗网络来实现的。

图像生成是近几年随着计算机视觉技术蓬勃发展应运而生的一项计算机视觉任务。2014年,Lan Goodfellow将生成对抗网络模型引入到深度学习领域。到目前为止,生成对抗网络模型已经成为图像生成任务中最受欢迎的模型之一。

2016年,Scott Reed、Honglak Lee等对GAN网络模型进行了改进,将视觉概念从字符转换为像素,有效地桥接了文本和图像建模之间的步骤,这使得模型能够从文本信息中提炼特征并生成符合预期的图像。接着,Han Zhang、Dimitris Metaxas等对上述方法进行了进一步的优化和改进,提出一种堆叠生成对抗网络(StackGAN),该网络能够根据文本描述生成尺寸为256×256像素的真实图像。2018年,Lan Goodfellow、Han Zhang、Augustus Odena、Dimitris Metaxas又提出了自注意生成对抗网络(self-attention generative adversarial network,SAGAN),该网络将注意力驱动的长距离依赖建模应用到图像生成任务中。传统的卷积生成对抗网络在处理低分辨率特征图时仅以空间局部点为函数来生成高分辨率的细节,而SAGAN充分考虑了像素间的长距离依赖关系,能够利用来自所有要素位置的特征向量生成更为详细的信息。如今,SAGAN已经将ImageNet上的最佳IS(inception score)从36.80分提升到52.52分。

后来,DeepMind将正交正则化的思想引入GAN,对GAN进行改进,提出了

BigGAN。BigGAN 将输入先验分布适时地进行截断，使 GAN 的生成性能得到了大幅的提升。BigGAN 将在 ImagNet 上的最佳 IS 提升至 166 分。目前，BigGAN 等模型已经取得非常逼真的图像生成效果，但图像生成训练所需的特征参数是海量的，因此对硬件设备提出了很高的要求。

目前，图像生成领域较为主流的算法模型包括生成对抗网络（generative adversarial network，GAN）、自回归模型（PixelRNN/PixelCNN）、变分自编码器（variational auto-encoder，VAE）。现阶段，大部分的图像生成任务是依靠生成对抗网络来实现的。

9.3.4 计算机视觉与元宇宙

计算机视觉作为一种人工智能领域，旨在使机器能够感知和理解视觉信息。它在诸多领域都有广泛的应用，如人脸识别、自动驾驶、医学成像和增强现实。其中，元宇宙被认为是计算机视觉领域最具前景和挑战性的应用之一。元宇宙是一个集体虚拟共享空间，包含多个数字世界。近年来，随着 5G、云计算、区块链和虚拟现实等技术的迅速发展，元宇宙受到了广泛的关注。

1. 计算机视觉在元宇宙中的作用

元宇宙是一个身临其境的虚拟世界，人们可以在其中以互动和超现实的方式进行见面、社交、交换货币、创作数字艺术、购物和销售等活动。与现实世界不同，为了实现这些功能，特别是视觉相关功能，元宇宙需要相关技术的支持，计算机视觉将在虚拟现实感知方面发挥关键作用。

（1）**个性化数字化身**。计算机视觉技术可以通过人脸识别、表情识别和姿势识别等技术，将人们在现实世界中的外貌和表现转化为逼真的数字化身。这使得人们能够以自己喜欢的形象在元宇宙中出现，并能根据自己的情绪、意图和环境进行动态调整。

（2）**自然交互**。计算机视觉使人们可以自然而流畅地与元宇宙中的虚拟环境进行交互。手势识别、目光追踪和语音识别等技术可以感知人们在现实世界中的行为和意图，将其映射到虚拟世界中，实现无缝对接。这样的交互方式使用户体验更加直观和沉浸式。

（3）**物体和信息导入**。计算机视觉技术可以通过物体识别、场景理解和图像生成等技术将现实世界中的物体和信息导入到元宇宙中，并与之进行融合和创造。通过识别和分析现实世界中的图像和视频，将其转换为数字资产或内容，并与虚拟世界中的其他元素进行组合和变换。这样的功能为用户提供了更多创作和互动的可能性。

（4）**空间计算和渲染**。虚拟世界的无缝渲染取决于智能 2D/3D 传感器和高级计算机视觉算法的空间计算能力。利用这些技术，机器能够准确地映射现实世界，重建逼真的三维虚拟环境。随着计算机视觉的进步，硬件的简化和设备的可访问性提高，我们将会看到越来越多的计算机视觉实际应用在元宇宙中创造出身临其境的体验。

2. 计算机视觉在元宇宙中的应用场景

在过去的几年里，沉浸式数字世界的吸引力激增。元宇宙的概念——物理领域之上的数字化生命层已经存在了一段时间，随着元宇宙的兴起，计算机视觉技术也将在其中扮演着重要的角色。元宇宙是一个虚拟的数字世界，其中包括了虚拟现实、增强现实、混合现实等多种技术，使得用户可以在其中进行各种虚拟的活动和交互。计算机视觉技术在元宇宙中的应用主要包括以下几个方面。

（1）**虚拟现实体验的增强**。计算机视觉技术的应用能够显著增强元宇宙中的虚拟现实体验，使其更为逼真和贴近真实。例如，在虚拟现实游戏中，计算机视觉技术可以实现人物动作捕捉和面部表情识别等功能，从而让虚拟人物的行为和表情更加自然和真实。

（2）**增强现实的应用**。计算机视觉技术能够进一步提升增强现实应用的智能化和便捷性。例如，在增强现实的购物应用中，计算机视觉技术可以实现商品识别和价格比较等功能，让用户可以更加方便地进行购物。

（3）**元宇宙中的人脸识别和安全**。计算机视觉技术对于元宇宙中的人脸识别和安全监控具有重要应用价值。例如，在元宇宙中的虚拟会议中，计算机视觉技术可以实现人脸识别和身份验证等功能，从而确保会议的安全和保密。

（4）**元宇宙中的医疗**。数字孪生、区块链支持的记录保存、先进机器人和基于计算机视觉的成像等技术正在改变医疗保健服务。在接下来的十年里，健康元宇宙将以超出想象的方式进一步深化患者护理和医学教育。例如，通过虚拟现实模拟，外科实习生在与现实世界中的患者接触之前，能够获得复杂医疗程序的沉浸式技术培训，这将有助于他们实践能力的提升。

（5）**电子商务元宇宙**。元宇宙购物有望重塑零售业。Alo Yoga，Vans，Nike 和 Ralph Lauren 等品牌已经与 Roblox 合作，建立了一个可以进行数字购物的虚拟商店。2021 年 4 月天猫上线了一座 3D 版天猫家装城，类似于元宇宙的某种初级形态。商家可以在其中搭建属于自己的 3D 购物空间，消费者则可以在其中体验"云逛街"。为此，阿里自研了一套免费的 3D 设计工具，商家通过上传多张商品实物图，AI 就能自动生成高清货品模型，建模更为简单，消费者获得的购物体验也更好。在 2022 年年初，沃尔玛申请了一系列专利，表明它有研究并推广加密货币、NFT 和虚拟商品的计划。

计算机视觉通过生成逼真内容、分析现实世界和增强用户体验，为元宇宙提供了逼真的沉浸式体验。计算机视觉与元宇宙之间存在着密切而双向的关系。一方面，计算机视觉为元宇宙提供了强大而必要的技术支撑，使得元宇宙能够呈现出更加真实而多样化的数字空间；另一方面，元宇宙也为计算机视觉提供了更加广阔而挑战性的应用场景，促进了计算机视觉技术的不断创新和进步。

9.4 自然语言处理

自然语言处理（natural language processing，NLP）与元宇宙之间存在紧密的关联。在元宇宙中，借助自然语言处理技术的语言学习能力，能够有效地分析虚拟世界和现实世界中的语言信息，从而建立虚拟世界和现实世界之间的智能语言信息处理能力。这样的能力使得元宇宙中的用户能够以更自然和便捷的方式进行跨宇宙的沟通和语言信息服务。同时，自然语言处理也面临着一系列新的挑战和机遇。举例来说，如何适应多种语言和文化之间的差异，如何处理大规模和多模态的语言数据，以及如何保护用户的隐私和安全等问题都是在元宇宙环境下需要解决的重要课题。

9.4.1 自然语言处理的基本概念

自然语言处理是涵盖各种计算模型和学习过程的学科，旨在解决自动分析和理解人类语言（包括语音和文本）的实际问题。作为人工智能和语言学领域的分支学科，自然语言处理在文本挖掘中具有重要地位，并且是研究人与计算机交互的学科之一，致力于处理和应用自然语言的新兴技术。随着相关技术的发展，自然语言处理正朝着人机交互问题的探索迈进，以实现人与计算机之间更高效的通信。

自然语言处理主要涵盖四个阶段：①采用严密的数学模型来描述人类的自然语言；②将数学模型转化为计算机可表示的算法模型；③根据定义的算法模型编写计算机语言程序，以实现和应用这些模型；④对所得到的自然语言处理模型进行优化改进，并将其应用于更广泛的领域。然而，自然语言处理面临着挑战，其中人机交互情境的复杂性是一个重要因素，除了考虑计算机性能方面的因素，自然语言的复杂性也是主要挑战之一。人类自然语言不仅涉及字、词、句、篇等结构划分，还涵盖了音、形、义等多个方面。同一语句可能因语调不同而完全改变意义。美国学者 Daniel 将复杂的语言行为总结为六个知识领域：语音学与音系学、形态学、句法学、语义学、语用学和话语学。这六个方面的复杂性为计算机处理自然语言带来了巨大挑战。

自然语言处理涉及两个主要流程：自然语言理解和自然语言生成。自然语言理解研究计算机如何理解自然语言文本所包含的意义，而自然语言生成研究计算机如何生成自然语言文本以表达给定的意图和思想。由于 NLP 的目标是使计算机"理解"自然语言，因此有时将 NLP 称为自然语言理解（natural language understanding，NLU）。

9.4.2 自然语言处理的发展历程

1946 年世界上第一台通用电子计算机诞生时，英国的布思和美国的韦弗就提出了利用计算机进行机器翻译。从这个时间点开始算起，自然语言处理技术已经历 80 多年的发展历程。自然语言处理技术的整个发展历程可以归纳为萌芽期、发展期和繁荣期三个阶段。

（1）**萌芽期（1960 年以前）**。在 20 世纪 40 年代到 50 年代之间，除了那个时期给世界带来巨大冲击的计算机技术之外，美国还涌现出了两位重要的研究者，为世界贡献了卓越的研究成果。其中之一是乔姆斯基，他致力于形式语言的研究；而另一位则是香农，他的主要探索领域涵盖概率和信息论模型。1956 年，乔姆斯基提出了上下文无关语法，并将其应用于自然语言处理领域。香农的信息论研究建立在频率统计的基础之上，主要聚焦于自然语言和计算机语言。他们的工作直接催生了基于规则和基于概率这两种不同的 NLP 技术的产生，而这两种不同的 NLP 技术又引发了数十年关于"基于规则和基于概率方法哪种方法更优"的辩论。

（2）**发展期（1960—1999 年）**。在 20 世纪 60 年代，法国格勒诺布尔大学的以色列知名数学家巴尔·希勒尔（Yehoshua Bar-Hillel）开始了自动翻译系统的开发。当时，许多国家和组织投入了大量人力、物力和财力进行机器翻译的研究。然而，在机器翻译系统的开发过程中，出现了各种各样的问题，这些问题的复杂性远远超出了最初的预期。为了应对这些问题，当时人们提出了各种模型和解决方案。虽然最终的结果并不尽如人意，但这为后来与之相关的领域的发展奠定了基础，如统计学、逻辑学、语言学等。

1990 年，第 13 届国际计算机语言学大会成功召开，围绕着"处理大规模真实文本的理论、方法与工具"的主题进行。这次大会以后，自然语言处理的研究重心转向了大规模真实文本，传统的基于语言规则的自然语言处理开始显得力不从心。

直至 20 世纪 90 年代中期，随着计算机技术和互联网的迅猛进步，全新的计算模型、大数据以及多种统计模型纷纷涌现，为基于统计的自然语言处理铺平了发展之路，取得了显著的突破，彰显出在各个领域中的巨大潜力，从而让自然语言处理的研究焕发出全新的生命力。在这一时期，自然语言处理深受大数据和概率统计模型的影响，实现了快速的发展。

（3）**繁荣期（2000年至今）**。进入21世纪后，互联网公司的大量涌现对自然语言处理的发展起到了重要的推动作用，其中包括最早的雅虎搜索以及后来的谷歌和百度等公司。基于万维网的各种应用和社交工具在不同领域推动了自然语言处理的进步和创新。在这个过程中，各种数学算法和计算模型的重要性逐渐显现。机器学习技术不断缩小人与计算机之间的交流障碍。其中，深度学习技术在自然语言处理领域发挥着越来越重要的作用。可以预见，在不久的将来，借助互联网的支持，自然语言处理领域目前所面临的问题将逐步迎刃而解，全球不同语言的人们将能够自由交流和沟通，人与计算机之间的交互也将变得更加通畅。

9.4.3 自然语言处理研究内容

自然语言处理研究内容包括很多分支领域，如文本分类、机器翻译、信息检索、信息过滤、智能问答、自动文摘、话题推荐、信息抽取、主题词识别、知识库构建、深度文本表示、命名实体识别、文本生成、文本分析（词法、句法和语法）、舆情分析、自动校对、语音识别与合成等。部分常见的自然语言处理分支领域的简介如下。

（1）**机器翻译**。机器翻译又称自动翻译，是利用计算机将一种自然语言转换为另一种自然语言的技术。机器翻译是计算机语言学的一个重要分支，是人工智能的终极目标之一，具有重要的科学研究价值。

（2）**智能问答**。智能问答是指问答系统能以一问一答的形式，正确回答用户提出的问题。智能问答可以精确地定位用户所提问的内容，通过与用户进行交互，为用户提供个性化的信息服务。

（3）**自动文摘**。文摘是指能够全面准确地总结某一文献中心内容的简单连贯的短文，自动文摘则是指利用计算机自动地从原始文献中提取文摘。互联网每天都会产生海量文本数据，用户查询和了解关注的话题往往需要花费大量时间和精力。尽管文摘能够反应文本的主要内容，然而仅依赖人工进行文摘是相当困难的。为了应对这种状况，学术界尝试使用计算机技术实现对文献的自动文摘提取。自动文摘技术广泛应用于Web搜索引擎、问答系统的知识融合和舆情监督系统的热点与专题追踪。

（4）**信息抽取**。信息抽取是指从文本中抽取出特定的事件或事实信息。例如，从时事新闻报道中抽取出某一恐怖袭击事件的基本信息，如时间、地点、事件制造者、受害人、袭击目标、伤亡人数等。信息抽取与信息检索有着密切的关系，信息抽取系统通常以信息检索系统的输出作为输入，此外，信息抽取技术可以用于提高信息检索系统的性能。

（5）**舆情分析**。舆情分析是指根据特定问题的需要，对舆情进行深层次的思维加工和分析研究，得到相应结论的过程。网络环境下舆情信息的主要来源有新闻评论、网络论坛、聊天室、博客、新浪微博、聚合新闻和QQ等。由于网上的信息量十分巨大，仅仅依靠人工的方法难以应对海量信息的搜集和处理，因此需要加强相关信息技术的研究，形成一套自动化的网络舆情分析系统，以及时应对网络舆情，由被动防堵变为主动梳理、引导。舆情分析是一项十分复杂且涉及诸多问题（包括网络文本挖掘、观点挖掘等各方面的问题）的综合性技术。

（6）**语音识别**。语音识别又称自动语音识别，是指对输入计算机的语音信号进行识别并将其转换成文字表示出来。语音识别技术涉及的领域众多，其中包括信号处理、模式识别、概率论和信息论、发声机理和听觉机理、人工智能等。

9.4.4 自然语言处理基本流程

自然语言处理是指用计算机对自然语言的形、音、义等信息进行处理，即对字、词、句、篇章的输入、输出、识别、分析、理解、生成等的操作和加工。实现人机间的信息交流，是人工智能、计算机科学和语言学所共同关注的重要问题。由于中文自然语言处理的基本流程和英文相比有一些特殊性，主要表现在文本预处理环节，故我们将以中文自然语言处理为例介绍自然语言处理的基本流程。中文文本没有像英文单词那样用空格隔开，因此不能像英文一样直接用最简单的空格和标点符号完成分词，一般需要用分词算法完成分词。中文NLP的基本流程由语料获取、语料预处理、文本向量化、模型构建、模型训练和模型评价六部分组成。

1. 语料获取

在进行NLP之前，人们需要得到文本语料。文本语料的获取一般有以下几种方法。

（1）利用已经建好的数据集或第三方语料库进行。这种方法的优点是可以省去很多处理成本。

（2）获取网络数据。NLP往往需要解决的是某种特定领域的应用，仅靠开放语料库无法满足需求，这时就需要通过"爬虫"技术获取需要的信息。

（3）制定数据搜集策略搜集数据。可以通过制定数据搜集策略，从业务的角度搜集所需要的数据。

（4）与第三方合作获取数据。通过购买的方式获取部分需求文本数据。

2. 语料预处理

获取语料后还需要对语料进行预处理，常见的语料预处理如下。

（1）**去除数据中非文本内容**。大多数情况下，获取的文本数据中存在很多无用的内容，如"爬取"的一些 HTML 代码、CSS 标签和不需要的标点符号等，这些都需要分步骤去除。少量非文本内容可以直接用 Python 的正则表达式删除，复杂的非文本内容可以通过 Python 的 BeautifulSoup 库去除。

（2）**中文分词**。中文分词指的是将一个汉字序列切分成一个个单独的词。分词就是将连续的字序列按照一定的规范重新组合成词序列的过程。在英文的行文中，单词之间是以空格作为自然分界符的，而中文的词没有一个形式上的分界符。尽管英文也同样存在短语的划分问题，但在词这一层面上，中文比英文要复杂得多、困难得多。

（3）**词性标注**。词性标注指给词语打上词类标签，如名词、动词、形容词等，常用的词性标注方法有基于规则的算法、基于统计的算法等。

（4）**去停用词**。停用词就是句子中没必要存在的词，去掉停用词后对理解整个句子的语义没有影响。中文文本中存在大量的虚词、代词或者没有特定含义的动词、名词，在文本分析的时候需要去掉。

3. 文本向量化

文本数据经过预处理去除数据中非文本内容、中文分词、词性标注和去停用词后，基本上是干净的文本了。但此时还是无法将文本直接用于任务计算，需要通过某些处理手段，预先将文本转化为特征向量。一般可以调用一些模型来对文本进行处理，常用的模型有词袋模型（bag of words model）、独热编码（one-hot encoding）、词频 - 逆向文件频率（term frequency-inverse document frequency，TF-IDF）、N 元语法（N-gram）模型和 Word2vec 模型等。

4. 模型构建

文本向量化后，根据文本分析的需求选择合适的模型架构来构建文本分析模型。在选择模型时，我们也应该考虑多个类似的模型作为备选方案，以进行效果对比和评估。过于复杂的模型往往不是最优的选择，因为模型的复杂度与模型训练时间呈正相关，模型复杂度越高，模型训练时间往往也越长。

NLP 中使用的模型包括机器学习模型和深度学习模型两种。常用的机器学习模型有 KNN、SVM、Naive Bayes、决策树、k-means 等。常用的深度学习模型有 RNN、

CNN、LSTM、Seq2Seq、FastText、TextCNN 等。

5. 模型训练

模型构建完成后，需要进行模型训练，其中包括模型微调等。训练时可先使用小批量数据进行试验，这样可以避免直接使用大批量数据训练导致训练时间过长等问题。在模型训练的过程中要注意两个问题：一个是在训练集上表现很好，但在测试集上表现很差的"过拟合"问题；另一个是模型不能很好地拟合数据的"欠拟合"问题。同时，还要避免出现梯度消失和梯度爆炸问题。仅训练一次的模型往往无法达到理想的精度与效果，还需要进行模型调优迭代，提升模型的性能。模型调优往往是一个复杂、冗长且枯燥的过程，需要多次对模型的参数做出修正；调优的同时需要权衡模型的精度与泛化性，在提高模型精度的同时还需要避免过拟合。在现实生产与生活中，数据的分布会随着时间的推移而改变，有时甚至会变化得很急剧，这种现象称为分布漂移（distribution drift）。当一个模型随着时间的推移，在新的数据集中的评价不断下降时，就意味着这个模型无法适应新的数据的变化，此时模型需要进行重新设计和训练。

6. 模型评价

模型训练完成后，还需要对模型的效果进行评价。模型的评价指标主要有准确率（accuracy）、精确率（precision）、召回率（recall）、F值（F-measure）、ROC（receiver operating characteristic）曲线、曲线下面积（area under the curve，AUC）曲线等。针对不同类型的任务，所用的模型评价指标往往也不同。例如分类任务常用的评价方法有准确率、精确率、AUC曲线等。同一种评价方法也往往适用于多种类型的任务。在实际的生产环境中，模型评价的侧重点可能会因实际业务场景而异。不同的业务场景对模型性能的需求也会有所不同，例如，对于那些可能导致经济损失的预测结果，模型的精确度要求会更为严格。

9.4.5 自然语言处理的关键技术

自然语言处理已经成为当今各个领域人工智能发展的核心之一。自然语言的理解包括机器翻译、自动问答、情感分析、文本分类等方面的应用，将会极大地提高人们的工作效率和生活品质。NLP涉及多种技术，可以分为两大方向：自然语言理解（natural language understanding，NLU）和自然语言生成（natural language generation，NLG）。NLU是指让计算机理解自然语言的含义，NLG是指让计算机用自然语言表达信息。NLU负责理解内容，NLG负责生成内容（NLP=NLU+NLG）。以智能音箱为例，当用户说"几点了",首先需要利用 NLU 技术判断用户意图,理解用户想要什么,然后利用 NLG 技术说出"现在是 6 点 50 分"。本节我们将重点介绍 NLP 的一些关键技术,并分析其实现过程以及常见应用场景。

1. 自然语言理解技术

2015 年起,对话系统逐渐受到人们的关注,而自然语言理解技术的发展是对话系统成功的关键,它主要解决了机器理解人类语言的问题。例如,如果想要订机票,人们会有很多种自然的表达:"订机票""有去上海的航班么""看看航班,下周二出发去纽约的""要出差,帮我查下机票"等,自然语言表达具有无限多种组合,这些表达都代表着"订机票"这一意图。然而,要让机器理解这么多不同的表达方式则是一项挑战。过去,机器只能处理"结构化数据"(如关键词),这意味着要理解人们在说什么,就必须让用户输入精确的指令。因此,无论是说"我要出差"还是"帮我查一下去北京的航班",只要这些句子中没有预先设定的关键词"订机票",系统都无法处理。而且,一旦出现了关键词,比如"我要退订机票",其中也包含了这个关键词,它会被处理成用户想要订机票。自然语言理解技术的出现,使得机器能够从各种自然语言表达中区分出属于"订机票"这一意图的那些话语,不再依赖于死板的关键词。此外,通过训练,机器还能够自动提取出句子中"下周二""上海"等时间地点,实现智能化的机票预订对话功能。

自然语言理解技术旨在赋予计算机理解人类自然语言的能力。一般而言,自然语言理解技术主要涵盖语法分析、语义分析、命名实体识别、情感分析和指代消解等方面。其中,语法分析旨在根据语言规则将句子或段落转换为语言结构树,以便进行进一步的分析;语义分析旨在对句子的意义进行深入分析,包括词汇层面和文本层面的分析;命名实体识别旨在从文本中提取出名称、地点、组织机构、时间、数量等实体信息;情感分析旨在分析文本的情感色彩;而指代消解则旨在确定句子中代词等指示词所指代的具体事物。这些技术构成了自然语言理解技术的核心,能够显著提升计算机对自然语言的理解能力。

自然语言理解技术在语音识别和翻译、自然语言问答、违规监测和机器翻译等多个领域都有广泛的应用。例如,谷歌翻译就是基于自然语言理解技术实现的,能够将多种语言翻译成不同语言的文本。此外,自然语言理解技术还被广泛应用于客服机器人、社交媒体监测、舆情分析和金融信息分析等领域。

目前自然语言理解中广泛使用的是 Transformer 技术,Transformer 是一种基于自注意力机制的模型,它可以有效地处理自然语言中的长距离依赖关系,使得模型在处理自然语言任务时取得了很好的效果。Transformer 的模型结构如图 9-17 所示，它的内部结构由自注意层（self-attention layer）和层归一化（layer normalization）堆叠而成。

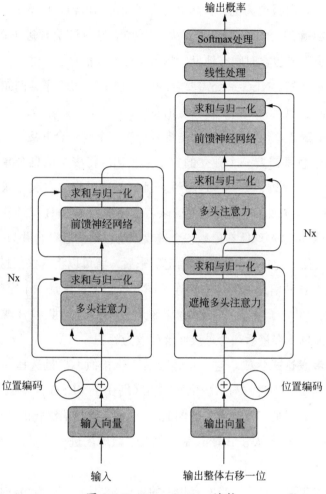

图 9-17　Transformer 结构

2. 自然语言生成技术

自然语言生成技术是一种将计算机处理过的信息转化为自然语言的技术。简单来说，该技术具有让计算机生成符合人类语言习惯的文本的能力。它的主要目的是降低人类和机器之间的沟通鸿沟，将非语言格式的数据转换成人类可以理解的语言格式。自然语言生成技术主要包括自动摘要、文本收缩、文档生成、语音生成等：自动摘要技术能够从文本中提取出关键的信息，生成短文本；文本收缩技术可以将长文本收缩为较短的文本；文档生成技术可以根据需求自动生成复杂的文档；语音生成则是将文本信息转化为人类可以听懂的语音。这些自然语言生成技术的发展使得机器能够更加自然地与人类进行交互，缩短了人与机器之间的距离，提高了人工智能的效率。一般来说，自然语言生成有两种方式：文本到语言的生成（text to text）；数据到语言的生成（data to text）。

1）步骤

以生成一场篮球赛报道为例，自然语言生成技术一般包括以下 6 个步骤。

第一步：内容确定。NLG 系统需要决定哪些信息应该包含进正在构建的文本中。例如，篮球赛报道需要包含时间、地点、队名、比分等信息。

第二步：文本结构。NLG 系统需要合理的组织文本的顺序。例如，按顺序表达篮球赛的时间、球队、地点、人员、比分等信息。

第三步：句子聚合。句子聚合指的是将两个或多个句子合并成一个更复杂句子的过程。不是每一条信息都需要一个独立的句子来表达，将多个信息合并到一个句子里表达可能会更丰富、更细致、更具有逻辑性。例如，选择将"本次篮球赛的比赛时间为 2023 年 8 月 10 日""参加本次篮球赛的球队名称分别为 A 和 B""本次篮球赛的举办地点为华侨大学篮球场""A 球队在最后一个进攻回合反败为胜"合并为一个句子。

第四步：语法化。当每一句的内容确定下来后，就可以将这些信息组织成自然语言了，这个步骤会在各种信息之间加一些连接词，看起来更像是一个完整的句子。例如，将上一步列举的三个句子合并为："2023 年 8 月 10 日，A 球队和 B 球队在华侨大学篮球场进行比赛，A 球队在最后一个进攻回合反败为胜。"

第五步：参考表达式生成。这个步骤跟语法化相似，都是选择一些单词和短语来构成一个完整的句子。不过它与语法化的本质区别在于"REG 需要识别出内容的领域，然后使用该领域（而不是其他领域）的词汇"。例如，经过语法化的句子进一步修改为："2023 年 8 月 10 日，A 球队和 B 球队在华侨大学篮球场进行比赛，A 球队在最后时刻绝杀了 B 球队。"

第六步：语言实现。最后，当所有相关的单词和短语都已经确定时，需要将它们组合起来形成一个结构良好的完整句子。例如，将经过参考表达式生成的句子进一步修改为："2023 年 8 月 10 日，A 球队和 B 球队在华侨大学篮球场进行比赛，两支球队实力相当，四节比赛后依然难分胜负，最后时刻，A 球队用一记关键的进球绝杀了 B 球队。"

2）关键技术

自然语言生成技术的实现使用到了许多关键技术，其中最知名的包括 BERT 和 GPT 系列模型。

（1）BERT。2018 年，Jacob Devlin 等提出的预训练模型（bidirectional encoder representations from transformers，BERT），震惊了 NLP 学术界。BERT 的一种双向模型，通过引入自注意力机制，能够有效利用上下文信息的相互依赖关系，而不拘泥于传统的单向信息理解。这使得它在理解单词或词语时能够充分利用有效的上下文信息，从而提高语义理解的准确性。在训练数据准备阶段，BERT 提出使用大量的无标签文本进行预训练，这使得它能够从海量数据中学习到通用的语义信息，从而在各种任务上都具有一定的泛化能力。在模型训练阶段，BERT 采用了预训练和微调的两阶段策略。在预训练阶段，模型在大规模文本上进行训练，学习到丰富的语言表示。然后，在特定任务上微调该模型，使其适应具体的 NLP 任务。这种策略使得 BERT 在多个任务上都展现出卓越的性能。综合来看，BERT 的双向上下文建模、Transformer 架构、丰富的预训练数据、预训练-微调策略使其在 NLP 领域取得了显著的优势，成为了众多 NLP 任务中的先驱和优秀模型。

（2）GPT 模型。在 GPT 之前，NLP 模型通常是针对特定任务在大量标注数据上进行的有监督训练。这受限于获取标注数据的高成本，而且 NLP 模型很难跨任务泛化，因此需要针对每个任务重新训练。为了克服这些限制，OpenAI 提出了生成式预训练语言模型（GPT 系列模型，它的结构如图 9-18 所示），它先利用大规模的未标注文本数据来学习语言的通用表示，再通过微调的方式适应下游文本分类、问答、情感分析等任务，从而不依赖于特定任务的标注数据。

① GPT-1。OpenAI 于 2018 年最早提出的生成式预训练语言模型，它使用了一个多层的 Transformer 解码器来构建一个自回归的语言模型，并在庞大的 BooksCorpus 数据集上进行预训练。这种生成式预训练语言模型能够学习长距离依赖关系，并在包含连续文本和长片段的多样化语料库中获取丰富的知识。GPT-1 的一

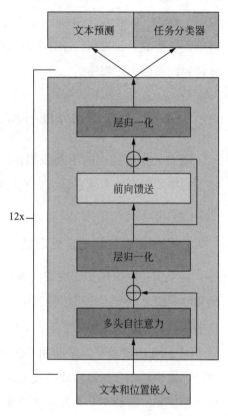

图 9-18　GPT 的结构

项重要成就是可以通过有效学习通用语言概念来提高模型的泛化能力，在各种任务上进行零样本或少样本表现，几乎不需要微调即可成为执行自然语言处理任务的强大工具。同时，GPT-1 的成功也为后续研究工作开辟了道路，为更大规模数据集和更强大模型的生成式预训练语言模型提供了可能性。

② GPT-2。2019 年年底，OpenAI 开发了一个更强大的生成式预训练语言模型，即 GPT-2。GPT-2 沿用了 GPT-1 的基本架构，即一个多层的 Transformer 解码器，但是将其

参数数量扩大到15亿，是GPT-1的10倍。通过在一个包含来自互联网的400GB文本数据的数据集上进行预训练，GPT-2在各种与翻译、摘要、阅读理解等相关的语言任务上表现出色。值得注意的是，其只需使用原始文本作为输入，并且几乎不需要或只需要少量的下游任务数据。GPT-2在多个下游任务数据集上的评估表明，它在捕捉长距离依赖和生成连贯文本方面的能力超过了其他先前的模型。

③ GPT-3。OpenAI开发的第三代海量语言预测生成模型，能够生成长序列的自然文本，比以前的版本更强大、更快，并且无需任何特殊的微调过程。GPT-3模型包含了约1750亿个参数，比GPT-2大100倍，学习了互联网和其他内容源收集的570GB文本数据（称为"Common Crawl"），并且还具有执行简单算术问题、编写代码片段和执行推理任务等能力。目前，GPT-3以API的形式提供给用户和研究者，并已经产生了一些有趣和创新的应用程序。

9.4.6 自然语言处理与元宇宙

随着元宇宙技术的不断发展，NLP技术的应用也越来越广泛。在元宇宙中，NLP技术的作用和影响力越来越大，它已经成为实现人机互动、实现自然语言交互的重要技术之一。

1. 元宇宙中自然语言处理技术的作用

元宇宙是虚拟现实和现实世界相结合的综合体，它是由一系列多维度的虚拟现实空间和世界组成的，用户可以在其中进行各种交互和互动。而在元宇宙中，自然语言处理技术则具有重要的作用和影响力。

（1）NLP技术可以帮助用户更加便捷地进行交互和互动。在元宇宙中，用户可以通过语音识别和自然语言理解技术，与虚拟角色、虚拟助手等进行语音对话，完成各种任务和交互。这种交互方式不仅更加自然、便捷，而且还可以提供更加个性化的服务和体验，增强用户的参与感和满足感。

（2）NLP技术可以帮助虚拟角色和虚拟助手等更加智能化和人性化。在元宇宙中，虚拟角色、虚拟助手等需要具备一定的智能化和人性化，才能更好地与用户进行交互和互动。而NLP技术可以帮助这些虚拟角色和虚拟助手理解用户的语音和文本输入，给出相应的反馈和建议，提供更加智能、个性化的服务和体验。

（3）NLP技术可以帮助元宇宙中的虚拟社交和虚拟教育等场景更加丰富和多样化。在元宇宙中，用户可以通过虚拟社交平台、虚拟教育平台等进行交流和学习，而NLP

技术可以帮助这些平台更加智能化和个性化，提供更加丰富、多样化的服务和体验。

2. 自然语言处理在元宇宙中的应用

NLP 技术可以应用到元宇宙的虚拟世界中，为用户提供更自然、更便捷、更沉浸的交互体验。

（1）**虚拟助理**。虚拟助理是指能够通过语音或文本与用户交流的虚拟角色，可以提供信息、服务或娱乐。例如，苹果的 Siri 和亚马逊的 Alexa 就是基于 NLP 技术的虚拟助理，可以识别用户的语音指令，并根据用户的意图和情境提供合适的回答或操作。

（2）**搜索引擎**。搜索引擎是指能够根据用户的语音或文本查询，从海量的数据中检索出相关结果的系统。例如，谷歌和必应就是基于 NLP 技术的搜索引擎，可以理解用户的自然语言问题，并根据用户的需求和偏好提供最佳的答案或建议。

（3）**内容生成**。内容生成是指能够根据用户的语音或文本输入，自动地生成相应的语音或文本输出的系统。例如，GPT-3 就是基于 NLP 技术的内容生成模型，可以预测下一个单词，并根据前文生成连贯的句子和段落。

（4）**文本语音交互**。文本和语音是人类最常用和最自然的沟通方式，可以有效地传达信息、情感和意图。为元宇宙提供基于文本和语音的交互体验是一项具有挑战性和创新性的任务，也是一项具有巨大潜力和价值的任务。基于文本和语音的交互体验可以让用户在元宇宙中更自由、更便捷、更舒适地与其他用户、虚拟角色和环境进行互动，也可以让用户在元宇宙中更深入、更广泛、更有趣地体验和享受虚拟世界。

3. 自然语言处理的技术挑战和未来发展方向

自然语言处理是人工智能的一个重要分支，随着深度学习和大数据的发展，NLP 也取得了很多令人瞩目的进步，在很多任务上有了显著的提升。然而，NLP 仍然面临着一些技术挑战，也有着一些未来发展方向。

（1）**利用知识提升 NLP 的性能和智能**。知识是人类语言理解的基础，但目前的知识图谱和预训练模型存在知识不全面、不深入、不准确等缺陷。因此如何构建更完善、更丰富、更可靠的知识表示和获取方法，以及如何将知识有效地融入 NLP 的模型和任务中，是一个亟待解决的问题。例如，在问答系统中，如果能够利用知识图谱中的实体和关系，以及预训练模型中的常识，就可以提供更准确和更有深度的答案；在文本生成中，如果能够利用知识图谱中的事件和逻辑关系，以及预训练模型中的语言规则和风格知识，就可以生成更流畅和更有逻辑的文本。

（2）**实现深层结构化语义分析**。语义是语言的核心，但目前的 NLP 方法还很难捕捉语言的深层结构和含义，比如逻辑关系、因果关系、情感态度等。如何设计更强大的语义分析方法，以及如何利用语义信息进行更高层次的推理和生成，是一个具有挑战性的方向。例如，在机器翻译中，如果能够分析出源语言和目标语言之间的深层对应关系，就可以避免一些语法错误和歧义问题；在文本摘要中，如果能够分析出文本中的主要观点和论据，就可以生成更精炼和更有说服力的摘要。

（3）**实现跨模态语言理解**。人类的信息获取和交流不仅依赖于语言，还依赖于图像、声音、动作等多种模态。如何让计算机能够处理和融合多模态信息，以及如何在多模态场景下进行有效的语言交互，是一个新兴且有前景的方向。例如，在看图说话场景下，如果能够理解图像中的内容和场景，并根据图像生成相关的语言描述，就可以实现图像和语言之间的互动；在视觉问答场景下，如果能够根据图像和问题，从图像中提取相关的信息，并根据问题生成合适的答案，就可以实现图像和语言之间的融合。

9.5 多模态人工智能

多模态人工智能（multimodal AI）是一个新兴领域，旨在模仿人类多感官合作的方式，将不同感知模态的信息整合，以提高计算机系统的感知、推理和决策能力。这一领域在元宇宙的多个应用领域具有巨大潜力，将推动智能技术向前迈进，提供更丰富的虚拟体验。

9.5.1 多模态技术

在现实生活中，人类利用视觉、听觉、触觉等多种感官认识世界，不同感官刺激交融形成统一的多感觉体验。这种多感官协作对于机器而言即为"多模态"。认知神经学研究表明，一类感官刺激可能会作用于其他感官通道，这种现象被称为"联觉"(synesthesia)。2008 年，Li 等在 "Visual Music and Musical Vision" 一文中首次将联觉引入信息领域，并从信息度量角度计算多模态数据的关联，尝试性地探讨了"多模态认知计算"的理论及应用。随着人工智能第三次发展高潮的影响逐渐深化，多模态认知计算迎来了新的发展机遇，成为航空航天、智能制造、医疗健康等重大领域共同关注的研究课题，对推动我国人工智能战略发展具有重要意义。多模态数据如图 9-19 所示。

第 9 章 元宇宙的智慧：人工智能

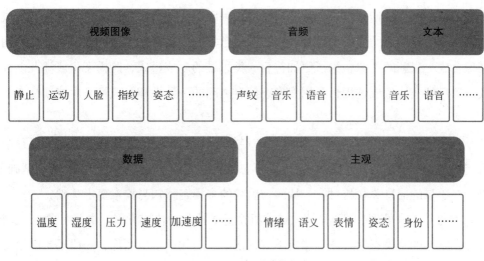

图 9-19 多模态数据

1. 多模态关联

多模态感知与学习，通常是通过对同一个实体或时空事件在不同模态空间内予以阐述或描述，从而得到不同模态的数据。例如，采用 RGB-D 摄像机对同一场景进行拍摄，可以得到 RGB 彩色图像描述和 Depth 深度距离描述；采用摄像机对说话人进行语音采集，可以得到其说话内容的语音信息和相对应的唇部运动信息。这些多模态描述能够更全面地刻画同一客观实体的多维度信息，从而提升模型的理解与认知能力。

不同模态在表征同一客观实体时所能获得的信息量是不同的。例如，在上述对说话信息表征时，语音获取的说话内容信息量一般要高于从视觉唇部获取的信息量。虽然不同模态所获得的信息量是不同的，但是因为它们表述的是同一客观实体，因此其所获得的信息是存在较强关联关系的。如发出不同的音素时，其唇部的视觉运动表现是不同的。因此，为了有效刻画多种模态信息间的关联，需要对不同模态所获得的信息量进行有效分析与对齐，进而实现高质量的多模态感知与学习。即在对不同模态所获取的信息量进行联合感知求和的基础上，需进行高质量的信息关联与对齐，从而为后续的多模态感知与检索奠定基础。

多模态关联又细分为多模态对齐、多模态感知和多模态检索。其中，多模态对齐是一类基础性需求，如图像区域内容和文字词汇的语义对齐，视觉唇部运动与语音声素之间的时间对齐等。在对齐的基础上，通过最大化模态间的关联满足多模态感知、检索等实际任务需求。

2. 跨模态生成

当你阅读一段小说情节时，脑海中会自然浮现相应的画面，这体现了人类的多通道感知和中枢思维系统使其具有天然的跨通道推理和生成能力。然而，传统的机器生成任务通常在单一且固定的模态上进行，例如利用已知的一段对话生成后续情节，或利用已有图像合成一张新的图像。为了更加符合人类思维的生成模式，跨模态生成涉及多种不同模态信息的实体生成过程，利用多模态信息之间的一致性和补充性来生成新模态下的事物。

从信息论的角度看，跨模态生成任务促使不同模态之间通过信息流动，提升个体在既定时空内可感知的信息量。在对不同模态所获取的信息量进行联合感知求和基础上，需进行高质量的信息关联与对齐，从而为后续的多模态感知与检索奠定基础。

随着自然语言处理、智能语音、计算机视觉等技术的快速发展，建立在文本、音频、图像、视频上的跨模态生成任务层出不穷，例如，一句话生成图像，一段场景产生音频等。这些不同模态对信息表达方式的不同，对信息的传达能力有很大差异。在绝大多数人的认知世界中，在一定时空和目标条件下，文本、音频、图像、视频这些模态信号能传递的信息量是逐渐上升的。简单来说，同一事物的声音比文字能直观传达的信息要更加丰富；而图像相比声音更加直观一些；动态的视频带给人类的感受要更加深刻。但同时，同一事物用信息量丰富的模态来描述时也占据更大的存储空间，带来信息处理效率上的负担。

3. 多模态协同

归纳和演绎是人类认知的重要功能。人类可以轻松自如地对视、听、嗅、味、触等多模态感知进行归纳融合，并进行联合演绎，以做出不同的决策和动作。在多模态认知计算中，多模态协同是指协调两个或者两个以上的模态数据，互相配合完成多模态任务。为了实现更加复杂的任务并提升精度和泛化能力，多模态信息之间要相互融合，达到信息互补的目的。从生物学角度来看，多模态协同和人类综合多种知觉作出反应是相似的。近年来，随着传感器技术、计算机硬件设备和深度学习技术的更新换代，多模态数据的获取、计算和应用也变得日新月异。同时，建立在视觉、声音和文本等模态上的多模态协同研究也取得长足发展。

9.5.2 元宇宙与多模态

元宇宙是二维互联网迈向三维化的重大升级，通过数字化技术对现实的三维世界进行全面、完整的模拟甚至超越。为了支撑元宇宙的宏大愿景以及高度复杂的系统，需要更高层次的智能技术维持元宇宙虚拟世界的高效运转。多模态人工智能有望成为元宇宙领域的关键技术之一,它模拟人类理解、学习、思考与行为的方式,能够解决任何类型的复杂问题。相较于单模态人工智能模型,多模态人工智能具有更加全面的认知、推理与计算能力,可以处理未被定义的、具有不确定性的问题,能够对多模态大数据进行综合分析与决策,提高决策准确性,执行具有创新性、创造性和想象力的任务。

2022年5月,DeepMind 发表的论文"A Generalist Agent",受到大规模预训练语言模型的启发,提出了一种多模态、多任务的智能模型——Gato。Gato 只需一个神经网络模型,利用相同的权重,就可以处理大量与自然语言处理、机器视觉、游戏、机器人操作等方向相关的任务。Gato 在 604 个不同模态、观测和动作类别的任务上进行训练。Gato 模型基于 Transformer 模型(一种新的神经网络结构),将不同类型的输入形式,如文本、图像、游戏按键输入、操作机器人的关节力矩信号与传感器信号都转换成离散的序列,并将序列化的输入形式送入 Transformer 模型进行处理。Gato 模型具有 24 层 11.8 亿个参数,在谷歌 16×16 Cloud TPUv3(第三代张量处理单元)切片训练约 4 天后,在 604 个任务中的 450 个任务上达到了专家分数的 50%,并在 23 个 Atari(雅达利)游戏上超过了人类的平均分,在其中 11 个游戏上的得分比人类平均得分高一倍。虽然目前 Gato 模型在单独的任务上还无法达到专用人工智能模型的性能指标,但相关实验指出,随着参数量、数据、硬件等投入的增加,模型性能还有提升的潜力。

2022年6月,中国人民大学教授文继荣及其团队在《自然·通讯》发表面向多模态人工智能的多模态基础模型。该研究借鉴了人类大脑的多模态信息处理机制,提出文本与图片之间的弱语义相关假设,开发了多模态预训练模型 BriVL(bridging vision and language)。该模型试图让模型具有更强的泛化能力和想象能力,应对下游多种认知任务的挑战。与当前主流的多模态模型不同,这些模型依赖于文本与图像之间的强语义相关假设,BriVL 模型则采用了一种弱语义相关假设。这一假设的应用使得模型能够更好地理解人们在为图片配文时所涉及的复杂想象和情感。利用弱语义相关假设,对于输入的抽象概念的单词,BriVL 具有将抽象概念概括为一系列相关事物的能力。

9.6 大模型

AI 大模型是在大规模数据上进行预训练的人工智能模型,包括 NLP 大模型、CV 大模型、多模态大模型和科学计算大模型等,它们在不同领域的应用已取得显著进展,同时也在元宇宙中发挥关键作用。

9.6.1 AI大模型

自从图灵测试在20世纪50年代提出以来，人类一直在探索机器掌握语言智能的问题。语言本质上是一个由语法规则支配的错综复杂的人类表达系统。开发有能力的人工智能算法来理解和掌握一种语言是一个重大的挑战。作为一种主要的方法，语言建模在过去20年里被广泛研究，用于语言理解和生成，从统计语言模型发展到神经语言模型。研究人员通过在大规模语料库上预训练Transformer模型，提出了预训练语言模型（pre-trained language models，PLM），在完成自然语言处理任务方面显示出强大的能力。由于研究人员发现，模型的缩放可以影响模型能力，他们通过将参数规模增加到更大的规模来进一步研究缩放效应。有趣的是，当参数规模超过一定水平时，这些放大的语言模型不仅实现了性能的显著提高，而且还表现出一些小规模语言模型（如BERT）所不具备的特殊能力（如in-context learning）。为了区分不同参数规模的语言模型，研究界为具有相当规模的PLM（包含数百或数千亿的参数规模）创造了大型语言模型（large language model，LLM）这一术语。2022年年底，学术界和工业界对LLM的研究都有了很大的进展，其中一个引人注目的进展是ChatGPT（一个基于LLM开发的强大的人工智能聊天机器人）的推出，它引起了社会的广泛关注。

AI大模型是基于海量多源数据打造的预训练模型，是对原有算法模型的技术升级和产品迭代，用户可通过开源或开放的API/工具等形式进行模型零样本/小样本数据学习，以实现更优的识别、理解、决策、生成效果和更低成本的开发部署方案。大模型的核心作用是突破数据标注的困境，通过学习海量无标注的数据来做预训练，拓展整体模型前期学习的广度和深度，以此提升大模型的知识水平，从而低成本、高适应性地赋能大模型在后续下游任务中的应用。在实践中，预训练大模型在基于海量数据的自监督学习阶段完成了"通识"教育，再借助"预训练+精调"等模式，在共享参数的情况下，根据具体应用场景的特性，用少量数据进行相应微调，即可高水平完成任务。目前，已出现四种AI大模型，包括NLP大模型、CV大模型、多模态大模型和科学计算大模型。

1. NLP大模型

自然语言处理是用计算机来模拟、延伸及拓展人类语言能力的理论、技术及方法，是融合语言学、计算机科学、数学等于一体的综合性学科。自然语言处理目前面临的关键问题是人类语言的复杂性和多样性，例如同样的词汇在不同的语境之下意思不完全一致、日常用语中的反讽等反向情感表达、句式结构的多变和缺失所引发的歧义以及方言和"行话"等个性化特色语言。

近十年来,深度学习成为 NLP 模型研发的主流技术框架,带来了巨大的进步,但仍然受限于对大量有标注数据的依赖,模型泛化性仍有不足。近几年,随着预训练技术的发展、算力提升以及 NLP 领域的海量数据和任务特性,大规模预训练模型首先在该领域取得突破。2018 年,随着 BERT 的诞生,大规模预训练语言模型,利用海量的无标注文本自监督学习,即可深入掌握大量语言知识,刷新多个 AI 权威榜单纪录。3 亿参数的 BERT 模型在权威通用语言理解类评测榜单 GLUE 上的 11 个任务刷新纪录,将基准值推至 80.4%,绝对值提升了 7.6 个百分点,在机器阅读理解顶级水平测试 SQuAD1.1 的全部衡量指标上超越人类平均水平。由 OpenAI 推出的 GPT 系列模型,不仅在效果上刷新了多项纪录,更是表现出高水平的生成能力,开放的 API 服务催生孵化了系列创新产品。国内文心 ERNIE 系列大模型在 GLUE 上实现 9 个任务突破 90 分的成绩,ERNIE3.0 系列在问答、分类、情感分析、抽取、识别等 93 个典型 NLP 任务上刷新业界纪录。百度文心系列大模型已应用于百度搜索、信息流推荐、小度等重要产品,服务数亿用户,也被广泛应用于百度智能云的智能文档、审校、客服等产品中(图 9-20)。

2. CV 大模型

计算机视觉(computer vision,CV)是指使用计算机及相关设备来模拟生物视觉的技术,即基于传统或深度学习算法,赋能计算机理解数字图像和视频,并从各种模态的数据之中提取目标信息。其主要目标是开发"机器之眼",不仅让计算机具备视觉能力,更让计算机识别、理解"看"到的多模态数据。计算机视觉作为人工智能和深度学习的子领域,目前主要以 CNN 和 Transformer 为支撑,针对各个应用场景开发优化类人视觉功能,例如厂商利用图像识别、图像和视频搜索、视频合成等技术应用于汽车交通、媒体标签等常用场景。当前技术上的瓶颈包括杂物遮挡、识别角度等问题。

计算机视觉大模型发展迅速。比如,2021 年 150 亿参数的 V-MoE 被推出,该模型表现出大模型在缩放视觉模型方面的潜力,并在 ImageNet 上准确率达到了 90.35%。此外,V-MoE 具有可扩展性,其表示能力和迁移能力处于性能前沿。国内厂商也逐渐开始在计算机视觉方面进行深入探索,盘古 CV 大模型在 ImageNet 数据集的线性分类评估上,达到了与全监督相比拟的结果,在应用方面可提供光学字符识别(optical character recognition,OCR)文字识别服务,支持通用类、证件类、行业类以及自定义模板识别等多个场景的落地应用,目前已经在 TensorFlow 数据集(TensorFlow datasets,TFDS)图像自动识别精度上超过人类检测员水平。另外,通用视觉模型"书生"(INTERN)在任务上也有优异的表现,在目标检测任务上平均错误率降低了 47.3%。

据了解,"书生"只需要少量的下游数据,就能超过对比文本-图像对的预训练方法(contrastive language-image pre-training,CLIP)基于完整下游数据的准确度。

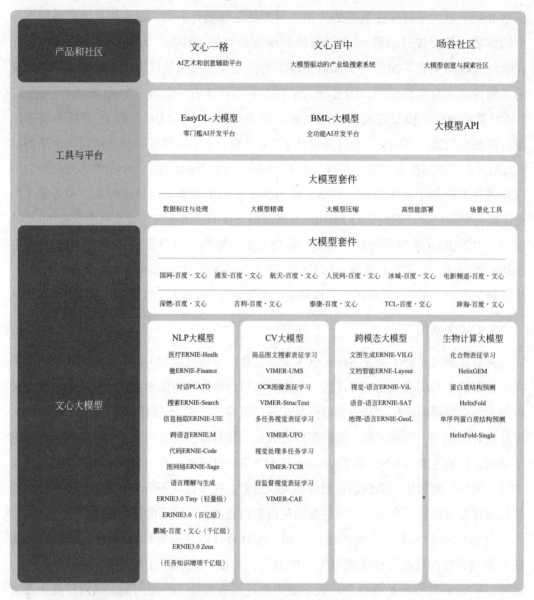

图 9-20 百度文心大模型

3. 多模态大模型

多模态大模型的发展从 OpenAI 的文本图像匹配模型和文生图模型拉开帷幕,目前跨多个模态的数据融合问题开始变成行业探究的重点。多模态是指多个模态感知与认知的融合。对于人类来说,所有感知交互方式的融合形成了社会交流;对于计算机来说,是通过对文本、图片、视频和音频等不同储存信息载体的认知和理解,结合环境因素来模拟人与人之间的交互方式。多模态技术的重要性不言而喻,让人工智能理解人类世界的最优办法就是让 AI 成功理解多模态信息并能够对此类信息形成具有分析、推理的逻辑和生成新信息的能力。

近年来,大模型技术发展推动多模态模型不断升级迭代。首先,预训练大模型赋能多模态机器学习的广度和深度,例如通用性 AI 大模型 M6,十万亿级的参数持续提高模型上限,赋能模型应用的通用性,进而拓宽大模型应用广度,覆盖电商、智能交互等业务场景。同时,多模态预训练模型 mPLUG 荣登全球权威"机器视觉问答榜单"(VQA Challenge 2021)榜首,并超越了人类平均水平。此外,多模态大模型能够实现图像、文本、语音等模态之间的统一表示和相互生成。例如,百度文心 ERNIE-ViLG 2.0 文生图大模型在公开权威评测集 MS-COCO 和人工盲评中效果位于前列,在语义可控性、图像清晰度、中国文化理解等方面均展现出优势,初步实现在多个场景的商业应用。我们看到,头部厂商在多模态大模型领域持续布局,注重模型整体通用性的同时不断提升子领域的优化体验和技术升级。未来,随着技术的不断突破,多模态将持续拓展各行业场景下的信息融合应用。

4. 科学计算大模型

科学计算领域近年来发展态势向好,持续推进技术突破。科学计算指的是通过计算机高效率完成再现、预测和发现客观世界运动规律及演化特征的全过程,即出于解决科学和工程中的复杂数学问题的目标,优化计算机性能以完成数值计算。

近年来"AI+ 科学计算"(科学智能)也在引发科研方式的大变革,如生物制药、气象预报、地震探测、材料研发等科研领域,大模型技术同样也在这些领域带来巨大的突破。科学计算的子领域生物计算(bio-computing),即基于生物学固有理论信息和大量的生物学实验结果及研究分析开发的解决生物学问题的计算模型,正是走在前列的科研方向。2021 年以来,生物计算领域持续突破。例如,DeepMind 推出的 AlphaFold2 能够覆盖 98.5% 的人类蛋白质组,并对 20 种其他生物蛋白质的结构进行预测;同时,该公司与 EMBL-EBI(欧洲分子生物学实验室)合作,推出蛋白质结构数据库以储备和匹配蛋白质 3D 结构图像。各大企业自此之后纷纷提出"人工智能驱动的科学研究(AI for science)"的概念,着手利用人工智能技术加快重点科学技术研发与突破。目前,国内市场活跃产品有头部厂商打造的通用大模型,融合自监督和多任务学习以赋能生物医药行业,例如百度文心的蛋白质结构预测大模型、化合物表征学习大模型等。此外,也有专注于生物计算大模型以发现靶点、研发新药的百图生科以及医药知识图谱平台德睿智药等。

5. AI 大模型缺点分析

虽然人们普遍认为生成式人工智能大模型高度依赖数据，且海量数据的确可以助力模型学会应答模式，并生成有规律的应答来应对没有记忆的情况，但是这同样带给生成式人工智能大模型两个主要缺点：一是可能混淆记忆；二是通用模型无法直接增删改查。

例如，在模型未曾见过且与之前任何问题的实际情况均不同的情况下，生成式人工智能大模型可能会混淆问题，生成无效回答，即合乎规律的混合捏造。这也就是说当问到事实性的问题时，生成式人工智能大模型可能会一本正经地混合捏造答案。

再如，任何问答模式都不能直接增删改查。无论是生成式人工智能大模型记住的信息，还是其学到的规律，都是用同一个模型表达的，因此不具备数据库的增删改查功能。人们无法直接查看它记住了什么，学到了什么，只能通过多次提问、评估和猜测。这导致生成式人工智能大模型的决策方式缺乏可解释性。因此在使用生成式人工智能大模型的过程中会存在安全风险。由于只能通过再次调整模型（即再次训练）来增加、删除或修改它的所记所学，这在一定程度上也导致更新时间长，降低了生成式人工智能大模型的效率。

通过以上两点不难看出，生成式人工智能大模型高度依赖数据，也就是学习材料。想要对无数未见的情况给出答案，就必须提供数量足够多、种类足够丰富、质量足够高的学习材料，否则它将无法学会通用学习规律，给出的答案将会是以偏概全的。混淆和篡改也需要用优质的学习材料来修正。因此学习材料的模式、质量和领域专业程度非常重要。同时可以利用人类的优质对话范式来训练模型学习人类语言的通用规律，通过丰富的学习资料调整模型的准确程度，最终形成类人的理解方式和思维模式。

9.6.2 元宇宙下的 AI 大模型

人工智能大模型赋能的元宇宙促成了人们同时生活在现实世界和虚拟世界的可能，并允许人们在虚拟世界中永续在线，可调整时间序列、可切换空间，快速计算问答结果，实现对现实中本我和虚拟中虚我的融合，最大限度地促使人们利用虚拟空间协助进行现实世界中高成本、难度大、风险大的各类活动。

2022 年年底涌现的生成式人工智能大模型的机理仍旧是自回归生成模型。虽然当前的大语言模型没有意识、欲望、情绪，甚至不理解自己说了什么，但不同于感知器、专家系统、机器学习、深度学习，这种生成式人工智能大模型并不是单一地关注某一个学习方式，而是将专家系统中的专家意识和知识以及机器学习中的无监督学习、监督学习和强化学习合并叠加后的一种新的机器学习模式。这种新的学习模式具有创造并生产有效答案的能力。这使得计算机科学界看到了其与元宇宙结合的可能,并具有在元宇宙中利用这种机器学习能力组织实用性的科研工作的前景。

可以预测的是,人工智能大模型赋能的元宇宙生命可能会更出色、反应更快速、成本更低。人工智能大模型赋能的元宇宙生命体会给现有的社会模式带来挑战,如网络安全和国安问题、医药治疗、智能制造等。例如,互联网上的内容不免存在偏见、歧视、文化和意识形态新奇的危害性言论,人工智能大模型赋能的元宇宙智能体有可能接触到这些不良信息。另外也可能出现有人提问特殊问题用于不法行为的现象。尽管在模板规范阶段有约束,但是人工智能大模型毕竟不像人类那样真正学会了知识,只是学到了贯穿于知识中的语言搭配模式,因此极有可能被诱导输出有益于犯罪的知识,从而使防范违法犯罪变得更加困难。另外,医药治疗中提及的利用元宇宙生命体加快药物试验、培养数字生命体(例如组织器官),也有可能被人为地篡改数据,这会导致试验结果不准确而造成更加严重的医疗事故。同样的问题也可以被人为地复刻到智能制造领域。制造过程中任何一个步骤的错误都会造成不可挽回的成本损失。如何确保交互方式、数据保护和沟通问题不被泄露,将会是元宇宙研究的主要核心问题之一。未来或许每个机构都需要部署自己的人工智能大模型来确保安全,而非共用同一个人工智能大模型,如 OpenAI。但这样可能会带来一个弊端,即无法发挥数据的规模效应。因此如何在保证数据安全的前提下实现联邦学习,是一个新的挑战。学术界已经针对这个问题提出了 Prophet 框架,即通过在人工智能大模型上游引入一个可学习的、与任务相关的小模型,更好地激发大模型的潜力。如果这个方法具备普适性,那么它可以简单、经济地解决计算机科学界和社会各界目前担忧的问题,应对面临的挑战。

9.7 人工智能生成内容

人工智能生成内容(artificial intelligence generate content,AIGC)核心在于利用人工智能技术实现数字内容生成,能够在元宇宙中发挥重要作用。AIGC 在数字媒体、数字典藏、数字场景和数字人等领域有广泛应用,对内容生成和用户体验产生深远影响。

9.7.1 AIGC 的概念

AIGC 即人工智能生成内容。目前,学术界对其还无具体的概念界定。中国信息通信研究院和京东探索研究院在近期发布的关于 AIGC 的白皮书中指出,由于国内学界对

AIGC 理解为是继专业生产内容（professionally generated content，PGC）、用户生产内容（user generated content，UGC）之后的利用人工智能技术自动生成内容的新型生产方式，在国际上对应的术语是"人工智能合成媒体（AI generated media 或 synthetic media）"，因此，给出 AIGC 的概念，即"AIGC 既是从内容生产者视角进行分类的一类内容，又是一种内容生产方式，还是用于内容自动化生成的一类技术集合"。

AIGC 最典型的特征即它以 AI 为技术支撑。AI 技术的不断演变，促使了人工智能学科的建立，至今已形成较为成熟的技术体系，不断面临的技术问题，推进人们探索向前。AI 技术经历了长期的发展，从初期的机械式生成到无监督式学习，再到灵活、多元、组合式生成，完成了技术的质变。其主要经历了人工神经网络的浅神经网络、深度学习、生成对抗网络和多模态大模型等技术阶段。

9.7.2 元宇宙场景下的 AIGC

元宇宙场景下的 AIGC 核心价值目标可以总结为三个词：效率、智能与体验。第一，AIGC 能延伸人类的感知与行动能力，拓展体力与脑力，实现数据采集、数据加工分析、模型构建、算法模拟与内容生成等流程自动化，大幅节约内容生成时间，提高内容生产效率。第二，AIGC 模式下的内容生成，可以自动识别场景，智能抓取数据与训练模型，从而生成个性化内容，可以极大地深化智能交互与拓宽终端场景。第三，AIGC 模式下的内容生成将提高体验与交互性，伴随着互联网转向元宇宙时代，新内容的生成将围绕着形态迭代与创意驱动两个维度展开，不同于传统内容生成多聚焦于信息传递，而元宇宙场景下的内容生成将更关注于用户体验。借助于仿真技术、计算机图形学与人工智能手段，AIGC 将给用户在听觉、视觉、触觉与感觉等方面带来更高沉浸式、无交互边界、仿生级感官体验的内容。

1. AIGC 体系架构

支撑元宇宙运行的底层架构包括区块链技术、交互技术、电子游戏技术、人工智能技术、网络及运算技术和物联网技术等。底层架构支撑 AIGC 发展，在元宇宙世界中为非中心性的组织架构，区块链技术不仅为元宇宙提供经济与社会运行规则，也助力其构筑丰富的内容生态，促进智能化与个性化的内容创造。交互技术是 AIGC 数字化设计的起点，能对物理世界的已知事物进行仿真与推理建模，在元宇宙场景中构建真实世界的镜像。AIGC 模式下的内容生成具备智能化与自生产能力，能在数字世界中生成原生内容，但需要人工智能和网络及运算技术支撑，这也是元宇宙最核心的工具，给元宇宙场景下的内容生成带来了无限可能，使新的创作成果涌现式呈现。物联网技术为元宇宙提供与现实世界相融合，从而达到虚实共生的状态，提供可靠技术保障。

AIGC的实现分为应用层、核心层与基础层。基础层作为内容生成的前端，是AIGC基础设施建设，包括通信（5G、Wi-Fi、物联网、SG基站）、算力（数据中心与枢纽、边缘计算、云计算、芯片）与能源，基础层的技术水平是AIGC向前发展的关键，通信与算力的技术发展水平也决定了AIGC的发展高度。面向未来的AIGC内容生成离不开计算传输一体化的超级算力中心建设，这需要高速通信设施与可再生稳定能源作为支撑，也需要大幅提高算力水平，同时借助于边缘计算、元计算等技术手段实现算力科学分配。

核心层技术是服务于AIGC内容生成的相关模型与算法，如常用的多模态大模型既具备传统模型的算力水平，还能够跨模态生成全新的内容，增加了AIGC内容生成的创意性。2021年问世的GPT-3模型在自然语言处理领域取得了新突破，模型参数高达千亿级别，改变了机器学习模型的范式。在核心层中，除大模型外，区块链、情感计算、因果计算、三维仿真、知识图谱、元学习等多种技术被引入AIGC领域，支撑AIGC创作业态的发展。

应用层的技术拓展了AIGC的应用场景，对应AIGC全流程的后端，扮演内容与人交互的媒介角色。数字原生内容生产将不再依赖于传统媒介呈现，突破传统"平面式、被动式、单向型"交互模式，借助于虚拟现实（VR/AR/MR/XR）头显、智能可穿戴、脑机接口等技术与相关载体结合起来，实现"三维式、主动式、互动型"的新模式。主要技术方案为借助于显示终端、空间传感器、数据手套、三维鼠标等设备，通过计算机视觉、眼动追踪、面部视觉等技术对用户信息进行收集与反馈，利用三维建模、三维显示、三维音频与体感交互等技术，实时进行内容生成与呈现，从而达到沉浸式的人机互动体验。在区块链等技术的加持下，当前AIGC后端正在由沉浸式虚拟现实向分布式虚拟现实发展，为用户带来协同、共享与沉浸的超现实体验。

2. AIGC 内容输出

以人工智能为驱动的内容生成将实现数字原生向虚实融合发展，进而在现实世界产生广泛影响。随着技术的不断发展，AIGC模式将在四个领域的内容生成中发挥巨大优势，分别为数字媒体、数字藏品、数字场景与数字人。

数字媒体是互联网时代最重要的信息介质，包含了文本、音频、视频与图像等类型，也是PGC与UGC模式下最常见的内容产物。由于数字媒体在信息传播中的独特优势，在元宇宙场景下，数字媒体内容仍然会在内容池中扮演重要角色，AI数字媒体也将是

AIGC内容生成的重要部分。但AIGC在数字媒体领域的内容生成与互联网时代的数字媒体会有显著区别，不同于以人为主体的内容加工，AIGC将利用深度学习算法与场景决策模型，根据场景自动生成相关内容，且进行精准分发，充分发挥规模化、智能化与高效率的优势。当前AIGC可以生成AI文本、AI音频、AI图像与AI视频等内容，这些内容在新闻稿件生成、TTS语音合成与机器编曲、AI场景图片与影视作品制作等领域均发挥了重要作用。此外，AIGC还可以实现内容之间的跨界互通，如2022年火爆的"天下共元宵"活动便通过文本生成个性化的AI图像，并且对模型进行进一步训练与改进，使其具备在AI图像基础上再聚合AI音频与AI视频内容的能力，从而实现AI数字媒体的多形态呈现。

元宇宙世界中具备与平行世界相似的经济社会系统，数字藏品则是元宇宙与数字经济结合的产物。在元宇宙中，区块链与NFT将奠定元宇宙经济体系基础。广义上的数字藏品包括在元宇宙中一切具备经济价值且能以NFT进行交易的虚拟物品；狭义上的数字藏品则指其在具备广义数字藏品特性的基础之上，在现实世界中也具备经济与收藏价值的产品。元宇宙场景下，AIGC可以智能自动生成数字藏品，且通过区块链技术实现数字藏品交易体系去中心化，同时利用NFT对数字藏品进行确权与溯源，促进数字藏品交易，且通过供需平衡与价格机制促进AIGC生成更多数字藏品，促进元宇宙世界内容繁荣。

数字场景是元宇宙世界最基础的架构与载体，如虚拟建筑、虚拟景观、虚拟环境、与数字媒体融合的数字剧情。随着元宇宙场景日益宏大、复杂与精细，AIGC将逐渐成为元宇宙中主要的场景生成者，通过人工智能，利用大数据、3D场景建模、虚拟现实、视频渲染、机器学习与虚拟引擎等技术，既提高元宇宙世界数字场景的生成效率，也提升想象力。AIGC同时拓展数字场景的应用边界，通过人工智能算法，AIGC可以根据用户需求，智能生成个性化的数字场景，并且将其生成的数字媒体内容整合成数字剧情，再通过AR与VR等人机交互设备打通虚拟场景与物理场景边界，促进跨界场景融合，增强用户体验感。

当前数字人在主播、虚拟偶像与客服领域已有所应用。数字人是指由计算机模拟出的具有人的形态的虚拟人，既可以虚拟出一个现实世界中不存在的数字人，也可以对现实中的人进行虚拟化身或虚拟分身。从现实世界中人的视角看，数字人具备高度拟人化特征，表现为不仅外形与人相似，同时具有高度模拟人类的动作、神态、交流与情感等特性。从其底层逻辑来看，数字人是虚拟人与智能人的交集，其内核由计算机图形学（computer graphics，CG）建模与AI驱动，同时整合了人像模拟与克隆、自然语言生成、计算机图形学等人工智能与可视化技术。AIGC 模式下的数字人同时具有自我进化的能力，即通过对历史数据分析与场景反馈来进行算法的自我优化迭代升级，提升自身智力与算力水平。在元宇宙场景下，AIGC 既可以生成数字人，也可以为数字人提供与外界交互的信息内容，进而增加数字人在互动需求场景的适配性。

9.8 元宇宙与人工智能

人工智能与元宇宙的融合代表着科技领域的一次革命性变革。元宇宙作为一个虚拟且多维度的数字空间，为人们提供了与虚拟环境互动、社交、创造和沉浸式体验的机会。而人工智能则是实现元宇宙中智能化、个性化、安全的关键驱动力之一。

9.8.1 元宇宙与人工智能的联系

元宇宙（Metaverse）是一个虚拟的、与现实世界相互交织的多维度数字空间，人们可以与其进行交互、社交、创造和体验，而这一切都离不开人工智能技术，元宇宙与人工智能有着密切的联系。

（1）**人工智能是提升元宇宙智能化水平的重要技术基础**。元宇宙的虚拟环境需要具备智能化的交互能力，而人工智能正是实现这一目标的关键。通过人工智能技术，元宇宙可以实现对用户的语音识别、图像识别、自然语言处理等功能，使用户能够更加自然地与虚拟环境进行交互。

（2）**元宇宙为人工智能提供了广阔的应用场景**。在元宇宙中，人工智能可以应用于虚拟现实游戏、虚拟社交网络、虚拟购物等多个领域。例如，在虚拟现实游戏中，人工智能可以用于生成虚拟角色的行为和思维，增强游戏的真实感和挑战性；在虚拟社交网络中，人工智能可以用于智能推荐和情感分析，提供更加个性化的社交体验；在虚拟购物中，人工智能可以用于智能推荐和虚拟试衣，帮助用户更好地选择和购买商品。

元宇宙与人工智能之间形成了一种相辅相成的良性循环。人工智能在元宇宙中是支撑虚拟世界运行的关键技术，它通过模拟人类智能，为元宇宙提供了更加智能化、丰富多彩的体验和功能。同时，元宇宙的发展也推动着人工智能技术的进步，双方相互促进、互相支持，共同构建了一个虚拟与现实融合的数字世界。在过去几年里，人工智能虽然受到了一定程度的低估和贬低，但是随着近年 ChatGPT 技术的涌现和普及，越来越多的人开始认识到人工智能仍然具有巨大的潜力，并对其前景充满期待。特别是在元宇宙这个新兴领域，人工智能扮演着越来越重要的角色。通过应用人工智能，元宇宙的虚拟世界可以变得更加逼真，交互性更强，从而提升用户的体验和参与感。

9.8.2 元宇宙中人工智能的发展方向

在元宇宙中，人工智能的技术提升与应用主要有四个方面的发展方向。

（1）**智能交互**。元宇宙的虚拟环境需要具备智能化的交互能力，人工智能可以用于实现更加自然、智能的交互方式，例如语音识别、图像识别、自然语言处理等。未来，人工智能还能进一步演进，实现情感识别、意图理解等，提供更智能化的互动体验。

（2）**智能生成**。人工智能在元宇宙中有助于生成虚拟角色的行为和思维，增强虚拟环境的真实感和挑战性。其发展将带来更复杂、逼真的虚拟角色行为和思维，提供更丰富的体验和互动。

（3）**智能推荐**。人工智能为元宇宙的用户提供智能推荐，根据用户兴趣和偏好，推荐适合的虚拟环境、虚拟商品等。未来，人工智能将更加精准、个性化地进行推荐，提升用户的满意度和参与度。

（4）**智能安全**。人工智能在元宇宙中能够监测、检测和预防虚拟环境中的安全风险和威胁。其未来的发展将实现更智能化的安全监测和防护，保障用户在元宇宙中的隐私和安全。

元宇宙与人工智能有着密切的联系，人工智能不仅是构建元宇宙的重要技术之一，也为元宇宙提供了广阔的应用场景。未来，随着人工智能和元宇宙的不断发展，它们之间的联系将会更加紧密，为用户带来更加智能化和丰富的虚拟体验。

9.9 小结

本章主要介绍了人工智能在元宇宙中的应用和发展。通过机器学习、计算机视觉和自然语言处理、多模态人工智能等关键技术，智能体可以从大量数据中提取特征、理解图像和视频、处理自然语言等，从而实现对元宇宙的感知、理解和交互。同时，AI大模型和人工智能生成内容技术可以实现更加真实、丰富和多样化的虚拟环境和虚拟人物。元宇宙为人工智能的发展提供了广阔的舞台，也对人工智能提出了新的挑战和机遇，如超大规模学习和模型训练、多模态协作等。人工智能驱动的元宇宙将为我们带来更加智能化、沉浸式和互动性强的虚拟体验。未来，元宇宙将成为展示和验证人工智能技术的最佳平台,而人工智能将成为推动和创新元宇宙的最核心力量。

 习题

1. 阐述人工智能的定义,人工智能在发展历程中经历了哪些阶段。
2. 根据人工智能与元宇宙的联系,分析为什么人工智能在元宇宙中扮演重要角色。
3. 请描述机器学习的基本概念,它如何应用于元宇宙的发展和运行?
4. 列举计算机视觉在元宇宙中的应用场景。
5. 请描述自然语言处理的基本概念是什么,它在人工智能中的关键技术有哪些。
6. 分析自然语言处理在元宇宙中有哪些应用和发展趋势。
7. 阐述多模态人工智能与元宇宙的联系。
8. 请调查国内目前发展出了哪些 AI 大模型,这些大模型的缺点有哪些。
9. 调研人工智能生成内容(AIGC)在元宇宙的发展进程中发挥的作用。
10. 思考元宇宙对于人工智能的发展有什么重要意义。在元宇宙下,人工智能有哪些新的发展方向。

第 10 章

从概念到落地：元宇宙应用

当前，元宇宙作为新一轮数字经济和产业变革的重要驱动力量备受各行各业的关注。在 2022 年世界人工智能大会上，各界专家纷纷发表了对元宇宙的看法，其中科大讯飞联合创始人胡郁指出，"元宇宙所涉及的关键技术之一就是人工智能（artificial intelligence，AI）。此外，机器人技术、第五代（5G）和第六代（6G）通信技术、沉浸式体验技术也至关重要"。元宇宙是融合多种高新技术的新型互联网应用和社会形态，它的本质是将现实世界进行数字化、虚拟化，通过数字化仿真建模分析技术、高速通信技术、物联网、区块链、AI 技术等将现实活动与数字化虚拟场景进行高度融合。元宇宙与现实世界相互交织，为医疗、娱乐、教育和工业等领域带来了前所未有的创新和发展。

元宇宙与 AI 技术、5G/6G 通信技术、区块链技术和物联网技术等紧密相连，共同推动着元宇宙的发展和创新。

首先，AI 技术在元宇宙中扮演着关键角色。元宇宙的构建和运营离不开 AI 技术的支持，如自然语言处理（natural language processing，NLP）、计算机视觉（computer vision，CV）和深度学习（deep learning，DL）等。AI 技术能够处理和分析元宇宙中海量的数据，提供智能化的交互和体验。通过 AI 技术，元宇宙中的非玩家角色（non-player characters，NPC）和虚拟角色能够智能地行动和互动，使虚拟世界更加逼真和拟人化。

5G/6G 通信技术为元宇宙提供高速、低延迟的数据传输和通信环境。元宇宙中的虚拟世界需要实时更新和互动，而 5G/6G 技术能够支持更大规模的数据传输和连接，为用户提供更流畅、更真实的虚拟体验。快速的通信网络使得元宇宙中的远程医疗、远程教育和全球协作成为可能，打破地理障碍，使人们能够实时互动和合作。

区块链技术在元宇宙中具备重要的安全性和可信性作用。通过区块链技术，元宇宙中的交易和数据可以安全地记录和验证，避免数据篡改和虚假信息的问题。区块链技术能够保护用户的隐私和权益，建立信任机制，促进元宇宙中的互动和合作。

此外，物联网技术在元宇宙中实现了现实世界与虚拟世界的连接。通过物联网技术，元宇宙可以与现实世界的物理设备和传感器进行互联，实现虚拟世界与现实世界的交互和融合。例如，在虚拟医疗领域，物联网技术可以将生理数据传输到元宇宙中进行监测和分析，实现远程医疗和虚拟治疗。

综上所述，元宇宙的发展离不开 AI、5G/6G 通信技术、区块链技术和物联网技术等多个技术的支持和应用。这些技术相互融合、相互支持，为元宇宙提供了更强大的功能和体验，推动了医疗、娱乐、工业和教育等领域的创新和发展。随着这些技术的不断进步和应用的深入，元宇宙将继续为人们创造更丰富、更多样化的虚拟体验，并对现实世界产生深远的影响。本章将详细探讨这些技术在各个领域的具体应用和影响。

10.1 娱乐领域的元宇宙应用

根据毕马威于 2022 年 3 月 2 日发布的《初探元宇宙》报告，目前对于"元宇宙"的定义尚未被广泛接受。然而，从业界的众多讨论来看，"元宇宙"可以理解为一个由 AI 技术、区块链、交互传感技术等集成类技术赋能的实时在线网络，是数字世界和物理世界相互交互形成的有机生态体系。报告指出，娱乐领域被认为是目前元宇宙落地速度最快的场景之一，借助区块链、5G/6G 通信技术、物联网和 AI 等多种高新技术的支持，元宇宙将为用户带来更智能、更个性化和更具沉浸感的游戏和娱乐体验，帮助人们放松身心、缓解压力、增加生活乐趣。

1. 非玩家角色（NPC）：娱乐领域的虚拟人物

NPC 是指由计算机程序控制的虚拟角色，它们可以被用来模拟现实世界中的人或物，在元宇宙中应用广泛。一方面，它们为用户提供更加真实、丰富的虚拟世界体验。例如在模拟城市中，NPC 可以扮演各种不同的角色，如市民、商人、警察、医生等，为用户提供各种生活场景和体验，使用户更加身临其境。另一方面，NPC 为开发者提供更加灵活和可控的元素。例如在游戏中，NPC 能被用作任务发布者、敌人或队友等，从而增加游戏的挑战性和互动性，提高用户的参与度。2021 年上映的电影《失控玩家》中主角扮演一个网络游戏中的 NPC 银行出纳员，每天都重复着一成不变的生活，严格按照代码的指令行动，这是 NPC 角色在虚拟世界中的典型例子。

传统的 NPC 只是通过简单的代码和算法来实现，对于固定的语句或者场景做出响应，缺乏智能和情感，容易让用户感到单调和不真实。然而，利用 AI 技术可以让 NPC 更加智能和情感化，让它们能根据用户的行为和反馈进行自我学习和优化，从而提供更真实、逼真的互动体验。比如强化学习（reinforcement learning，RL）作为一种 AI 技术，可以让智能体通过与环境的交互，学习如何做出最优的行为，以达到最大化的奖励。在 NPC 的开发中，强化学习被用于训练 NPC 在游戏中做出最优的行为，以增加游戏的挑战性和乐趣性。例如，在一款动作游戏中，NPC 可以使用强化学习来学习战斗策略，以便更好地应对玩家的挑战；在一款模拟经营游戏中，NPC 可以使用强化学习来学习如何最优化地进行资源分配和市场营销，以提高游戏的真实性和可玩性等。

同时，区块链技术也为 NPC 的创造和管理提供了可靠的基础。区块链的去中心化特性和不可篡改的记录性质使得 NPC 的生成和交互可以更加安全、透明和可信。通过区块链，玩家可以确保 NPC 的身份和数据的完整性，防止欺骗和作弊行为的发生。区块链还可以实现 NPC 的所有权和价值的转移,为玩家提供更多的经济激励和自主权,保证了游戏中虚拟资产和道具的真实性和唯一性。

综合来看,AI 技术和区块链为 NPC 赋予了更加生动和多样化的特性,且随着自然语言处理和 AI 技术的不断提升,NPC 将具备自然语言理解和生成能力,使用户可以更加流畅、自然地与它们进行对话。可以预见,更加智能、个性化的 NPC 将在元宇宙中扮演更加重要的角色,为用户提供更加丰富、生动、多样化的虚拟互动体验。正如专注于 AI 领域的科技公司——超参数科技,它的理念是致力于"打造有生命的 AI",他们认为 NPC 不仅是一种技术,更是一种新的生命形态。NPC 的存在不是为了完美复制碳基生命,而是通过发挥每个个体的独特性来丰富世界的多样性。

2. 虚拟娱乐:音乐、旅游和购物的元宇宙体验

在元宇宙中的虚拟娱乐活动中,还广泛应用了许多其他高新技术。举例来说,在虚拟音乐会和演唱会中,借助区块链技术,艺术家和创作者可以更好地管理和保护他们的版权和知识产权,确保公正的收益分配。此外,通过 5G/6G 通信技术的支持,观众可以实时高清地观看和参与虚拟音乐会,享受到更流畅和逼真的娱乐体验。物联网技术的运用也使得虚拟音乐会更加互动化,观众可以通过智能设备与舞台上的虚拟艺术家进行实时互动。在舞蹈比赛中,通过人体运动识别技术,可以实时跟踪和评估选手的表演,为选手提供反馈和建议,提高比赛的公正性和趣味性。同时,区块链技术确保了舞蹈比赛评审过程的透明和公正,防止篡改和舞弊行为的发生。

社交领域的元宇宙应用

元宇宙在社交领域的应用具有巨大的前景。通过虚拟人物的创建和管理,元宇宙为人们提供了全新的社交体验和互动方式。在元宇宙中,虚拟人物是最令人感兴趣和备受关注的概念之一,也被称为化身或数字形象,即用户在虚拟世界中可以扮演自己的化身。因此,化身的准确性将直接影响用户的体验质量,尤其是在与其他参与者的互动中显得尤为重要。每个用户都是充满想象力的独立个体,他们可以尽情发挥自己的创造力,设计自己理想的虚拟形象。比如他们可以随意改变头发颜色、服装风格等,打造一个独特的数字化身。此外,人们还可以对化身进行绘制,添加不同的面部表情、情绪、发型,甚至是衰老的特征,从而使数字化身更加逼真和生动。

Ready Player Me 公司是数字化身领域的佼佼者，它是一个一站式跨游戏头像平台，可以集成到 Web 上，或者任何基于 Unity、Unreal Engine4 以及 React Native 的应用程序或游戏中。图 10-1 所示为其设计的元宇宙化身形象。Ready Player Me 公司的最终目标是让用户在不同的虚拟世界中使用相同的头像和身份，作为

图 10-1　Ready Player Me 元宇宙化身

"元宇宙的连接护照"。试想一下，在不同的虚拟世界中进行游戏、工作或者社交时，都使用一个固定的虚拟身份，这不仅有助于虚拟世界间的连通，也将极大增强自己的身份认同感。而这正是 Ready Player Me 所致力于实现的目标。

Ready Player Me 公司的核心技术之一是 AI 技术，AI 在创建和管理虚拟人物方面发挥着重要作用。通过 AI 技术，虚拟人物可以变得更加真实，包括语音和动作等方面的表现。AI 使用深度学习和自适应学习技术对虚拟人物进行建模和训练，提高虚拟人物的表现力和用户体验。同时，智能控制技术可以使得虚拟人物更加易于管理和控制。AI 技术可以用于创造和管理虚拟人物，具体可以应用于创造虚拟人物，AI 可以用来创建虚拟人物的模型和外观，包括角色的形象、声音、语言和行为等。例如，可以使用生成对抗网络（generative adversarial network，GAN）来生成高度逼真的虚拟人物模型。在元宇宙中，可能需要对虚拟人物进行更新、维护和管理。AI 技术可以用来监测虚拟人物的行为和性能，并在需要时对其进行调整和更新。

除此之外，先进的 3D 建模和动画技术在创建逼真的虚拟人物形象上也尤为重要，通过传感技术如动作捕捉、面部识别和眼动追踪等，实时捕捉和模拟人类的外貌、动作和表情，使得虚拟人物在外观上更加真实和生动。区块链技术则在虚拟人物的创建和管理方面提供安全、可信的身份验证和数据记录机制。通过区块链，虚拟人物的身份和数据得到保障，防止身份冒充和数据篡改，增加虚拟人物的可信度和安全性。5G/6G 通信技术具备高速和低延迟特性，支持大规模的虚拟人物互动和多人在线体验。它提供更高的带宽和稳定的网络连接，使用户可以在元宇宙中与其他虚拟人物和用户实时互动，增强社交体验和合作性。

这些技术的应用为虚拟人物的创造和管理提供了强大的支持，使其更加逼真、智能化和个性化。它们丰富了用户的互动体验，促进了元宇宙的发展和创新。通过整合这些技术，虚拟人物能够与用户进行更深入的互动，传递更丰富的情感和信息，为用户带来更优质的体验和参与感。随着这些技术的不断发展和创新，我们可以期待元宇宙中虚拟人物应用的进一步突破和创新，为用户提供更加丰富多样的社交体验。

10.3 医疗领域的元宇宙应用

元宇宙医疗是元宇宙在医疗领域的落地与拓展，基于元宇宙构建的虚拟空间打破现实世界对时空、资源的限制，进一步促进医疗领域的创新与发展。现阶段，传统医疗行业正面临着数字化转型的重要阶段，这为元宇宙医疗的兴起提供了有利条件。与此同时，元宇宙产业的发展在很大程度上依赖于底层技术支持和政策扶持。近年来，脑机接口技术、云计算、区块链、人工智能、增强现实（augmented reality，AR）和虚拟现实（virtual reality，VR）等先进技术在医疗领域取得了广泛的研究与应用进展，为元宇宙在医疗领域带来了广阔的发展前景。

元宇宙医疗前景广阔，已经引起了全球医疗机构的重视和探索。位于中东地区的阿拉伯联合酋长国于2022年10月推出了首家元宇宙医院，这是一家完整的虚拟医院，患者可以通过虚拟化身与医生进行咨询。该虚拟医院由医疗保健提供商Thumbay Group管理，为就诊者提供VR/AR设备，以便他们能够远程访问该医院。图10-2展示了阿联酋长国元宇宙医院的场景，患者可以通过咨询台、门诊和各个科室与医护人员进行互动。这种创新服务使患者在家中就能享受到全面的医疗服务，为就诊者提供了全新的便捷体验。

图10-2 阿联酋长国元宇宙医院

据Thumbay Group创始人Thumbay Moideen博士介绍，就诊形式满足了长期卧床患者的就诊需求。例如，一名斯里兰卡患者在车祸后瘫痪，失去了运动能力，只有他的大脑还在运作，现在通过AR/VR技术，他不仅可以在虚拟医院就医，还可以在虚拟世界访问他在斯里兰卡的家。

在Thumbay Group公布元宇宙医院消息的同一时期，印度的Yashoda医院在当今最热门的三大元宇宙平台之一的Decentraland元宇宙中购买了虚拟地块，也计划建造一家医院，以实现病患与医生之间的互动交流。Yashoda医院在元宇宙中的画面如图10-3

所示。Yashoda 医院的相关负责人表示"之所以进入元宇宙方向，是我们早期致力于公司整体发展的直接结果。我们一直非常重视医疗基础设施的改进、关注技术的发展和临床质量的保证。从 Web1.0 到 Web2.0，再到如今的 Web3.0，我们一直是数字技术的早期用户和实践者，这样能够持续地为我们的生态系统增加价值。这在今天的时代，仍然是一条真理"。

图 10-3　Yashoda 元宇宙医院

此外，一些知名医疗机构如马来西亚的 IHH Healthcare 和印度尼西亚的 Siloam 国际医院已经深刻认识到了利用增强现实与虚拟现实来提升远程医疗服务的巨大机遇，并正在积极筹划建立元宇宙医院。特别是在新冠疫情期间，这两家医院利用远程医疗技术成功为受到行动限制或偏远地区的患者进行诊疗。此外，他们开始积极探索 AI 和数据分析的应用，为患者提供个性化的医疗方案和建议，实现精准医疗。

这一趋势在中国也得到了迅速发展。以浙江省中医院为例，该医院于 2022 年 7 月与中国移动、华为、海康威视等数字化建设领军企业签署了战略合作协议，旨在打造全国首家元宇宙+智慧医院。合作的重心是通过 5G、人工智能、物联网和大数据等先进技术，共同搭建数据平台，创建元宇宙医学中医诊疗模式和中医药智能化活态传承与创新中心，引领数字化中医院的建设。这一合作意味着元宇宙医疗在中国正逐步迈向实践和实验阶段。

上述例子不仅展示了元宇宙医疗的前景，也显示了医疗机构对于元宇宙技术的兴趣和信心。随着 AR/VR、AI、物联网、区块链等技术的不断进步和成熟，在未来，元宇宙医疗将为患者和医疗专业人员提供更先进、更完善的医疗服务和体验。

在医疗健康服务方面，元宇宙将通过整合和发展各项先进技术，极大地改善医疗健康服务。元宇宙的虚拟世界能够打破地域限制，让患者可以自由移动，并身临其境地与医生进行远程会诊，无论身处何地都能享受高质量的医疗服务。AI 技术在元宇宙中的应用可以分析和解释大规模的医学数据，帮助医生进行疾病预测、诊断和辅助治疗决策。同时，元宇宙医疗将受益于高速、低延迟的 5G/6G 网络和物联网技术的发展。通过连接各种医疗设备和传感器，实现实时的健康监测和远程医疗跟踪。医生可以远程监控患者的生理参数、病情变化和治疗效果，及时调整治疗方案，提供全面的个性化护理。

在医疗科研教学方面，元宇宙将为医学生和研究人员创造更真实、交互性更强的学习环境。借助元宇宙中的 AI 技术，学习者能够安全地进行虚拟实验和模拟，获得更丰富的实践经验。这种学习方式极大地提高了实验效率，不仅降低了成本，而且减少了对动物和人体实验的需求。同时，AI 技术根据学习者的风格和水平，量身制订个性化的学习计划和教学内容，提高学习效率和学习动力，使教学更贴合学生需求。此外，AI 技术能够分析和挖掘大量医学数据，帮助研究人员发现新的医学知识和潜在的治疗方法。在医学图像分析、基因组学研究等领域，AI 的应用将加速医学科研的进展，推动医学的发展。

区块链技术在元宇宙医疗中同样扮演着重要角色，提供安全可信的医疗数据管理和共享平台。患者的医疗记录和隐私信息可以加密并存储在区块链上，确保数据的安全性和隐私保护。通过在区块链上记录数据来源和操作，研究机构增加了数据的可信度和透明度。此外，区块链还可以用于确保学术著作权的合法归属和知识产权的保护，避免抄袭和知识产权纠纷的发生。

综上所述，元宇宙医疗在未来的发展将结合 AR/VR、AI、区块链、物联网等先进技术，为医疗领域带来巨大的潜力和创新机遇。它将提供更先进的远程医疗服务和虚拟诊疗能力，改善医学科研教学环境。虚拟实验、个性化教育和数据分析等应用将提供更真实、交互性更强的学习环境，促进医学科研和教育的发展。随着技术的进一步发展和应用的推广，元宇宙医疗将为人们带来更多便利和进步。

工业领域的元宇宙应用

工业元宇宙是元宇宙在工业领域的落地与拓展，是新型工业数字空间、新型工业智慧互联系统、数字经济与实体经济融合发展的新型载体。工业元宇宙为制造业数字化转型、实体经济高质量发展、企业智慧化管理等方面提供更大的创新空间，并引发更加广泛的工业变革。

工业元宇宙基于云边架构、AI、数字孪生等新技术，实现全产业链、价值链的连接，通过实体经济与数字经济的深度融合，达到虚实映射、交互的目的，促进新兴技术在工业领域的适配落地。它是一个复杂且先进的数字化系统工程，为工业领域的发展和创新提供了广阔的空间。其中，自动化管理和运营、数据分析和预测和资产管理等方面的应用在工业元宇宙中具有重要意义。这些应用涵盖了人机交互、去中心化、空间计算、交互体验等多个环节。它需要云网融合AI、区块链、AR/VR、数字孪生、虚拟引擎等众多新兴技术的协同发展和深度融合。

从目前现有技术发展的情况来看，工业元宇宙的雏形已经出现，以AR/VR在远程操控的进展为例，从编程操控到穿戴手套、身体运动标记器的多摄像机、校准的视频捕捉操控，再发展到采用一般的无需校准的摄像机远程操控，人机融合的水平日益提高。例如济南二机床集团有限公司利用瑞欧威尔AR眼镜，采用远程操作的方式展示给美国用户查看，完成机床设备的验收；在机床设备运输到实际工作地墨西哥后，墨西哥的技术人员佩戴AR眼镜进行装配与调试操作，济南二机床技术人员进行远程指导，从而顺利完成设备安装，成功实现设备上线生产。

尽管目前工业元宇宙具有一定的发展，然而，不同技术在自身特点和成熟度上存在差异，需要进一步的测试和验证来适应和优化各种应用场景。例如，数字孪生作为工业元宇宙的关键技术，目前在国内的研究重点主要停留在理论层面，实际应用研究相对较少。此外，由于各项技术资源的分配不均衡，各方的目标尚未统一，多方协作中的信任问题可能会重新引发"信息孤岛"的现象，严重影响产业链上下游企业协同发展的效率，从而影响工业元宇宙的价值释放。为了克服这些挑战，需要加强各项技术的研发和应用实践，打破技术壁垒，推动技术之间的互相融合和协同发展，并且需要建立更加统一和开放的标准和规范，促进不同技术之间的互操作性和互联互通。

综合来看，虽然目前元宇宙在工业领域的落地存在技术壁垒的限制，但展望未来，其发展前景仍然非常广阔。随着各项技术的不断进步和成熟，我们可以期待其在自动化管理和运营、数据分析和预测和资产管理等方面的发展。

1. 自动化管理和运营：工业元宇宙运行的关键

《工业元宇宙白皮书》第四章提到，"工业元宇宙的自动化管理需要AI，自治是工业元宇宙运行的关键能力，在应对各种突发状况时，工业元宇宙能够进行自动调整，优化自身行为，保障自身的运转。工业AI未来会在生成算法、多模态、内容生成以及预训练模型等方面持续发展"。

在元宇宙中，自动化管理和运营可以帮助工业企业实现更高效和精确的业务管理和运营。而 AI 和机器人技术正是实现自动化的关键，它们可以帮助企业减少人力和时间成本，应对各种突发情况，同时还能提高管理和运营的准确性和效率。

首先，在优化供应链和库存管理方面，AI 通过自动化分析和预测来减少库存积压和运输成本，并确保供应链的可靠性和稳定性。通过收集并分析大量的数据，AI 可以预测未来的需求和供应情况，优化物流运输路线和配送方式，及时补货和调整库存。此外，AI 利用先进的算法和模型，实现供应链的优化和自动化，减少人工干预，提高效率和准确性。

其次，在自动化账务处理和数据分析方面，通过 AI 技术中的大数据分析和机器学习算法，自动识别和分类账单和发票，实现快速地账务处理和准确的财务数据分析。通过这种方式，企业可以减少人力成本和降低错误率，提高财务管理的效率和准确性。在企业的安全性和风险管理方面，AI 技术可以自动监测和检测网络攻击和恶意软件，及时发现和防范安全威胁，保障平台的安全和稳定性。通过这种方式，企业可以提高安全性和可靠性，保护用户和企业的利益，同时提高运营和管理的效率和准确性。

此外，热点技术例如区块链可以应用于物联网设备的身份验证和数据交换，实现设备之间的可信互操作，提高数据安全和合作效率；AR/VR 可以用于培训和模拟，帮助员工学习和熟悉操作流程，提高工作效率和准确性，还可以用于运营中的可视化数据分析和展示，帮助管理人员更直观地了解业务状况；数字孪生技术则通过将实体系统与数字模型相结合，实现了对物理系统的实时仿真和监测。

综上所述，AI、区块链、AR/VR、数字孪生等技术在工业元宇宙中的自动化管理和运营中发挥着重要作用。通过自动化处理和分析数据，AI 可以优化供应链和库存管理、自动化账务处理和数据分析，提高企业的安全性和风险管理能力，从而提高运营效率和准确性，降低成本和风险。其他技术实现了生产流程的优化、资源的高效利用、决策的智能化和沉浸式的交互体验。随着这些技术的不断发展和创新，工业元宇宙将进一步提升工业企业的竞争力和创新力。

2. 数据分析和预测：企业和个人的决策助手

在元宇宙中，AI、区块链、AR/VR、数字孪生和虚拟引擎等技术在工业元宇宙中提供了强大的工具和平台来处理和利用大量的数据，在数据分析和预测方面发挥着重要作用。因为元宇宙中的用户数据是非常宝贵的资产，包含着丰富的信息和内容，而 AI 技术能够通过机器学习、自然语言处理等手段，对这些数据进行深入的分析和挖掘，为企业和个人提供了丰富的应用场景和机会。

从企业角度来看，AI 技术在元宇宙中的应用不仅可以为企业提供更加准确的商业洞察，而且可以帮助企业进行风险管理和优化决策。通过对元宇宙中的大量数据进行分析和挖掘，AI技术能够准确预测市场趋势和用户行为，让企业更好地了解市场状况，为企业决策提供数据支持。

区块链技术则提供了安全、可信的数据交换和记录机制。通过区块链，企业可以确保数据的完整性和可追溯性，减少数据被篡改和伪造的风险。区块链可以应用于供应链数据的跟踪和验证，确保产品的来源和质量可信。

数字孪生技术通过将物理系统与数字模型相结合，提供了对实体系统的实时仿真和监测。企业可以利用数字孪生技术构建现实世界的数字副本，实时采集和分析物理系统的数据，进行预测和优化。数字孪生可以应用于生产流程的优化和预测、设备性能的监测和调整，帮助企业更好地理解和预测系统的行为和性能。

虚拟引擎技术为企业提供了可定制的虚拟环境和交互平台，使得企业可以更灵活地进行数据分析和预测。通过虚拟引擎，企业可以创建自己的虚拟实验室、虚拟工厂等，进行模拟测试和场景演练，从而探索不同决策和策略的效果。虚拟引擎还可以用于可视化数据分析和展示，帮助企业更直观地理解和传达数据的意义和结果。

从个人角度来看，这些技术的应用为个人用户提供了更个性化、直观的数据分析和预测服务。个人用户可以通过AI和数据分析工具，根据个人兴趣和需求，获取定制化的数据洞察和预测。AR/VR技术使个人用户能够以沉浸式的方式与数据进行互动和探索，更好地理解数据的含义和趋势。区块链技术保护了个人用户数据的安全性和隐私性，使个人用户能够放心地参与数据分析和预测。数字孪生技术为个人用户提供了实时的数据监测和个性化的预测服务，帮助个人用户更好地管理个人健康、生活和工作。

总而言之，AI、区块链、AR/VR、数字孪生和虚拟引擎等技术在工业元宇宙中的数据分析和预测应用方面为企业提供了准确的洞察和决策支持。同时，这些技术也为个人用户提供了个性化、直观的数据分析和预测服务，帮助个人用户更好地理解和利用数据。随着这些技术的不断发展和创新，工业元宇宙将进一步提升企业和个人用户的数据分析和预测能力，推动工业和个人的发展和创新。

3. 资产管理：双重技术保驾护航

2022年1月，工信部召开中小企业发展情况发布会，提出要注重培育一批深耕专业领域，如工业互联网、工业软件、网络与数据安全、智能传感器等方面的"小巨人"企业，培育一批进军元宇宙、区块链、人工智能等新兴领域的创新型中小企业。由此可见，区块链和AI技术在元宇宙中的重要性。工业元宇宙中的资产涉及广泛的虚拟资产和数字货币，例如虚拟土地、数字艺术品和加密货币等。因此需要相应的技术来安全可靠地管理这些资产，AI技术和区块链相结合可以极大地提升工业企业在资产管理中的效率、可追溯性和安全性。其作用主要体现在以下三个方面。

AI技术对元宇宙中的资产评估和优化具有一定的重要性。AI利用元宇宙中的市场数据、历史交易信息和用户行为模式进行实时评估和预测，从而协助用户做出更明智的投资决策，优化资产配置，提高收益率和风险管理能力。AI技术能够通过智能算法和机器学习技术实现交易自动化，减少人为错误和情绪对交易的干扰。根据用户设定的条件和目标，AI能够自动进行买入、卖出和持有等操作，确保资产的合理交易和动态调整。

区块链技术在资产管理方面的应用主要体现在数据的可信性和安全性。通过区块链技术，工业企业可以建立可信的资产记录和交易记录，确保数据的完整性和不可篡改性。在当今信息易泄露的背景下，区块链技术具备提供匿名性和隐私保护机制的能力，从而能够保护资产管理过程中的敏感信息。区块链技术的特点之一是其数据加密算法和身份验证机制，可以确保数据的隐私性。通过区块链的去中心化和分布式特性，敏感数据不会集中存储在单一实体或中心服务器中，而是以加密方式分布在整个网络中的多个节点上。这种分布式存储方式使得敏感信息更加安全，因为攻击者需要同时攻破多个节点才能获取完整的信息。

AI技术和区块链相互结合在资产跟踪和追溯方面更能确保资产的真实性和可信度。在元宇宙中，虚拟资产的所有权和交易历史可以被记录在区块链上。通过AI的辅助，用户可以方便地查看和验证资产的所有权和交易记录，避免欺诈和纠纷的发生。

综上所述，AI技术和区块链在元宇宙中的资产管理中发挥着关键作用。通过资产评估和优化、自动化交易执行、风险管理和安全性保障以及资产跟踪和追溯等方面的应用，提升了资产管理的效率和可靠性，为用户提供更好的投资和交易体验。

教育领域的元宇宙应用

元宇宙不仅是一个游戏和娱乐的场所，也是虚拟教育和培训的重要平台。在元宇宙中，人们可以通过虚拟现实技术和智能化的工具，实现在线学习和培训，为学生和职业人士提供更加灵活和高效的学习方式。

与此同时，元宇宙的虚拟现实技术可以模拟真实场景，提供更加生动和具体的学习体验。例如，在医学领域，学生可以通过虚拟现实技术进行手术模拟和病例讨论，更好地掌握专业知识和技能；在建筑和设计领域，学生可以在虚拟环境中进行建模和设计，实时交互和修改，提高设计效率和质量。智能化的工具可以为学生和职业人士提供个性化的学习和培训体验。通过机器学习和深度学习技术，系统可以根据学生的学习进度和习惯，为其推荐适合的学习资源和教学方式，从而提高学习效果和效率。同时，系统可根据学生的学习表现进行评估和反馈，帮助学生发现，并针对性地解决学习问题。

随着教育信息化和教育云端化的快速发展，元宇宙已成为教育创新的风口。为推进信息化教学平台建设并促进教学方式的变革，工业和信息化部、教育部等五个部门联合发布了《虚拟现实与行业应用融合发展行动计划（2022—2026年）》，该计划强调充分利用新技术推进教育的创新，尤其是虚拟现实技术，以推动教育的创新。

企查查的搜索结果显示"高校建立虚拟现实教学实验室招标数量最多，这反映了教育机构对元宇宙应用在教育领域的迫切需求"。因此，元宇宙＋教育已经不再是概念，而是逐步落地的实际应用。更进一步地说，深度融合的元宇宙＋教育将是教育变革2.0的重要推动力量。元宇宙的互动性、沉浸感和获得感极强，能够为学生创造更加真实、立体、多样化的学习体验。例如，在虚拟现实技术的支持下，学生可以在一个安全的虚拟环境中进行实验，避免了实验现场的安全风险和实验材料的浪费。同时，元宇宙的跨时空特性也为学生提供了更广泛的学习资源和合作机会，促进了学生的跨文化交流和全球视野的拓展。

传统的教学模式主要以纸质教材和考试成绩为导向，无法真正地支持学生在实践中探索、发现和学习。然而，元宇宙＋教育却为学生提供了更多的学习机会和体验，特别是对于那些喜欢基于发现式学习方式的学生来说，这种教育模式通过将物理实验室场景、实验仪器、待测物理量、教师指导、学生操作和在线培训考核融为一体，创造了一个可交互、操作性强、模拟效果好的物理实验自主教学、考核、交流的平台。

在这个平台中，高度仿真的数字虚拟教学设备能够模拟物理设备的自然规律，使学生通过操作虚拟教学设备进行实验实训，从而掌握所需的知识和技能，为后期实际操作物理设备做好准备。此外，学生可以在虚拟环境中完成现实世界无法完成的教学任务和场景，例如人体手术、宇宙飞船维修和鲸鱼解剖等。这些虚拟场景具有深度沉浸感和真实感，可以让学生更好地了解和掌握知识和技能，增强学生的学习动力和兴趣。

2021年11月，韩国首尔市政府发布了《元宇宙首尔五年计划》，宣布从2022年起分三个阶段在经济、文化、旅游、教育、信访等市政府所有业务领域打造元宇宙行政服务生态。其中，元宇宙＋教育目前在韩国各校已有实际落地案例。Gather.town是一个具备教学功能的元宇宙平台，学生能够自主地创作虚拟形象参与教学活动。为满足不同的教学活动需求，Gather.town提供了多种虚拟教学场景，如课堂空间、项目空间、自由空间、出席空间等模块场景。

Gather.town 平台能够根据用户的需求布置教学场景。教师可根据教学需要，自由选择场景道具并任意摆放，例如，平台提供如花盆、桌椅等装饰道具，满足对虚拟教学场景的空间设计。此外，平台还支持将电视、电脑、投影仪、游戏机等链接地址嵌入虚拟场景中，并支持播放功能。学生靠近某个被嵌入链接的图标时，即可打开观看。此外，虚拟课堂空间可以实现教师授课型的单音频声音传播和讨论发言型的多音频声音传播，支持多种授课形式。例如，教师可通过画面共享功能，对教材中与韩国传统文化相关主题如扇子舞、面具舞、民间游戏等的截图内容进行介绍和讲解，之后，学生可通过音频、视频等资源进一步深入理解并掌握所学内容。这种教学方式不同于教师统一向全体学生展示特定的音频、视频，学生们可以像在博物馆参观学习一样，尽情地浏览感兴趣的文化资源，Gather.town 平台教学场景如图 10-4 所示。

图 10-4　Gather.town 平台教学场景

因此，元宇宙+教育为学生提供了更加灵活和多样的学习体验，也为教育创新带来了新的机遇。随着技术的不断发展和应用，我们可以期待这种教育模式的进一步推广和应用。

随着 AI 技术的不断进步，虚拟教学已经成为当今教育领域的一个热门话题。其中，虚拟教师和化身活动是两个备受关注的方面。AI 机器人的出现，在教育领域中也逐渐有智能虚拟教师出现来辅助教学活动。虽然，虚拟教师不能替代真实教师，但虚拟教师能为学生提供全时教育服务，随时解答学生问题并提供个性化教育。虚拟教师可以扮演协助者的角色，以学生为中心，因材施教，在共同成长中获得更多的帮助。例如，华东政法大学附属松江实验学校的物理老师设计了一款名为"洛洛老师"的虚拟助教，能够在课前提醒学生准备和反馈作业，课上提示学生积极互动和举手发言，课后及时订正作业并为有疑问的学生提供"辅导"。

化身活动则利用虚拟化身作为代理进行灵活多变的教学活动和社交活动。例如，米塔之家和上海视觉艺术学院新媒体艺术学院联合策划的元宇宙毕业盛典，让学生在元宇宙中拥有独一无二的虚拟形象，可以在虚拟的现实海岛中自由活动，拍照打卡；中国传媒大学则在沙盘游戏《我的世界》中重建校园，让毕业生化身为游戏人物在线上完成毕业仪式。除此之外，此前受疫情影响，全球顶级 AI 学术会议之一的 ACAI（international conference on algorithms, computing and artificial intelligence，国际算法、计算和人工智能会议），在任天堂的《动物森友会》上举行了 2020 年的研讨会，如图 10-5 所示，ACAI 会议在《动物森友会》上成功开幕。有趣的是，ACAI 现在改名为动物森友会人工智能会议（animal crossing artificial intelligence workshop）。

图 10-5　ACAI 会议在游戏中举行

在未来，随着元宇宙技术的不断创新和发展，其在教育领域的应用将会越来越广泛。元宇宙还可以成为跨地域和跨文化交流的平台。在元宇宙中，学生和职业人士可以与来自不同国家和地区的人们进行交流和合作，分享知识和经验，拓展视野和思维方式。这种跨文化交流不仅可以促进学习和创新，也可以增强人们的全球化意识和文化包容性。

总的来说，元宇宙作为虚拟教育和培训的平台，具有灵活性、互动性、个性化和全球化等特点，可以为学生和职业人士提供更全面和高效的学习和培训体验。随着技术的不断发展，元宇宙不仅可以改变人们的娱乐方式，还可以影响到教育、健康、交通、社交等方方面面。教育机构和教育工作者也需要不断地探索和实践，以充分利用元宇宙的优势，推进教育变革，为学生提供更优质、更具创新性的教育体验。元宇宙将在未来扮演重要的角色，成为教育、培训和职业发展的重要平台，为人们的学习和成长带来更多可能性。

 小结

元宇宙作为新兴数字技术，广泛应用于娱乐、社交、医疗、工业和教育等领域。本章总结了元宇宙中的关键技术在以上五个领域的发展现状以及各专业人士对其发展的看

法，并对其未来的发展前景进行了展望。通过本章的学习，读者可以了解到在娱乐领域，NPC 和沉浸式体验技术推动了游戏文化的蓬勃发展；在社交领域，数字化身的引入强化了人际互动的纽带；在医疗领域，虚拟治疗环境和远程医疗的应用，极大地改善了医疗健康服务和医患沟通难题；工业领域中，自动化管理、数据分析等手段，不仅提升了生产效率，也为信息安全筑起了坚实的屏障；在教育领域，虚拟学习和个性化模式的应用，丰富了学习体验。元宇宙在这五大领域中为未来带来巨大机遇，随着技术的不断发展，元宇宙将进一步扩展，为人们的生活和工作带来更多的便利和丰富体验。

10.7 习题

1. 请描述元宇宙涉及的关键技术有哪些，具体起到什么作用。
2. 概述元宇宙在娱乐领域的应用中起到推动作用的元素。
3. 请列举虚拟人物的创建涉及的关键技术有哪些，具体作用是什么。
4. 调研目前元宇宙在工业领域的应用进展。
5. 请列举未来元宇宙在工业领域的哪些方面具有广阔前景。
6. 对比分析传统教育和元宇宙＋教育的区别有哪些。
7. 请列举元宇宙作为虚拟教育和培训的平台具有哪些特点。

第 11 章

数字世界的无限可能：元宇宙未来展望

随着技术的发展和数字化的深入，元宇宙成为了备受瞩目的概念。这个将现实世界和虚拟世界相结合的全新数字世界，为人们提供了更加丰富、互动、创新的体验。元宇宙不仅仅是一个虚拟的数字空间，它还涵盖了多个领域，包括游戏、娱乐、教育、医疗、购物等，构建了一个全新的数字经济生态系统。作为一个快速发展的概念，元宇宙引起了广泛的关注和讨论，成为了技术渴望新产品、用户期待新体验、资本寻找新出口的产物。越来越多的企业和创业者开始涉足元宇宙领域，推出各种新产品和服务，引领着元宇宙的发展潮流。

近年来，随着元宇宙的探索与发展，行业先驱们逐渐为未来科技和社会形态的演化打开了一扇窗，潜在的机遇和可能带来的变革都毫无疑问让人充满期待。然而，人们也应保持科学理性的态度，唯物辩证主义教导人们事物运动发展是矛盾运动的结果。因此，事物总具有两面性，既对立又统一。元宇宙的发展也不能违背这一规律。机遇当前，人们不能忽视背后的挑战和风险。正如360集团创始人周鸿祎面对元宇宙带来的安全挑战时所呼吁的"不能因此抱残守缺，应将网络安全行业升级为数字安全产业，护航数字文明"。在数字安全领域奋斗了20年的老兵，在元宇宙这个充满机遇的话题面前更多看到的是风险和挑战。

有许多学者提出元宇宙的挑战本质上也是数字安全的挑战的观点，这样的担忧不无道理。2021年12月20日，Meta公司（前身为Facebook）旗下的元宇宙平台"Horizon Worlds"爆出首例性骚扰事件。据报道，该性骚扰事件是由于Horizon Worlds中的一个功能即"近距离交互"（proximity interactions）所导致的，这个功能可以实现用户与其他用户的虚拟角色进行互动，但在某些情况下被用于对其他用户进行性骚扰。此外，也有报道称Meta公司对该平台的审核不严格，没有及时发现和处理这些问题，也是导致性骚扰事件发生的原因之一。这一事件引发了全球市场对即将到来的元宇宙时代关于安全话题的关注，这也体现出了元宇宙存在的挑战和风险。

在2021年12月中旬举行的"2021元宇宙产业论坛"上，我国信息系统专家沈昌祥院士认为元宇宙是下一代网络空间，而安全又是网络空间的头等大事，数字安全不是焦虑，而是一个现实的存在。中国科学院院士、中国计算机学会开源发展委员会主任王怀民表示，人类的不安全感主要来自于我们所在的世界存在很多未知，其中就包括数字时代存在的安全风险，但这也是促进人类文明进步的重要动力。北京大学互联网发展研究中心主任田丽指出，"网络安全、数字安全是支撑数字文明的底层逻辑"。当前，公众对网络安全和数据安全的认知还停留在较为初级的层面，尽管隐私、内容和行为安全等已被反复讨论与佐证，但那些更具隐秘性的安全威胁仍未引起公众足够的关注。

综上所述，尽管元宇宙的发展和前景充满机遇和潜力，但是人们需要认真考虑其发展所面临的风险和挑战，应该遵循产业和科技发展规律，脚踏实地、夯实基础、前瞻布局，同时要承担起社会责任，追求更有意义的人生经历，远离打着元宇宙旗号的套路与骗局，并采取有效的措施来规避和解决这些问题，确保元宇宙健康、可持续发展。

11.1 元宇宙的挑战

当前，元宇宙备受推崇，展现着数字网络未来发展的光明前景，包括深度虚拟化场景、全新的在线文化和数字商业模式。然而，由于它是一个新兴的概念，存在技术不确定性和实际产品支持不足的问题。要实现现有网络、硬件终端和用户的深度融合，构建完整的元宇宙生态系统，需要大量的基础研究和广泛应用场景的支持。此外，一些企业由于过度炒作概念并进行过度金融化，可能导致市场泡沫，政府需要对其进行监管和治理。因此，元宇宙作为一种新兴概念，需要面对涉及多个领域的挑战，包括社会治理、技术发展和伦理道德等方面。

在社会治理方面，元宇宙作为现实世界的数字延伸，对现有政治和金融体系以及人类生存方式提出了新的挑战。因此，建立有效的治理机制至关重要，以确保网络安全、保护用户权益和维护公共利益。政府应高度重视元宇宙作为新兴产业在社会治理领域的重要性，并制定前瞻性的数字治理政策，以应对元宇宙可能产生的重大公共利益、公共安全和危机应对问题。此外，政府需要强化数字科技领域的立法工作，以规范元宇宙的发展。这包括如何防止和解决平台垄断、监管审查、数据安全、个人隐私等法律问题。政府应确保元宇宙的发展规则和制度是公正合法的，以保障虚拟经济和虚拟社区的运作。对于知识产权和数据隐私等问题，相关法律法规也应给予必要的支持和保障。政府和监管机构还应积极与行业和社区合作，促进透明度和责任意识的提高，以确保元宇宙的健康、可持续发展。

在技术发展方面，虽然元宇宙的概念已经被提出并引起了广泛的关注，但其实际的落地仍然存在很大的不确定性和挑战。元宇宙的实现需要依赖于一系列的底层技术支撑，例如区块链、5G通信、人工智能、3D引擎、VR/AR/MR、脑机接口技术等。尽管这些技术已经取得了很大的进步，但它们与落地元宇宙概念仍然存在较大的差距，需要进行更多的基础研究和实际应用场景的支撑。因此，为了推进元宇宙的发展，人们需要坚持科学的态度和严谨的方法，同时加大对底层技术的投入，并且底层技术的发展与元宇宙的发展相辅相成，互相促进。无论是区块链还是 AI 技术在元宇宙中都扮演着至关重要的角色，这些技术的发展快慢决定了元宇宙的发展速度。当然，我们不能忽略因为当下的热度而延伸出来的关于元宇宙过度消费等问题，我们需要具备防范虚假宣传和明辨欺诈行为的能力，比如现有的元宇宙概念也存在被一些企业过度炒作和过度金融化的风险。一些企业试图通过包装元宇宙概念为"未来唯一的道路"或"一夜暴富的机会"来大肆炒作，从而获取更多的知识付费收益和市场份额。所以，人们在加强技术研发和实际应用相结合的同时需要保持警惕，更好地促进元宇宙的健康和可持续发展。

在伦理道德方面，元宇宙是一种集中体现人类创造力和能动性的数字虚拟世界，既是现实物理世界的数字化复制物和创造物，也是科技改变生活和向善的结合。但元宇宙并不是与世隔绝的"桃花源"或逃避现实的"乌托邦"。虽然元宇宙提供沉浸式的体验，但这并不意味着它是"沉沦式"的生活方式。尽管元宇宙的去中心化尝试，也无法完全避免商业组织的天然垄断倾向，平台化仍然难以避免。此外，元宇宙的数字创造也无法摆脱关键生产要素的需求，必须遵循劳动价值规律。在元宇宙中，人与人之间的关系是深度虚拟化的，但这种虚拟化必须依托社交网络的演化和发展，不能切断与现实物理世界的必然联系。因此，在元宇宙中构建的虚拟身份、虚拟产品、虚拟市场、虚拟交易、虚拟生活、虚拟经济和虚拟人生等都必须遵守伦理道德的约束。虽然元宇宙具有巨大的发展潜力和创新空间，但在其建设和发展过程中，也会涉及一些伦理道德问题。例如，虚拟世界中的行为是否应该受到现实世界的道德规范限制；虚拟财富是否应该得到同等的法律保护；在虚拟世界中，如何平衡个人隐私和平台经营需求之间的关系；在数字生活空间中，如何防止恶意行为和网络暴力等这些问题需要在元宇宙的建设和发展中得到重视和解决，以确保数字世界的健康发展和用户的合法权益。

综上所述，在探索元宇宙的过程中，人们需要始终牢记社会责任，追求更加有意义的生活方式，避免被打着元宇宙旗号的欺诈和骗局所误导。为确保元宇宙领域的可持续性和可靠性，我们需要寻求创新的解决方案，同时保护消费者的权益和利益。为了充分实现元宇宙的潜力，人们需要深入研究和实践，使其成为一个更加安全、公平和包容的空间。本章将探讨人们面对元宇宙存在的挑战，并提出相应的解决方案。

1. 安全和隐私挑战

随着元宇宙的快速发展，保护元宇宙的安全和隐私已成为至关重要的问题。虽然元宇宙提供了一个虚拟的空间，但它的实体经济价值却是真实存在的。由于元宇宙中涉及的数字资产和货币价值巨大，因此存在着安全和隐私的威胁。黑客和犯罪分子利用漏洞和弱点，可以轻松地进入元宇宙，窃取用户信息、数字资产和货币，甚至控制整个虚拟

第11章 数字世界的无限可能：元宇宙未来展望

世界。这样的攻击不仅会使用户和企业造成损失，还会给整个元宇宙带来极大的不稳定性。

除了网络攻击和黑客入侵，元宇宙中还存在欺诈和洗钱等风险。由于元宇宙中的数字资产和货币价值巨大，这些风险可能会导致用户和企业的损失，同时也会影响整个虚拟经济的稳定发展。为了保护用户和企业的利益，需要制定有效的反欺诈和反洗钱策略，并实施强有力的监管和执法机制。

针对这些挑战，需要加强元宇宙的安全和隐私保护机制。平台开发者需要采用更加严格的安全措施，保障用户信息的安全和隐私。同时，用户也需要提高自我保护意识，采取有效的安全措施，避免成为被攻击的目标。政府和监管机构也需要加强监管力度，制定相关法律法规，规范元宇宙的运作和发展，保障用户和企业的权益。只有在全社会的共同努力下，才能建立一个安全、稳定、可持续发展的元宇宙生态系统。

2. 数字包容挑战

2019年国际电信联盟（international telecommunication union，ITU）将数字包容定义为："旨在确保所有人拥有平等的机会和适当的技能，能够从广泛数字技术和系统中受益的策略。"它强调在数字化时代，不应该有任何人被边缘化或排除在数字化之外。数字包容追求公平、平等和普遍的数字权利，使每个人都能够获得和使用数字技术，参与数字经济和数字社会，并从中获得利益。随着元宇宙的快速发展，数字包容挑战难以避免。

首先，元宇宙作为一个数字虚拟世界，它的参与门槛较高，可能会进一步加剧数字鸿沟的问题。只有少数人能够享受到元宇宙所带来的种种好处，这可能会对社会公平性和平等性产生负面影响。

其次，虚拟世界中的欺凌、网络暴力和成瘾等问题也已经开始出现。这些问题不仅与数字包容理念背道而驰，还可能会在元宇宙中被放大，因为它是一个虚拟的世界，用户可能会表现出更加极端的行为，甚至会破坏整个虚拟世界的稳定。因此需要建立起相应的监管机制，以确保虚拟世界中的用户能够遵守规则和法律，并对其不当行为进行相应的制裁。

此外，元宇宙的全球性和多样性意味着不同文化和语言背景的人都可以参与。然而，文化和语言差异可能导致信息和内容的不对称，大部分人可能无法理解或感受到元宇宙中特定场景的内容和含义。因此，元宇宙需要提供多语言界面和内容翻译功能以确保不同语言背景的用户能够理解和参与。同时，人们还需要积极促进文化多样性和包容性，鼓励各种文化交流和融合。这样的举措可以确保元宇宙的发展能够更好地为人类社会带来积极的推动作用，并尽可能减少潜在的负面影响。在设计元宇宙的过程中需要充分考虑这些因素，以便帮助人们打破文化和语言的壁垒，促进更广泛的数字包容性和参与。

3. 道德和伦理问题挑战

元宇宙的兴起过程中，道德和伦理问题也不可避免地成为人们关注且担心的问题。虚假信息和欺骗行为的存在可能会引发虚假的社交关系和信任危机，这会对整个元宇宙的稳定性和可持续性产生负面影响。同时，违法或违规的活动也会给社会带来不良的影响，甚至可能会损害人们的健康和安全。

为了应对这些问题，元宇宙平台需要采取一系列措施。首先，平台必须制定明确的政策和规定，确保用户的行为符合法律和道德标准。其次，平台需要建立起完善的监管机制，对用户的行为进行监管和管理，确保平台的可信度和透明度。此外，平台也需要加强对虚假信息和欺骗行为的防范，建立起反欺诈和反作弊机制，以保证平台的稳定性和可持续性。最后，平台也应该加强对非法或违规活动的打击，保护用户的权益和利益，并维护整个元宇宙的公正和正义。

4. 身心健康挑战

随着智能穿戴设备的广泛使用，人们已经进入了全天候、全场景、全接口的数字世界，而元宇宙更进一步地将人们的生活和工作都带入了虚拟空间。长时间穿戴智能设备并过度沉浸在虚拟世界中可能会带来眼睛疲劳、视力下降、颈椎病、腰椎间盘突出以及缺乏运动所导致的健康问题。然而，从长远的发展来看，除了这些常见的健康问题外，元宇宙还带来了心理层面的挑战，这更值得关注。

元宇宙的沉浸式体验及其吸引力可能导致用户过度依赖和沉迷其中，甚至上瘾成疾。类似游戏成瘾的现象在当前已经屡见不鲜，因此在可预见的未来，对元宇宙上瘾的情况将成为一个重大挑战。长时间沉浸在虚拟世界中可能影响用户的注意力、社交互动以及对现实世界的投入，对身心健康产生负面影响。因此，人们需要加大防沉迷教育的宣传力度，同时让用户对数字依赖的危害有更深刻认识，并提供适当的心理健康知识和技巧。

随着元宇宙的发展，用户对真实身份与虚拟身份之间的模糊也变得不容忽视。在元宇宙中，用户可以创建虚拟身份，并在虚拟世界中塑造自己的形象。然而，长时间以虚拟身份参与游戏或工作可能导致对真实身份的认同存在困惑，甚至在现实生活中与虚拟世界发生认知混乱，分不清现实和虚拟。为了应对这个挑战，人们需要加强用户对虚拟世界和现实世界的辨识能力，平衡两个世界的生活，必要时可以限制虚拟世界的使用时间。

社交隔离和孤独感是用户在现实世界中可能面临的另一重大问题。尽管元宇宙提供了广泛的社交互动机会，但长时间在虚拟世界中的互动可能导致用户与现实世界的社交减少。缺乏真实的人际关系和面对面的交流可能引发孤独感、社交隔离以及心理健康问题。这会形成一个恶性循环，用户越孤独越沉浸在虚拟世界中，脱离现实。为了应对这个挑战，我们需要加强心理健康问题的教育与疏导，结合虚拟世界为用户提供心理健康辅导，让用户更加关注现实世界，避免脱离现实。

5.闭环性挑战

在元宇宙的发展过程中，一个不可避免的挑战是闭环性和互联互通的问题。由于不同元宇宙的平台和技术特性不同，以及缺乏统一的标准和协议，元宇宙之间的信息和数据交换相对困难。这导致了一个封闭的环境，使得用户和经营者无法充分利用元宇宙的优势和资源。

闭环性问题的表现包括：数据孤岛、跨平台互操作性和资源限制。数据孤岛指不同元宇宙之间的数据无法实现无缝交流和共享，使得用户在多个元宇宙之间无法无缝切换和共享个人数据；跨平台互操作性指由于缺乏通用的标准和协议，不同元宇宙的平台之间难以进行互操作，导致信息的流动受限；资源限制则是由于闭环性限制了用户和经营者在元宇宙中获取和利用更广泛的资源，无法充分发挥元宇宙的潜力。

具体解决方法就是各平台互联互通。一方面可以制定开放标准和协议，各个元宇宙平台应共同制定通用的开放标准和协议，确保数据和信息在不同平台之间的无缝交互。这可以促进互操作性，使用户能够跨平台使用和共享数据。另一方面，建立跨界合作机制，元宇宙平台和开发者应鼓励跨界合作，建立合作机制，共同解决闭环性问题。通过共享资源、技术和经验，不同元宇宙可以相互补充，提供更全面和多样化的服务。

总的来说，元宇宙的发展具有无限可能性，但也面临着多方面的挑战和风险。为了确保元宇宙的可持续发展和广泛应用，需要全球范围内的合作和协调，制定切实可行的政策和措施，保护用户权益，确保元宇宙的安全和多样性，并积极探索解决方案，以保障人类社会的可持续发展。只有各方通力合作，才能创造出更加美好的元宇宙未来。

11.2 元宇宙的风险

随着增强现实和虚拟现实等相关技术不断进步，元宇宙的概念逐步实现并深入人心，这一趋势在资本市场上得到了充分体现，投融资事件数量爆发式增长，相关概念企业如"雨后春笋"般涌现。美国证券交易委员会（securities and exchange commission，SEC）的报告显示，2022年上半年，"Metaverse（元宇宙）"一词在监管文件中出现了1100多次，而在2021年仅有260次。在新浪VR与企查查大数据研究院联合发布的《2023年中元宇宙投融资报告》指出"2023年上半年，国内元宇宙投融资事件共221起，较2022年同期增长194%；已披露的元宇宙投融资总额达到了158.6亿元人民币，较2022年同期增长213%"。投融资事件数量和投融资总额呈现出显著的增长的趋势，可见投资者对于元宇宙的兴趣和信心不断增强。2023年上半年，国内元宇宙基础设施板块共发生110起投融资事件，占全年总融资数的46.4%；元宇宙硬件板块共发生74起投融资事件，占全年投融资事件总数的31.2%。

尽管元宇宙产业在国内发展迅速，但其发展过程中仍然存在着一些不可忽视的风险和挑战。据清华大学发布的报告显示，元宇宙产业目前处于"乌托邦"状态，并面临着至少十大风险。这些风险主要涉及数据安全、监管政策不确定性、技术标准缺乏以及虚拟资产泡沫等方面。为了保障元宇宙产业的可持续发展，我们需要秉持科学理性的态度，遵循产业和科技发展规律，稳扎稳打，谨慎布局，强化社会责任担当，努力追求更有意义的生命过程，远离那些打着"元宇宙"旗号的套路和骗局。以下就上述十大风险进行论述，并说明如何降低或避免其负面影响。

1. 资本操纵

资本操纵是指资本利用创新概念、炒作新风口、吸引新投资等手段，以获取高额回报的行为。然而，这种做法在元宇宙经济系统中导致了虚拟货币价格的不断波动，甚至引发了国际资本金融收割的嫌疑，对市场造成了极大的不良影响。随着非同质化代币行业的迅猛发展，市场上出现了一系列问题，包括投机炒作、滥用技术、盗用版权、虚构价值、交易不规范和潜在金融化等。这些问题进一步暴露出当前元宇宙产业和市场的不健康现状，需要各方回归理性。

为了避免资本操纵对元宇宙经济系统造成的负面影响，人们需要加强监管，维护市场的公平竞争环境。此外，还需要提高市场主体的意识，增强他们对市场行为的责任意识，避免出现不正当竞争和欺诈行为。同时，应加强对技术的研发和创新，使其更具有公平性、透明度和可信度，为市场提供更好的基础设施和服务。此外，还需要引导市场投资者更加理性地参与市场，避免盲目跟风和过度投机，维护市场的稳定和健康发展。

总之，资本操纵问题是当前元宇宙产业和市场所面临的一个重要挑战，必须采取有效措施加以解决。只有通过各方共同努力，才能够构建一个健康、可持续发展的元宇宙产业和市场。

2. 舆论泡沫

目前，元宇宙产业仍处于早期阶段，主要应用于社交和游戏领域。虽然未来元宇宙有望成为一个全行业涵盖、开放的生态系统，实现虚实互通和经济自洽的理想状态，但这需要经过漫长的去泡沫化过程，达到现实与理想的有机结合。在这个过程中，人们必须保持清醒和理性，警惕可能存在的舆论泡沫和虚假宣传，以避免过度炒作和不必要的风险。

同时，人们也需要认识到舆论泡沫的存在是由多种因素引起的，例如新兴产业的热度和狂热粉丝的涌现，媒体和资本的推波助澜等。这些因素可能导致市场的不稳定性和波动性，甚至可能引起虚拟资产价格的不合理飙升和暴跌，给经济带来不必要的风险。

在这个背景下，建立健全的监管机制是非常必要的。合理的监管政策可以有效地约束市场行为，避免过度炒作和投机行为，保障消费者和投资者的利益。此外，加强对市场信息的披露和透明度也可以减少市场不确定性，有助于促进市场稳定和健康发展。

同时，产业参与者需要注重自律，秉持诚信和负责任的态度，遵守市场规则和道德规范，共同维护市场的正常秩序和稳定发展。只有这样，才能实现元宇宙的理想状态，并为未来的产业发展创造更多机会和可能性。

3. 伦理制约

尽管元宇宙被视为一个高度自由、开放、包容的理想状态，但这并不意味着其中不存在任何规则或边界限制。相反，元宇宙作为一个去中心化的世界，更需要建立起一个共同的伦理框架，来确保其健康、可持续的发展。

这个伦理框架需要从多个视角进行深入探讨。首先，人们需要考虑自由与规则之间的平衡。元宇宙的自由度很高，但这并不意味着可以容忍一切行为。为了保证元宇宙中每个人的权利和利益，需要建立一些基本规则和道德标准。这些规则不仅需要保障用户的信息安全、隐私保护、财产安全，还需要规范虚拟资产的产权和交易等方面。

其次，开放与边界限制也是需要考虑的。开放的元宇宙可以容纳各种文化、价值观和理念，但这也意味着它需要面对来自不同文化、不同价值观和理念的冲突。因此，需要建立一个共同的价值体系和道德标准来保障每个人的平等权利。同时，伦理制约的问题也需要考虑到元宇宙生态系统的健康和稳定。虚拟资产的价格波动和经济风险是需要重视的问题。人们需要思考如何避免虚拟资产价格的不合理飙升和暴跌，以及如何避免经济风险对元宇宙生态系统的不良影响。

最后，公正和可信也是伦理制约的重要方面。人们需要确保元宇宙生态系统中每个人都能够公平地参与和分享其中的资源和机会，以及确保元宇宙的信息真实可靠、数据安全可信。只有建立起这样一个公正和可信的元宇宙生态系统，才能够吸引更多的用户和投资者，并实现元宇宙的可持续发展。

4. 垄断张力

在元宇宙的发展过程中，除了伦理制约的问题外，垄断张力也是一个需要关注和解决的问题。随着越来越多的公司和机构加入元宇宙行业，产业布局和市场格局也在逐渐形成。在这个过程中，由于各大科技公司之间的竞争态势和市场占有率的差异，元宇宙的生态相对封闭，完全开放和去中心化难以实现。这种垄断张力不仅会影响元宇宙的公共性和社会性，也可能对整个行业的发展造成不良影响。

在监管方面，中心化的元宇宙需要建立完整的货币体系、经济秩序、社会规则、管理制度、文化体系甚至法律约束。这些约束边界需要去中心化组织的参与和监管来确保元宇宙的公共性和社会性得到维护，完全去中心化在某种程度上成为了一个伪命题。这也意味着，为了维护元宇宙的健康、可持续发展，我们需要寻找一种既能够维护去中心化的特点，又能够对元宇宙进行必要的监管和管理的模式。

因此，在元宇宙的发展中，人们需要在去中心化和监管之间找到一个平衡点，以确保元宇宙的发展能够顺利进行，同时又能维护公共性、社会性和健康性。这需要在技术、市场、政策等多个层面上进行探索和实践，同时也需要各方的积极参与和共同努力。

5. 产业内卷

元宇宙这一概念的兴起，源于游戏和社交领域的激烈竞争和日益增加的监管压力。在传统游戏和社交产品模式逐渐陷入瓶颈的情况下，互联网巨头开始争夺有限的人才和用户资源，导致内部竞争日益激烈。此时，元宇宙作为一个新的想象空间，重新点燃了资本和用户的热情。虽然元宇宙的出现在资本配置方面有所改进，但它并未从根本上改变游戏和社交领域产业"内卷"的现状。

在元宇宙领域内，互联网巨头和创业公司纷纷加入竞争，争夺有限的市场份额。这种竞争是对人才、用户、资源等方面的竞争，进一步加剧了行业内卷现象。同时，市场上涌现出的大量虚拟资产，也促使产业内部的价格战愈演愈烈，给行业带来了一定的风险和不稳定性。要实现真正的行业升级，改变内卷现象，需要更多的创新和颠覆性的思维。行业从业者应该摒弃传统的发展模式，探索新的商业模式，推动行业的多元化和普惠化发展。此外，政府部门也应该加强监管，引导产业健康发展，避免产业竞争过度，导致行业内卷现象的加剧。

6. 算力压力

元宇宙的实现离不开算力的支持。大规模多人在线游戏需要高效的服务器和网络支持，可编辑世界需要实时的图形渲染和物理模拟，开放式任务需要快速响应和高效计算，虚拟现实入口需要对用户的身体反应进行快速处理，人工智能内容生成需要强大的计算力和数据支持，经济和社交系统需要高效的交易和沟通渠道，去中心化身份认证系统需要保证安全和防篡改，这些都面临着巨大的数据量和高度复杂的算法计算。

这些要素的高度复杂性和计算需求，使得算力压力成为了实现元宇宙的一大挑战。在实际运营中，不仅需要考虑到算力供应的稳定性和可持续性，同时也需要充分考虑成本和效率的问题。为了应对日益增长的计算需求，许多企业开始尝试利用分布式计算、云计算、边缘计算等技术手段来提高算力的利用效率。同时，它们也加强了与硬件供应商的合作，以确保算力的稳定性和可靠性。

7. 经济风险

尽管元宇宙中的虚拟经济与现实经济并不完全相同，但它们之间的联系越来越密切。在元宇宙中，虚拟货币广泛用于交易、购买虚拟物品、租赁虚拟地产以及支付服务费用等。由于虚拟货币的价值不稳定，可能受到投机行为、市场情绪以及其他因素的影响，因此其价值可能会出现大幅波动，这可能会对元宇宙的经济稳定性产生负面影响。此外，元宇宙中的虚拟商品和服务的生产和交易也存在着虚假宣传、欺诈、洗钱等风险，这些风险也可能导致虚拟经济体系的破坏和失衡。

因此，建立有效的金融监管和法律框架，保护用户权益和维护虚拟经济稳定是至关重要的。另一个需要探讨的问题是如何在虚拟经济与现实经济之间建立可靠的联系，以便更好地管理经济风险和确保经济发展的可持续性。

8. 沉迷风险

因为元宇宙的虚拟世界可以提供前所未有的沉浸和互动体验，所以也存在着沉迷的风险。这种沉迷可能会导致人们失去对现实世界的关注，进而影响到生活、工作等各个方面。此外，虚拟世界中存在的一些虚假、不健康的行为方式和价值观念，也可能对使用者产生不良影响，例如过度消费、社交孤立、自闭等问题。

在元宇宙的建设过程中，需要高度重视沉迷风险，并采取措施进行管理和监管。一方面，可以通过技术手段来限制使用时间、禁止不良行为等，以保障使用者的身心健康。另一方面，也可以通过教育和宣传等手段，引导使用者树立正确的价值观念，强化现实世界和虚拟世界的分界意识。同时，为了确保元宇宙的健康和可持续发展，人们还需要建立完善的监管机制和相应的法律法规。这些措施应该强化对沉迷风险的预防和处置，同时确保用户权益得到有效保障。只有在这些条件下，人们才能放心地迎接元宇宙的到来，并享受其所带来的种种好处。

9. 隐私风险

作为一个超越现实的虚拟空间，元宇宙的诸多活动和互动都需要用户提供个人信息，以实现个性化体验和服务。这些个人信息包括但不限于姓名、年龄、性别、联系方式、地理位置、购买历史、搜索历史、社交网络、浏览习惯等，因此用户的隐私和数据安全成为了一个值得关注和解决的问题。

虚拟世界中的隐私风险与现实世界有很多相似之处，例如个人信息泄露、身份盗窃、诈骗和恶意攻击等。同时，元宇宙中存在更多潜在的数据安全威胁，例如虚拟设备的漏洞、虚拟账户的密码被破解、虚拟物品的盗窃和贩卖等。这些威胁可能导致用户隐私泄露，甚至影响其现实生活和财产安全。

保护用户隐私和数据安全，需要建立完善的数据安全和隐私保护制度，包括数据采集、存储、加密、访问控制、风险评估、安全监控、事件响应和用户教育等方面。另外，加强虚拟设备和虚拟网络的安全性能，提高用户的安全防范意识和技能，也是防范隐私风险的关键。总之，元宇宙的隐私和数据安全问题需要得到足够的重视和关注。只有通过全面、系统、有效的措施和技术手段，才能建立起一个安全可靠、人民满意的虚拟空间，让人们在其中放心、愉悦地体验虚拟世界的乐趣。

10. 知识产权

知识产权问题在数字领域一直备受关注，而随着元宇宙的兴起，这个问题变得更加复杂和棘手。元宇宙中的用户生成内容的数量和影响力持续扩大，创造出了大量原创的虚拟人物、场景、音乐和艺术品等。这些元素可能会涉及到现实世界中的知识产权，例如人物肖像权、音乐、图片和著作版权等。此外，在元宇宙中，虚拟人物和物品的设计和创造往往需要借鉴现实世界中的灵感，这可能涉及到版权和专利等知识产权问题。例如，虚拟游戏中的人物造型和服装设计往往会参考现实世界的时尚和文化元素，这可能会引起知识产权的争议和法律纠纷。

虽然区块链技术为认证、确权和追责提供了技术支持，但在元宇宙中实现知识产权保护仍然需要制定更为完善的规则和机制。这需要制定更加严格的知识产权管理制度，确保原创作品得到充分的保护和回报。同时，需要建立一套高效的知识产权维权体系，及时处理和解决知识产权争议和纠纷。只有通过持续不断的努力和探索，才能够为元宇宙的可持续发展提供稳固的知识产权保障。

11.3 元宇宙产业

随着人工智能、大数据、云计算、扩展现实、区块链等数字技术的广泛应用，元宇宙作为一种新的互联网形态逐渐兴起，正在重塑甚至颠覆社会经济活动的基本逻辑。"元宇宙产业"是指与元宇宙相关联的各种产业的总和，其中包括利用虚拟现实、区块链、人工智能、网络和运算等核心技术支撑的新一代数字化产业。其中，产业元宇宙和消费元宇宙是最为重要的两个应用领域。产业元宇宙将为企业提供更高效的生产方式和更广阔的市场机会，而消费元宇宙则将为消费者提供更加丰富、创新的产品和服务，打造全新的消费体验。这些都将推动元宇宙在数字经济中发挥不可或缺的作用，成为未来经济发展的重要支撑。

11.3.1 产业元宇宙

产业元宇宙是产业数字化在新时代下的全新发展阶段，强调数字化与实体产业融合的过程，是对实体经济进行赋能和创新的一种新型模式。通过应用元宇宙技术，将数字能力引入现实世界，实现"元宇宙+"与实体产业的融合，体现了数字经济与实体经济的有机结合。

1. 定义与背景

元宇宙的崛起为各行各业之间架起了一座桥梁，实现了物理世界与虚拟空间的紧密连接。这不仅为产业数字化变革提供了全新的可能性，也成为数字经济时代的重要焦点和发展机遇。随着5G、增强现实、云计算、区块链、人工智能等技术的持续进步，以及政策和企业的积极推动，产业元宇宙正在取得显著的发展成果。

在这个过程中，产业元宇宙不仅推动了新技术的研发和融合，还极大地加速了这些技术在制造业、医疗保健、能源与公共事业、零售业、交通运输、建筑与房地产等行业中的实际应用。它为这些行业带来了前所未有的机遇，推动了数字化在实体经济中的广泛应用和快速发展。

从中长期发展的角度来看，产业元宇宙将成为元宇宙形态发展的必然趋势。通过数字孪生和工业智能技术实现产业流程再造和产业能效的持续提升，这将催生新一代的产业基础设施，推动实体经济的发展和社会效率的提升。产业元宇宙的核心价值在于将数字化技术与产业链更深层次地结合，提升数字世界与物理世界的协作效率，助推数字经济和实体经济的深度融合发展。其核心价值具体表现为以下四个方面：创新价值、体验价值、效率价值和公益价值。

（1）**创新价值**。产业元宇宙为实体产业注入了创新的活力。通过数字技术的应用和融合，产业元宇宙为企业和组织提供了创新的机会和平台。它促进了新产品、新服务、新业态和新商业模式的诞生，推动了产业的不断进步和发展。

（2）**体验价值**。产业元宇宙提供了丰富而沉浸式的用户体验。通过虚拟现实、增强现实等技术，用户可以在虚拟的环境中获得身临其境的感受，享受全新的交互和娱乐体验。无论是在购物、旅游、教育还是娱乐等领域，产业元宇宙为用户带来了更加丰富、个性化和沉浸式的体验。

（3）**效率价值**。产业元宇宙提升了产业运作的效率。通过数字化和自动化技术的应用，产业元宇宙使得各个环节的流程更加高效、准确和协同。企业和组织可以通过数据分析、智能决策和自动化操作等手段，实现生产、管理和交付过程的优化，提高资源利用效率和生产效率。

（4）**公益价值**。产业元宇宙推动了社会的公益和可持续发展。通过数字技术的应用，产业元宇宙为解决社会问题和促进可持续发展提供了新的途径和工具。例如，在教育领域，产业元宇宙可以提供更广泛、便捷的教育资源和平台，促进教育公平和普及；在环境保护领域，产业元宇宙可以支持智能能源管理和环境监测，推动绿色发展和节能减排。

2. 理论基础与市场格局

产业元宇宙是数字经济的重要推动力，促进了不同领域的数字经济跨界融合，创造了交叉效应和新兴业态，进一步推动了数字经济的发展。为了实现数字经济和产业元宇宙的健康发展，人们需要坚持"虚实融合"的理论基础，即"由实向虚"和"由虚向实"的辩证统一。

"由实向虚"指的是将实体经济与虚拟世界相结合，利用元宇宙技术将实体产业数字化、智能化，实现生产过程的优化和效率提升。通过数字孪生、工业互联网和人工智能等技术，可以对实体经济进行模拟、预测和优化，提高生产力和资源利用效率。

"由虚向实"则强调将虚拟世界中的创新和价值转化为现实经济的实际效益。通过将虚拟世界中的数字产品、服务和体验引入实体经济，创造新的商业模式和增值机会。例如，基于虚拟现实的沉浸式购物体验、基于区块链的去中心化交易平台等，为实体经济带来了全新的商业价值和竞争优势。坚持"虚实融合"理论基础，将实体经济和虚拟世界有机地结合起来，可以最大限度地发挥数字技术和创新的作用，促进经济的高质量

第11章 数字世界的无限可能：元宇宙未来展望

发展。同时，也需要加强政策支持和产业协同，培育创新人才和技术能力，推动数字经济和产业元宇宙的共同发展。为了实现数字经济和产业元宇宙的健康发展，产业链上游、中游和下游三个方面的发展至关重要。

（1）**在产业链上游，强大而稳定的基础设施是支撑产业元宇宙运行的基础**。网络通信技术、云计算技术和物联网技术等底层技术的不断发展为产业元宇宙的虚拟空间提供了更强的感知实时性体验，而新兴技术如5G、增强现实和人工智能等的应用进一步提升了元宇宙的交互性与体验质量。

（2）**在产业链中游，平台化已成为推动产业元宇宙发展的有力支撑**。开放而创新的平台和工具为构建产业元宇宙的内容和服务提供了关键基础。数字孪生平台、虚拟仿真平台和虚拟沉浸平台等专注于不同领域或功能的元宇宙平台和工具已经涌现，为实现元宇宙的全面发展和应用提供了丰富的资源和工具。

（3）**在产业链下游，产业元宇宙的应用和落地需要深入参与和广泛需求的支持**。目前，文旅、会展、交通等领域已经出现了一些具有示范效应和影响力的元宇宙应用场景，这些场景不仅展示了元宇宙在实际产业中的应用潜力，也为产业元宇宙的发展提供了新的样板和参考。产业正反馈逐步加强，推动了产业元宇宙的快速发展和实体经济的转型升级。

通过了解产业链上游、中游和下游三个方面的发展情况，可以清晰地看出产业元宇宙正在实现虚实融合的目标。强大的基础设施、开放的平台和工具以及广泛深入的行业需求和客户参与共同推动了产业元宇宙的高质量发展，为数字经济的蓬勃发展提供了有力的推动力量。

3. 产业元宇宙发展趋势及场景展示

产业元宇宙正呈现出蓬勃发展的趋势。以数字化技术为基础，它通过融合虚拟与现实，将数字能力赋予实体产业，从而推动经济转型升级。在金融、教育、商业等领域，元宇宙展现出巨大的潜力，为数字化转型提供了关键支持。与此同时，其市场潜力巨大，具有显著的长期投资价值，然而，也面临技术、人才和监管等方面的挑战。

1）发展趋势

随着我国数字经济建设全面进入快车道，产业元宇宙以数字化技术为基础、以数据为资源、以创新为动力，并通过网络平台实现价值创造、交换和分配，进而有效提高生产效率、优化资源配置，满足多元化需求的增长。在这一背景下，大力发展数字化技术和元宇宙技术已成为时代的迫切需求。

技术融合的发展成为元宇宙时代的重要背景，不断涌现的新技术将加速推动商业模式和场景的演进。这种趋势将颠覆现有状况、创造新机遇，并改变行业格局。其中，产业元宇宙作为利用元宇宙技术将数字能力引入现实世界、为实体经济赋能的具体体现，成为实现"元宇宙+"实体产业融合的重要方式。

产业元宇宙的发展将成为数字技术与实体经济深度融合的推动力量，为实体产业注入数字化能力。通过应用元宇宙技术，将数字化能力与实体世界相结合，实现数字经济与实体经济的协同效应。这种深度融合将推动实体经济的创新和转型，促进产业的发展和商业模式的优化，同时也带来全新的商业机遇。

在元宇宙时代，加强数字化技术和元宇宙技术的发展对于推动我国经济的转型升级至关重要。政府和企业应积极响应这一趋势，加大投入和合作力度，推动数字化技术和元宇宙技术的研发与应用，以实现经济的可持续发展和社会的繁荣进步。这样的努力将为我国经济注入新的活力，推动产业的创新发展，提升国家的竞争力和影响力。同时，产业元宇宙的发展也需要与前两段提到的技术融合和商业模式的演进相结合，以构建一个完整、有机的发展框架，推动数字经济和实体经济的紧密结合，实现更加全面的经济发展目标。

产业化元宇宙的主要发展趋势如下。

（1）**重塑内容生产流程：生成式、多模态人工智能技术的应用**。在2023年年初，生成式人工智能以GPT为代表引发了行业的广泛关注。生成式人工智能技术能够自主创作和生成内容，为内容创作者提供新的创作工具和创作方式。通过生成式技术，创作者可以更高效地创作大量高质量的内容，同时探索出更加创新和独特的创作风格。多模态人工智能技术结合了视觉、文本和声音等多种媒体形式，能够实现对多模态数据的理解和生成，从而丰富内容的表现形式和交互方式。

（2）**数字化生产的新纪元：元宇宙技术赋能智能生产与数字孪生**。元宇宙时代的到来为智能生产和数字孪生技术带来了巨大机遇。通过数字孪生的多维模型和仿真环境，数字工厂可实现与实际生产的实时同步，提高生产效率和资源配置。数字化技术的赋能还帮助企业预测市场需求、优化生产计划，并全方位支持数字化转型。自2022年开始，国内多地政府积极推动元宇宙产业的前瞻性布局，旨在将工业元宇宙的应用场景延伸至产品的全生命周期，涵盖从研发设计到销售、售后的各个环节，从而开创了实体经济与数字经济融合的新局面，打开了"数实结合"的新局面。

（3）**新浪潮涌动：云边端协同需求驱动下的爆发式增长**。云边端协同在需求驱动下迎来了爆发式增长，成为新的潮流。通过整合云计算、边缘计算和物联网技术，云边端协同满足了跨平台、跨设备和跨网络的协同工作需求，显著提升了工作效率和创新能力。其广泛应用于智能制造、智慧城市、医疗健康等领域，为各行业带来了爆发式增长和无限的发展可能性。这一浪潮将持续推动数字化转型和智能化发展,成为产业创新的重要引擎。

(4) **XR技术开启新篇章:从娱乐消费到生产力工具的转型**。XR技术的快速发展开启了全新的篇章,从娱乐消费到生产力工具的转型。扩展现实、虚拟现实和混合现实技术的融合应用,为用户创造了身临其境的沉浸式体验,不仅提升了娱乐领域的用户体验,还逐渐渗透到生产领域,成为强大的生产力工具。XR技术的转型不仅改变了人们与数字内容的互动方式,还赋予了用户更广阔的创造力和合作能力,为各行各业带来了更高效、更智能的工作方式。这一趋势将进一步推动XR技术的创新和应用,拓展其在生产力工具领域的潜力与影响力。

(5) **产业元宇宙加速升级:网络和算力基础设施的迭代驱动**。网络和算力基础设施作为产业元宇宙在物理世界中的支撑,通过持续的迭代和升级,为元宇宙的发展提供了更高速、更稳定、更智能的服务,以满足不断增长的数据需求,实现数据价值的最大化,同时推动技术创新和产业升级。最新数据显示,我国在网络基础资源方面取得了显著进展,域名总数达到3440万个,IPv6活跃用户数达到7.28亿人。在信息通信领域,我国拥有231万个5G基站,占移动基站总数的21.3%,展现出强大的覆盖和连接能力。此外,我国工业互联网标识解析体系——国家顶级节点已全面建成,共有240个具有影响力的工业互联网平台。这些数据突显了我国在网络和算力基础设施方面的突破和优势,为产业元宇宙的快速发展提供了坚实基础,同时也为技术创新和产业升级开启了更广阔的前景。

2) **场景展示**

通过广泛的产业链布局,产业元宇宙在高端制造、光学制造、教育、旅游、医疗和商业等多个领域展现了巨大潜力。借助元宇宙技术的推动,企业和消费者得以开创更丰富的价值和无限可能性。

(1) **物联网**。元宇宙数字化技术与实体产业融合是当前数字化转型的热点之一。元宇宙作为数字化技术与实体产业融合的具体场景之一,其与现实空间的融合媒介,不仅为虚实共生提供保障,也是元宇宙走向产业化的重要桥梁。在元宇宙中,虚拟与现实可以相互融合,人们可以通过虚拟身份在虚拟空间中进行各种交互、体验和消费,同时也可以在现实空间中享受到元宇宙技术带来的便利和智能服务。

(2) **数字文创**。数字文化创意(简称数字文创)产业是数字经济中的重要组成部分,随着元宇宙时代的到来,技术将为内容创作提供全新的表现形式和媒介。数字化的创意产业在不断涌现和发展,其对经济发展、文化传承都具有重要意义。在这个数字化时代,数字文创产业将继续发挥重要作用，为人们带来更加丰富、多元的文化体验。

（3）**智慧教育**。智慧教育旨在为学生提供更加丰富、多元和互动的学习环境，激发他们的创新能力和合作精神，提高教育质量和效率，同时也实现了个性化教育的可能。通过智慧化技术的运用，教学方式变得更加灵活、互动和个性化，学生的学习过程也更加富有趣味性和互动性，有效提高了教育的效果和质量。在智慧教育的实现过程中，师生之间的互动和合作也得到了促进，促使学生更好地发挥个人潜力，实现全面发展，如图11-1所示。

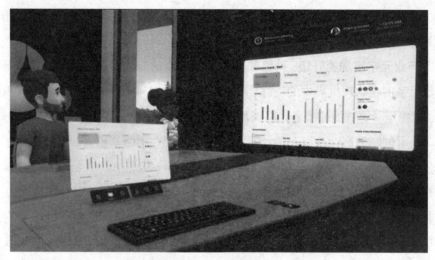

图 11-1　智慧教育场景

（4）**智慧商业**。智慧商业通过元宇宙技术的应用，实现了人、货、场的重构，为消费者带来了更为沉浸式的购物场景和体验。在这个新型的商业场景中，消费者可以通过虚拟现实技术实现身临其境的购物体验，获得更加真实和直观的商品感受。同时，元宇宙技术也为商业数据的共享和分析提供了更加可视化和智能化的解决方案，帮助企业更好地了解和掌握消费者的需求和行为，进一步探索并发掘新的消费增量。这些新型商业应用不仅将深刻改变消费者的购物方式和行为，也将促进商业产业的数字化转型和创新发展，为商业经济的持续增长注入了新的动力，如图11-2所示。

（5）**智慧供应链**。智慧供应链是基于元宇宙技术的应用，通过将供应链网络、设施、设备和人员等进行虚拟化和数字化，实现了更加精准和灵活的物流设计、规划和管理。利用元宇宙技术，企业可以在虚拟空间中对供应链进行全方位的模拟和优化，精准预测和应对物流风险，提高物流效率和降低成本。同时，元宇宙技术还可以实现供应链各环节的智能化协同，提升物流运作的灵活性和响应能力，从而实现真正意义上的"智慧供应链"。

第 11 章 数字世界的无限可能：元宇宙未来展望

图 11-2 智慧商业场景

（6）**智慧金融**。智慧金融是基于元宇宙技术的应用，通过智能化的风控系统、客服系统、智慧投资决策系统等，实现了金融业的高效运作和风险控制。利用元宇宙技术，金融机构可以构建智能化的风险控制体系，实现对金融交易的全方位监管和预警，提升风险管理的精准度和效率。同时，元宇宙技术也为金融交易提供了更加安全和可信的解决方案，通过智能合约、区块链等技术，实现金融交易的自动化和智能化，打造更加透明、公平和可信的金融生态。

（7）**元宇宙演艺**。元宇宙技术为演艺行业提供了全新的舞台和场景，通过借助虚拟现实、增强现实等技术，实现了对舞台剧、演唱会等活动的重构和创新，让观众能够享受到更加多元化、创新性和沉浸式的演艺体验。在元宇宙的虚拟环境中，演出者和观众可以跨越时间和空间的限制，随时随地进行互动和交流，使演艺活动的传播和交流更加便捷和高效，如图 11-3 所示。

图 11-3 元宇宙演艺场景

4. 机遇与挑战

产业元宇宙作为新兴的数字化技术领域，面临着一系列挑战，但也带来了众多机遇。借助于 5G、云计算和人工智能等新一代信息技术的广泛应用，产业元宇宙的基础设施和用户体验得到了显著提升，从而在创新、效率提升、增加资源利用率、提升社会福利以及增强文化多样性方面创造了有利条件。数字技术展现了其强大的韧性和潜力，为产业元宇宙的发展提供了有力支持。

随着数字技术的快速发展，产业元宇宙充分补足了传统产业的脆弱性和不足，推动各国政府和企业在数字基础设施、数字平台、数字生态等领域进行投资和布局。数字技术的广泛应用不仅为社会创造了巨大价值，也推动了数字经济的快速发展，助力全球经济的转型和升级。同时，资本市场在产业元宇宙的发展中扮演着重要角色。资本市场为产业元宇宙提供了充足的资金支持，帮助企业进行技术研发、内容创作和平台运营等方面的投资。此外，资本市场还提供了有效的价值评估和风险管理机制，促进产业元宇宙与其他行业和领域的合作与竞争。在这个过程中，产业元宇宙不断涌现出机遇，各种新的应用场景和商业模式不断涌现，推动着数字经济的快速发展和创新。

随着产业元宇宙的蓬勃发展，它呈现出引人瞩目的市场潜力和一系列令人振奋的机遇。这一新兴领域正为全球经济带来前所未有的变革和发展机遇，预示着未来数字经济格局的深刻演变。以下是目前产业元宇宙所带来的一些充满吸引力的机遇范例。

（1）**市场潜力巨大**。预计到 2027 年，中国产业元宇宙市场规模将达到约 6010 亿元，将各行各业带入一个共享的虚拟空间。这个转变将改变传统产业的商业模式和运营方式，通过元宇宙技术实现更高效、智能、安全和便捷的运营。企业能够在虚拟空间中展示产品、进行培训和开展会议，远程协作和资源共享将成为常态。同时，消费者将享受到更个性化、沉浸式的虚拟购物、旅游和社交体验。这一快速发展的产业元宇宙市场将带来新的商机和创新模式，助力数字化转型和智能化发展，共同开创辉煌的未来。

（2）**数字化转型刚需**。数字化转型已成为各行业的刚需。在快速变革的时代背景下，企业迫切需要适应数字化时代的要求，以提升竞争力并适应不断变化的市场需求。数字化转型不仅涉及技术的应用和数字化工具的利用，更重要的是组织结构的转变和业务流程的优化。通过数字化转型，企业能够实现业务流程的自动化和优化，提高生产效率和质量，拓展市场和客户群体，并增强企业的创新能力和灵活性。数字化转型已经成为一种趋势，企业必须紧跟数字化的步伐，以在竞争激烈的市场中立于不败之地。

（3）**长期投资价值**。当今，产业元宇宙被视为数字经济的下一个增长点和转型风口，引起了广泛的关注和研究。它不仅能够提供全新的商业机会和创新模式，还能够改变人们的生活方式和工作方式。通过长期投资产业元宇宙，投资者可以参与到数字经济的蓬勃发展中，分享其带来的持续增长和回报。无论是技术创新、基础设施建设还是应用场景的拓展，产业元宇宙都将持续演进和壮大，为投资者带来可观的长期价值。

产业元宇宙发展前景广阔，也面临着各种挑战。一方面，国内元宇宙市场还处于探索阶段，核心技术发展较为初级，行业融合也不够深入，尚未形成明确的落地场景或产品；另一方面，人才缺口严重，导致内容质量与用户体验参差不齐，促使形成足够强劲的市场需求推动力。此外，行业监管与自律滞后，也让行业发展存在着一定的不确定性。企业为规避政策风险，主动规避或退出元宇宙相关业务，限制了产业发展。

因此，为实现产业元宇宙更加健康可持续的发展，需要加强技术创新和人才培养，深化行业合作，规范行业发展。政府、企业和社会各界应共同努力，加强技术创新，推动基础设施建设，提供政策支持并积极开展跨界合作。同时，产业发展应秉持"以人为本"原则，培养和吸引更多元宇宙人才，提供全方位的培训、支持和激励措施，以促进技术和人才的共同发展。元宇宙人才也应不断提升自身的技能和创新能力，以适应元宇宙产业的快速变化和需求，确保技术持续为人类服务，推动元宇宙产业迈向更加广阔的未来。通过这些努力，产业元宇宙将迎来更加稳健和可持续的发展，并为长期投资带来广阔的机会与价值。

11.3.2 消费元宇宙

在过去的十年中，消费产业逐渐融入了互联网的浪潮，形成了以几个大型互联网平台为核心的生态网络。这一趋势推动了互联网经济的蓬勃发展，彻底改变了人们获取、分享和使用信息的方式，为消费者提供了更加全面、方便、快捷的消费体验。这种消费互联网的崛起主要得益于移动互联网技术的发展以及智能手机的普及。随着网络技术、计算能力和人工智能等技术的不断进步，未来消费元宇宙将成为消费产业升级的重要方向，承载着更广阔的发展前景。

1. 关键要素

在消费互联网阶段，通过互联网平台应用，围绕个人娱乐、本地生活（购物、出行等）、办公三大消费场景，实现了"世界的人—数字化信息—物理世界的消费体验"过程，其核心变化在于信息获取的数字化。而在消费元宇宙阶段，将会实现消费主体、信息获取方式、信息呈现形式以及消费体验内容的全方位虚实结合。相较于消费互联网时代的生态要素，我们认为消费元宇宙时代的关键要素包括以下几个方面。

（1）"用户创造，用户所有"：去中心化、开放化、资产化。"用户创造，用户所有"是消费元宇宙的核心理念，它代表了消费者在这一新兴领域中的权利和参与度。消费元宇宙倡导去中心化的理念，消除了传统中心化平台的垄断，使消费者成为内容和价值的创造者。在消费元宇宙中，用户可以通过开放化的平台参与创作、分享和交流，享受与其他用户共同构建的数字化世界。同时，消费元宇宙也将用户的创造成果进行资产化，赋予其所有权和价值。这意味着用户可以拥有、管理和交易自己在消费元宇宙中创造的内容和资产，从中获得经济回报和更大的参与价值。因此，消费元宇宙通过去中心化、开放化和资产化的模式，彻底改变了传统消费模式，让用户在数字化世界中发挥更大的创造力和所有权。

（2）"虚拟货币，追溯交易"：数字经济体系。在消费互联网的交易体系中，交易双方主体是基于物理世界的真实身份主体，交易货币为物理世界的法定货币。然而，在消费元宇宙的交易体系中，将出现以NFT资产为核心的数字经济体系，具有虚拟身份、虚拟货币、交易可追溯等三个明显优势。这意味着消费者在进行交易时，可以拥有虚拟身份并使用虚拟货币进行交易，同时交易过程也具有可追溯性。通过区块链技术支持的虚拟货币和NFT资产，消费者可以更安全、便捷地进行跨平台、跨国界的交易，并确保数字内容的真实性和产权归属。这种数字经济体系将为消费元宇宙带来更公正透明的交易环境，促进数字经济的发展和保护消费者权益。消费者在消费元宇宙中将能够更好地掌握自己的创造成果，拥有更大的所有权和价值变现的机会，同时也为数字内容创作者提供了更广阔的市场和收益途径。

（3）"沉浸真实，能力增强"：需求实现、价值创造。消费元宇宙的价值体现在两个核心方向，其中之一是以虚拟世界的体验为核心，注重消费者在虚拟环境中获得沉浸式的感官体验和个人经历的真实性。在这个方向上，消费者可以通过设定虚拟身份参与内容创作、娱乐活动，建立社交关系并获得情感认同。消费元宇宙通过提供多样化的体验场景和方式，满足人们的体验需求和情感需求。

消费元宇宙的另一个核心方向是以真实世界的体验为核心，强调数字产品对人的感知和认知能力的增强，为消费者提供超越其感知范围的辅助性功能。在这个方向上，消费者可以借助消费元宇宙的技术和工具，改善驾驶技能、获得外语翻译、监测身体健康数据以及享用由家政数字人准备的晚餐等服务。消费元宇宙通过功能增强的应用，凸显其对人的能力提升和支持作用，为消费者提供更加便捷、高质量的生活和工作服务。

2. 应用场景：未来生活

未来的消费元宇宙将会涉及到个人娱乐、工作办公以及本地生活三大核心消费场景，并且将会成为全景应用的重要布局领域。目前国内外许多公司都在探索更广泛的元宇宙场景布局，旨在为用户打造更为多元化的应用生态。例如，Meta 创建的"HorizonWorlds"被视为元宇宙社交平台，它是一个 3D 空间，用户可以通过使用脸书账号登录该平台，并通过主界面上的三个核心板块（Play、HangOut 和 Attend）来探索不同的内容。此外，用户还可以创建自己的空间并邀请朋友进入，扩展了平台的功能和想象空间。百度创建了元宇宙平台"希壤"、网易羲研发了沉浸式活动平台"瑶台"，这些平台都类似彰显了发展消费元宇宙的决心和路径。随着产业元宇宙的快速发展，消费元宇宙也将成为新的增长点，吸引更多的投资和注意力。虽然元宇宙的最终阶段是全网融合一体化的元宇宙，但在最初阶段，它会以一个个垂直应用场景的形式出现，这些"元宇宙"将会经历一段时间的发展和演进，形成不同的垂直领域的元宇宙，例如娱乐元宇宙、零售元宇宙、办公元宇宙等。随着时间的推移，这些垂直行业的元宇宙将会逐步向前演进，打破行业限制，互相交流发展，最终形成一个一体化的"消费元宇宙"。这将会打破人们当前生活范围的限制，实现跨地域、跨时间、跨次元的全景生态，使用户能够在一个统一的虚拟空间中享受到更加便捷、个性化、全面化的消费体验，从而开启全新的数字化时代。消费元宇宙应用场景包括下面几种。

（1）**消费品牌：布局数字产品，延展虚拟场景营销，挖掘 IP 价值**。在消费元宇宙领域，零售品牌正迎来巨大的创新潜力。通过引入虚拟现实试穿技术、打造虚拟空间以及利用数字人作为代言人等创新方式，零售品牌可以为消费者提供更加身临其境的购物体验，同时增强品牌在现实世界中的影响力。这不仅为品牌引流和产品推广提供了新的途径，也为消费者带来更便捷、个性化的购物方式。

另外，零售品牌可以充分发挥现实品牌的价值和优势，在虚拟世界中打造数字化资产。通过建立虚拟产品线、推出定制游戏道具、发行 NFT 数字藏品等方式，零售品牌可以进一步拓展消费市场，并为实体品牌提供多元化的推广机会。这些数字化资产不仅可以满足消费者对个性化和独特产品的需求，而且为品牌创造了新的收益来源和市场影响力。

（2）**零售业主：虚实联动，激活场景消费需求**。随着科技的飞速进步，元宇宙的应用为传统线下零售商带来了前所未有的机遇。零售业主可以巧妙地运用元宇宙的技术元素，如虚拟现实、增强现实和 5G 等，以突破时间和空间的限制，为消费者提供沉浸式的购物体验，从而进一步提升购物中心的吸引力和消费者的满意度。

通过虚拟现实和增强现实技术，消费者能够在虚拟空间中尝试不同的服装款式、珠宝首饰，甚至体验家居装修和旅游目的地。同时，在实体店面，增强现实技术提供更多选择和便利，消费者可以扫描商品获取详细信息，并享受个性化推荐。这种虚实联动不仅方便消费者，还为零售业主创造了更多销售机会和吸引消费者的能力。

（3）**文化传媒：数字内容与沉浸体验，开创文化新消费**。随着技术的发展，元宇宙已成为文旅产业的新领域。通过数字孪生空间和虚拟体验，为文化旅游带来新机遇。政府机构、博物馆等积极打造数字孪生世界，推出主题文化数字藏品和元宇宙艺术展，改变传统商业模式。在数字孪生世界中，游客可以穿越时空，在历史街道上游览、购物，享受折扣，甚至邀请朋友一起逛街。文旅元宇宙创造丰富的旅游体验。同时，博物馆和旅游景点与数字平台合作推出主题数字文创产品，展示元宇宙中的数字加密艺术创作生态。

3. 底层基础设施与数字经济体系

要实现消费元宇宙，需要两个基本方面的支持：一是建立适合消费生态的"场所"，即提供完整的虚拟空间、仿真应用以及虚实融合的接口。这需要底层基础设施的支持，如通信网络、算力和数据应用。二是建立支持消费生态的"交易体系"，即提供数字经济体系，以满足消费元宇宙的交易需求。

（1）**底层基础设施**。元宇宙是全球科技产业的新风口，但要实现消费元宇宙需要建立两个基石：构建支持消费生态存在的"场所"，即提供完整的虚拟世界空间、仿真应用以及虚实融合的入口，并建设底层基础设施，包括通信网络、算力支持和数据运用。同时，还需要构建支持消费生态的"交易体系"，提供数字经济体系以满足消费元宇宙的交易需求。

为了奠定元宇宙生态的基础框架，清华大学发布了《元宇宙发展研究报告2.0》，提出了"元宇宙六理"框架，即"数理思维开拓、物理规则制定、地理空间创造、心理状态调节、事理逻辑判断、伦理秩序维护"。这一框架涵盖了元宇宙生态的关键运行机制和逻辑。其中，"数理"强调了数字基础的重要性，"物理"要求虚拟世界符合物理世界的运行原理，建立大量机理模型以确保真实性，"地理"指出建立虚拟数字孪生世界的必要性，"心理"强调了元宇宙为用户提供的情绪价值和心理层面的认同价值，而"事理"和"伦理"则着重强调在虚拟世界建立的规则应与现实世界保持一致，元宇宙的运行机制与治理原则不应违背真实世界的运行逻辑与伦理约束。

（2）**数字经济体系**。推动元宇宙生态的繁荣：在构建数字经济体系方面，元宇宙概念下，围绕NFT的数字经济正在迅速发展。这主要得益于两大价值认同：一方面，基于区块链技术，数字资产的"去中心化"和"唯一标识"得到了技术层面的价值认可；另一方面，用户在一系列破圈事件的带动下，开始认可数字资产稀缺性及其价值。

未来随着消费元宇宙的持续发展，数字经济体系的价值将来源于两个层面。第一，在以虚拟世界为主的场景中，将形成独立的经济运行体系，由虚拟世界中的用户创造的数据和内容产生消费需求，进而带动数字经济体系的不断发展。第二，在以现实世界为主的场景中，随着元宇宙世界与物理世界实体经济的联动程度越来越高，必然会形成元宇宙数字经济和实体经济的广泛连接和流通，这也将进一步推动数字经济体系的发展。

11.4 小结

本章主要探讨了元宇宙的未来展望，涵盖了元宇宙所面临的挑战、风险，以及其在产业和消费领域的影响。在挑战方面，我们从安全与隐私、数字包容性以及身心健康等角度进行了深入讨论。尽管元宇宙概念备受热议，但在现阶段仍然存在监管等一系列潜在风险。随后，我们从资本运作、舆论泡沫以及伦理约束等多个角度探究了元宇宙的风险因素。鉴于这一概念的火爆，对于其发展需保持审慎态度，避免盲目行动。最后，我们详细介绍了产业元宇宙和消费元宇宙。无论是对企业还是对消费者而言，元宇宙都将在产业与消费领域产生深远影响，并带来巨大机遇。在这个充满活力的领域，我们需要充分把握机会，但也要谨慎行事，以确保元宇宙的可持续与健康发展。

11.5 习题

1. 请列举元宇宙面临的挑战。
2. 元宇宙作为一种新兴概念，需要面对涉及多个领域的挑战，请具体举例说明。
3. 请描述数字包容的定义是什么，它强调了什么问题。
4. 请列举元宇宙面临的风险。
5. 对于元宇宙，我们应该采用什么方法面对风险和挑战？
6. 请描述产业元宇宙的概念，以及它如何影响人们的生活和经济。
7. 从技术角度出发，请简述产业元宇宙是如何构建的，以及涉及的关键技术是什么。
8. 以游戏产业为例，请讨论产业元宇宙如何改变游戏开发、发布和体验。
9. 请简述什么是消费元宇宙，它是如何让人们更便捷地购物和消费的？
10. 以电子商务为例，请讨论消费元宇宙如何改变了人们的购物方式和消费行为。

参考文献

[1] NING H, YE X, BOURAS M A, et al. General cyberspace: Cyberspace and cyber-enabled spaces[J]. IEEE Internet of Things Journal, 2018, 5(3): 1843-1856.

[2] WANG Q, LI R, WANG Q, et al. Non-fungible token (NFT): Overview, evaluation, opportunities and challenges[J]. arXiv preprint arXiv: 2105.07447, 2021.

[3] 德勤中国. 元宇宙系列白皮书——未来已来：全球 XR 产业洞察 [R]. 中国：德勤中国, 2021.

[4] 开源证券. 元宇宙：从架构到落地 [R]. 陕西：开源证券股份有限公司, 2021.

[5] 东吴证券. 元宇宙框架梳理 [R]. 江苏：东吴证券股份有限公司, 2021.

[6] GUIDI B, MICHIENZI A. Social games and Blockchain: exploring the Metaverse of Decentraland[C]//In Proceeding of the 2022 IEEE 42nd International Conference on Distributed Computing Systems Workshops (ICDCSW). Bologna, Italy, 2022: 199-204.

[7] HABGOOD M P J, WILSON D, MOORE D, et al. HCI lessons from PlayStation VR[C]//In Extended abstracts publication of the annual symposium on computer-human interaction in play. Amsterdam, october 15-17, 2017: 125-135.

[8] 陈林生, 赵星, 明文彪, 等. 元宇宙技术本质、演进机制与其产业发展逻辑 [J]. 科学学研究, 2023, 4-27.

[9] 陈义. 元宇宙热潮再起为数字经济注入强劲动能 [N]. 通信信息报, 2023.

[10] 胡道元. 计算机网络 [M]. 北京：清华大学出版社, 2005.

[11] 郭爽, 冯俊伟, 何曦悦. 2022 世界移动通信大会：寻找"元宇宙"[N]. 新华每日电讯, 2022-03-03(006).

[12] 王泽亚. 基于沉浸式体验的大众化 VR 全景直播交互系统设计研究 [J]. 工业设计, 2023(2): 122-124.

[13] 赵文彬. 5G 移动通信技术在人工智能领域中的应用探析 [J]. 电脑知识与技术, 2023, 19(5): 95-97.

[14] 抢抓 6G 研发先机大力发展空间互联网 [N]. 人民邮电, 2023-03-13(001).

[15] SERIES M. IMT Vision: Framework and overall objectives of the future development of IMT for 2020 and beyond[J]. Recommendation ITU, 2015, 2083-0.

[16] YANG Y, MA M, WU H, et al. 6G network AI architecture for everyone-centric customized services[J]. arXiv preprint arXiv:2205.09944, 2022.

[17] OTTO M. Regulation (EU) 2016/679 on the protection of natural persons with regard to the processing of personal data and on the free movement of such data (General Data Protection Regulation–GDPR)[C]//International and European Labour Law. Nomos Verlagsgesellschaft mbH & Co. KG, 2018: 958-981.

[18] GRIFFOR E R, GREER C, WOLLMAN D A, et al. Framework for cyber-physical systems: Volume 1, overview[J]. 2017.

[19] WOLFSMANTEL A, NIEMANN B. On the Road to 6G: Drivers, Challenges and Enabling Technologies[J]. 2021.

[20] 姜世明, 陈周天, 孟琦, 等. 短距离无线通信技术分析 [J]. 通信电源技术, 2021, 38(2): 162-164.

[21] 王子航, 禹向群, 斯洪标, 等. 基于算力网络的元宇宙分层处理模型设计 [J]. 大数据, 2023, 9(1): 51-62.

[22] 王玥, 田燕军, 王莉. 云计算技术应用与发展 [J]. 山西电子技术, 2022(6): 69-71.

[23] 唐正彬, 韩大浩, 陈志. 云计算发展现状及安全防护实践研究 [J]. 通信与信息技术, 2022(S2): 39-42.

[24] 冷海涛, 马思思. 虚拟化技术在云计算中的应用及平台架构探索 [J]. 中国管理信息化, 2022, 25(21): 176-178.

[25] 刘伟. 对分布式计算、网格运算和云计算分析 [J]. 科技信息, 2013(9): 87-88.

[26] 郭斌, 刘思聪, 刘琰, 等. 智能物联网:概念、体系架构与关键技术 [J/OL]. 计算机学报, 2023: 1-20.

[27] WEISER M. The Computer for the 21st Century[J]. Scientific American, 1991, 265(3): 94-105.

[28] 李天慈, 赖贞, 陈立群, 等. 2020 年中国智能物联网 (AIoT) 白皮书 [J]. 互联网经济, 2020(3): 90-97.

[29] ZHANG J, TAO D. Empowering things with intelligence: a survey of the progress, challenges, and opportunities in artificial intelligence of things[J]. IEEE Internet of Things Journal, 2020, 8(10): 7789-7817.

[30] LIN J, YU W, ZHANG N, et al. A survey on internet of things: Architecture, enabling technologies, security and privacy, and applications[J]. IEEE Internet of Things Journal, 2017, 4(5): 1125-1142.

[31] CHANG Z, LIU S, XIONG X, et al. A survey of recent advances in edge-computing-powered artificial intelligence of things[J]. IEEE Internet of Things Journal, 2021, 8(18): 13849-13875.

[32] 数据通信数字化信息和内容体验部. EC-IoT[R]. 中国：华为技术有限公司, 2021.

[33] 挚物产业研究院. 2023 年中国 AIoT 产业全景图谱报告 [R]. 中国：智次方, 2023.

[34] SHERIDAN T B. Interaction, imagination and immersion some research needs[C]. In Proceedings of the ACM Symposium on Virtual Reality Software and Technology. 2000: 1-7.

[35] WEINBAUM S G. Pygmalion's spectacles[M]. Simon and Schuster, 2016.

[36] Wikipedia. Sensorama: The earliest known examples of immersive, multi-sensory technology. https://en.wikipedia.org/wiki Sensorama.

[37] Sutori. Telesphere Mask: The prototype of HMD. https://assets.sutori.com.

[38] Wordpress. Headsight: The first actual HMD invention. https://glass development.word press.

[39] Wordpress. "Sword of Damocles", the first BOOM (Binocular Omni Orientation Monitor) display. https://glass development.wordpress.com.

[40] CRAIG A B, SHERMAN W R, WILL J D. Developing virtual reality applications: Foundations of effective design. San Francisco: Morgan Kaufmann Publishers Inc, 2009. https://www.elsevier.com.

[41] STURMAN D J, ZELTZER D. A survey of glove-based input[J]. IEEE Computer Graphics and Applications, 1994, 14(1): 30-39.

[42] Wikipedia. Aspen Movie Map: A revolutionary hypermedia system developed at MIT. https://en.wikipedia.org/wiki/Aspen Movie Map.

[43] Wikipedia. Scott Fisher, a professor focused on expanding the technologies and creative potentials of virtual reality. https://en.wikipedia.org/wiki/Scott Fisher.

[44] Wikipedia. VPL Research: One of the first companies that developed and sold virtual reality products. https://en.wikipedia.org/wiki/VPL Research.

[45] Wikipedia. Mega Drive: A 16-bit home video game console developed and sold by Sega. https://en.wikipedia.org/wiki/Sega_Genesis.

[46] Wikipedia. The machines deliver real time gaming via a stereoscopic visor, joysticks, and networked. https://en.wikipedia.org/wiki/Virtuality.

[47] CRUZ-NEIRA C, SANDIN D J, DEFANTI T A, et al. The CAVE: audio visual

experience automatic virtual environment[J]. Communications of the ACM, 1992, 35(6): 64-73.

[48] DESAI P R, DESAI P N, AJMERA K D, et al. A review paper on oculus rift-a virtual reality headset[J]. arXiv preprint arXiv:1408.1173, 2014.

[49] Wikipedia. Virtual Boy: A 32-bit table-top video game console developed and manufactured by Nintendo. https://en.wikipedia.org/wiki/Virtual Boy.

[50] Google inc. Google Cardboard, experience virtual reality in a simple fun and affordable way. https://arvr. google.com/cardboard/.

[51] Google inc. Google Daydream: Dream with your eyes open, simple, high quality virtual reality. https://arvr. google. com/daydream.

[52] SUTHERLAND I E. A head-mounted three dimensional display[C]//In Proceedings of the December 9-11, 1968, fall joint computer conference, part I. 1968: 757-764.

[53] BARFIELD W, CAUDELL T. Boeing's wire bundle assembly project[M]. Fundamentals of Wearable Computers and Augmented Reality. CRC Press, 2001: 462-482.

[54] MILGRAM P, KISHINO F. A taxonomy of mixed reality visual displays[J]. IEICE TRANSACTIONS on Information and Systems, 1994, 77(12): 1321-1329.

[55] AZUMA R T. A survey of augmented reality[J]. Presence: teleoperators & virtual environments, 1997, 6(4): 355-385.

[56] FISHER S S. MOGREEVY M, HUMPHRIES J, et al. Virtual environment display system[C]//Proceedings of the 1986 workshop on Interactive 3D graphics Chapel Hill: ACM, 1987: 77-87.

[57] HITCHNER L E. Virtual planetary exploration: A very large virtual environment[C]// ACM SIGGRAPH. 1992, 92.

[58] The University of North Carolina systems. Department of computer science. https://catalog.unc.edu/graduate/schools-departments/computer-science.

[59] Loma Linda University. Loma Linda University Medical Center. https://lluh.org/locations/loma-linda-university-medical-center.

[60] SRI. Stanford Research Insitute. https://www.sri.com/.

[61] George Mason University. College of Science Center for Simulation and Modeling. https://www2.gmu.edu/.

[62] Xerox. Xerox Augmented Reality Assistant. https://www.Xerox.com/en-us/innovation/insights/augmented-reality-assistant.

[63] Boeing inc. Employees use virtual reality to figure out best way to build 737 MAX 10. https://www.boeing.com/company/about-bca/washington/.

[64] FhG-IGD. Fraunhofer Insitute for Computer Graphics Research IGD. https://www.igd.fraunhofer.de/en/competences/technologies/virtual-augmented reality.

[65] PWC. Groawing VR/AR companies in the UK. https://www.pwc.co.uk/issues/intelligent-digital/growing-vr-ar-companies-in-the-uk.html.

[66] CARLSSON C, HAGSAND O. DIVE—A platform for multi-user virtual environments[J]. Computers & graphics, 1993, 17(6): 663-669.

[67] Airbus inc. Stepping into the virtual world to enhance aircraft maintenance. https://www.airbus.com/newsroom/stories/stepping-into-the-virtual world-to-enhance-aircraft-maintenance-.html.

[68] The University of Tokyo. Kuzuoka Amemiya Narumi Lab. http://www.cyber.t, u-tokyo.ac.jp/.

[69] NEC inc, NEC's Virtual Reality Solutions in Flight Attendant Training. https://www.nec.com/en/press/201903/global_20190320_01.html.

[70] RANASINGHE N, KOH K C R, CHUA D, et al. Tainted: Smell the Virtual Ghost[C]. In Proceedings of the 2017 ACM SIGCHI Conference on Creativity and Cognition. 2017: 266-268.

[71] Sony inc. PlayStation VR. https://www.playstation.com/en-us ps-vr/.

[72] 北京航空航天大学. 虚拟现实技术与系统国家重点实验室. http://vrlab.buaa.edu.cn/.

[73] 浙江大学. 计算机辅助设计与图形学国家重点实验室. http://www.cad.zju.edu.cn/zhongwen.html.

[74] 清华大学. 虚拟现实与人机界面实验室. http://www.ie.tsinghua.edu.cn/~zhangwei/vrhit/index.html.

[75] WANG G P, LI S, WANG S R, et al. ViWoSG: A distributed scene graph of ultramassive distributed virtual environments[J]. Science in China Series F: Information Sciences, 2009, 52(3): 457-469.

[76] 北京理工大学. 中国首套登陆太空的VR（虚拟现实）设备完成预定任务. https://www.bit.edu.cn/xww/lgxb21/a130893.html.

[77] 北方工业大学信息学院. 增强现实与互动娱乐. http://csci.ncut.edu.cn/info/1061/1307.htm.

[78] 北京科技大学计算机与通信工程学院. 人工智能与三维可视化团队. http://scce.

ustb.edu.cn/kexueyanjiu/keyantuandui/2018-12-26/1165.html.

[79] 柳海兰. 浅谈计算机图形学的发展及应用 [J]. 电脑知识与技术, 2010, 6 (33): 9551-9552.

[80] ÖZYESIL O, VORONINSKI V, BASRI R, et al. A survey of structure from motion[J]. Acta Numerica, 2017, 26: 305-364.

[81] WANG X, WANG C, LIU B, et al. Multi-view stereo in the deep learning era: A comprehensive review[J]. Displays, 2021, 70: 102102.

[82] MILDENHALL B, SRINIVASAN P P, TANCIK M, et al. Nerf: Representing scenes as neural radiance fields for view synthesis[J]. Communications of the ACM, 2021, 65(1): 99-106.

[83] WANG X, RAMÍREZ-HINESTROSA S, DOBNIKAR J, et al. The Lennard-Jones potential: when (not) to use it[J]. Physical Chemistry Chemical Physics, 2020, 22(19): 10624-10633.

[84] MUSA H, SAIDU I, WAZIRI M Y. A simplified derivation and analysis of fourth order Runge Kutta method[J]. International Journal of Computer Applications, 2010, 9(8): 51-55.

[85] 韩伟杰, 李晓梅, 张文. 并行图形绘制技术综述 [J]. 计算机工程, 2010, 36(1): 221-223.

[86] ZHANG Z. A flexible new technique for camera calibration[J]. IEEE Transactions on pattern analysis and machine intelligence, 2000, 22(11): 1330-1334.

[87] 中国科学院自动化研究所模式识别国家重点实验室. 摄像机标定课件. http://www.nlpr.ia.ac.cn/english/rv.

[88] ABDEL-AZIZ Y I, KARARA H M, HAUCK M. Direct linear transformation from comparator coordinates into object space coordinates in close-range photogrammetry[J]. Photogrammetric engineering & remote sensing, 2015, 81(2): 103-107.

[89] FAIG W. Calibration of close-range photogrammetric systems: Mathematical formulation[J]. Photogrammetric engineering and remote sensing, 1975, 41(12): 12-15.

[90] DAINIS A, JUBERT M. Accurate remote measurement of robot trajectory motion[C]// IEEE International Conference on Robotics and Automation, 1985, 2: 92-99.

[91] ZHANG Z. Camera calibration with one-dimensional objects[J]. IEEE Transactions on Pattern Analysis and Machine Intelligence, 2004, 26(7): 892-899.

[92] TSAI R Y. An efficient and accurate camera calibration technique for 3D machine

vision[C]//Proc. IEEE Conf. on Computer Vision and Pattern Recognition, 1986.

[93] TSAI R Y. A versatile camera calibration technique for high-accuracy 3D machine vision metrology using off-the-shelf TV cameras and lenses[J]. IEEE Journal of Robotics and Automation, 1987, 3(4): 323-344.

[94] MARTINS H A, BIRK J R, KELLEY R B. Camera models based on data from two calibration planes[J]. Computer Graphics and Image Processing, 1981, 17(2): 173-180.

[95] DE MA S. A self-calibration technique for active vision systems[J]. IEEE Transactions on Robotics and Automation, 1996, 12(1): 114-120.

[96] FAUGERAS O D, LUONG Q T, MAYBANK S J. Camera self-calibration: Theory and experiments[C]. Computer Vision-ECCV'92. Springer Berlin Heidelberg, 1992: 321-334.

[97] MAYBANK S J, FAUGERAS O D. A theory of self-calibration of a moving camera[J]. International Journal of Computer Vision, 1992, 8(2): 123-151.

[98] ZELLER C, FAUGERAS O. Camera self-calibration from video sequences: the Kruppa equations revisited[D]. INRIA, 1996.

[99] HARTLEY R. Euclidean reconstruction and invariants from multiple images[J]. IEEE Transactions on Pattern Analysis and Machine Intelligence, 1994, 16(10): 1036-1041.

[100] WEI G Q, DE MA S. Implicit and explicit camera calibration: Theory and experiments[J]. IEEE Transactions on Pattern Analysis and Machine Intelligence, 1994, 16(5): 469-480.

[101] HARTLEY R. Self-calibration of stationary cameras[J]. International Journal of Computer Vision, 1997, 22(1): 5-23.

[102] CARD, STUART K. The psychology of human-computer interaction[M]. Crc Press, 2018.

[103] MAIMONE A, WANG J. Holographic optics for thin and lightweight virtual reality[J]. ACM Transactions on Graphics (TOG), 2020, 39(4): 67: 1-67: 14.

[104] 常琛亮，戴博，夏军，等. 面向视觉舒适度的全息近眼显示研究综述[J]. 激光与光电子学进展, 2022, 59(20): 11-29.

[105] 邓慧，黎桂源，吕国皎，等. 近眼显示光学系统技术分析与研究进展[J]. 液晶与显示, 2023, 38(4): 448-455.

[106] CHANG C, BANG K, WETZSTEIN G, et al. Toward the next-generation VR/AR optics:

a review of holographic near-eye displays from a human-centric perspective[J]. Optica, 2020, 7(11): 1563-1578.

[107] 吴亚东等. 人机交互技术及应用 [M]. 北京 : 机械工业出版社 , 2020.

[108] 陶建华，巫英才，喻纯，等 . 多模态人机交互综述 [J]. 中国图象图形学报，2022, 27(6): 1956-1987.

[109] 陈小刚，陈菁菁，刘冰川，等 .2022 年脑机接口研究进展 [J]. 信号处理 : 1-11.

[110] 王雪，李莎，李荣洋，等 . 脑机接口在元宇宙中的应用研究进展 [J]. 工程科学学报，2023, 45(9): 1528-1538.

[111] NAKAMOTO S. Bitcoin: a peer-to-peer electronic cash system[R]. 2008.

[112] 宋晓玲，刘勇，董景楠，等 . 元宇宙中区块链的应用与展望 [J]. 网络与信息安全学报 ,2022, 8(4):45-65.

[113] 邵奇峰，金澈清，张召，等 . 区块链技术 : 架构及进展 [J]. 计算机学报，2018, 41(5): 969-988.

[114] DIFFIE W, HELLMAN M E. New directions in cryptography[M]//Democratizing Cryptography: The Work of Whitfield Diffie and Martin Hellman. 2022: 365-390.

[115] KOBLITZ N. Elliptic curve cryptosystems[J]. Mathematics of computation, 1987, 48(177): 203-209.

[116] Advances in Cryptology–EUROCRYPT'85: Proceedings of a Workshop on the Theory and Application of Cryptographic Techniques. Linz, Austria, April 9-11, 1985[M]. Springer, 2003.

[117] NAKAMOTO S, BITCOIN A. A peer-to-peer electronic cash system[J]. Bitcoin.–URL: https://bitcoin. org/bitcoin. pdf, 2008, 4(2).

[118] BRAINERD W S, LANDWEBER L H. Theory of Computation John Wiley and Sons[J]. New York, 1974.

[119] LAMPORT L. The part-time parliament[M]//Concurrency: the Works of Leslie Lamport. 2019: 277-317.

[120] ONGARO D, OUSTERHOUT J.. In search of an understandable consensus algorithm[C]//2014 {USENIX} Annual Technical Conference ({USENIX}{ATC} 14). 2014: 305-319.

[121] ONGARO D. Consensus: Bridging theory and practice[M]. Stanford University, 2014.

[122] 陈宁，崔顺艳，杨晨光，等 . 区块链面对的量子计算威胁及应对 [J]. 网络安全和信息化 , 2023(5):15-17.

[123] 徐蕾, 李莎, 宁焕生. Web 3.0 概念、内涵、技术及发展现状 [J]. 工程科学学报, 2023, 45(5): 774-786.

[124] 郑磊. 去中心化金融和数字金融的创新与监管 [J]. 财经问题研究, 2022(4): 65-74.

[125] 秦蕊, 李娟娟, 王晓, 等. NFT: 基于区块链的非同质化通证及其应用 [J]. 智能科学与技术学报, 2021, 3(2): 234-242.

[126] MITCHELL T M. Machine learning[M]. New York: McGraw-hill, 2007.

[127] MONTGOMERY D C, PECK E A, VINING G G. Introduction to linear regression analysis[M]. John Wiley & Sons, 2021.

[128] NOBLE W S. What is a support vector machine? [J]. Nature biotechnology, 2006, 24(12): 1565-1567.

[129] PETERSON L E. K-nearest neighbor[J]. Scholarpedia, 2009, 4(2): 1883.

[130] KLEINBAUM D G, DIETZ K, GAIL M, et al. Logistic regression[M]. New York: Springer-Verlag, 2002.

[131] KOTSIANTIS S B. Decision trees: a recent overview[J]. Artificial Intelligence Review, 2013, 39: 261-283.

[132] LIKAS A, VLASSIS N, VERBEEK J J. The global k-means clustering algorithm[J]. Pattern recognition, 2003, 36(2): 451-461.

[133] BREIMAN L. Random forests[J]. Machine learning, 2001, 45: 5-32.

[134] RISH I. An empirical study of the naive Bayes classifier[C]//IJCAI 2001 workshop on empirical methods in artificial intelligence. 2001, 3(22): 41-46.

[135] LECUN Y, BENGIO Y, HINTON G. Deep learning[J]. Nature, 2015, 521(7553): 436-444.

[136] SHERSTINSKY A. Fundamentals of recurrent neural network (RNN) and long short-term memory (LSTM) network[J]. Physica D: Nonlinear Phenomena, 2020, 404: 132306.

[137] CHUNG J, GULCEHRE C, CHO K H, et al. Empirical evaluation of gated recurrent neural networks on sequence modeling[J]. arXiv preprint arXiv: 1412.3555, 2014.

[138] LOWE D G. Distinctive image features from scale-invariant keypoints[J]. International journal of computer vision, 2004, 60: 91-110.

[139] VIOLA P, JONES M. Rapid object detection using a boosted cascade of simple features[C]//Proceedings of the 2001 IEEE computer society conference on computer

vision and pattern recognition. CVPR 2001. IEEE, 2001, 1: I-I.

[140] DENG J, DONG W, SOCHER R, et al. Imagenet: A large-scale hierarchical image database[C]//2009 IEEE conference on computer vision and pattern recognition. IEEE, 2009: 248-255.

[141] VASWANI A, SHAZEER N, PARMAR N, et al. Attention is all you need[J]. Advances in neural information processing systems, 2017, 30.

[142] KRIZHEVSKY A, SUTSKEVER I, HINTON G E. Imagenet classification with deep convolutional neural networks[J]. Communications of the ACM, 2017, 60(6): 84-90.

[143] SZEGEDY C, LIU W, JIA Y, et al. Going deeper with convolutions[C]//Proceedings of the IEEE conference on computer vision and pattern recognition. 2015: 1-9.

[144] SIMONYAN K, ZISSERMAN A. Very deep convolutional networks for large-scale image recognition[J]. arXiv preprint arXiv: 1409.1556, 2014.

[145] HE K, ZHANG X, REN S, et al. Deep residual learning for image recognition[C]// Proceedings of the IEEE conference on computer vision and pattern recognition. 2016: 770-778.

[146] HOWARD A G, ZHU M, CHEN B, et al. MobileNets: Efficient convolutional neural networks for mobile vision applications[J]. arXiv preprint arXiv: 1704.04861, 2017.

[147] TAN M, LE Q. Efficientnet: Rethinking model scaling for convolutional neural networks[C]//International conference on machine learning. PMLR, 2019: 6105-6114.

[148] K. HE, X. ZHANG, S. REN, J. SUN, "Delving Deep into Rectifiers: Surpassing Human-Level Performance on ImageNet Classification," 2015 IEEE International Conference on Computer Vision (ICCV), Santiago, Chile, 2015: 1026-1034, doi: 10.1109/ICCV.2015.123.

[149] LIN T Y, MAIRE M, BELONGIE S, et al. Microsoft coco: Common objects in context[C]//Computer Vision–ECCV 2014: 13th European Conference, Zurich, Switzerland, September 6-12, 2014, Proceedings, Part V 13. Springer International Publishing, 2014: 740-755.

[150] GIRSHICK R, DONAHUE J, DARRELL T, et al. Rich feature hierarchies for accurate object detection and semantic segmentation[C]//Proceedings of the IEEE conference on computer vision and pattern recognition. 2014: 580-587.

[151] HE K, ZHANG X, REN S, et al. Spatial pyramid pooling in deep convolutional networks for visual recognition[J]. IEEE transactions on pattern analysis and machine intelligence,

2015, 37(9): 1904-1916.

[152] GIRSHICK R. Fast r-cnn[C]//Proceedings of the IEEE international conference on computer vision. 2015: 1440-1448.

[153] REN S, HE K, GIRSHICK R, et al. Faster r-cnn: Towards real-time object detection with region proposal networks[J]. Advances in neural information processing systems, 2015, 28.

[154] REDMON J, DIVVALA S, GIRSHICK R, et al. You only look once: Unified, real-time object detection[C]//Proceedings of the IEEE conference on computer vision and pattern recognition. 2016: 779-788.

[155] LIU W, ANGUELOV D, ERHAN D, et al. Ssd: Single shot multibox detector[C]// Computer Vision–ECCV 2016: 14th European Conference, Amsterdam, The Netherlands, October 11–14, 2016, Proceedings, Part I 14. Springer International Publishing, 2016: 21-37.

[156] GIRSHICK R, DONAHUE J, DARRELL T, et al. Rich feature hierarchies for accurate object detection and semantic segmentation[C]//Proceedings of the IEEE conference on computer vision and pattern recognition. 2014: 580-587.

[157] HE K, ZHANG X, REN S, et al. Spatial pyramid pooling in deep convolutional networks for visual recognition[J]. IEEE transactions on pattern analysis and machine intelligence, 2015, 37(9): 1904-1916.

[158] LIN T Y, GOYAL P, GIRSHICK R, et al. Focal loss for dense object detection[C]// Proceedings of the IEEE international conference on computer vision. 2017: 2980-2988.

[159] CARION N, MASSA F, SYNNAEVE G, et al. End-to-end object detection with transformers[C]//Computer Vision–ECCV 2020: 16th European Conference, Glasgow, UK, August 23–28, 2020, Proceedings, Part I 16. Springer International Publishing, 2020: 213-229.

[160] HE K, GKIOXARI G, DOLLÁR P, et al. Mask r-cnn[C]//Proceedings of the IEEE international conference on computer vision. 2017: 2961-2969.

[161] HUANG Z, HUANG L, GONG Y, et al. Mask scoring r-cnn[C]//Proceedings of the IEEE/CVF conference on computer vision and pattern recognition. 2019: 6409-6418.

[162] DAI J, LI Y, HE K, et al. R-fcn: Object detection via region-based fully convolutional networks[J]. Advances in neural information processing systems, 2016, 29.

[163] HE K, GKIOXARI G, DOLLÁR P, et al. Mask r-cnn[C]//Proceedings of the IEEE international conference on computer vision. 2017: 2961-2969.

[164] DAI J, LI Y, HE K, et al. R-fcn: Object detection via region-based fully convolutional networks[J]. Advances in neural information processing systems, 2016, 29.

[165] RONNEBERGER O, FISCHER P, BROX T. U-net: Convolutional networks for biomedical image segmentation[C]//Medical Image Computing and Computer-Assisted Intervention–MICCAI 2015: 18th International Conference, Munich, Germany, October 5-9, 2015, Proceedings, Part III 18. Springer International Publishing, 2015: 234-241.

[166] VISIN F, CICCONE M, ROMERO A, et al. Reseg: A recurrent neural network-based model for semantic segmentation[C]//Proceedings of the IEEE conference on computer vision and pattern recognition workshops. 2016: 41-48.

[167] GRAVES A, FERNÁNDEZ S, SCHMIDHUBER J. Multi-dimensional recurrent neural networks[C]//Artificial Neural Networks–ICANN 2007: 17th International Conference, Porto, Portugal, September 9-13, 2007, Proceedings, Part I 17. Springer Berlin Heidelberg, 2007: 549-558.

[168] GOODFELLOW I, POUGET-ABADIE J, MIRZA M, et al. Generative adversarial networks[J]. Communications of the ACM, 2020, 63(11): 139-144.

[169] ZHANG H, XU T, LI H, et al. Stackgan: Text to photo-realistic image synthesis with stacked generative adversarial networks[C]//Proceedings of the IEEE international conference on computer vision. 2017: 5907-5915.

[170] ZHANG H, GOODFELLOW I, METAXAS D, et al. Self-attention generative adversarial networks[C]//International conference on machine learning. PMLR, 2019: 7354-7363.

[171] BROCK A, DONAHUE J, SIMONYAN K. Large scale GAN training for high fidelity natural image synthesis[J]. arXiv preprint arXiv: 1809.11096, 2018.

[172] KINGMA D P, WELLING M. Auto-encoding variational bayes[J]. arXiv preprint arXiv: 1312.6114, 2013.

[173] KARRAS T, LAINE S, AILA T. A style-based generator architecture for generative adversarial networks[C]//Proceedings of the IEEE/CVF conference on computer vision and pattern recognition. 2019: 4401-4410.

[174] OMARM, CHOIS, NYANGDH, et al. Robust natural language processing: Recent advances, challenges, and future directions[J].IEEE Access, 2022.

[175] DONG C, LI Y, GONG H, et al. A survey of natural language generation[J]. ACM Computing Surveys, 2022, 55(8): 1-38.

[176] LIN T, WANG Y, LIU X, et al. A survey of transformers[J]. AI Open, 2022.

[177] ALLEN J. Natural language understanding[M]. Benjamin-Cummings Publishing Co., Inc., 1995.

[178] LAURIOLA I, LAVELLI A, AIOLLI F. An introduction to deep learning in natural language processing: Models, techniques, and tools[J]. Neurocomputing, 2022, 470: 443-456.

[179] GRAVES A, GRAVES A. Long short-term memory[J]. Supervised sequence labelling with recurrent neural networks, 2012: 37-45.

[180] MIKOLOV T, CHEN K, CORRADO G, et al. Efficient estimation of word representations in vector space[J]. arXiv preprint arXiv:1301.3781, 2013.

[181] DEVLIN J, CHANG M W, LEE K, et al. Bert: Pre-training of deep bidirectional transformers for language understanding[J]. arXiv preprint arXiv:1810.04805, 2018.

[182] RADFORD A, NARASIMHAN K, SALIMANS T, et al. Improving language understanding by generative pre-training[J]. 2018.

[183] ZHU Y, KIROS R, ZEMEL R, et al. Aligning books and movies: Towards story-like visual explanations by watching movies and reading books[C]//Proceedings of the IEEE international conference on computer vision. 2015: 19-27.

[184] RADFORD A, WU J, CHILD R, et al. Language models are unsupervised multitask learners[J]. OpenAI blog, 2019, 1(8): 9.

[185] BROWN T, MANN B, RYDER N, et al. Language models are few-shot learners[J]. Advances in neural information processing systems, 2020, 33: 1877-1901.

[186] MCCARTHY J, MINSKY M L, ROCHESTER N, et al. A proposal for the Dartmouth summer research project on artificial intelligence, august31, 1955[J]. AI magazine, 2006, 27(4): 12.

[187] 毕马威. 初探元宇宙 [R]. 中国，2022.

[188] VAN OTTERLO M, WIERING M. Reinforcement learning and markov decision processes[J]. Reinforcement learning: State-of-the-art, 2012: 3-42.

[189] GOODFELLOW I, POUGET-ABADIE J, MIRZA M, et al. Generative adversarial networks[J]. Communications of the ACM, 2020, 63(11): 139-144.

[190] 苏文星，郑琰莉，宋元涛. 元宇宙在医疗领域应用研究 [J]. 医学信息学杂志，2023，44(4):17-21, 57.

[191] IMTJ TEAM. "UAE's first metaverse hospital." IMTJ-International Medical Travel

Journal, 12th August 2022.

[192] 中国信息通信研究院. 工业元宇宙白皮书 [R]. 中国, 2023.

[193] 崔航. 风口过后的工业元宇宙发展 [J]. 通信企业管理, 2023, No.432(04): 68-70.

[194] 李正海. 元宇宙专题：工业企业元宇宙 [J]. 机器人技术与应用, 2022(5): 13-18.

[195] BROWN T, MANN B, RYDER N, et al. Language models are few-shot learners[J]. Advances in neural information processing systems, 2020, 33: 1877-1901.

[196] 工业和信息化部、教育部、文化和旅游部、国家广播电视总局、国家体育总局等五部门. 虚拟现实与行业应用融合发展行动计划（2022—2026 年）. 工信部联电子〔2022〕148 号.

[197] 01 区块链. 元宇宙 + 教育：典型案例和发展路径 [EB/OL]. [2022-03-25]. https://www.tuoluo.cn/article/detail-10096130.html.

[198] 杨巧云, 梁诗露, 杨丹. 数字包容：发达国家的实践探索与经验借鉴 [J]. Information studies: Theory & Application, 2022, 45(3): 195.

[199] BALL, MATTHEW. "The Metaverse Will Reshape Our Lives. Let's Make Sure It's for the Better." TIME, 2022.

[200] 新浪 VR, 企查查大数据研究院. 2022 年 Q3 国内元宇宙投融资报告 [R]. 中国, 2022.

[201] 零壹智库. 中国元宇宙产业政策汇总 [EB/OL]. [2023-01-12]. https://www.01caijing.com/article/331472.htm.

[202] 清华大学新闻与传播学院新媒体研究中心. 2020—2021 年元宇宙发展研究报告 [R]. 北京：北京师范大学京师大厦, 2021.

[203] 郭海, 杨主恩, 丁杰斌. 元宇宙商业模式：内涵、分类与研究框架 [J]. 外国经济与管理, 2023, 45(3): 23-45.

[204] 陈林生, 赵星, 明文彪, 等. 元宇宙技术本质、演进机制与其产业发展逻辑 [J/OL]. 科学学研究：1-14[2023-04-12].https://doi.org/10.16192/j.cnki.1003-2053.20230412.001.

[205] 师晓娟, 孔少华. "元宇宙"发展逻辑及其对数字文化消费的影响研究 [J]. 首都师范大学学报 (社会科学版), 2022, No.268(05): 66-73.

[206] 速途元宇宙研究院. 中国产业元宇宙趋势研究报告 [R]. 北京：速途网, 2023.

[207] 德勤中国. 元宇宙系列白皮书：消费元宇宙开启下一个消费时代 [R]. 北京：德勤中国, 2022.